景梅九　著

李成立　注

景梅九自传二种

山西出版传媒集团

三晋出版社

《近世山西学人文丛》序

李玉明

　　近代的中国史是一部浸透了血与火的历史，西方列强的坚船利炮打开了中国关闭已久的门户，传统中国的渐进发展被迫中断了，中华帝国曾经辉煌的历史翻开了屈辱苦难的篇章。与此同时，随著东西方文明的摩擦碰撞，东西方文化大规模的交流互通亦由此开始，中国现代化的契机到来了。

　　山西作为中华文明的重要发祥地，自古以来仁人志士辈出，一代又一代山西人为中华文明的赓续绵延贡献了力量。近代以来，海路渐兴，山西僻处内陆，发展趋缓，但这并不能阻挡山西人"开眼看世界"的热望：从研究西北史地之学的祁韵士、张穆，到《瀛寰志略》的作者徐继畬，山西人敲响了中华帝国"苏醒"的晨钟。

　　民国肇造，山西形成了以山西大学为中心辐射海内外的学术群体，省内外、海内外的学术精英一时汇聚太原。动荡的时局，频繁的战乱，激发文化人忧国忧民、关注民生，好学深思之士发愤为雄，留下了诸多学术文化成果，不仅造就了众多文化精英，也促进了山西文化和学术的发展。只是后来，抗战军兴，彻底打破了山西短暂的宁静，随之引发文献缺失、学术发展受阻，想来令人扼腕！

　　基于此，山西学界同人多年来一直希望通过系统整理刊布近代以来山西学人的经典著述，集思广益，推陈出新，以期有力推动山西现当代学术研究。山西省三晋文化研究会作为山西重要的学术研究社团，积极响应省委、省政府建设文化强省的战略号召，由学会议定，启动了与三晋出版社合作出版"近世山西学人文丛"这一科研出版项目。

　　该项目计划用五年时间，分步骤系统精选近代以来山西代表性重要学者的专著。该项目出版的第一辑，为：景梅九《景梅九自传二种》、李镜蓉《春秋左氏疑义答问笺注（外二种）》、郭象升《文学研究法·渊照楼杂著》、何澄《何澄诗文存稿》、贺凯《中国文学史纲要》、贾景德《韬园诗集》，共六种。相信随著项目不断推进，将会有更多更好的近代山西学人著述通过"文丛"这一平台问世，以供学界研究之需。

三晋文化源远流长，晋山晋水尽善尽美。努力开掘山西丰富的文化资源，为富民兴晋做出贡献，这是我们每一个三晋文化人义不容辞的担当和责任。这批"文丛"的分辑出版，由于时间紧，任务重，文献不易寻求，主持者水平有限，可能会有重要著述遗落未选，或选而未当者，亦或有疏漏错讹之处，迫切希望有识之士提出宝贵意见和建议，并提供版本线索，丰富和弥补该"文丛"的内容和不足，以期进一步提高出版质量和水平。

是为序。

《近世山西学人文丛》
出版说明

清末民国，社会动荡、家园多难，但学术文化界感于时事，思想十分活跃，涌现出一批学界大师，高水平的学术著作相继问世。山西也同全国一样，产生了不少知名学者和有价值的学术著述。但是，从建国至今，半个世纪以来，学界对这一时期山西学术文化著述，未曾有系统全面的收集整理，造成了学术文化发展的断层。少数学人著作虽曾被零散地单行出版，但不成规模，远不能适应学术文化的继承和创新发展。近年来，民国历史文化的研究趋热，而山西近世文献大量散佚，令人痛心。

时逢改革开放盛世，中共山西省委、省政府适时做出建设文化强省的战略决策，对历史文化成果的收集整理成为当务之急。有鉴于此，山西省三晋文化研究会在省委宣传部大力支持下，启动了这项"近世山西学人文丛"的文化工程，由三晋文化研究会与三晋出版社精诚合作，选其精品，计划用五年左右时间，每年分辑出版若干种。二〇一四年第一辑收集贺凯《中国文学史纲要》等，先行推出，今后将继续逐年推出若干种，以应学术研究工作之需。

尽管我们尽心竭力，向社会各界广泛搜求旧作和文稿，精心加工整理，或重排加注，或原稿照排，力求展示原作面貌，并在排印质量上有新的提高，但由于水平有限，人手缺乏，已出版者犹有遴选失当、文字错讹等不尽如人意之处。在此，祈望读者和广大研究工作者提出建议和批评，并推荐精品，补充遗佚，纠正错讹，以促使此项工程更加完善。

《景梅九自传二种》出版说明

一、本书是景梅九的《罪案》和《入狱始末记》两个自传作品的合集，记述的是约 100 年前的事件，内中的人名和事件，现在的读者比较生疏，故由资料收集整理者李成立作了较为详细的注释。

二、此次再版，将原版的繁体竖排变为简体横排，皆为顾及现在人们的阅读习惯。

三、为不破坏原作风貌，采用原盘照搬的方式，字词不作任何变动，只在明显错误处用括号标出其正确的。

四、标点，原则上也保留原状，仅将特别不妥处做了纠正，比如分号滥用的问题，个别的修正为逗号或句号。

五、由于书中提及的人物众多，名号繁杂，故于书末附《人物简介》，以便查寻。

六、随着时代的变化，一些字词的用法以现在的标准看是错误的，但仍保留了原貌，遇到这种情况，读者务要注意。现将它们列出，并在括号内标出其现今正确的用法：

作（做），底（的），的（得），教（叫），佗（她），很（狠），辩（辨），恨（很），须（需），到（倒），谭（谈），帐（账），智（知），豫（预），惟（唯），消（销），湾（弯），漫（慢），风（疯），吊（掉），枝（支），兑（对），分（份），坐（座），反（返），覆（复），旁（傍），藉（籍），阿（啊），幅（副），付（副），忻（欣），勉（免），原（源），宛（婉），那（哪），他（她、它），漫骂（谩骂），真像（真相），唐塞（搪塞）

景梅九

1924 年版《罪案》一书内景梅九像　　　　1924 年版《罪案》一书内
　　　　　　　　　　　　　　　　　　　景梅九夫人阎玉青像

景梅九与夫人阎玉青及孩子的合影

不可不賞識賞識」我那時候還有些理學氣穩這話，不大入耳耳就變臉失色地拒絕了，到底沒去看．如

今想起來，卻有些後悔要是當時不那麼假裝正經隨人去看一看，或者多在罪案上添些烘染的材料，

也未可知正是錯了主意了，不說罷！

薄天子而不為

庚子那一冬，谷芙塘先生做晉陽書院山長，提倡古文辭，命題奇警宏大，多士翕服，記得有一課題，是

隋末羣雄論，我惜惜對同學說：『先生想必知道天下將亂，教我們把酒論英雄哩！』或者當時我猜錯

了，也未可知於是乎就放膽胡說起來，中了『作文能胡說』的毒經先生塗抹了大半才知道作文也

不能胡說，算又得了一番經驗回頭來，才把八股完全拋開專心閣古文，我稍稍知道作文的門徑實在

得先生底力最多這都不在話下，過了多時，居然自己覺着有些長進，先生也未免誇獎幾句，就矜張起

來了，眼睛裏面漸漸地沒有人了，每日和些朋友談詩論文，說古道今，就有些人看過明末遺史的，說那

揚州十日記又說甚麼滿人入關欺負漢人太利害，各省駐防，就是怕漢人起事又有人說，傅青主先生

嘗畫清人入關的怪狀，看了又好笑又好氣又有人說，太平天國洪秀全李秀成陳玉成都是蓋世的英

雄好漢，可惜敗了；又有人說，我看東華錄見雍乾的文字獄，真正把漢人蹧踐苦了，那時節雖不曉得種

罪案

七

1924 年版《罪案》书影

入獄始末記　　　　　　　　　　　　　　　　老梅

陸建章！這個名字，大家應該記得。他給袁世凱作了幾天劊子手，殺人不火，有屠戶的雄態。但我對於他，卻有感激的地方。不先為我自己，先為我兩個朋友：一個杜仲伏：一個李凌山：杜君嘗二次革命時，貨身到滦東，想運動軍隊。一夕在旅館獨坐中，被人用棉花悶其口，裝入大箱中抬去，進中漸醒，去口中棉，四顧黑暗，始悟遭害、為特永發理的一時秘密信承出來，放口中伴停之感纖作，吐出棉花中。開箱時，棚向境僻，捕著莫注意，辛以無廣樓，離汜北京。由陸軍監倣，博人瓶法處，恰逢日月段人的尼俊期！

先時，我作太原，忽接京實云：「仲被捕，危急，官吹速來救！」万向同志借金十九，搭車到石家庄，後造了

1925 年版《入狱始末记》书影

序

李玉明

景梅九（1882—1959），名定成，字梅九，笔名老梅，山西安邑（今运城）城内北街人。他是一个反专制、反压迫的英勇斗士，17岁入太原令德堂学习，18岁入晋阳书院学习，19岁被山西保送到京师大学堂上学，21岁考取了官费留学，入日本东京帝国大学预科学习。景梅九虽然是由清政府派到日本留学的，但他反对清朝的专制统治，希望建立一个没有剥削、没有压迫、平等博爱自由的大同世界，为此，他在日本参加中国同盟会。

景梅九25岁回国，29岁与人在北京创办《国风日报》。这一年，太原起义后，他回山西参加革命。吴禄贞被刺后，他到石家庄处理后事。娘子关兵败后，他与第二次南下的民军到河津。陕西起义军帮助山西起义军打败驻守运城的清军后，他回运城任河东军政分府秦晋联军军需局局长。1912年4月，阎锡山返回太原任都督后，他到省城太原任山西省稽勋局局长。1914年，景梅九到陕西任西北大学农校校长，并参加反袁斗争，撰写讨袁檄文。1916年1月，他被袁世凯在陕西的爪牙逮捕，解往北京入狱。6月，袁世凯死后，他才得以出狱。

景梅九不仅国学基础深厚，还关注和学习世界文化，他在陕西高校教习数学和英文，是中国最早学习和推广世界语的人。著有研究《红楼梦》的书籍《石头记真谛》，还翻译过《神曲》，写过许多诗词。但是对这样一位国学大师、文化名人，研究宣传他的书籍极少。山西有这样一位人物，应该是山西的骄傲，我们应该大力宣传他。

现在出版的《景梅九自传二种》，是由景梅九自传性的作品《罪案》和《入狱始末记》两本书组成的。

《罪案》初版于1924年4月15日，由京津印书局印制出版，《国风日报》社总发行。全书共约22万字。从景梅九17岁写到他31岁，从1899年写到1913年，跨度为14年。

《入狱始末记》1925年出版，约4.2万字。从1914年景梅九32岁写到1916年他35岁，跨度为三年。

现在将这两本书合并再版，由李成立作注，帮助现在的读者更好地理解百年前的历史事件。

这本书记载了从1899年至1916年17年间中国乃至中国同盟会在日本所发生的大事，这些事大多是景梅九亲身经历过的，具有珍贵的文史价值。本书真实地记载了孙中山、黄兴、宋教仁、李烈钧、陈家鼎、陈天华、梁启超、陈干、商震、刘冠三、禹之谟、张继、宁调元、吴樾、邹容、章太炎、吴禄贞、袁世凯、陆建章、何遂、沈荩、康有为、李鸿章、李提摩太、严复等人的事迹。

本书中写得最多最详细的当数活动在山西的谷如墉、李岐山、杜羲、张瑞玑，景耀月、阎锡山、阎虎臣、兰芳五、李正卿、刘绵训，南桂馨、乔煦、李培仁、王用宾、王建基、徐翰文、何澄、渠本翘、张士秀、续西峰、弓富魁、郭润轩等。这些人物在书中的言谈举止惟妙惟肖，呼之欲出，实在是难得的宝贵资料，读者就像置身其中，能够深切地感受到当时人物的音容笑貌。

希望读者能够通过阅读此书，了解百年前的那段历史，理解那些在辛亥革命和推翻袁世凯帝制中牺牲的烈士们。

于晋府梅山塔下问龙堂草成

2014年6月8日

（李玉明，山西忻州人，三晋文化研究会会长）

景梅九自传略写

景梅九名定成，以字行，山西安邑县人，家贫，幼受益于同邑景汉卿师。七岁入塾，十一岁通五经，十三岁游庠①。早婚，十六岁生子，十八岁生女，十九岁入太原令德堂。时值庚子之变，同学多避散，我仍留居太原。旋考入山西大学堂西斋（即令德堂后身），又蒙选送入北京大学堂。二十岁派留学于日本东京帝国大学预科，毕业返国，时已加入孙中山先生手创同盟会，充山西分会评议部长。二十八岁经陕西井勿幕同志介绍来陕充高等学校数学教员。三十岁即辛亥年在北京创办《国风日报》，于所谓前清辇毂之下倡导革命。武昌起义，即开道入晋，协助山西独立义举，充山西军政府政治部长。清师入娘子关，山西都督阎锡山率师北走，我随一部分义军南下。共和告成，充山西稽勋局局长。旋被选为众议院议员，仍主办《国风日报》于北平，因攻击袁世凯，被封议院，同时亦被解散。我偕眷入陕，避地三原，密联同志讨袁。乙卯年②三十四岁，重返长安，冬，被袁氏侦探告密，由陕解送入北平军狱。三十五岁，袁逆死③，始获出狱，重振《国风》。中经张勋复辟，曹氏贿选，段氏专政。三十九岁协助中央革命。四十岁，欢迎孙总理北上主持国是，不幸中山先生与胡笠僧同志相继逝世。我遂流转南北，避阎锡山之密网。四十八岁在江西游庐山避暑，起草《红楼梦真谛》。五十岁返故里。五十一岁主编安邑县县志，五十二岁重游西安。五十五岁双十二事变④起，我号召同志组织西安国民党临时党部，宣传中山总理联俄、容共、劳工三大政策，目蒋派为国民党叛徒。重振《国风日报》于西京。暨张、杨两同志被囚禁之后，蒋氏食言，《国风》遭忌，曾被罚停刊。中间我曾充商专国文教员及国学社讲师。五十八岁得偏枯疾。六十岁少愈，六十六岁，因反对阎锡山，入南京请愿，乃知蒋阎通气，始加入民革，充第一届民革中央监察委员。本拟入粤，因内子玉青病笃，电召返陕，此后即被蒋之特务监视。解放军兴，《国风》自动停刊，因经费人事均感困难。两年来在寓整理旧稿，虽蒙李副主席电召入京，但因病未成行。在陕忝充民主人士，毫无贡献，实深惭愧。去岁（一九五一年）十月自行申请参观天水土改，自喜躬逢空前盛会，得以深入民间，偕老壮同志共二十四人由西安出发，于十月十日到达天水，分组参观。我随众赴粨口乡参观月余，共得纪行俚句二十五首，画出土改轮廓，已另纸誊清，交统战部存查，不现赘。今志愿参加西北历史文物研究会，继续为人民服务。

景梅九

一九五二年三月

注释：

①游庠（xiáng）：指就读于府或州县的学宫。

②乙卯年：即1915年。

③袁逆死：是指1916年6月袁世凯病死。

④双十二事变：指1936年12月12日，张学良和杨虎城在西安发动的西安事变。

目　　录

罪　案

入狱始末记

罪　案

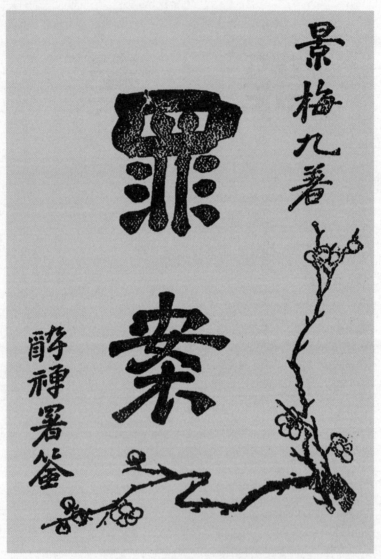

1924 年版《罪案》一书的封面。景梅九著　罪案　醉禅署签

（醉禅乃醉禅道人，是景梅九的安邑同乡，由他题写书名）

小　序

　　我想人生在天地间，就是一个大罪汉，试问那胎儿堕地呱呱的一声，是甚么缘故呢？说一句笑话差不多是阎罗老子，把他生前的罪过，通通计算清楚；当降生时节，已经是宣告死刑了，不然怎么人长大了，没听见有一个不死的呢？要知道生前犯罪的情形，请看他的生后，就明白个大概了。那耶教说，上帝底儿子叫甚么耶稣，替人赎罪，想起来也像句正经话。我闲暇无事，忽然想起十数年前行过的事，没有不是罪过的。纵然未到那擢发难数，削竹莫罄的程度，也就不是寻常的小罪人了！如今要用白话，把他写出来，教大家制裁制裁，纵然粉肉碎骨，也不要紧。千万休要认他是浪子回头，屠夫放刀；要是现在不教他死，将来恐怕还要做到万恶滔天，百身莫赎的地位，到那时节，或者更教他痛恨无地，忏悔不来。罪汉，罪汉，我看你何处落脚，怎生下场？想到这里，不觉的骨栗毛张，心惊肉颤，坐卧不安，魂魄失措。唉，怎么不幸到世上就要当个人呢？怎么不幸当个人，就要犯罪呢？真教人不得明白。可说是"我呀！照你这样说起来，岂不是满世界的人，都成了罪犯了么？"不错，不错，通是罪犯，通该杀，通该死！可惜这天不多生几个张献忠①，高唱那《七杀歌》②，甚么天有何德以生人，人以何德报天恩？杀杀杀杀杀杀杀，率领杀人不眨眼的英雄，纵横欧亚，手执大刀九十九，杀尽罪人方罢手；那才算上帝好生之德哩！休道我发疯，这话古人讲的很多；惟有那傅青主③先生更说得痛快，先生最佩服朱洪武④杀人，便道："如今的人，往往说太祖惨毒不懂人道，不知太祖就是佛子；若说不杀人，才是佛子，除非是人不可杀，佛子自然就不杀。就是那孟子杀一不辜⑤的话，也要活看，不可囫囵的说。譬如讲：一不辜不可杀，万辜那自然是可杀的了。"这话很是。你看如今的人，该杀的有多少，大概不能拿万字起码罢？有人说，照你这样说起来，人通有罪，你如今把你的罪状写出来，请大家制裁，岂不是教罪人制裁罪人么？那怎么能公平判决呢？算了罢！写出来，也白费事。不然，不然！孟子说："为天吏就可以杀人⑥。"这万万罪人里头，难道没一两个天吏么？况且如今讲甚么"多数取决"，差不多众人就是圣人了，何愁议不下个处分呢？既然如此，闲话少说，把你底平生罪状，从实招来！

注释：

①张献忠：字秉忠，号敬轩（1606——1647），明末农民起义领袖，与李自成齐名。

②《七杀歌》：是民间长期以来流传的一则关于明末农民起义领袖张献忠的传闻。据说，张献忠杀人如草，还特别立碑，上书："天生万物与人，人无一物与天，杀杀杀杀杀杀杀。"这里面正好有七个杀字，所以叫七杀歌。

③傅青主：即傅山（1607—1684），山西太原人。明清之际思想家、书法家。初名鼎臣，字青竹，改字青主。明亡为道士，隐居土室养母。

④朱洪武：即朱元璋（1328—1398），明朝的开国皇帝，是继汉高祖刘邦以来第二位平民出身的君主，在位时期：1368年—1398年。史称明太祖。

⑤孟子杀一不辜：语出《孟子·公孙丑（上）》。（孟子）曰："得百里之地而君之，皆能以朝诸侯，有天下；行一不义，杀一不辜，而得天下，皆不为也。是则同。"

意思是：（孟子说）如果取得方圆百里的土地，并且（由他们来）统治这里，他们都能够使各国诸侯来朝见、统一天下；要他们去做一件不道义的事、杀死一个无罪的人而换取天下，他们都不会去做的。这就是他们相同的地方。

⑥为天吏就可以杀人：语出《孟子·公孙丑（下）》："为天吏，则可以伐之。"天吏，即奉行天命的天子。

丈夫自有事

　　众位休忙，听我慢慢地招来。我么：姓甚？名谁？家住那里？暂且不表；这并不是怕甚么侦探知道了，报告法庭，当下定成了死罪，或者就地正法，或者立予枪毙，断头台上，那幅惨淡光景，有些难看。怕只怕大家不容我招完，就提起姓名来笑骂个不休，一时扫了兴，再拿不起笔来，岂不教我这些罪状，永远没完全发表日子么？所以现在只浑称一个我。闲话少说，言归正传。诸位呀！常言道得好，有心为善，虽善不赏，无心为恶，虽恶不罚；我十七岁以前的罪过，大概出于无心，可以不讲。大家要是不信的时节，改日补叙出来，就知道了。现在说十七岁以后的。记得：己亥①那一年，正是戊戌党人失败，八股复兴的时候；我也曾作过几篇诗文，甚么大题，小题，搭题，截题，装腔弄调，横涂竖抹；还要说，代圣人立言，关系世道人心不浅，你说该死不该死！不过那有名大家的八股文集，譬如：《八铭三山稿》《才调集》②等类，未尝没有几篇可以当古文看的。你们听我这几句话，可知八股底毒气不小。这时候太原有个令德堂③，就是一座书院，里边的山长是湖北人，姓屠号叫梅村④，却不重八股，专好讲时务，讲理学，讲古文，当时有贯通中西的名称。分科设教，人材济济，也算是一时之盛。我被选入堂，随班听讲，定章以朱子《近思录》⑤为日课。大家莫怪，比较那当时农林学堂姚某作山长，命学生以《文昌阴骘录》⑥为日课，强的多了。这都不在话下。当时专门西学（中学西学，分得有趣）以算为重，我在家时偶然看阮元底《畴人传》⑦，想在里边占一席，于是乎买了一部《中西算学大成》，自家就演起来。及到令德堂，依然学算。有一天，屠山长命一椭圆题，我并不晓得甚么叫椭圆，即把《数理精蕴》⑧等书翻阅了一遍，寻见许多椭圆题，也不管人家问的是椭圆的甚么，拿起笔来，乱写了一阵；到底得了两句评语，就是："作文能胡说，作算不能胡说。"我从来没经过这样的训词，真算是第一个当头棒，少年人如何受得？即时负气出堂，多少朋友来劝说，也不回头；却在一个人家里坐馆，文话叫"设帐"②，做了三个小儿底蒙师，拥皋比，执夏楚⑩，作威作福，不可一世。说起来，又可耻，又可笑。教徒之暇，自己颇留心史传，最好读《后汉书》；有诗句云："闲坐灯前披汉史，逸民列传独行篇。"我也不知为甚么爱这样人？但自到太原之后，多听得人说傅青主先生底逸事，心里好生仰慕，曾想搜求先生底字画文章，没有力量，连一部《霜红龛集》⑪都买不到手。然而志向一变，不好仕进，常写下几句豪语，贴在座右曰："丈夫自有事，奚暇共庸夫俗子，争逐功名富贵哉！"可谓大言不渐（惭）了。究竟自有甚么事？也不知道，真怪，真怪！

注释：

①己亥：即 1899 年。

②《八铭三山稿》《才调集》：《八铭三山稿》为《八铭塾钞》和《三山稿》的合称。《八铭塾钞》为清代嘉、道之后民间家塾版本。此书内容为八股文章，选用的是历代科举考试中的优秀范本。《三山稿》，元代梁益著。梁益，字友直，号庸斋，江阴人，其先福州人。元代学者，文学家，自署三山者，教授乡里以终，年五十六卒。事迹载《元史·儒学传·陆文圭传》内。另著《诗绪余》《史传姓氏纂》诸书。

《才调集》，五代后蜀韦縠（hú）编选。此书是今存唐人选唐诗中选诗最多最广的一种。

③令德堂：又称令德书院。清光绪九年（1883）山西巡抚张之洞创建。旧址在太原府署西偏明代晋藩宝贤堂。后张之洞又与新任学使吕凤岐，在桥头街觅屋开办，即为乡试贡院所在。令德堂和晋阳书院为山西大学的前身。

④姓屠号叫梅村：屠梅村，是清代大儒，理学大师，桃李满天下。曾在令德堂书院和西安关中书院任主讲。

⑤朱子《近思录》：是南宋朱熹在另一位理学大师吕祖谦的协助下，采撷周敦颐、程颢、程颐、张载语录类编写而成的书，被后世视为"圣学之阶梯""性理诸书之祖"。

⑥《文昌阴骘录》：成书于《太上感应篇》之后，是一本社会上流行的劝善

书。文昌即文昌帝君,为功名禄位之神。文昌本星名,亦称文曲星,古时认为是主持文运功名的星宿。阴骘(zhì),原指上苍默默地使下民安定,后渐指阴德。

⑦《畴人传》:清阮元撰,凡46卷。收有自上古至清乾隆末年的天文、历法、算学家300多人(包括外国41人)的传记。阮元(1764—1849),扬州仪征人,字伯元。他在经史、数学、天算、舆地、编纂、金石、校勘等方面都有着非常高的造诣,被尊为一代文宗。

⑧《数理精蕴》:清朝梅毂(jué)成等编纂,是康熙末年所编纂的《律历渊源》的第二部分。

⑨设帐:也叫坐馆,均指设馆授徒。

⑩拥皋比,执夏楚:皋比,虎皮也,引申为虎皮的座席,后指学师的座席。夏楚(jiǎchǔ),教鞭。夏,读jiǎ,同"槚"。楚,荆条。

⑪《霜红龛集》:是清初学者傅山先生文集。

义和拳之半赞成

庚子那一年,山西巡抚来了个毓贤①,却也奇怪。当他来的那一夜,忽然狂风四起,乌鸦乱叫,有一位朋友就叹了一口气说道:"这不是吉兆,恐怕不久有甚么变乱罢?"果然到了五月下旬,大街小巷,你说我道,把人的耳朵都震聋了,甚么山东起了义和拳,京城起了红灯照,这里烧教堂,那里杀教民,把天兵天将,都请下凡来了,把洋鬼子都赶到海里去了,你说无情无理,他说有凭有据。不多几天,上谕下来了,说:"三尺童子,皆能执干戈,以卫社稷。"又说甚么,"大张挞伐,一决雌雄"。不几天,把太原城轰动了,于六月初一晚半天,忽然街上过来几百小孩子,一个个头缠红布,手拿大刀,雄赳赳,气昂昂,向城南飞奔而去。霎时间,东南角火光大起,许多人大声喊道:"教堂着了火了,义和神拳,正在那里捏诀念咒,烧洋人和二鬼子哩!"不瞒大家说,当那个时候,我也恨教民欺负平民,心里却有些痛快。惟看历史上,有黄巾贼等名目,不喜欢他头缠红布一层事;且不信甚么孙悟空、猪八戒等下凡。所以当时人家孩子，都喜欢学神拳，我独不许学生去学，这算是一小半的赞成派了。听见毓贤亲自带兵，捕拿天主教士，大声地呵道："你是那一国的人?"教士答道："我是大法国人。"毓贤大骂道："混帐东西，世界之上，只有大清国，那里有甚么大法国呢?"当下亲自拔剑，把那教士杀了，以外还杀多少教士教民。听说临死时节，都口称上帝，没有一个告饶的，可见宗教的魔力，也实在不小! 不多几天，街上忽然沸沸扬扬地说道："大沽口②失了，八国联军进了北京了，皇太后皇上都偷跑了③。"当下人心恐慌，令德（堂）诸友也都纷纷离了太原。我曾集《易》嘲之曰："乘马无咎，舍车而徒，以避咎也，其知几乎?"④也算是一种口过。要问我为甚么不去? 一来是懒;二来是穷;三来是夸大，有"天生德于予，洋兵其如予何"⑤的派头，可笑! 还有一件怪事，要补说的，就是义和拳烧了教堂之后，我曾到那里考查遗迹，只见许多毁弃砖头上都镌着"义和"两个大字，心里好生惊异，难道这些义和拳，真有甚么来历? 就拾了一块回来，要当作宝贝收藏着，等那有名金石家考究一番，作为义和拳的铁证。大家看到这里，也许疑惑我是造谣言，非亲自向我要这块砖头看看不可;实在对不起的很，砖头已经没有了。休忙，还有个解疑的法子在哩! 原来太原南城外，有一座烧砖的窑，名叫"义和砖窑"，每每把他底字号，镌到上边，所以那些砖上有义和两字，讲开了毫不希奇。但是，仍不能不说他巧合得很了。再说京城破后，所谓两宫，已经仓皇出走，从张家口绕道雁门关，不上一月的光景，和那些勤王的将士，败走的兵丁，都到了太原城里。一时大街之上，现出来了许多红顶花翎的官儿，还有甚么董福祥⑥、宋庆⑦、马玉崑⑧几个有名上将，也有时骑着马，耀武扬威地招摇过市。有一天，董大帅行经贡院⑨门首，看见那"天开文运"四字牌匾，扬鞭指着说道:怎么叫"而开文运"? 当时我适从旁边过来，听见了心里一惊，随着大帅鞭梢一瞧;原来那面牌匾第一字是篆书"天"字，却也像"而"字，正自怪大帅不得;幸喜得跟随大帅的，也没一个人认得是天字;或者认得，不敢说，也未可知。都摇著头答道，不懂，不懂! 大帅也再没往下问，怀著满肚子疑惑走了。我多口，把这一件佳话，就传遍了并州，到如今还有人提说，罪过，罪过！却说那两宫在太原，没有甚么德音；但听见说，母子们有些不睦的光景。当离开太原的时候⑩，准百姓在路旁瞻仰龙颜，友人约我去看，我便道："有甚么意思？自古有几个这圣明天子，肯弃了都城走的？"友人说："你不知道，听说西太后年过花甲，视之犹如二三十许的人，是不可不赏识赏识！"我那时候，还有些理学气，听这话，不大入耳，就变脸失色地拒绝了，到底没去看。如今想起来，却有些后悔；要是当时不那么假装正经，随人去看一看，或者多在《罪案》上添些烘染的材料，也未可知，正是错了主意了，不说罢！

注释：

①毓（yù）贤（1842—1901）：字佐臣，是清朝末年著名的酷吏和极端排外人士。1889年署曹州知府。任职期间，不分良莠，一以诛戮，残酷镇压人民的反抗斗争，颇得上司赏识。其事详见于清朝编撰的《拳祸惨史》。1900年农历六月十八日，洋兵陷天津，毓贤自请勤王，朝旨令统军。后因各国联军以惩办罪魁为议和先决条件，太后将毓贤褫职，发配极边。行抵甘肃，太后降旨，于光绪二十七年（1901年）正月初六日斩毓贤于兰州。庚子，即1900年。

②大沽口：明、清海防要塞，位于今天津市东南50公里海河入海口处。1840年至1937年，英、法、日等国军队7次入侵京津，其中5次由大沽登陆。1900年6月，八国联军攻占了大沽炮台，7月14日攻占天津。次年签订《辛丑条约》，条件内容之一即全部拆毁大沽炮台。

③八国联军进攻北京时，慈禧太后带着光绪皇帝和亲信仆臣，仓惶逃往西安。

④乘马无咎，舍车而徒，以避咎也，其知几乎：大意是说，乘马本无灾祸，却舍车徒步而行，以此避免灾祸，这能算有预见吗？无咎：没有过失、无所归罪的意思。

⑤此句化用《论语·述而》，子曰："天生德于予，桓魋（tuí）其如予何？"桓魋，是宋桓公的后代，当时任司马（宋国主管军事行政的官）。

⑥董福祥：字星五，甘肃固原（今宁夏固原）人，清末著名将领，官至甘肃提督。曾率部进京拱卫京畿并与八国联军作战，失败后扈卫西太后逃往西安。清政府与八国联军议和，他以"首凶"被革职。

⑦宋庆（1820—1902）：字祝三，清末将领。山东省蓬莱市泊子宋家村人。1900年，宋庆再次帮办北洋军务，参与镇压义和团。八国联军攻天津，宋庆堵御不力。1902年，病逝于军中。

⑧马玉崑（1838—1908）：清末淮军将领。字景山，安徽省蒙城县马集镇人。八国联军入侵时，率所部在津郊、北仓等地抵抗，旋护送慈禧太后和光绪帝西逃。

⑨贡院：古代地方高级会试的考场，即开科取士的地方。

⑩ 9 月 29 日，德、法联军拟攻晋东要隘固关，慈禧决定逃往西安，传旨 10 月 1 日（闰八月初八日）起驾离晋，命山西、陕西督抚筹办沿途有关事宜。

薄天子而不为

庚子那一冬，谷芙塘①先生做晋阳书院山长，提倡古文辞，命题奇警宏大，多士詟服。记得有一课题，是《隋末群雄论》。我悄悄对同学说："先生想必知道天下将乱，教我们把酒论英雄哩？"或者当时我猜错了，也未可知。于是乎就放胆胡说起来，中了"作文能胡说"的毒。经先生涂抹了大半，才知道作文也不能胡说，算又得了一番经验。回头来，才把八股完全抛开，专心闹古文，我稍稍知道作文的门径，实在得先生底力最多。这都不在话下，过了多时，居然自己觉着有些长进，先生也未免夸奖几句，就矜张起来了；眼睛里头渐渐地没有人了，每日和些朋友谈诗论文，说古道今，就有些人看过《明末遗史》的，说那《扬州十日记》②"；又说甚么满人入关，欺负汉人太利害，各省驻防，就是怕汉人起事；又有人说，傅青主先生尝画清人入关的怪状，看了又好笑，又好气；又有人说，太平天国洪秀全、李秀成、陈玉成都是盖世的英雄好汉，可惜败了；又有人说，我看，《东华录》③见雍、乾的文字狱，真正把汉人蹧践苦了。那时节虽不晓得种族革命是甚么事情，心里头已经埋伏着报复二字了。辛丑④李鸿章等，同联军讲和之后，山西赔款，英人李提摩太⑤拿过来在太原办了个西学专斋⑥。我曾劝友人进去的不少，自己却在中斋；这也是一种顽固的心理。说实话，当时我自负太过。还记得那一年秋天，要在陕西开乡试，同学去的很多⑦，我独不应试；或戏之曰："照你这样，原来可以薄举人而不为。"我笑曰："岂但举人？我还是薄天子而不为的哩！"你看狂妄到甚么地步了！

注释：

①谷芙塘（1853—1916）：即谷如墉，字芙塘，山西省神池县城关人，山西大学堂创办人，同盟会创始人谷思慎的伯父。1916 年，他受阎锡山委派赴京拥袁称帝，中途身亡。阎为掩饰拥袁真相，诡称谷为"刺客所杀"。有人挽曰："先生三晋称名士，早死一年是好人。"

②《扬州十日记》：记述 1645 年（南明弘光元年，清世祖顺治二年）4 月，清军攻破扬州城后，屠杀城中平民的事件。

③《东华录》：编年体清代史料长编。有"蒋录""王录"两种。乾隆三十年（1765），重开国史馆，蒋良骐任纂修，就《清实录》及其他官书文献摘录清初六朝五帝史料，成书 32 卷。

④辛丑：即 1901 年。

⑤李提摩太（1845—1919）：英国浸礼会传教士。他 1870 年来到中国，最初在山东、东北一带传教。1876 年，山东发生了大规模的旱灾，李提摩太就到处为灾民募集救灾物款。1878 年，山西也发生了灾荒，李提摩太又到山西救灾，并在太原传教。著有《亲历晚清四十五年》，成为研究近代中国的珍贵历史资料。

⑥西学专斋：英国人李提摩太建议，在庚子赔款内，拨出 60 万两（一说是 50 万两），在山西兴办一座中西大学堂。当时山西省城太原设有书院"晋阳书院"和"令德堂"两处。岑春煊谋于士绅谷如墉，同意李提摩太的建议，上奏朝廷。1902 年初，遵照朝廷谕旨将令德堂改为山西大学堂。之后又把山西大学堂分为中西两斋，各收学生 200 名。谷如墉为中斋总理（1903 年谷辞职），西斋总理为李提摩太（英国人，清赐头品顶戴翰林）。以省垣文瀛湖南贡院为校址，借"皇华馆"为西斋讲坛，修葺开学。1903 年，购得新南门内侯家巷民地 200 亩，建筑新校舍。1904 年秋，新校舍落成，中西两斋一同移入。

⑦1901 年 9 月 7 日，在北京订立的《辛丑各国和约》第二款第二条明确规定："将诸国人民遇害、被虐之城镇，停止文武各等考试五年。"1901 年秋，山西的学子们便去西安参加乡试，以博取功名。

入京时之感想

庚子以后，北京也开了大学堂。从各省里保送学生，山西共保送五名，我在其内。当辞别谷先生①时候，旁有某君用赞叹口气说道："如此君，真可谓学有根底了。"谷先生摇头曰："尚未，尚未！"这两句话，大家听着，或者不以为意，在我真觉得冷水浇头，比那"作算不能胡说"的批语，还利害十倍。你猜我当时自以为学问有多少深沈厚富呢？大凡人苦不自知，惟有青年更容易犯这样毛病，我特犯得略重些。如今领略那"尚未尚未"的话头，真是婆心苦口。所以特特提出来，供青年诸君的参悟。截断闲言，复归正传。那年正是辛丑②冬月，同着三位同学离了太原，由旱路雇车雇驴，经过那四大天门，井陉③险地，才晓得那表里山河的话，不是欺人之谈。一路无话，直至石家庄。彼时京汉铁路，尚未全通；然而要走北京，已经可以到此地搭火车了。我初次见那铁道火车，未免有些奇异。但见那枯野中间，两条明晃晃的铁轨平行而北；又听得怪叫了一声，原来是火车头放气。从南拖带许多客车货车（这是如今知道的，那时并没分别）走过来，铁轮在下乱转，真像一条大蟒飞奔前来的样子。次早上车买票运行李，都托栈房人代办；可恶那栈房人，还说是同乡哩，办得实在对不起人，教三个人坐车，一个人看守行李。那时我年纪较同行者略小些，蒙诸位顾念，不教看行李，教坐在车里，年长的一人看行李。大家想一想，十二月天气，异常寒冷，行李又在敞车上，四面受风，读书人，如何受得？走到长辛店，一时照顾不到，被贼偷去几件；到前门下车的时候，一检点才知道丢了。这时候还没有停车场，剩下的行李，都放在地面上。同行某君，因行李不全，未免抱怨火车的人员，一定要教他找寻，闹了半天，并没人理会。不多时，忽然来了个人说："别闹了，快把这些行李搬去，慢了不行！"某君曰："慢了又怎么不行呢？"那人便道："别糊涂了，这是外国人底地方，慢了人家不答应！"我当时听了"外国人底地方"一句话，真气破了肚子，又没法子和他辩说，只得藏在心里，到如今还忘不了。某君当时也没法，只得雇车把行李运到一个栈房里，还吃了多少亏。第二天，才搬到会馆。第三天，京城起大风，冷得怕出门，仍劳某君到大学堂投递送考的文书。如今想起来，当时未免太躲闪懒怠，实在对不起老同学，几时见面，再谢罪罢！

注释：

　　①谷先生：即谷如墉。见 11 页注。

　　②辛丑：即 1901 年。这一年，景梅九 19 岁。

　　③井陉：河北省县名，地处太行山东麓，是山西到石家庄的必经之地。

大学堂时代之荒唐

　　到京后，迟了数日，和同来三君在后门马神庙大学①覆试，皆蒙录取，随即移入堂内；记得同住在月字号。当时分仕学和师范两馆，我们四个人，都在师范班上课。初到里边，仿佛还守点规矩，好像小学生的样子，非常用功，总想多考些分数。听日本教习服部宇之吉讲甚么心理学、论理学，算是闻所未闻，然而心里总说这是西学。那时节，有一种中学为体，西学为用的邪说印入脑髓，牢不可拔。于是涉猎诸子百家，采他的精华，要作一个炉灶样子，预备消融了那些新学说。久而久之，才晓得东海西海，心同理同。并不能拿中为体，西为用；也不能拿西为体，中为用。就是中有中的体，中的用；西有西的体，西的用。再说中的体和西的体差不多，中的用和西的用也差不多。于是乎野心勃勃，想要作第一流学者。当时有个历史教习，和梅村先生同宗，笃信那《天演论》②，甚么物竞天择，优胜劣败一派话；我不以为然，作论争辩。慢着，大家休错认我底学问很渊博，能驳倒人家底议论，仍然是脑筋顽固不化的缘故。（如今这种《天演论》已经被欧美哲学家攻击的不成一种学说了。但是还有人迷信他，我有功夫，定要痛痛快快驳他一番，还可以说是不失本来主张，免得这今日之我，和昨日之我挑战。一笑。）这位先生，又讲皇帝是黄种人，黎民是黑种人，也是好新之过，靠不住得很。闲话剪断，且说正经的，大家记得，"我不看西太后，假装正经"

的话么？实对大家说，到京之后，渐渐地和社会接近，这假正经也装不到底了；未免随波逐流，寻花问柳，和诸人逛了逛八大胡同③，认识了一个旗装的妓女，名叫甚么全喜，曾撰一长联送他曰："离合悲欢，此事古难全，卿不应有恨；审视明白，兀得般可喜，我怎得无情！"话虽如此说，不过是一种虚文，并非真情实犯。倘若不信的时节，请多派几位侦探先生，明查暗访，如有确凭确证，愿甘承罪。但是我有一样大错，不能不提出修正案。就是以上的话，是癸卯④年的事，到京后第二年，是壬寅⑤，这一年中，确是悲天悯人时代，完全保守旧道德，是甚么缘故呢？因为辛丑⑥壬寅，正当变乱初平，我心想那两宫回京以后，定有卧薪尝胆的计划；还有那大小臣工，也应该痛定思痛，不忘在莒⑦，扶助那当时的君主，励精图治，财富兵强，然后才可以雪国耻，复国仇。不料到京之后，看见那朝市的景象，仍然是文醅武嬉，不痛不痒。当时有两句诗道得好："国事兴亡都不管，满城齐说叫天儿⑧。"真足以写尽北京一切人的心理。我看见这种情形，也有些烦闷的光景，尝写下一首五言绝句道："人世热心冷，伤时新泪多；嗟彼苍苍者，生我意如何？"几乎要学那贾长沙⑨痛哭流涕长太息。所以壬寅那年，确乎没作绝大的荒唐事。到了癸卯那年，就不同了，说一句肉麻话，叫做习俗易人，贤者不免。起初以为逢场作戏，原不关甚么紧要，以后不知不觉地就误入迷途了。所以说世上无如人欲险，几人到此误平生。我不敢瞎吹，还算有个老主意在。去是去，逛是逛，总不住。本来学生时代，平常不能自由出外，逢着星期逛逛罢了，又没多的洋银，那能够千金买笑哩？所以当时始终不过花费了十几块站人洋⑩，便觉得不过意，随心写了三句格言道："惟酒伤脾，惟烟伤气，惟妓伤圆。"（圆，洋圆也。）真把八大胡同，看成销金窝了。有人说，毕竟你们穷措大底眼眶小，人家阔大爷，把这些风流费，何尝列在预算表里？还不是随意的挥霍么？这话也是。但不知这些阔大爷的钱，到底从何得来？要请大家详细考查考查，才好！

注释：

①马神庙大学：位于今北京景山东街。

②《天演论》：英国生物学家赫胥黎著，严复翻译，于1897年12月在天津出版的《国闻汇编》刊出。《天演论》认为万物均按"物竞天择"的自然规律变化。

严复（1854—1921），福建侯官（今属福州市）人。光绪三年（1877），严复作为清政府首批派遣留学英法的学员，"考课屡列优等"，成为该校的高材生。1915年，严复参与袁世凯帝制运动，因之名声失坠，一落千丈。1921年10月27日殁于福建，终年68岁。著作有《严几道诗文钞》等。著译编为《侯官严氏丛刊》《严译名著丛刊》。

③八大胡同：在西珠市口大街以北，并不专指八条街巷，而是泛指前门外大栅栏一带，分布着近百家大小妓院。

④癸卯：1903年。

⑤壬寅：1902年。

⑥辛丑：1901年。

⑦不忘在莒：成语。《吕氏春秋·直谏》："齐桓公、管仲、鲍叔、宁戚相与饮。酒酣，桓公谓鲍叔曰：'何不起为寿？'鲍叔奉杯而进曰：'使公毋忘出奔在于莒也（曾躲在莒国寄人篱下）……'桓公避席再拜曰：'寡人与大夫能皆毋忘夫子之言，则齐国之社稷幸于不殆矣！'"

⑧叫天儿：指谭鑫培（1847—1917），京剧名角，工老生，曾演武生，艺名小叫天。

⑨贾长沙：即贾谊（前200—前168），洛阳（今河南省洛阳市东）人。西汉初年著名的政论家、文学家。

⑩站人洋：也称杖洋，英国铸造的一种银元的俗称。

革命军之激动

癸卯秋，上海《苏报》①上面，忽然载了一篇《革命军》②的文章，是四川邹容③作的，论调非常激烈。一时传到北京，我在大学堂④阅报处，忽然看见，读了七八行，脑筋已为之震动，几乎不敢往下看。幸而旁边一个同学，也看见了，却说道："有道理！有道理！"于是乎通通看了一遍，并不作声，暗暗地已被这篇惊天动地的文字，鼓动了从前那复仇的念头来。这本来是中华革命第一声，未免有些疾雷不及掩耳的光景。一时一传十，十传百的沸腾起来，声浪日高一日，日宽一日。那时守旧的老儒俗吏，见了那篇文字，个个咋舌瞪眼，怒气冲天，甚至有痛哭流涕，如丧考妣的。他们都说道："国家何负于邹某？竟尔丧心病狂，目无君父，一至于此！这样人，不赶紧除绝，还了得么？"同时，还有那章炳麟⑤先生《与康有为书》⑥，也载在《苏报》，内中革命话很多，最惹人注意的，只两句话，就是："载恬小丑，不辩菽麦。"论者谓竟敢直呼御名，明骂皇上，理应斩决。随后听见说和邹容一齐定了个监禁罪，都唉声叹气，愤愤不平，说那样大罪，仅仅监禁几年，未免失之过轻。我那时，并没敢赞一辞，但有几个一半赞成，一半反对的人，便遭众人底冷讽热嘲；要是完全赞成，怕不登时捉将官里去，断送了头皮。不多时，北京又发现沈荩⑦之狱，只听说是犯了革命嫌疑，被刑部用毒刑一顿打死，体无完肤，惨不忍闻！我又暗暗地愤激起来。这时候，康、梁逃出，所著书报，也多谭革命情事，如《中国魂》等皆是。壬寅年的《新民丛报》⑧爱看的，却也不少。忽然上海出来一种《大陆杂志》，痛诋康梁，说他带专制臭味，有"游美洲而梦俄罗斯"的话，的确靠不住。随后日本留学生，又出了几种杂志，大都主张种族革命；我暗中偷阅，甚合心理，于是把康梁的议论，看得半文不值了。是年⑨冬，政府派送学生游日本，我决意欲往，临考的时节，管学大臣张伯熙⑩先生，尚郑重其辞的说："重洋万里，背家远游，须自定主张，勿贻后悔。"这次取定三十余人，临行设席饯别；有江苏某君在席上窃对那荣庆⑪（副管学大臣）说道："游学固然是好事，但近来有一种革命邪说，十分可怕；我们江苏的学生，在东京出了一种杂志，名子（字）就叫《江苏》，里边有一篇小说，叫甚么《痛定痛》，大概说的本朝入关后，怎里屠杀汉人，愚弄汉人，那些话，你看何等背谬？这一层，倒是可虑的很，想甚么法子防备防备才好！"荣庆当下听了这一席话，只蹙了一蹙眉，摇了一摇头，一声也没言语，但是我恨不得当下把这媚奴活吞了；因为那《痛定痛》一作，正是我最爱读的。

注释：

①《苏报》：1896 年 6 月 26 日创刊于上海，1903 年 6 月底终刊。1900 年后由宣传改良转为倾向于革新，遭到当局查封。"苏报案"震动全国，促使革命运动迅速兴起。

②《革命军》：作者邹容，当时署名为"革命军中马前卒"。1903 年 5 月，《革命军》由上海的大同书局印行，成为当时宣传反对帝制的檄文。

③邹容（1885—1905）：字蔚丹，留学日本时改名邹容。四川省巴县（今重庆市）人，1902 年自费赴日本留学。后与革命志士章炳麟、章士钊等人结为挚友，出版《革命军》。不久"苏报案"发，清廷要求上海公共租界当局通缉邹容与章炳麟。二人被租界当局判处三年有期徒刑，邹容在关押二年后病死狱中，年仅 20 岁。1912 年大总统孙中山追赠邹容为陆军大将军。

④大学堂：京师大学堂，现在的北京大学的前身。

⑤章炳麟（1869—1936）：即章太炎，原名学乘，字枚叔，在经学、史学、文字音韵和文学诸方面都有深湛造诣。章炳麟一生著述甚丰，被尊为经学大师，后辑为《章太炎全集》。

⑥《与康有为书》：即指《驳康有为论革命书》。（1903 年农历）五月二十五日，《苏报》刊出书介一则，向读者推荐章太炎此书："康有为最近《政见书》力主立宪，议论荒谬。余杭章炳麟移书驳之，持矛刺盾，义正词严。凡我汉种，允宜家置一编，以作警钟棒喝。"

⑦沈荩（1872—1903）：湖南善化（今长沙）人。字愚溪，原名克诚。"戊戌变法"时，与谭嗣同、唐才常等交往，认为要革新湖南，非有一番破坏不能奏功效。变法失败后，留学日本。1900 年春返回上海。与唐才常等共组"正气会"，旋改名"自立会"，任干事。为右军统领，活动于湖北新堤。事败后走上海，潜往北京，进而从事反清活动。1903 年，因揭露《中俄密约》于天津英文报纸上，引发在东京的中国留日学生和国内各阶层的反对。7 月 19 日被逮捕，后被判斩立决。适逢慈禧万寿庆典，遂改判立毙杖下。31 日，沈荩被狱卒杖打 200 余下，尤未致死，最后用绳勒之而死。这就是著名的"沈荩案"。

⑧《新民丛报》：1902 年 2 月由梁启超创办于日本横滨，是梁启超宣扬在中国实行君主立宪、反对民主革命的报刊。壬寅，1902 年。

⑨是年：1903 年。

⑩张伯熙（1847—1907）：即张百熙，字埜（yě）秋，一作冶秋，号潜斋。湖

南长沙人。清末大臣，著名教育家。

⑪荣庆（1859—1917）：字华卿，号实夫，蒙古黄旗人，1903 年他被任命为管学大臣，与张伯熙共同管理京师大学堂的事务。

恭喜恭喜

当临行那一天，清早到东车站。管学大臣及各教职员，和同学多人都来送行。本来是第一次派送游洋学生，人数又较多些（其实不过三十六人），因为《革命军》底影响，几乎有分班遣往一说。仿佛这一行人，就可以造反似的，怪事，怪事！却说同行的，上了专车之后，管学大臣，随后上来，到每人面前，拱一拱手道："恭喜！恭喜！"（大家休要笑，当时除了这一句，更找不出第二句勉励的话头来。）那时心里头，觉得并没有甚么恭喜；不过旁边也有作羡慕的口气，说道："班生此行，何异登仙！"又有人说："当年十八学士登瀛洲①，如今加了一倍，更可以说恭喜的。"总而言之：我国人对于创举的事情，往往有一种莫名其妙的狂热；况且"恭喜恭喜"的话里头，带些神秘的意思，和特别的解释，不能废除。譬如，而今人见了面，往往问："老哥在那里恭喜？"这句话我被人问过，从来没有答过，还是莫名其妙。最可怪的，是我记得管学大臣，说恭喜的时节，另有一种诚恳的和希望的意思，含在里边。再说一句，还是莫名其妙。所以我如今对于这句话，有些参禅光景。真是不说还明白，说了更糊涂，请大家也参一参罢。

注释：

①十八学士登瀛（yíng）洲：据说首出唐太宗时期。唐太宗命大画家阎立本为十八学士画像，当时被称为"登瀛洲"。瀛洲为神话中神仙所居之山，在东海之中。

横 海

　　且说离了北京，平常应到天津候船放洋。那时却遇着冬天，大沽口被冰锁了，不能行舟，才绕道北行到了秦皇岛；因为此处是个不冻港。至于秦皇岛三字的历史，彼时并未考究，大约想起来，是秦始皇封禅时望海之地。有人说：因徐福①求仙时节，也从此登舟，就未免有些附会了。不过有件事情，当时触动了脑筋，就是史书上载的徐福曾领着童男女三千人渡海，想那只船，一定是大的很，绝对不是孔老夫子所说乘的桴了。可惜不知那船的形势结构怎么样，直纳闷到如今。记得当夜同诸人乘小船渡上轮船，那轮船叫做甚么丸；都在底舱里各占了一个睡卧的地板，不多时，听见摇铃，人家说预备开船；又听见铁索乱响，人家说是起锚；又听见机轮转动的声音，人家说是开了船了。觉得在里边很闷，便同几个人登梯到甲板上面，自然是有些清爽。但是黑夜里，四面茫茫，一无所有，耳边不过轮声激动的海水声，眼里不过灯影摇映的海水影，没有甚么意思，便和同行的人说道："我如今活了二十岁，南不见长江，北不见大河，却先见了沧海，也算是一件怪事；古人说：曾经沧海难为水，不知以后见了那些江河的时节，是怎样个难为哩！"说得同行人都笑了。第二天早起，来在甲板上，看见那一轮红日浴海而出，霞涛万顷，真是壮观；方过渤海，群岛浮出，偶忆吴莲洋②咏海诗，有"千艘千蜻蜓，一岛一虾蟆"两句，写的正是眼前佳景。等到出了渤海之后，就是黄海，那景象便大不同了。碧波浮天，四望无际，鸟飞不到，航路若迷。俗语说："黄河没底，海没边。"文话说："渺沧海之一粟。"都不错；这时真觉得自己小了。又和朋友谈到甲午之役③，北洋舰队全军覆没。又动了一番感慨，便道："如今若大个中华，竟成了无海军的国，岂不可耻！"一个朋友说："中国何尝无海军？不过变了形象罢了！"我便问："变了甚么？"他说："早变成颐和园了！"我又问：

"是甚么缘故?"他说:"甲午之后,李鸿章本来打算复兴海军,把款都筹现成,却被西太后拿去修了那一座颐和园,糊里糊涂,把几千万银子,都花净了,把复兴海军的事,永远一字不提,后来也没人敢过问,所以人说,颐和园是中国海军衙门,一点也不差;你道可恨不可恨呢?"我便道:"那就无怪人家讲革命了!"友人笑说:"还没到外国,就讲革命,无怪人家不派留学生了。"几个人在甲板上,你说我笑,海不扬波的,过了两天。忽然有一个鸟儿飞来,落在桅杆上。有人说,大概离甚么海岛不远了。及到晚间,忽然看见前边有一个黑影,便问那走过日本的领导人,他道:"那就是近日本的诸岛,快要过黑水洋了;这里时常有风浪,小心,小心!"不多时,果然觉得轮船在大浪里摇头摆尾似的,颠播起来,同行的人颇多晕船呕吐,我独平稳如常,自喜和海有缘法。第二天早,望见对马岛④,领导人说:"快到了,远远望见那岸影,就是长崎⑤。"那时,又想起《史记·封禅书》,说甚么"海上三神山,可望不可即,舟将至,风辄引去,终不得至"云云,不觉失笑。

注释:

①徐福:其事迹最早见于《史记·秦始皇本纪》和《淮南衡山列传》。在本纪中称"徐市",在淮南衡山列传中称"徐福"。据《史记·秦始皇本纪》记载,秦始皇希望长生不老,便派徐市率领童男童女数千人以及三年的粮食、衣履、药品和耕具入海求仙,耗资巨大。但徐市率众出海数年,并未找到神山。

②吴莲洋(1644—1704):名雯,字天章,号莲洋,清康熙间人。原籍奉天辽阳,后居山西蒲州。诗文峻洁微远,著有《莲洋集》。

③甲午之役:为19世纪末日本和中国为争夺朝鲜半岛控制权而爆发的一场战争。甲午战争历时9个月,分为陆战和海战两个战场,日军攻下朝鲜的平壤,在黄海海战中大败北洋水师,之后又攻下中国的旅顺、威海,并于1894年11月22日在旅顺进行大规模屠杀,血洗全城。战后,双方签订《马关条约》。

④对马岛:在日本、韩国之间的日本海峡内,属日本长崎县。由5个岛屿组成。历史上为日本和朝鲜之间的踏脚石。1905年附近发生日、俄对马海峡之战。

⑤长崎:是日本九州岛西岸著名港市,与我国上海相隔仅800公里,自古以来就是沟通中国与日本的桥梁。

下关最大之激刺

到了长崎，上了岸，只见那绿树遮山，翠光流野，真觉别有天地。同人精神都为之一爽。暂宿一个旅馆，因为大家要恢复海上郁闷，决议留一天。不用问，初到了日本，不懂话，只得装聋卖哑，用手代口，凡不懂得外国话，游历外国的人，大概都晓得这样作法罢！不过日本更有一种的特别情形，就是旅馆都是板屋席地，进门要先脱鞋的。出洋游学，本为维新；然而到了日本，第一先要复古，且要复秦汉的古，把那《礼记》上户外有二屦①的话，和那《汉书》说文帝与贾生夜谭不觉膝之前②的话，孔子席不暇暖的话，前前后后，都漂浮到脑皮上面来了。又看见那日本人，正襟危坐，忽遇宾来，便相对伏首下拜，你起我落，很有些礼让之风；才知道古人行跪拜礼，是为人在席上，自然便于曲膝着地。如今中国已经把席地的风俗，改革了数千年，当然应该行鞠躬握手的礼，偏有人还硬要学古，凡婚丧大礼，特地铺张席或毡，教人家下跪，真正奇怪！且说第二天，大家出了旅馆，要到那名胜的地方赏玩赏玩，正当过市的时候，忽见有多少人指着笑着，还有许多小孩儿跟来乱嚷道："强强跛子！"那时丝毫不懂，代大家当翻译的人，直说这是说豚尾奴③，听了真又气又羞。这还不要紧，忽然到一处，说是李鸿章议和的地点，真教人羞的无地自容了！地名叫下关，也叫马关④，友人诗云："可怜万古伤心地，第一难忘是此关！"怕经过此关的中国人，都有这样感慨罢！可算是游日本的人，最先受的大激刺了。

注释：

①户外有二屦：《曲礼上》云："户外有二屦（jù），言闻则入，言不闻则不入。"大意是说：看到门外有两双鞋，如果听到里边说话，便可入内，如果没有听到说话，就不要直接入内。

②文帝与贾生夜谭不觉膝之前：事见《史记·屈原贾生列传》。文帝接见贾谊，"问鬼神之本。贾生因具道所以然之状。至夜半，文帝前席。"前席的意思是：在坐席上移膝靠近对方。

③豚（tún）尾奴：当时辱华词汇，就是猪尾巴（代指清代男子辫发）、亡国奴。当时有一首《豚尾奴》叹道："豚尾奴，无奈何，黄发垂垂脑后拖，胡儿制度工象形，能令犬马奴伏多。……堂堂王朝猪尾宾，岂知丑态留人世，贻笑邻邦寔（shí 同实）污秽。"

④马关：中日甲午战争中国战败，清政府派直隶总督李鸿章为头等全权大臣前往日本马关，与日本全权代表、总理大臣伊藤博文和外务大臣陆奥宗光议和。1895年4月17日，李鸿章签订丧权辱国的《马关条约》。

剪　发

到第二天早起，大家坐了火车，所经过的地方，有琵琶湖，名古屋的旧城，和那富士山头雪景，日人所谓白扇倒悬东海天，倒也很像；其实，并没有华岳的秀丽，泰山的雄伟，庐峰的奇特。却说到了东京，早有人在新桥车站楼接待，便一齐坐东洋车，进了那本乡第一高等学校。当时中国人在这学校里，已经有三四人，程度确乎在中学以上，至于同行的，别位不用说起，我自负程度也不甚低，随便一考查，方知相差甚远；还得预备日语，英文，算学，好几年，然后才可以插班哩！这并不在意下，便大模大样地住下了。随即有许多日本学生，前来讲话，自然是不懂的了；但拿笔代口，因为日本高等学生，大半通汉文，也不敢说好，能懂就是了。里头有几个不客气的，便拿起笔来写了几句话道："辫子不好看，剪了好，我们称豚尾。"这句话，激动了我底那差（羞）恶之心，便独自一个跑到校外斜对门一个理发所里，坐下，拿右手底食指和中指，作了个剪子形像，向辫根一夹。那理发师仿佛懂了这种指话，笑嘻嘻地，拿起剪刀来，一下子便断了那三千烦恼丝，接着，把剩下的顶上覆发也修光了。一霎时，对面镜子里现出一个光头和尚来，自已也不觉笑了。又醍醐灌顶地一洗，更觉得爽快。抱着头回到学校里，同学的看见，也有冷笑的，也有说好的，也有说"身体发肤，受之父母，不可毁伤"的，也有说剪了发，就是革命党说；七言八语，说了一大片。那时也顾不得许多，正是笑骂由他笑骂，爽快我自当之。过了几天，漫漫都剪起来了；只有少数人，把辫子盘在头上作髻儿，不脱帽的时节，自然和大家一样，一脱帽，仍然是惹人笑的。以后留学生辫子，渐渐少了。但是游历官儿和满洲学生辫子，仍然不少，所以有种种笑话。有一个官游历到日本，没几天学了一句"ヨシ"，就是中国话好好的意思。有一天，到了一个理发所坐下，那个理发师，以为他要剪辫子，一面将他辫子提起，一面用日本语问道："剪了好么?"他并不晓得人家说什么，却仿佛懂得的神气，说一句"ヨシ"。那理发师，即拿起剪子来，向拿（那）辫根一夹；这位先生觉得不对，连忙用手拦挡，已经断了。这位先生大怒，把那辫子夺过来，紧紧握在手里，大瞪两眼，用中国语骂起来了，惊动了警察来问，他还是气愤愤地道："ヨシ!"拿着辫子连哭带骂的走了。还有一个笑话，是士官学校留学生里边，有一个满洲学生，不剃辫子；有一天，野外演习，一个学生，是汉人充队长，那不剃辫子的满洲学生充斥候①，向那队长报告敌情，大概不十分清楚。那队长拿鼻子哼了一声道："报告又报告不清楚，辫子又不剃。"惹得旁边几个汉人学生都笑了；因为平常不好意思说，所以乘这时候，不伦不类地相提并论的发挥出来，居然传成笑柄。

注释:

①斥候：古代的侦察兵。

革命先入之言

却说初到日本，自然见了中国人，非常亲热。记得一高（第一高等学校）有一位中国留学生，和我初次见面，贵姓，台甫①，贵省，当头三炮，互问了一番。他听说我是山西人，觉得非常希罕，便道："好极了！你贵省只有一个留学生在这里，还是从江苏自费过来的，和我很好，明天我给他说一声，教他来看你。"我听了很是喜欢，当下问："这位同乡姓甚，名谁，那县人，住甚么学校？"他道："是灵石县人，名叫何某，在振武学校，离这里很远，不过我和他一说，他一定来瞧你。"说话中，过了两天，何君②就来了；同乡见面，自然非常高兴。当时这位先生，正和革命派人来往，言下便带菲薄康梁的意思，正和我气味相投。便问他道："甚么人应近，甚么人应远？"他就把几个主张那种族革命政治革命的人都告诉我了。我又问："主张革命的人，有党会没有？"他说："当下没有，不过同声相应，同气相求，久之，自然有个团体出来；况且现在虽然说在外国，讲甚么革命不要紧，究竟还不能公然倡导，仍然是秘密进行；不过革命书报有几种出来，可以随意买些看，不比在中国内地的严密。"这几句话，虽然没多大意思，已经把我完全引到革命路上去了。真是先人之言为主，以后反对革命的话，简直不中听了。

注释：

①台甫（táifǔ）：敬辞，旧时用于问对方的表字。

②何君：此处的何君应为何澄。何澄（1880—1946），号亚农，别号真山，以号名。山西省灵石人。1901 年，何澄在日本士官学校学习，不久入同盟会，又加入了该会的核心组织"铁血丈夫团"。1911 年，辛亥革命爆发后，何澄自京城南下，协助陈其美谋划光复上海，任沪军都督府参谋长、沪军第二师师参谋长。1912 年 8 月，何澄退出军界，回到苏州定居。1940 年，何澄从张锡銮手中购买网师园，收藏丰富。1946 年 5 月 11 日突患脑血栓病逝。

欢迎会上之演说

　　曾记初到日本，过了两个星期光景。有许多先来的留学生在上野公园，为我们三十几个人开了一个欢迎会。说起开会事情，又想起北京大学堂时代，因为日俄将要决裂，东三省非常危险，某先生发起一个学生会，在那大讲堂上，集合全堂学生，登坛演说国家危亡的现象，及日本人爱国的热潮；言时，声随泪下，学生大为感动。也有几个相继登坛，发挥爱国的议论的。本来这是中国学生第一次在国内大会，没有甚么规条，仿佛议决了上书政府，并哀告同胞几件事。那时有个庶务员在门外侦察，神色张皇，几疑惑学生要造反，赶紧报告管学大臣去了。果然不多几天，管学大臣出来谕帖，大概说"学生开会，虽系出于爱国热诚，但国家事，朝廷自有权衡，诸生不得妄预"云云。那位发起开会的先生，居然受了嫌疑，不安其位，告假走了。学生虽说愤愤不平，也没法子。至于留学生在外国开会，已经是一种寻常事情，不过就我到日本讲，这个欢迎会，算是第一次。当时，到会者近百人，开会次第，先由主席述欢迎辞，随后大家随意演说。我最呐于言语，一个同学，逼令登坛；却也无法，只得敷衍几句。正不晓得说甚么好，忽然间，提来一个化除省界的题目来，便略略说道："今天在坐的各省人都有，我是山西人，到这里颇听见有一种南北省界的话，很不赞成。在我底意思，以为这省界是人为的，非天然的，说有便有，说无便无；如今最要紧的，是化除这种省界。大家莫道这是一种难事，我以为极其容易。譬如：人在本省各县的人，自结团体；及到北京，各省人又自结团体，那一种县界，不知不觉的就化除了。及到了外国，譬如：我们今天在日本，便觉得通是中国人，那省界自然又不存在了。再进一步说：到了欧洲，这亚洲人，自然有亲爱的意思，把国界也能化除些。再推一步，要是到别的行星里边去，我们地球上的人见了面，自然要亲热起来，把黄白的种界，也可以化除了。（说到这里，大家拍掌大笑起来。）老子说的：其出弥广，其知弥少①。就是眼界愈大，僻见自除的意思。今天说这话，并不是说山西人少，我怕大家攻击，实在自己觉得这有点道理。"说完之后，大家好像欢迎这一席话，真觉得一团和气；自下午六时起，直至十时许，尽欢而散。

_____

注释：

　　①其出弥广，其知弥少：语出《老子·四十七章》："不出户知天下。不窥牖见天道。其出弥远，其知弥少。"

运动同乡留学

　　自划除省界演说之后，转过念头来一想，仍然觉得山西留学生太少；这叫做自家撞着，也叫做自相矛盾，也叫做理想与事实不合。便同何君商量想个法子，教山西自行派送几个学生来，想了半天，正自没个主意，何君忽然笑道："有了，听说横滨有个领事①，是咱们同乡，到那里求他，给山西巡抚写封信，就从山西筹款，多派些人来，岂不是妙？况且他是个资本家，就请他自己拿几个钱出来，帮助留学生费用，也是容易的。"我听了这话，觉得很有道理，便道："好极了，趁礼拜日走一趟，看他底意思如何？劝他自己出钱，我看未必办得好，求他写信给巡抚设法，派送学生来，总还容易些。"两个人商量定了，到星期日那一天早晨，从新桥上火车，一霎时到了横滨（写出火车飞快情形来，的是妙手，一笑）。听说这条铁路，是日本最初借外债修筑的。当时人民，也有反对的；及到修成，人人觉得便利，反对的人，一变都成了赞成的了。不多几年，把全国铁路都筑起来了。说到这里，又想中国底铁路历史了；起初和日本底情形差不多，后来虽有觉着便利的，究竟是少数人，那多数人，仍然是不赞成，所以直到如今，南北铁道，还没有贯通；更可恨的，是把铁路的借款，都被袁世凯预备作皇帝花费了。皇帝没运动得成，铁路也跟着他不能运动了。这事大家也没有过问的，真怪！此系后话，暂且不表。且说当时两个人，到了横滨，就寻那领事馆，拿同乡的名义求见；还好没挡驾，出来见面，说了几句应酬话，我们就言归正传说："山西人在日本留学生太少，先生可以向山西巡抚写信，教他多派几个人来，于山西前途，国家前途，都有好处。"他便道："山西现在有几个人在日本？"何君说："近来张彪②底儿子，从湖北才来，算有三个人。"他便道："三人成众，也就不算少了。"这也不过一句笑话，我却很不喜欢，当下也没再提别的话，告辞就走。出来对何君说："算牺牲了几元火车费，空空跑了一回！"何君也说："作官人，究竟靠不住，咱们回东京再说。"回到东京，也没想下特别法子，只写了一封信到山西，劝人东游，说的甚么都忘记了。那时，太原有个报馆叫《晋报》，曾把那封信登出来，也不知有效没效。到了甲辰夏天，山西巡抚，派送五十余人东游③，我同何君作招待员，到新桥迎接，一齐到神田经纬学校（日本人特为中国人设的预备学校。）自然是欢喜不尽。里头有学陆军的几位，都入了振武学校，其余皆在经纬。那时候第一件热心的事，是劝人剪发；第二件是劝人革命，颇费了一点唇舌；算是劝动几位剪发的，和赞成革命的。又组织同乡会，我算被大家推举作了几天会长，自以为一生最光荣的事了，于是又求某君作书，劝人留学，由同乡会捐钱印出来，散到内地，山西人来日本的，便一天多似一天。

注释：

①横滨有个领事：当时的中国驻横滨领事，即渠本翘先生。渠本翘（1862—1919），原名本桥，字楚南，山西祁县城内人。1903 年，始以外部司员派往日本横滨任领事。1904 年回国后，渠本翘任山西大学监督，接办山西官办的"晋升火柴公司"，主持山西保矿运动。1919 年在赴友人酒宴时猝然去世，时年 58 岁。

②张彪（1860—1927）：字虎臣，山西榆次西佐辅村人。曾任湖北提督，陆军副都统，辛亥武昌起义时，张彪率督署卫队与起义军顽抗。南北议和后卸职，在天津日租界筑"张园"，做寓公。1924 年 11 月 13 日，孙中山和夫人宋庆龄北上，12 月 4 日来天津，住进张园，27 天后才赶赴北京。1924 年冯玉祥将军发动北京政变，

将逊帝溥仪赶出紫禁城。1925 年 2 月 23 日溥仪全家连同宫女、太监、遗老遗少来到天津，住进张园。张彪每日清晨，亲自洒扫庭院，以尽"事君"之道。1927 年张彪病危，清逊帝溥仪闻讯赶来看望他，一直到他去世。

③1904 年，山西巡抚张曾敭（yáng）请示清廷，获准山西派 50 人到日本留学。

观日露战纪写怀诗

甲辰①那年，正遇日俄开战，日本称俄国为露西亚，也称为露国。旧时李译称鲁西亚，后来因取"日出露消"的吉兆，才改"鲁"为"露"；这本不过是个小巧，那知道竟系一种魔术，把日本的人，都迷住了。仿佛中国古来的童谣一般，挑动世人心理，关系不浅。我又忽然想起洪宪元年，北京市上有禁"卖元宵"的话，因为和"袁消"同音，改作"汤圆"和"斗起来"三字，一同悬为厉禁，好笑得很。后又有禁"扑克"的话，本来可说是禁赌；但有人说扑克，仿佛犯"扑灭克定"，也是犯忌讳才禁的，未免太滑稽了。回头再说日露开战的话，那时节日本举国若狂，到处开甚么演说会，鼓动人民的爱国心。总说："露西亚怎么野蛮，有吞灭日本的心事，要是不主张打仗，就是甘心和波兰②一样，不如把六千万人，一齐蹈海死了，倒还干净；况且拿现在民气，国运，公理来说，只有胜，没有败；极而言之：就是败了，将日本人，一同死到海陆战场里边，也留得大和魂在。"说得激昂慷慨，一时也记不得许多；但记得有一人演说，总要提出中日战争的旧事，把人也就气坏了！又看见那送出征军人的家族和市民，常揭起一幅白旗来，上面写"祈战死"三个大字，把我底一腔血直激起来，像要喷到那三个字上似的。所以有"观日露战纪写怀"一绝道："廿纪风涛激亚东，健儿血溅阵云红；他年觅汝骨何处？也在霹雳炮火中。"如今看起来，真中了毒，也不成诗。当时却被一个友人看见，称赞不了，说"也在"二字写出一种特别羡慕来。这评语，倒也恰合我当时的心理。

注释：

①甲辰：指1904年。日俄开战即日俄战争，是指日本与沙皇俄国为了侵占中国东北和朝鲜，在中国东北的土地上进行了一场战争。战争的地点在中国东北及黄海地区，战争促成日本在东北亚取得军事优势，并取得在朝鲜、中国东北驻军的权利，令俄国于此的扩张受到阻挠。

②1809年之后建立的波兰王国，是由俄国沙皇兼领国王。1830年11月29日，一批贵族青年在华沙举行起义，结果失败。

迎鉴湖女侠

那年，有一个惊天动地的湖南女士，同着日本某氏底夫人到东京。我听湖南某君说，女士名叫秋瑾，志向不凡；况且那时女子，留学的很少，我便对某君说："日本某氏夫人在北京时，很有招摇的名声，女士在他家里有些不便，我们何不去劝他出来，另寻个地方住下？"某君赞成，便找到日本某氏家里，那夫人非常欢迎，让坐让茶，很能说几句中国话，便夸说伊在北京，常常同各国公使夫人进宫，见西太后，那西太后跟前有一个懂得外国话的女子（大概是德菱女士①）十分宠爱。说来说去，说到"西太后最喜欢的一个太监，名叫李莲英②"；湖南某君脸上，忽现一种不喜欢的模样。我毫不在意，但问伊同来的中国秋瑾女士，在那里？伊听了这句话，才把女士唤出来，见了面，女士自己说伊留学始末；又说在海上撞见那俄国水雷艇，击沉日船一只。（这是《日俄战史》中有名的话。记得俄国有一位海军少将，自乘小雷艇，直冲对马岛，日本人惊为天外飞来。③）说时，眉飞色舞，大有丈夫的气概。我趁某氏他去，告女士速移住他处为是，女士自己也说要搬家。大家又说了几句闲话，就告辞走了。以后女士常和革命派人来往，联络学界几个同志，组织一份《白话报》，鼓吹民权主义。女士能作诗，自号"鉴湖女侠"，时常登坛演说，慷慨动人。因日本取缔中国留学生，大起风潮之后，和同志回国，组织光复团，死在徐锡麟④一案！我常想作一传奇名《轩亭记》（因女士死难的地方，叫轩亭），写女士底生平，到底没功夫（实在是没才具）。但写成《横海》一出，载在《晋话报》上，仿佛能把女士胸襟曲折传出。现在稿子不在眼前，等寻出来，再附录在这《罪案》里边，请大家看。

注释：

①德菱女士（1886—1944）：应为德龄女士，汉军正白旗人，本姓徐。父裕庚祖先本汉人，后入旗籍，任外交官。1895 年，出使日本特命全权大臣 3 年，后又任驻法公使 6 年；母亲是法国人，德龄随父在日本、法国生活 6 年，精通各国国情，曾是现代舞蹈大师邓肯的弟子。后来德龄与妹妹容龄一起成为紫禁城八女官之一，为慈禧与西方国家使节夫人们交往担任翻译。

②李莲英（1848—1911）：河北河间府大城县李家村人，是慈禧太后最宠信的贴身太监，也是有清一代品位最高、权势最大、财富最多、在宫时间最长的一位大官官。

③对马岛海战是日本海军与俄国海军在 1905 年发生的一次交战。日本海军击败了由 38 艘战列舰组成的俄国太平洋第 2 特混舰队，消除了俄国在东北亚的影响，也为日本入侵中国东北和朝鲜清除了障碍。

④徐锡麟（1873—1907）：字伯荪。浙江绍兴人。1907 年徐锡麟暗中联络会党，约定进行突然袭击，杀掉省文武大官，占领安庆，然后与秋瑾的浙东起义军共同攻打南京。后举事提前于 6 日举行，徐锡麟用短枪击毙安徽巡抚恩铭，徐锡麟被捕被杀。临刑前，他神色自若地说："功名富贵，非所快意，今日得此，死且不悔矣！"

第一次回国之海上

乙巳①夏天放暑假时，同着几位朋友回国。那时，日俄战争才告终，有扫海的话，（净除海底水雷）还未扫毕，海面上，时有危险。送我归国的人，在那新桥车站上，都故意说些险话，打破送行的旧套。就有人说："要是在海面，撞着那水雷时节，可以打个海底电报来，报告大家，好开追悼会。"真算毫无忌讳。然而仍含一种甚么"说凶待吉"的意思在内。有话便长，无话便短。一天船行到黄海，忽然见车轮似的物件，直向船底奔来，船上人大惊小怪喊起来。我心想道："不好，真个水雷来了么？这一碰，大概要冤沉海底。"又想起在日本时，心想学炮兵，是一种杀人机器，随即想起几句自祭的文章来道："杀人者，天必报之以死，某②学兵未成而已死于此，呜呼哀哉！"没事没事，并不是甚么水雷，不过几条八九尺长的大怪鱼，翻浪惊涛罢了。教大家受了一场虚恐，很对不起。又有一夜，我正在甲板上独坐，看着黑漫漫的一片海水，好生寂寥；忽然一道流光，落于船后，三四丈远的光景，只听的咕咚一声，把海水仿佛激动起来，煞是壮观。知道那是落了一个星，（就是陨石）我一时高兴起来，当下想出几句口号来，便高声唱道："破空一声星坠海，海底鱼龙惊光怪；激起波涛十丈强，轻舟遥荡疑天外。仰视群星粲以繁，胡为独离玄虚界？忽忆昔年仇满生③，（庚子有自号仇满生蹈海死，遗言皆系种族主义。）沧溟万顷沉不平；相逢莫话伤怀事，人间天上两无情。"正唱得有点意思，忽然一个大浪从船尾卷上来，仿佛仇满生灵魂出现。又想起伍子胥潮的故事来，只觉得毛骨悚然，便用两手把住那个铁栏杆，拼命似的，向那浪头大喊了一声。却惊动了一个日本船夫，过来用日本话问道："先生好像发疯，怕要投海罢？"把我问得笑起来，也没答应他，便回头走入舱底去睡觉。第二早起，风平浪静，和同船的人，在甲板上闲谈，说昨夜落星的事，有信的，有不信的，我眼见是实，大家耳听是虚，又没有甚么人证物证，（除非到海底捞出那颗星来，又作不到。）也只得说说算了。讲话中间，只听得有人喊道："怪事，怪事！怎么海中间，忽然荡出个岛来了？"大家听了这句，一齐向那人手指处一瞧，但见离船三五里多远，海面上果然有个黑岛影子，忽沉忽起，好像飘流不定的样子。我疑惑起来，便道："莫非古人说的六鳌戴（载）神仙而去的故事，又实现了么？"又想，那有这等荒唐事情。好在甲板上有个商人，自带着望远镜，拿出来一看，便说："不是岛，不是岛！"大家忙问："是甚么，是甚么？"他说："是一个鲸鱼。"我听见这话，又动了好奇心，便向那商人借过望远镜来一瞧，果然见一个大如山岛的鲸鱼，在那海浪里摇头摆尾。想起杜工部④"鲸鱼拔浪沧溟开"⑤的诗句，和那吞舟巨鱼的话来，不觉失声道："好大个鲸鱼！"船上人，一齐看见都道："可惜没有大炮，不能攻击这鲸鱼岛！"（三字妙）还有人说："日俄开战第一天，日本有个战斗舰撞死一个大鲸鱼，那个鲸鱼，仿佛没有这鲸鱼大。今天我们这商船，遇见这样大鲸鱼，虽不怕他一口吞去，恐怕撞他不过，倒要触礁！也可叫鲸鱼礁的危险，小心！小心！"大家听了这话，有点惶恐意思，都注目看那鲸鱼。好怪！他却有退避三舍的光景，掉着头，向斜浪里走了。（放心，不是诱敌之计。）这时候，还有说便宜话的道："算他有运气，不然任凭他有多大力量，怎么能撞得过我们铁甲船呢？"我也附和了两句，便道："甚么运气，算他能度德量力罢了！"真正是吹牛皮，要是那鲸鱼卷浪重来，恐怕大家比那政府防备革命党的样子，还要难受些！总而言之：（四字有截断狂流的力量，便强似那鲸鱼。）错忍（认）水雷，夜惊星坠，昼遇鲸岛，可叫做归祖国海上逢三怪。

注释：

①乙巳：即 1905 年。景梅九 1903 年冬到 1905 年夏天，在日本约一年半时间。

②某：景梅九自称。

③仇满生：1903 年 5 月，福建全闽师范学生陈海鲲受闽浙总督陈宝琛公派留日。舟行至马关，陈海鲲面对丧权辱国的《马关条约》签订处，对甲午中国战败，割地赔款非常气愤。认为是清政权的压迫，才造成中国如此落后，遂蹈海自杀。死后留有"杀满之声，腾于黄口（黄口小儿）"这样激烈的辞句。他自号"仇满生"，借以表达他对清政权的仇恨。陈海鲲自杀时间不是庚子年（1900 年）。

④杜工部：即唐代诗人杜甫（712—770）。

⑤鲸鱼拔浪沧溟开：句出自杜甫《短歌行赠王郎司直》。

真是烟台

在船上还遇见一位山东私费生，说的话很投气，那一片忧国忧民的热诚，都发表在枯槁形容上边。最要紧的话，是为山东留学的太少；这一回专为运动人留学，官费生不成，运动自费，自费生不成，自己愿倾家破产，帮几十个人留学。我听了，十分佩服，并且热心希望他三层都办到。却说船到烟台，三年没回国的人，忽然看见了故国山河，又听见两岸一片乡音，真有知心朋友，久别重逢的感慨。停船后，听人说还有半天工夫，才开往天津，就和同行的几位，一齐驾小舟上岸，到一个饭馆吃饭。（日本留学吃中国饭很不容易，这也算是久违。）那饭馆虽然不大，却有床铺靠枕，并有洋烟家具（更是久违的东西）。我很不高兴，便冷笑道："这是甚么规矩？饭馆怎么成了烟馆了！"那饭店的伙计，听见这话，便道："咱们这里不禁烟，我看诸位从远方来的，要是乏困了，不妨抽几口，这里有好土①，很便宜，我可以替诸位挑些现成的。"我连忙道："不要费事，我劝你们以后不要陈设这东西才好！大概中国不久就要实行禁烟，将来这是犯法的事情，小心！小心！"那伙计道："我们不知道，现在家家户户通有这个，怎么样禁法？"我笑道："这真是烟台了！"

注释：

①好土：指鸦片。

大沽口之活电影

船离烟台，向天津进发，算是第一次见大沽口那炮台，已经是被联军毁了。并听说有不许再筑的条约，对着那炮台遗址，未免吊一点伤心泪！同行日本人也指天画地说联军事情，内边有个商人，更是趾高气扬，把中国人瞧不在眼里。一路上已经十分讨厌，到大沽口，越发猖狂得利害，仿佛他一个人，就可以吞中国似的，便道："中国兵，打仗很是不行，跑得倒快，但见辫子，不见面。"好些讥笑的话，通出来了。我听惯了，也没甚么；不过恨自己国弱，政府又不提倡民气，所以惹外人轻薄，也是应该有的事。同行人，却有些受不住，仍然无可如何。及到一个地方停船，听说是海关验税，果然有个小火轮上坐几个中国人和英国人，直向本船来，不用问，是税关查验的人①。一时上船来，当时就点验坐客行李。（还好，这时还不查革命党。）别人没说甚么话，那个趾高气扬的商人，仿佛要求不必点验他底货物。那税关人说不行，先生忙了，带的货太多，人只他一个，连忙搬运货箱，一面解缚，一面开锁，一面翻货教人查验；一面收拾起来，一面又解别的箱，开别的锁，翻别的货，收拾别的验过的东西，真比那华记电影还忙些。忙得先生一头汗，还要一团和气满面春风地对着查验人献媚说好话，人家还不答应，把满船人都看乐了。这样看起来，人真不可以得意过分，就是"强梁者不得其死，好胜者必遇其敌"的话。（比喻有点过火。）然而那位先生，怕的是英国人，不是中国人，大家还要弄清楚才好！

注释：

①清政府战败后，没有现款赔给外国人，外国人指定要海关、盐税等偿付。所以才有外国人参加海关等税的征收。

治外法权

天津上岸后，就到那利亚书局（是何君开设的，原为输入革命书报）访友，适遇一位天津法政学员某君，也在那里。听说大家从日本回来，讲了几句应酬话，便谭到学问上面，满口新名辞，我觉得有点不入耳，最可笑的那位先生，说到那外国人在天津，常常有不法行为，中国又不能管理；他们有了诉讼，归他外国领事馆自行判断。可叹我中国没有"治外法权"，所以对待这些居留的外国人，简直无法可施，也算是一种国耻了。言下，有不胜慨叹。我没学过法律，却是常听人讲过些法律名辞，确乎晓得治外法权，不是这位说的意思。所谓治外法权，乃是说在外国的人，可以不服从所在国底法律，有用自国法律支配的特权。譬如：外国代表公使领事等，有时外国居留人，因国际条约订明，也可享这种权。却说那位先生讲的，正是外国人在中国内地所享的治外法权，却把意思弄错了，说我中国没有治服外国人的法权，也算一种独得之奇解。（本来字面有点含糊，正不能全怪先生粗心。）当下因为初次会面，不好意思辩驳，只得让他糊涂去。到如今也忘不了这四个字，却悔从前没有给他说明。正不知他几时才明白过来？好生纳闷。在良心上讲，也是一种消极罪状；所谓理论上的不行为罪。好在是现在刑律上，还没订出专条来，所以轻犯一次，也不要紧。甚么不要紧，仍是惮于改过的毛病，暂记心罚一次，以警将来。

殊属不成事体

　　"前两天何君①到我这里来了两次，外面就有人造谣言，说我同革命党往来。李相国居然使人来密探我底动静，可见现在官场，不开通的还多。"我答道："不错，学生本来想带假辫子来，知道老师不怕这些话，所以光着头来了。"以上是到北京后，拜见谷老先生②时几句要紧话。那时老先生在山西京官里面，总算是第一开通人，不忌讳甚么革命话头。且提起吴樾③放炸弹的事情（不是先生提起，我几乎忘了这件大事，并不是故意用追述的笔法，以图警策）。说得非常有趣，因为派五大臣出洋考查宪政的时候，有一个烈士吴樾，窥破政府底用意，想拿这事愚弄一般人，便怀了一个炸弹，装做跟随人的模样混进车站。那时，谷老夫子是送行的人，忽然一声爆响，好像晴天的霹雳把耳朵震聋了。他是正在那里出神，来了一个人推道："快走，有刺客放炸弹！"才漫漫（慢慢）醒过来，原来在车站送五大臣，那一声是甚么炸弹响，又看见送行人都乱跑，自己也连忙走了（以上情形是谷老先生亲口说的）。本来是中国第一声，比那邹容革命军力量还大些。当时我在日本听见这话，同朋友闲谈，有个朋友形容得最好，他说："比如黑夜里，有个猎户，在一个深山里面行走，四顾苍茫静悄悄地，毫无一点声息，忽然提起猎枪来，向那空谷里镗然一发，四山响应，但见一道光线出去，惊破层层阴影，那满山木石，仿佛都活动起来，飞禽走兽，更不用说，没有一个能睡成了，此鸣彼叫，全有了一番生气，岂不甚妙？"我还想起一件最可笑的新闻，就是吴樾放炸弹之后，那巡城御史曾出一张告示，据传说上面写的是，"照得京师乃首善之区，车站又多人之地，竟有匪徒明目张胆，掷放炸弹，殊属不成事体"云云，真假待考。但以当时官样文章说，保不定有这种奇谭。

注释：

①何君：疑为何澄。

②谷老先生：即谷如墉，详见前谷如墉注。

③吴樾（1878—1905）：字梦霞，孟侠，安徽桐城人。吴樾年岁稍长后，进入保定高等师范学堂读书，后到两江公学任教。吴樾结识赵声后，遂加入了北方暗杀团。1905年9月24日，五大臣以预备立宪为名出洋考察。当天，吴樾购得一套随行仆从的衣服，混入仆役之中进入车站上了第四列车，在试图进入中间五大臣包厢的时候，被卫兵拦住，因他口音不是北方话，引起了卫士的怀疑，正纠缠间，又上来几个兵卒。吴樾见此就冲了进去，借火车开动之际引爆身上的炸药。炸死几名随从，五大臣中载泽、绍英受轻伤，而吴樾当场殉节。

第一晋话报

当下又提起一事，可以补叙出来。谷先生①问道："前日接你们来信，要组织月报，有了头绪没有？"我答道："已略有头绪，定名第一晋话报②，用白话体裁。"先生问经费从何处筹出。答道大家捐助。先生又问将来如何维持，我并没想到这层，但知道办报宗旨，是输入文明改良社会，纯然系义务性质，又不是作买卖，怎么能打算盘，当时只答道："还是大家捐款罢了，并没想下别的法子。"先生笑道："这不是常法，你回到省城见了巡抚，可以请他将报分派到各县数十份；每月由官府汇集各县报费寄到日本，一来可以传布，二来可以维持，是一劳永逸，一举两得的办法。"我当时口里答应，心里仍不以为然，以为看报只能听人自由，岂可强迫派出，叫地方又添一笔公费，恐怕间接有剥夺民财的过犯。如今想起来，实在是我底错误，要是听先生的话，那报底销路也扩充，用费也稳当可靠了；不至于办过几期，经济不接，大受一番周折。却说组织晋话（影进化③）报时节，我拟作一长篇小说，写自己理想的社会，名"玉楼影"，其实并没有绝大的计划，不过藉此发挥心里不平罢了；胡乱写了十回光景，也没往下续，这是我第一未了的著作。

注释：

①谷先生：是指谷如墉，详见前谷如墉注。

②第一晋话报：出版于1908年，在日本出版、山西发行，因反对清政府统治而遭查禁，只办了9期。

③影进化：影射进化。晋话与进化音同。

出门俱是看车人

昔我往矣，石家庄一片荒凉；今我来思，石家庄别样繁华，其故安在？因为正太火车已经通行，客货多在这里卸载，所以栈房也多了，买卖也盛了，可见火车到甚么地方，商务就有一番起色。这正太铁路，是借法、比国款子修的，轨道稍窄一点①；但沿山绕行，却有意思。不过表里山河，因而失了险要，对于兵事，是要变章程的计划。当时我对同车的道："拿井陉、娘子关这一带的形势看起来，好像日本内海，处处可以设险，守险。"同行的笑道："又要充军事家了！"我只得一笑而罢。那知后五年果然在这里守险②，也是一个预兆。且说火车行至太原南城，却见许多轿车，排到车站外面，里边坐的是少年妇女；记者③不晓其中意，开言便问管车人。（两句梆子）他笑嘻嘻答道："先生，你问他们么？是城里城外有钱的人家太太、姑娘们，没见过火车，通来瞧看的。"我便笑道，我有两句口号："一自城南车上轨，出门俱是看车人④。"

①正太铁路修成窄轨，而此时阎锡山还在日本留学，正太铁路的窄轨并不是阎锡山修的。阎锡山修的同蒲铁路是窄轨，那是 1935 年的事。

②那知后五年果然在这里守险：五年后当是 1911 年太原起义后，清兵从井陉、娘子关进攻山西，阎锡山、姚以价率起义军在此据守。时景梅九也从北京回山西参与革命。

③记者：景梅九自称。

④出门俱是看车人：出自唐杨巨源《城东早春》："诗家清景在新春，绿柳才黄半未匀。若待上林花似锦，出门俱是看花人。"

人不吃饭真要命

太原旧同学，听得我同几位从日本回来，非常欢喜，在贡院至公堂（科举虽废，这三字可存），开了一个大欢迎会。那一早来了很多人，没坐位，大家同站在那里。听我瞎说一场，实在对不起的很。第二天农林学堂有两位朋友，请到学堂里演说，我在演坛上，想起一团西洋谐谭，就是说西洋重实验，往往由实验发明许多真理，有一个学者听人说不吃饭要饿死的，自己想这是一种传言，况且是旁人经验，自己并没实地研究，如何敢下断语。于是乎，先生便像中国辟谷①的神仙，吸风饮露，把饭就搁起来了；第一天还不大要紧，第二天就有支持不住的光景，还勉强吸点空气吃点药水过去了；到第三天先生知道不中用了，赶紧提起笔，把亲身试验的良结果，特特写出来，供献于天下后世，好在新史上放一个异彩。你猜是甚么？就是"人不吃饭真要命"一句话。多谢这位先生，牺牲小己，发明一件真理。（当时大家都笑了。）虽然说是科学家笑谈，也可见吃饭要紧。人虽不为食而生，确乎为生而食。古人说民以食为天，食以农为本（算是绕到本题上来了），况中国古称农国，所以农学最应该注重。并说日本农林很发达，我们山西可以派几个人，到那里专门学农林才好。

注释：

①辟谷：道教的一种修炼术，指不食五谷。

奴根性

在太原住了几天，急欲回家；因为我当时已经八年于外，未尝一过其门，较之大禹殆有胜焉。但人家治水安民，功劳很大，名垂宇宙，自己虽奔波万里，毫无功德于国家人民，岂不羞死！还要说胜古人，真正罪过不小！然而"久客思乡里"，这一句话，是可以用的。当时几个人雇了一辆大车。从太原起程，过了韩信岭①，已没别事可说；但记一天同车夫谈论种族主义，最后问他一句："朝廷还是汉人坐着好，满人坐着好？"他说："自然汉人坐着好了！"我心里笑道："居然有效！"同车的一位，故意吓那车夫道："你竟敢说这话，教官知道了，怕说你是革命党！"那车夫大瞪两眼道："革命党是个甚么话？"我不觉笑道："就是说你要造反！"那车夫便道："我不过说一声，其实张天子，李霸王，认到谁跟前，不是干儿呢？就是汉人坐了皇上，咱还不是赶车的么？"我对同行的笑说："先生居然有明哲保身的本领！"大家再没议论。如今想起车夫这话，真表明中国人一种"奴根性"，所以外国人想都入主中原。却悔那时没痛痛快快的把"主权"两个字，讲给他听。

注释：

①韩信岭：在山西灵石县，乃秦汉时期古官道，地理位置十分险要，扼南北交通之咽喉，历为兵家必争之地，素有"川陕通衢"之誉。刘邦率师亲征时，吕后

未央宫变，将韩信谋杀，遣人带韩信首级送往山西晋见高祖，行至灵石城南高壁岭逢高祖凯旋，遂将韩信首级葬于岭上，故名韩信岭，亦称韩侯岭。

塔 影

我要说实话了，就是把家住那里，要供出来。家住山西安邑①县城内，是大禹旧都②，所以衙门口有"禹拜昌言③处"的古迹。说起古迹，想起几个笑话来。听说泰山顶上有"孔子小天下处④"的古迹。已经可笑极了。还有"曹交食粟⑤处"，更教人笑倒！有人就食粟反面想起一个古迹来，是"周公吐哺⑥处"，并且编了一出滑稽戏文，记得几句开场白语，是："老夫姓周名公，表字姬旦，兄王姬发晏驾，侄儿成王登基，老夫在朝身为宰相，今日闲暇无事，不免到后花园吐哺一回！"真是绝世妙文了。这都不在话下。安邑最著名的古迹，是一座十三层的唐塔。当前清乾隆年间，因为地震，四面裂开，未曾倒下。过了几十年，又一声地震，原旧复合，裂缝至今尚在，也是一种怪事。我还家，这座塔是第一目标，当望见他的时候，天色已晚，但见巍巍一个黑影，上摩星斗，心中另有一番奇妙的感想，把几年思想的神秘梦影，都虚悬在那千丈塔尖上去了。眼看车到北城外，痴痴的仰看塔顶，一言不发。同行的人，看见我发痴，笑道："先生，像想起甚么诗来了！"

注释：

①安邑：在今山西省运城市盐湖区。

②大禹旧都：《世本·居篇》说："夏禹都阳城，避商均也。又都平阳，或在安邑，或在晋阳。"

③禹拜昌言：昌言的意思是善言。《尚书·益稷》中说：帝曰："来，禹！汝亦昌言。"禹拜曰："都，帝！予何言？予思日孜孜。"

④孔子小天下处：出自《孟子·尽心上》："孔子登东山（尼山）而小鲁，登

泰山而小天下。"

⑤曹交食粟：语出《孟子·告子下》：曹交问曰："'人皆可以为尧、舜'，有诸?"孟子曰："然。""交闻文王十尺，汤九尺，今交九尺四寸以长，食粟而已，如何则可?"曰："奚有于是? 亦为之而已矣……"曹交，人名，生平不详。文王指周文王，汤指商汤。

⑥周公吐哺：《史记·鲁周公世家》："周公戒伯禽曰：'我文王之子，武王之弟，成王之叔父，我於天亦不贱矣，然我一沐三捉发，一饭三吐哺，起以待士，犹恐失天下之贤人。子之鲁，慎无以国骄人。'"

姑妄言之妄听之

入城后，别无感触，只觉得街道，仿佛比八年前①缩短了许多，也算一种曾经沧海的心理。到家后，所谓家庭之乐，自不待言，亲戚朋友，听说我从外洋回来，未免有一番好奇的心事，都到家里看望我。再问问外国情形，不过问话里边，有些可笑的，一时也说不清；最妙是问外国有天没有? 天上有太阳月亮没有? 地里种五谷不种? 凡人吃酒肉不吃? 下雨不下雨? 刮风不刮风? 更有一个普通的疑问，就是旧戏里边往往写中国人到外国去，必定是招驸马，这件事久已灌入人的脑髓，牢不可破，所以当时有盘问我的，便道："你回家来，人家公主岂能放心，不启奏他的父王么?"我笑道："现在日本留学生已经有八千多人，日本皇上那里有许多公主，和中国人结婚，天天唱四郎探母的坐宫一出，还能行么?"又有《西游记》《镜花缘》学派的人，便问到外洋都经过甚么地方，逢见女儿国小人国没有? 我有时正答几句，有时胡诌几句，说日本人就有僬侥②的派头，往往胡须苍白，身高不及一尺，谣言说他是小人国也行，不过这些人种，一天少似一天，往往看不见，我不过在海岸上见了一两次，真是小的出奇，居然有一指高的绅士（更是谣言）。一面说谎，一面又怕人家要派人调查，所以说现在僬侥国人，几几乎要灭种了，大概再游日本，就恐怕见不上了。大家听了，真有信以为实的，便道："可惜，可惜！我们没有眼福！"

注释：

①景梅九1899年17岁时入太原令德堂上学，到1905年夏天暑假，23岁时从日本回家，应为6年。但他文中说"八年前"，不知何故。

②僬侥（jiāoyáo）：古代传说中的矮人，因以为国名。《列子·汤问》："从中州以东四十万里得僬侥国，人长一尺五寸。"

羊驼寺夜开演说会

家里事，一时也想不起许多；但记得同一位知己朋友，一天到羊驼寺村中探友。这位朋友姓王，是这村塾的先生；塾内共有二十几个小学生。那时还没有甚么教科书，不过是《大学》《中庸》，（用《红楼梦》宝玉的话），在那里盘旋了一天，晚上村中许多长老，都来塾里看望我，所问的话，和前章差不多。我忽然高兴起来，说："今晚没事，请把全村老少集拢来，开一个演说会罢！"这位朋友说："好！"当下就集合众人同学生，都坐在一个屋子里，足有五六十人光景。搬过一张条桌来，作了演说坛，我大模大样的立在桌后，大有韩信登坛的气派。王君便嘱咐大家静坐听演说，我看大家脸上有一种疑惑光景，大概不懂的甚么叫演说。看官，休要怪！本来可以说是河东破天荒第一次演说会（小题大做，好本领），于是我先把演说两个字，用粗浅话解释出来，便道："外国人，时常开会演说，中国内地，现在也有开的。演就是演戏的演字，说就是说话的说字，合而言之，就是用演戏的样子来说话（好费事）。或是说学问话，或是说政治话，或是说故事，或是说时事，今天咱们随便谈谈，叫做谈话会也可以。"于是先把日本的风俗人情，略粗说了几句，后说我游"浅间火山"①一段的历史。当时演说的话，不甚详细。如今另用记事文法写出来，请大家看。就是乙巳②夏天，学堂放暑假；因为补习各种功课，大家同到"轻井泽"（日本地名）避暑。那地方却也清凉，我有两句诗，写他的好处道："四面青山围春住，人间别有暑风清。"那地方本是乡下，因为有避暑人，预备下几座旅馆，却也干净。大家又借人家小学校地址（是一座古庙），作了临时讲堂。有一天，理科教习发起游浅间火山，离本处约中国二十里多远。大家动了好奇心，都赞成去逛。临行，教职员对大家说："火山顶上狠冷（这句话说的有趣；因为普通人想那火山一定是热的，仿佛《西游记》上说的那座火焰山，非芭蕉扇不能熄止的光景。）大家须豫备携带棉衣一件。"记得同行三十余人，于某夜六七钟出发，踏月而行，行过十余里漫上坡的路程，才到了那火山底下，已经觉的有点冷了，把携带的棉衣穿上。那山底有个树林子，内边拴两匹大马，听日本教习说："那是有人上山骑马，但能到此；再往前走，就不能骑马了。"我听了这话，晓得路不好走；然而还不晓得是甚么路，恐怕要唱"蜀道之难，难于上青天了"。那教习又向跟随人道："拿豫备下的棍棒来。"我更加奇怪，心里说："要棍棒干甚么？"只见那跟随人，在林子里抱出多少棍棒来，每人分给一根，才说明是作行杖用的。也不知自从开天辟地，到如今多少年，由那火山里喷出来的灰渣，积成了这一座沙山，并没有路，不过年深日久，大家踏出一条沙路来。上面依然有一层厚沙，拿手中棍杖一探，足有五六寸光景，初上沙坡行几步，还不要紧；行到少微陡一点的坡上，走得一尺退五寸；还亏那棍杖的扶助力，不然，恐怕但有退步，没有进步（好像我的学问）。事已到此，只得勉强前进，走一里仿佛走十里似的，每到坡的拐湾地方，大家坐在沙里一歇，甚至仰面睡在沙上，看皓月当空，照人辛苦，走到半山，回看山下，忽然变了光景，一片汪洋大海，铺在眼底，俨然有波涛汹涌的意思。定睛一看，原来沙山下起了云雾；于是大家又面向着那云海坐下，细细的玩赏，真觉得有"万里沧溟入壮观"的快事。还有些小沙堆，露出云海上面，好像群岛的光景。那云涛雾浪，涌来涌去，又加着月光远射，一幅美景，画也画不出。我这管笔，怎么能写出他的雄伟奇幻来？猛想起谢道蕴"气象尔何物？遂令我屡迁"十个字，不觉自己点头叹息，默然认为绝调了。天造地设的一幅妙景，教人一面玩赏，一面休息，足有十分钟功夫，又起来扶杖而登，及到一个少宽的坡上，只听得前边一阵笑语的声音，赶进前来一瞧，才是日本几个女学生在前面，且说且行，十分的踊跃。当下我动了两种观念：一种观念，是羡慕日本女子不缠足，所以能和男子一样上山，毫不作难，要是中国缠足女子，到这里恐怕一步也走不动。这几句话是当夜演说的主体；一种观念，是惊讶日本女子有冒险精神，我们若是赶不上人家，岂不教他笑中国男子软弱，连日本女子也不如么？于是乎努力快走了几步，居然跑到那几个女子前面，真给中国人露脸，然而也就吃力不小。这半天讲的是上正坡，最难走而且最危险的，是那横坡，一条极窄的沙路，只容单行，不容并走，左手上边是斜崖千尺，右脚下边是斜沟万丈，踏的又全是软沙，仿佛足重一点，就要溜到沟底！只得轻轻的靠左边斜崖，一步一步往前挪动。这时只顾得自己脚下，也不管天上月是怎么样行，山底云是怎么样止了。走了半天，好容易听得日本人说了一句"快到山顶了！"算计起来，夜半由沙坡底动身，这时候月堕星稀，东方发白，才绕到堆顶上。忽听得雷吼似的风声，响震全山；心里想起"虎啸风生"的古话来，便猜道："莫非这山上有虎么？虽然手拿棍棒，却莫有武松的神力，怎么能抵抗呢？这回怕要葬入虎口！"及转过山顶，向后面一瞧，却是一个平坦地，里面有极大（口径约十丈光景）的圆坑，一阵琉磺气冲鼻而来，才知道这就是喷火坑。适才听的风声，正是坑里喷出气的音响。我携着一个同学的手，漫漫走近坑边一望，那坑足有十余丈深，坑底有几个火眼，仿佛井口似的，喷出火光来；坑的四边裂缝里，也乱喷出气，喷出火来。日本教习喊道："立远些，危险危险！"我急退了几步，又见那几个女学生，还有西洋人也在坑边看望。听人说日本的青年，往往因为烦闷跳入这火坑里自杀的不少。忽然动了一种奇想，对同行道："要是秦始皇晓得有这个所在，恐怕焚书坑儒不费两番手续，一举就可以成功了。"友人说："想的倒好，但三神山可望不可即，怎么能知道呢？"正说话中间，教习说："大家可以回去了！"大家也就算达了看火山（不如说是火

"坑")的目的，所以一齐赞成下山。此时天色已大亮，下到半途，忽然身后有些声响，回头一看，只见烟气冲天的涨起来，知道喷火坑发了威，教习吐舌道："亏了下的早，不然怕不冲倒大家在火坑边！"本地方人说："好多时没有这样大喷过，今天仿佛对着生客，表示他的威能似的。"（我想起民国元年，南方伟人到北京，必有一种兵变③发现，也同这火坑的心理差不多。）然而这还不算利害，常有火山崩裂的惨祸，那才可怕的狠哩！当时我在羊驼寺演说，虽不如此详细，大致也不差甚么。仿佛大家听了都有一番惊奇的意思，对于女子放足一层，由此渐渐提起来了。

注释:

①浅间火山：浅间火山位于东京以西150公里处，是日本最活跃的火山之一。

②乙巳：1905年。

③民国元年，南方伟人到北京，必有一种兵变：1912年2月临时参议院选举袁世凯为临时大总统，孙中山提出临时政府应设于南京，新总统必须亲到南京受任，并派专使蔡元培、宋教仁等赴北京迎袁南下就职。1912年2月29日，袁世凯指使其嫡系亲军曹锟的北洋第三镇士兵在北京发动兵变。兵变中商民遭抢劫者四千余家，京奉、京汉铁路局，大清、交通、直隶三银行以及制币厂亦遭劫掠，损失白银九百多万两。于是商界人士吁请袁世凯"万勿南下"，北洋将领通电全国主张"大总统在北京就职"。在这种情况下，南京方面被迫让步，同意袁世凯于3月10日在北京就任临时大总统。

回澜公司产出

自羊驼寺演说之后，对于天足会一事，颇注意劝导。争奈力量薄弱，仅仅能从家庭提倡，不教自己女子缠足，也费了一番喉舌；且微微用了些强制力，内人就不敢十分反对，算两个小女有幸福，再没受那样半刖足的刑罚①。放足外，又想起禁烟一桩要紧事情来，和一位朋友李君②商议，倡办禁烟所，李君甚赞成；并且说亲戚有一位先生，自制断瘾丸药，狠有效验，这事可以大办一番。我当时也不揣自己力量如何，便答应道："要大办，就是立个公司好了。"便把外国公司的办法，略略说了一番；其实我并没研究过这些事，但听人说过些。李君想了一个名称，叫回澜公司。我道："好，鸦片之害，甚于洪水，正用着挽狂澜于既倒的手段。"于是拟了一个公司招股简章。两个人到各处游说了一番，狠得了些赞成员，于是择定地方，就在运城办起来了。我得同李君到万泉，在那小学堂开演说会时节，合城商民来听演说的，靴帽袍褂十分奇怪。（这时已经有种族革命观念，所以看着奇怪；其实辜负大家一番盛意，罪过。）我演说外人交通政策，把铁路的好处说了一番；并说俄人西伯利亚铁路，横贯欧亚，有泰山压顶之势，要是我国不赶紧想法子抵制，恐怕蒙古就有危险！内蒙古与山西接连，我们也不得安宁。一旦打起仗来，人家有铁路运兵，我们没有铁路运兵，拿兵贵神速这句话说，吃亏不在小处！（当时恨不得把北方铁道一时造成，到如今③还在梦想中。京张铁路，仅仅能到大同，奈何！）听者颇有感动情形。李君接着演说放足禁烟两事，慷慨动人，较之羊驼寺演说，自然另是一番天地了。

注释：

①半刖（yue）足的刑罚：刖刑，中国古代一种酷刑，指砍去受罚者左脚、右脚或双脚。此处把女子缠足比喻为半刖刑。

②李君：当是李岐山（1879—1920），又名鸣凤，以字行，山西运城市西曲马村人，清末秀才。1905年夏，李岐山和景梅九以制戒烟（鸦片）药为名，在运城北大街开办"回澜公司"，联络同盟会员秘密集会，商讨革命策略。1907年，李岐山加入同盟会。次年，他和景梅九赴陕，联络西北革命人士。后又赴太原，考入铁路学校，同时开设大亨栈，联络军界人士，积极筹划武装起义。1911年，武昌起义，李岐山赶赴关中，联络同志，力谋响应。路过家门，密派其弟九皋招兵买马，制造军器。同年10月29日，太原光复。娘子关失守后，他率军南下，被推为行军主帅，称五路招讨使。1912年初，李岐山率部进入运城，自任旅长，驻军鸣条岗一带。此后，晋督阎锡山与岐山不睦，以制造分裂为名，将其逮捕移送北京陆军监狱，后经陕督陆建章保出，随陆建章入陕剿匪。袁世凯称帝，李岐山率部由富平县

东渡黄河，攻取猗氏，同时命其弟九皋袭取平遥、介休等地。袁世凯死后，李岐山到北京复少将衔，任陆军部咨议。（以上这些本书后面有记。）张勋复辟，李岐山至平津劝陆建章与段琪瑞联合北伐。1920 年，陕西靖国军起，陕督陈树藩急电李岐山入秦调解。靖国军于右任、胡笠僧等人对李岐山亦表欢迎，民军多愿归李岐山指挥，引起陈树藩的疑忌，于农历八月十八日在西安东郊将李岐山暗杀。

③如今：《罪案》一书出版时间是 1924 年，此指 1924 年前。1924 年前，京张铁路只修到大同。

一封革命书

回澜公司组织，虽说不完备，居然能成立，也不是一两人的力量；实在当时有几个老先生，热心赞成，好在李君不辞劳怨，一个人到处奔走游说，才引起大家注意来。我尝说办公益事，一要自己有金钱能拿出来，二要自己有工夫能做得去；不然第一要落骗钱的骂名，第二要耽误事情的处分，所以我对于公益，又好办，又怕办。当时李君他自己能拿出点钱来，也有闲工夫担任去办，一起首名誉狠好，到后来也曾落了好些闲话。就是他自己没有钱去补赔的缘故。这且不表，却说我因此事，曾写一封信给一位先生，颇寓点革命意思在内。首尾都忘了。中间有一段大略说："人称中国为亚东病夫。这个病夫，百病俱染，大患就在乎臃肿！中央政府，实为腐败的脓毒一包，形状险恶，如得西洋解剖家，一刀割去，洗净余毒，缠束伤口，将养着几个月，大概可以恢复原状（影中央革命），如今这样国手（影革命伟人），一时难得，要听他腐烂下去，一旦溃裂，不可收拾（影地方革命），不如暂且用禁烟会，天足会等，作为蟾苏锭子①，在四面八方，涂抹一番（影国民自立），也可以消防中央的流毒，未必不是救急的良方。等到中央毒脓减少下来，那时就是寻常外科先生（无名之英雄），也可以下手割他，断不至有甚么意外的危险（影亡国惨祸）。"别的话，也想不起来，有个朋友见我这般比喻，说太得显露，幸亏人家莫注意；不然，怕不做了革命的凭据。

注释：

①蟾苏锭子：中药名，也叫蟾酥锭子。

哥老会

那年晋南正闹哥老会，以猗氏为最。安邑、夏县各地方次之。当时我虽主张种族革命，对于哥老会内容不甚详悉，听得人说是洪、杨①底遗派；又有人说是郑成功失败后流传下来的，但年深日久，也恐怕忘了根本。所以当时见了张巡抚②，质问了一句。他说我早听见，已经行文下去，照着前辈"不问会不会，但问匪不匪"的办法。我记在心头，及到家里，却听得猗氏知事是个姓陆的，叫做盘之③，天天以拿办哥老会为事，与张巡抚说的话实在相反，正是"但问会不会，不问匪不匪"；竟把许多好百姓拿到，用非刑逼供。更有一种极残酷的刑法，就是弄一间屋子，里边放着大火炉，烘的热荡荡的；又是三伏炎热天气，把拿住的百姓放进屋内，仿佛烧烤的光景，叫做甚么蒸笼。后来陆某虽然被会党报复④，然而没有取公铁笼，请君入瓮，总觉不满人意。此系后话，暂且搁下。这时安邑县官姓武，杀人较少。有一天听得会匪要攻城，姓武的大为吃惊，招呼城里百姓，一面预备大土包，拥闭城门；一面预备灯笼火把，黑夜守城。我暗笑，因为这时会党，并无什么声势，何必张皇至此？到夜间随大家登城，看看热闹。县官亲自检阅，我对他道：这叫"小题大做"；他道，这叫"有备无患"。倒也答对的好。守了几夜，并没动静，也就算了。但把旧式铁炮，大小石块，劳动了好些，这里几尊，那里几堆，好笑！

注释：

①洪、杨：指太平天国革命的领袖洪秀全、杨秀清。

②张巡抚：指张曾敭（yáng）（1852—1920），字小帆，直隶南皮（今河北南皮）人，同治七年进士出身，1903年出任山西巡抚。

③姓陆的，叫做盘之：指陆叙钊，字磐芝，顺天大兴人，原籍浙江萧山。师爷出身。岑春煊、张曾敭（yáng）任山西巡抚时，都重用陆叙钊。

④陆某虽然被会党报复：指1911年12月31日，山西起义军在陕西起义军的帮助下，攻入运城城内。从陕西打回来的哥老会首领岳长胜打听到当年残杀哥老会员的原猗氏知县陆叙钊已升任河东监掣，便在运城城内寻找此人。后来他们在运城盐运司官府内找到陆叙钊，进家一看，只见陆叙钊一人身穿袍褂，头戴顶帽，躺在床上，已经奄奄一息。原来陆叙钊见起义军攻进城来，自知难免一死，便吞金自杀，要为清帝尽忠。岳长胜历数其罪恶，哥老会众人上前，将陆叙钊乱刀剁死。

北上太行山

哥老会底风潮闹了一阵，牺牲好些生命，最可惜把猗氏一个秀才姓史的（颇有才气），被陆令斩决了。安邑有个杨某，被武令监禁也要处斩。我替他写了一封信，说他绝无大志，就给他十万兵，他也不会造反的。这封信生了效力，恰好救了他一条命。这不在话下。到了八月间，回来的朋友，约定时期，再走日本。商量从太行山这条路去，好由道清铁路①搭车。比较往太原绕道近些。于是雇车到翼城，及入山之后，舍车乘驴，在驴背上，扬鞭大笑，对同行的道："'北上太行山，艰哉何崔巍？羊肠坡②诘屈，车轮为之摧。'此非曹孟德之诗③乎？今则羊肠小道，不能行车，只可道驴蹄为之摧矣。"同行者亦笑曰"安知孟德当年非单轮车乎？"答曰："妙解！"又过周村，说是当年除三害的周处④故里，颇动人感想。还有拦车镇，说是孔子回车⑤的地方，有说孔子到此，见田兔拱揖，以晋人教化以及禽兽，所以回车的；有说童子问日⑥

的地方，都未免有些附会。下山时节，经过一条石坡，来了一阵雨。驴骡蹄下甚滑，我害怕起来，赶紧下驴，正望着山下绿竹万竿，逆风萧飒，触动诗兴。忽听后面有人呼唤，连忙回头一看，是同行的一位先生从驴子背上跌下，折了左腿，顿时不能行动。从山下唤来一乘轿，勉强抬到山下，店中也没有医生，空着急，幸亏还能勉强抬到火车上，一同到北京，这算路上第一败兴事情。

注释：

①道清铁路：是从道口至清化镇（今博爱），全长150公里。于1906年2月竣工通车，跨浚县、滑县、汲县、新乡、获嘉、修武、河内7县。

②羊肠坡：应为羊肠坂，古坂道名。南起河南沁阳市常平村，北抵山西泽州县碗城村，全长约4公里。这里是太行山诸陉的最险要路段，地势险要，易守难攻。

③曹孟德之诗：三国时曹操率兵攻打盘踞于上党壶关的高干时，途径此地，曾赋诗《苦寒行》："北上太行山，艰哉何崔巍……"

④周处（242—297）：字子隐，义兴阳羡人。周处父亲死亡，母亲过于溺爱他，不修细行，纵情肆欲，横行乡里，被乡民与南山猛虎、西汄蛟龙合称为阳羡城"三害"。后来，他自知为人所厌，突然悔悟，只身入山射虎，下山搏蛟，经三日三夜，终于斩杀猛虎、孽蛟。自己也改邪归正，拜师学文练武，因此，城内"三害"皆除。

⑤孔子回车：相传孔子周游列国，传道讲学，当他同随行弟子来到晋国边境天井关时，遇田间小动物口衔核桃跑至面前行礼鸣叫。孔子见晋国连动物亦懂大礼，十分感慨，遂回车南归。

⑥童子问日：孔子西游，见两小儿辩斗，问其故。一儿曰："我以日始出时去人近，而日中时远也。"一儿曰："日初出大如车盖，及日中则如盘盂（yú），此不为远者小而近者大乎？"一儿曰："日初出沧沧凉凉，及其日中如探汤，此不为近者热而远者凉乎？"孔子不能决也。两小儿笑曰："孰为汝多知乎？"（见《列子·汤问》）

大风大浪

到北京住了两天，同着山西第二期派送留学生，一齐往天津，住在栈房里；忽见一个门窗玻璃上边，写着两行字，仔细一看，原来是太平天国檄文里边最著名的一联。不用说，大家一定明白，是"忍令上国衣冠，沦于夷狄，相率中原豪杰，还我河山"了，和那"虎贲三千，直扫幽燕之地；龙飞九五，重开尧舜之天"的对联，同是一样的好笔墨。我便拉几位来看，意在藉这个提起他们底种族革命念头来。（引诱良民，不怀好意。）也有说好的，也有微笑的，只有一个发表意见道："这真奇怪，咱们到外国，决不同着甚么革命在一处胡闹。"（仿佛洪宪时代，某议长宣言臣决不从逆，是一样的口气。）我心里暗道："一定是个保皇党了。"次日同乘轮船放洋，船名乌拉布。头两天，还算平稳，到了第三日，行至海外，忽然扬起大波，这轮船仿佛成了醉汉，摇头摆尾地，在波浪中荡动不了；把满船的人都弄的发晕呕吐，我和一位姓崔的不晕船，立在甲板上，面朝着掀天波浪，高呼壮快。这浪也似知道有人赞扬他，便分外汹涌起来，一个翻空势，直从船顶超过去，幸亏躲过浪头，只听的一片碗碎声，怪叫声，（有嗳呀的，有叫妈的）呕吐声，乱入两耳，真不好听。又见前面一个轮船，忽而没在浪里，忽而又翻出浪头，煞是好看。（所谓隔岸观火，不关痛痒，大有幸灾乐祸的劣性。）但想着人家看自己坐的轮船，一定也是一样的危险，就未免有些害怕；然装好汉，须装到底，便大声唱起歌来，崔君在一旁大笑道："真是个疯子！"

海内碧玉波

这乌拉布①东颠西倒，直到长崎，大家念了声阿弥陀佛！波罗密多②的登了彼岸，休息半天，填补了空肚子，才缓过气来。船票本来买到神户，大家因为经过这番风浪，都情愿改坐火车。我另是一个想法，以为飘风不终日，暴雨不终朝，安危否泰，相迭为用，或者一番风雨一番晴，一半崎岖一半平，也未可知。便同几个不怕波浪的，相约仍坐旧船向神户。到第二天同行的大多数改坐火车，我同崔君几个人登轮，由日本海内进发，不出我所料，果然风平浪静，日暖云清，铁船如飞，滑走水上，这时只剩三五人稳坐甲板上，看那海水作碧玉的状态，除轮船两旁冲的海水，略有起伏外，远看江洋片绿。连一点皱纹也是无有，白日映着几个人影子倚着舟栏，在那碧玉面上，走马灯似的奔过眼底，都默默地注视，心里仿佛有登仙之乐；兼以内海在日本本岛，与四国、九州③之间，两岸遥作翠色，诸岛多露奇形，且时时有白鸥游戏在晴波间，明灭如星，不似在大海中四望无涯，飞鸟绝迹，有寂寥孤冷的情态，引不起甚么兴味来。再回想昨天波浪颠播，真如隔世，怎能不快活三跃？罢了，少说两句，免叫大家嫉妒。

注释：

①乌拉布：船名，见前篇。

②波罗蜜多：意为"度"，到达彼岸之上的意思。意在说明"度生死苦海，到涅槃彼岸"。

③四国、九州：日本是由本州、四国、九州、北海道四大岛及7200多个小岛组成的。

惹起一片心

由神户登岸，即乘车入东京。这时正遇日俄战后，日本政府外交失败，报载各政团发起国民大会，在那日比谷公园集合数万人，攻击政府。警察欲行干涉，为多人抗拒，说国民大会不准干涉，警察有"我也是国民"的俏语。并载人民乘汽球散布宣言，焚烧内相邸舍，捣毁全市警署，民心激昂，不比寻常；政府宣布临时戒严命令，风潮少息①。我把以上情形，告新来留学同人，并夸讲日本国底民气，中国万分不及，怎么能够相抗呢？大家都点头叹息，只有那位在天津，说过不和革命党在一处胡闹的，独不以为然，便道："他们国民这样行动，究竟不合法；不然，他们政府怎么下戒严令呢？"我知道这位先生脑里，埋藏着专制毒水，误认政府为国家，以为政府作的事情，全是合法的，怕一时同他说不清楚，就罢了。只余一件事，惹起一片心，你当是甚么？就是我归国后，孙中山先生曾到东京②，大家在富士山轩开了一个欢迎会，孙先生演说革命主义很中肯要，惜乎，自己没赶得上；又打听得先生已经离了东京，正不知几时才得相逢的机会！又听见宋钝初③诸君组织杂志，名曰《二十世纪的新支那》④，出了一期，被日本政府干涉停刊，说是革命机关报。有人说他们不久还要和那日本政府交涉，另办一份杂志，鼓吹三民主义，就叫《民报》⑤，我十分注意，但尚不晓得有团体没有？暗地探听月余，才有了门径。

注释：

①1904 年日俄战争，东乡平八郎带领的日本海军，击破了俄罗斯海军的波罗的海舰队，后来由美国总统狄奥多·罗斯福为中介，与美国的朴茨茅斯进行谈判。日本由于战争导致财政恶化，两国要继续战争都很困难。1905 年 9 月缔结《朴茨茅斯条约》。日本民众聚集在东京日比谷公园召开国民大会，反对《朴茨茅斯条约》。参会者与警察发生了冲突，骚乱持续了三天，最终被政府军镇压。骚乱从东京迅速波及到日本各地，全国为之震荡。

②1905 年 8 月 20 日，中国同盟会在东京召开成立大会，到会者约有 100 人，除甘肃尚未派留日学生外，其余关内 17 省均有人参加。

③宋钝初：即宋教仁（1882—1913），字遁初，号渔父，湖南桃源人。

④《二十世纪的新支那》：即《二十世纪之支那》，1905 年 6 月 3 日正式创刊。该刊是由留学日本的华兴会成员宋教仁、黄兴、田桐等在日本东京创办，以"提倡国民精神，输入文明学说"为宗旨。

⑤《民报》：1905 年 11 月，《二十世纪之支那》改名为《民报》重新出版，成为中国同盟会的最为重要的机关报。

取缔风潮

不到一月，《民报》果然出版。革命精神披露纸上，精卫^①、汉民^②两君文章较多。还有署"思黄"的一位先生是湖南善化人，姓陈名天华^③，曾用通俗文著《警世钟》^④一书，鼓吹民权主义，语语动听，散布到中国内地，大生效果。他底价值，真不在那邹容君《革命军》以下。先生又在报上，发表他底《中国革命史》，和那《狮子吼》的小说，是一般人最爱读的，不料日本政府，因为中国留学底人数，骤然增加起来，几乎过了八千名，便从文务省发出那取缔中国留学生的规则来。这"取缔"本是日本名辞，在中国可以译作约束或禁管，居然用待朝鲜学生的法子待我国学生，种种限制禁令，教人受不了。于是乎中国留学生，召集全体大会筹商办法，派代表见我国公使，求他向日本政府交涉，把这项取缔规则取消；但终没有效果。大家愤激起来，又开大会商议全体回国^⑤。这时，思黄先生忽触起无限的悲观来，便作了一篇绝命书，自己蹈海而死^⑥！大家即时开了个追悼会，有几个晓得先生事迹的，痛哭流涕演说了一场，人人悲恨填胸，有愿和先生同死的景象，风潮又汹涌起来。大家要求各校留学生全体罢课，有不从的，用蛮力对待。由北京派来的同学，怕受干涉，乘机出游京外。我这时加入罢课团体，一来是好动的心理，觉得合群抵抗强权，有些活气；二来是好奇的心理，觉得这闹风潮的，都是些血性男子，好乘这个空儿，认识几个英雄豪杰，将来好共举革命军。虽说是我妄想，到底也得了几位知己。别人暂不发表，那宁调元^⑦字仙霞号太一的，便是这时认识的，宁君和陈君汉援^⑧，担任归葬思黄的义务。尚记陈君追悼思黄七律中有一联道："人有八千思项羽，士无五百殉田横。"群称绝构。这时我同陈君尚未定交，但已把他底名字印在脑海里面了。

注释：

①精卫：即汪兆铭（1883—1944），字季新，笔名精卫，广东佛山（市）三水（区）人，1903 年官费赴日本留学。1905 年参与组建同盟会。一度主编《民报》。

②汉民：即胡汉民（1879—1936），广东番禺人，祖籍江西吉安。1905 年 9 月加入中国同盟会，由孙中山指定任本部秘书，成为孙中山主要助手之一。1911 年 4 月的黄花岗起义，他为统筹部负责人之一。1911 年 11 月广东独立时被推为广东都督。12 月随孙至南京，任中华民国临时大总统府秘书长。1912 年 4 月在孙支持下再任广东都督。1913 年 6 月被袁世凯免去粤督职务。"二次革命"失败后随孙中山赴日本。1936 年 5 月 12 日突发脑溢血病逝。

③姓陈名天华：陈天华（1875—1905），字星台，亦字过庭，别号思黄，湖南新化县知方团（今荣华乡）人。1905 年，天华参加孙中山发起的同盟会，并参与制定《军政府宣言》《革命方略》等文件。

④《警世钟》：1903 年秋，陈天华写下《警世钟》，全书约 23000 字，分为 30 个自然段。它是用这样的七言诗句开头的：

长梦千年何日醒，睡乡谁遣警钟鸣？

腥风血雨难为我，好个江山忍送人！

万丈风潮大逼人，腥膻满地血如糜；

一腔无限同舟痛，献与同胞侧耳听。

⑤中国留日学生到 1905 年已增至 8000 人，革命倾向日趋强烈。日本政府应清政府要求力谋加强对中国留学生的管束。1905 年 11 月 2 日，日本文部省徇清廷要求，颁布《关于清国人入学之公私立学校之规则》。这个规则，又称《留学生取缔规则十五条》。11 月 27 日，留日学生决议上书清政府驻日公使杨枢，详细罗列理由，要求取消《规则》中的第九、十两条。

第九、第十两条中是这样写的：受选定之公立或私立学校，令清国学生宿泊的寄宿舍或由学校监管的旅馆、下宿等处，均须施行校外管理（日文中原为"取缔"，意即管理、监督，不少文本则采用直译，所以造成一定的误会）。

以秋瑾、韩汝庚等为代表的革命党人竭力渲染规程的危害性，抨击清廷与日本政府勾结，指责反对联合罢课的留日学生会总干事杨度与驻日公使杨枢施展阴谋，破坏学生运动，"遂有匿名投书于使馆者，或称将置公使于死地，或云将剪公使发辫以示傲"，传单甚至明言"二杨之罪，不容于死"。

程家柽复发表《反对清国留学生取缔规则之理由》刊于东京《朝日新闻》，倡议集体罢课，如仍不能达到目的，则不惜返国。文曰："既深恶祖国专制，志于推翻，又何苦郁郁受异国专制压迫？"此后，各校中国留学生纷纷响应罢课，风潮益烈。

陈天华之死无疑是晴天一声霹雳。

留学生群情激愤，误解陈天华蹈海的意图，认为其自杀意在"勉励同人，非进到取消取缔规则目的，决勿留东"，称唯有"坚握束装归国，还我自由，为反对不达之最后办法"。他们将陈天华的遗体抬上街头，高呼口号，游行示威，以抗议日本当局。

湖南、湖北等省留学生陆续宣誓画押，决心退学回国。秋瑾在浙江同乡会上，抽出短刃，掷案示众，并指名若干意见不同者，当场宣告死刑。一些留学生组织敢死队，声言"如不回国，众必杀之"。各队员皆藏刀于外套中，梭巡各校附近，遇有拒绝回国之表示，或仍追逐逸乐之行动者，辄加干涉，毫不宽贷，甚至出现殴打、刺击等冲突。受此影响，自愿、盲从或被胁迫回国的留学生，自12月13日起陆续启程，累计约2000余人。

在这场留日学生的抗议回国潮中，孙中山、汪精卫一派革命家高层，和秋瑾一派学生代表，立场是对立的。孙中山害怕这批革命派的留日学生回国之后，会被清政府一网打尽。于是，孙中山让汪精卫在东京办了一个叫做"维持会"的组织，劝留学生不要跟风回国。胡汉民、汪精卫等革命党人亦认为"不当以寻常学生之意气而牺牲革命之利益"，批评"退学归国为下策"，至于所谓"相率归国即行革命，尤属幼稚之见"。

这时，作为饱受非议的一方，日本文部省一再澄清规程本为"督治官私各学校而立"，"并非特为管束中国之留学生而专立，中国学生会意已错然"。

⑥思黄……蹈海而死：思黄即陈天华。1905年12月8日，陈天华留下了近3000字的《绝命辞》之后，在日本东京大森海湾蹈海（从海边的浅处一步步走向海的深处）自杀，抗议日本文部省颁布的《取缔清国留日学生规则》。

12月8日，人们把陈天华的遗体从海中打捞上来。同伴在整理陈天华的遗物时，又发现了他的绝命书：

"……近该国文部省有'清国留学生取缔规则'之颁，其剥我自由，侵我主权，固不待言。倡为停课，鄙人闻之，恐事体愈致重大，颇不赞成。然则既已如此矣，则宜全体一致，始终贯彻，万不可互相参差，贻日人以口实。幸而各校同心，八千余人，不谋而合，此诚出于鄙人意料之外，且惊且惧。惊者何？惊吾同人果有此团体也；惧者何？惧不能持久也。然而日本各报，则诋为乌合之斥，或嘲或讽，不可言喻。如《朝日新闻》等，则直说为放纵卑劣，其轻我不遗余地矣……鄙人心痛此言，欲我同胞时时勿忘此语，力除此四字，而做此四字之反面，坚忍奉公，力学爱国，恐同胞之不见听，而或忘之，故以身投东海，为诸君之纪念……但慎毋误会其意，谓鄙人为取缔规则问题而死，而更有意外之举动。须知鄙人原重自修，不重尤人。鄙人死后，取缔规则问题可了则了，切勿固执。惟须亟讲善后之策，力求振作之方，雪日本报章所言，举行救国之实，则鄙人虽死之日，犹生之年。"

　　⑦宁调元（1884—1913）：字仙霞，号太一，湖南醴陵东富乡人。尽结识革命魁杰，且加入同盟会。宋教仁被刺，宁调元赶至上海会见孙中山、黄兴，主张武力讨袁。孙中山委任为秘书长。由黄兴派赴武汉，参与策划运动鄂军发难。1913 年 6 月 26 日，宁调元与熊樾山在汉口德租界宝贵旅馆同时被捕。9 月 25 日，宁调元以"内乱罪"被杀害于武昌抱冰堂，年仅 30 岁。后归葬醴陵西山。

　　⑧陈君汉援：即陈家鼎（1876—1928），字汉元，湖南宁乡潭树湾人。1905 年加入同盟会，同年与禹之谟等人创立了同盟会湖南分会，1906 年奉孙中山派遣，到上海、武汉等地建立革命组织。1906 年秋孙中山委任陈家鼎为同盟会总部评议员、鼓吹部部长。1908 年夏孙中山又派陈家鼎秘密赴山东发动武装起义失败。景梅九认识陈家鼎是在日本留学时。梅九从青岛震旦公学回乡探母病时，在回家的船上曾写诗三首寄给陈家鼎。

虎头蛇尾

　　这取缔规则，经大家反对了一场，算没施行；然而陆续回国的人，也就不少，上海底"中国公学"①，便是这时回国的学生创办的。我担任欢送大家的责任，劳劳新桥车站上，也不记得多少次了。但是送人回国，自己到底没得回国，心里老过意不去。记得有一天开会，议和平了结办法，鉴湖女侠②便道："中国人办事总是虎头蛇尾，从此后，不和留学生共事了！"大家听这几句讥讽话，有些感动，但不再进一步去作，也有原因：一来陆军学生，大家不愿教加入回国的团体；二来民党方组织起来，趁势联合大部分，计划革命事业，暗里把大家拦住不教回国也多；三来日本政客从中调停这问题，渐渐地缓和下来。有这三大理由，所以大家有点懈怠，这是实在情形，不是我为不回国的人作辩护。鉴湖女侠总是不同，便负气回国去了，到底轰轰烈烈作出一番事业来，教世间男女愧死！暂且搁下不表，我经友人介绍，入了同盟会，从此天下多事矣。（不是说我一个人的关系，大家莫要误会，说我吹甚么牛。）

注释：

①中国公学：1906 年 2 月，因大批留日学生返抵上海，没有着落，留学生中的姚洪业、孙镜清等各方奔走，募集经费，在上海北四川路横浜桥租民房为校舍，筹办中国公学。1906 年 4 月 10 日，中国公学在上海正式开学。两江总督端方每月拨银 1000 两，派四品京堂郑孝胥为监督。校务实际由王抟（tuán）沙主持。革命党人于右任、马君武、陈伯平等任教员。

②鉴湖女侠：即秋瑾。

帝民与天民

大家知道同盟会宗旨，是要藉着种族革命，以求达民权主义及民生主义之实行。种族一说，最易动人，而且明亡以后，那些遗老抱种族之痛的，著书立说，发挥不少；以王船山①《史论》中"纵令桓温②辈功成而篡，尤贤于戴异族以为中国主"那几句说的痛快。惟有民权民生，古人没有特别立说的；民生姑不必论，但讲民权一层，也不过孟子说过"民为贵"一句话，并不像卢骚③底《民约论》④，能把天赋的人权说了个不亦乐乎。所以我入同盟会后，对于第一层民族，固然注重，而对于民权，分外加一番研究。所以见《民报》登有马君武⑤先生《帝民说》一篇，引的是卢骚旧说，意谓人民即帝王，帝王即人民，不觉触起一段思想，想起中国有"天民"一说。拿"天视自我民视，天听自我民听⑥"，和"民之所欲，天必从之⑦"这些话讲起来，这"天民"二字，也可以解作民即天，天即民，岂不比《帝民说》更胜一层？于是民底言语，可以叫作天声；民底行为，可以叫做天职。顺民者，可以说他顺天；逆民者，可以说他逆天。本想用这意思，作一篇《天民说》，一来肚里空疏敷衍不了许多；二来自己常笑别人想融化新学说于中国旧说中，往往弄成非驴非马，贻笑大方，要如此作去，岂不打了自己嘴巴么？思来想去，还是作为罢论好。然而对于朋友，往往发表这种意见，所以写出来权作谭助。

注释：

①王船山：即王夫之（1619—1692），字而农，号涢斋，别号一壶道人，湖南衡阳人。著述甚丰，其中以《读通鉴论》《宋论》为其代表之作。晚清重臣曾国藩极为推崇王船山及其著作，曾于金陵大批刊刻《船山遗书》，使王夫之的著作得以广为流传。

②桓温（312—373年）：字元子，谯国龙亢（今安徽怀远县龙亢镇）人。东晋重要将领及权臣，官至大司马、录尚书事。

③卢骚：即让·雅克·卢梭（1712—1778），是法国著名启蒙思想家、哲学家、教育家、文学家，是18世纪法国大革命的思想先驱，启蒙运动最卓越的代表人物之一。

④《民约论》：又译为《社会契约论》，是卢梭最重要的政治理论著作。《社会契约论》中主权在民的思想，是现代民主制度的基石，深刻地影响了逐步废除欧洲君主绝对权力的运动，和18世纪末北美殖民地摆脱大英帝国统治、建立民主制度的斗争。

⑤马君武（1881—1940）：原名道凝，又名同，改名和，字厚山，号君武，广西桂林人。1905年8月，第一批加入同盟会，和黄兴、陈天华等人共同起草同盟会章程，并成为《民报》的主要撰稿人之一。1917年参加孙中山发起的护法运动，任广州军政府交通部长。

⑥天视自我民视，天听自我民听：语出《尚书·泰誓》。

⑦民之所欲，天必从之：语出《尚书·泰誓》，意为：老百姓的愿望，上天必定顺从。

西北革命第一声

同盟会原来发起于南方同志；西北方面，除张溥泉①外，最初加入的，还是山西人占了多数。我常和同志谭太平天国遗事，说当年失败的原因，固然在于意见不齐，团体不固；病根由于诸人权利心重，责任心轻，这是中山先生，说过的中肯话。我以为洪、杨倡义南方，虽说据了天下一半，北方到底莫有一省响应，所以清政府能缓缓地用北方财力，兵力，去平灭他。我们今日第一要事，就是专从南响北应下工夫，极而言之：北响南应亦无不可。同人颇以为然。这是山西五台私费留学诸君，最先加入同盟，内中有一位王君名建基字弼臣②的，是个热烈汉子，真正所谓肝胆照人者。奉"三民"宗旨，如天经地义；尤重实行，不尚空谈。联合同志多人，研究军事学问；又组织了一个体育会，练习操法及射击各艺，不过几个月，战略战术，已大体明了。大家计议回国，在山西北面归化③一带，谋一根据地，暗里结合同党，藉自卫的名目，精练兵队；将来革命军一起，预备出张家口，直捣北京背后，虽近乎纸上谭兵，也是热度过高的缘故，正怪不得。后来诸君回国，丁未年④居然在代北张起民军旗帜来，因势弱未克和举，而同志徐君西园⑤致被敌戕害，我曾评为是西北第一次牺牲，也是西北第一声革命。

注释：

①张溥泉：即张继（1882—1947），河北省沧县（今南皮县孙清屯人）。原名溥，字溥泉。1899 年留学日本早稻田大学，并积极参加反清活动。1905 年 8 月，在东京加入同盟会。1908 年赴法。1911 年回国后，任同盟会本部交际部主任兼河北支部长、国会第一届参议院议长。1927 年任国民党中央特别委员会委员。后历任国民党南京政府司法院副院长、北平政治分会主席、国民党三大至六大中央监委委员、国民党党史史料编纂委员会主任委员、国史馆馆长等职。有《张溥泉先生全集》及《编补》。1947 年 12 月 15 日在南京病逝。

②王君名建基字弼臣：王建基（1883—1911），山西五台县东冶镇人，性沉毅，有侠气，好习武。20岁时在代州考中秀才，但他看不起这种功名，遂考入山西大学堂，然而对中西文艺，兴趣不高，每到操场，则精神焕发，踊跃奔腾，终日无倦意。春秋在省城召开运动会时，建基皆名列前茅。1905年，王建基赴日留学，入体育专科学校，对于统率行军、攻城、野战之法，无不深究，尤精于击剑。王建基与同乡徐翰文、赵戴文、赵三成、康佩珩等一起签名具书加入同盟会，担负山西起事的准备工作。归国后，抵鄂尔多斯之红柳滩，招募豪侠，准备作为起事的根据地。结果机密泄露而被捕，虽经严刑拷打逼供，终不承认。王建基后被续西峰、弓富魁等人救出。王建基归省，在河东（运城）中学教学生以战斗之术。

③归化：即今内蒙古自治区呼和浩特市，当时属山西管辖。

④丁未年：1907年。

⑤徐君西园：即徐翰文（1878—1907），字西园，山西五台县大朴村人。1905年，山西派遣公费留学生去日本，翰文被选送，入日本体育专科学校学习。在日期间，加入同盟会。归国后，入太原常备军第一营，准备起义。1907年，徐翰文与王建基受命去绥远一带联络革命，不幸被人出卖，被清军当场打死，年仅29岁。

争矿之开始

却说留学界有两种团体：一种是秘密团体，一种是地方团体。地方团体，就是各省同乡会了。我因留学时期，比较大家略在前，所以被举为山西同乡会会长。适遇英商福公司①和前清总理衙门定约，专办山西平、盂、潞、泽各处矿产，以六十年为限。那年盛宣怀②在外务部，又同福公司续订采矿条约，把山西矿权一齐送给外人。内地绅商，这时候稍知道这矿产是山西命脉，一面上书向政府力争，一面与山西留东学生一封急信。一时惹起大家爱乡心，临时招集同人，在神田江户亭开了一个大会。有人预先告知我，说有人鼓动全体回国，我大不赞成，那一天决定不到会。大家请姚君③亲到第一高等学校，强邀我前去，我不得已随他到了江户亭。王君理臣④正在那里痛快淋漓地，演说那回国争矿的道理，大家鼓掌声不绝，我知道大家已经在火炉上，心里大不愿意，也不顾前后，上了演坛，大驳起主张回国的错误来；并且说这是几个老先生应该负的责任，不应该哄动一般青年，跟在后头牺牲一切学问事业。在当时这几句话，不过像一杯冷水泼在一团大火上，济得甚事；然而因我这一反对，就有调停的说是可以回一半，留一半，教大家担任起来。我心里想起陆军学生告假是不容易的，别的学堂虽容易，而路费也很是难办到，暂且从了调停主意，再谋转圆的方法。后来算是依了我底主张，派几位代表先去。

注释：

①英商福公司：1897 年，英国政府授意成立了"英意联合公司"，注册地为英国，注册资金 2 万英镑，注册名为"福公司"。意大利人康门斗多·恩其罗·罗沙第作为英国福公司代理人，在北京设立办事处，策划攫取山西、河南煤矿的开采权。

②盛宣怀（1844—1916）：字杏荪，号愚斋，江苏常州人，秀才出身，1870 年入李鸿章幕，协助李鸿章办洋务。1896 年起盛宣怀开始督办铁路，后升为邮传部尚书。1911 年为皇族内阁邮传部大臣，他建议将各省自己建立的铁路、邮政转为中央管辖，遭到了许多地方的反对，四川、广东、湖南和湖北发生了保路运动。盛宣怀命令各地加以镇压。武昌起义爆发后，盛宣怀遭到了各方的谴责，被革职，移居大连，又逃亡日本神户。1912 年秋，中华民国建立后，盛宣怀受孙中山邀回到上海，在上海租界中继续主持轮船招商局和汉冶萍公司，但盛宣怀支持袁世凯。1915 年日本曾试图拉拢盛，遭到盛的拒绝。1916 年 4 月 27 日，盛宣怀病逝于上海。

③姚君：不知是否指姚以价，姚以价和景梅九都是晋南人。

④王君理臣：即王用宾（1881—1944），字利臣、理成，号太蕤（ruí），别号鹤村，室名半隐园，山西猗氏县（现临猗）黄斗景村人。山西大学堂开设中斋，王用宾为第一班学生。1904 年，他考取官费留学日本。王用宾为第一批同盟会员，经他介绍的入盟会员达百人之多，曾担任东京及山西同盟会支部长。1909 年，王用宾离京返回太原，任《晋阳公报》总编辑。

辛亥革命前夕，王用宾在北京。太原起义后，王用宾绕道河南到达晋南，被山西军政府任命为河东兵马节度使，组织河东军政府。民国元年（1912 年），应山西都督阎锡山之邀赴太原组织临时省议会，被选为副议长。1913 年，又被选为第一届国会参议员和天坛宪法起草委员。1917 年，随孙中山南下护法，先后任大元帅府、大本营参议及国民党本部参议员等职。1921 年，出席广州非常国会两院联席会议，再次揭起护法旗帜，被任命为总统府咨议，后又任北方特派员。翌年，又任国民党山西支部筹备处长。1937 年 8 月至 1944 年 4 月，王用宾在重庆，任中央公务员惩戒委员会委员长。1944 年农历四月初七日，因心脏病逝世于重庆北碚高台邱寓所。

争矿之决心

因为晋矿事件，曾作了一个时评，登入《民报》，算是我试笔的文字。后来在《第一晋话报》上边，用全力攻击盛宣怀、梁敦彦①等，虽说的话有点过火；然而激起一般人主权思想，和那轻蔑政府的观念，也不为无力。但争矿进行中有一件最痛心事，就是李烈士培仁②因政府蛮横，人心懈怠，对于废约自办一层，恐怕坚持不到底，便步那陈天华先生后尘，蹈海身死！留下一封绝命书，把晋矿必争的理由发挥尽致，结之以"山西人未全死，决不令异族侵我尺寸土"！看了这一封书的，莫不心伤气涌，于是我和同人商量，先设起同乡追悼会，由景太昭③作了篇骚体祭文，哀音满纸，闻者泣下！其余也有作挽诗的，作挽联的，皆能说出死者底心事。当时豫、晋、秦、陇四省协会才组织起来，也发起一个大追悼会，哄动了全留学界；挽联挽诗，更是美不胜收。曾记陕西某君底挽联道："五千万矿产从此争回铸公不死；百二重关山须防断送痛秦无人！"工稳切贴，恰如分际，大家评为合作。别的且不要说起，但说李烈士这一死，唤醒海内外底同胞，到底争到赎回自办；可见天下事情，只要大家结合团体，拿起一番决心来去办，莫有不成功的道理。

注释：

①梁敦彦（1857—1924）：广东顺德人，字崧生。1873 年，梁敦彦作为清政府首批留美幼童之一留学美国。1881 年夏回国后，历任汉阳海关道、天津海关道、

外务部尚书、外务部大臣等职。民国成立后，任北京政府交通总长。1917年张勋复辟时，被清废帝溥仪任为外务部尚书、议政大臣。复辟失败后，梁敦彦匿居东郊民巷，被北京政府明令通缉，次年7月免缉。1924年5月10日在天津病逝。

②李烈士培仁（1866—1906）：山西阳高县人。1904年考入山西大学堂，1905年冬被选送日本政法大学留学。1906年，当外交部电催山西巡抚批准英国福公司开矿的消息传到日本后，李培仁发出"思奋身一掷，为晋人作痛声之呼"的呼声，身揣绝命书，跳进东京新宿海二重桥下自尽。这就是著名的"李培仁蹈海"事件。1906年重阳节，李培仁的遗体被保矿人士运回国内，在太原海子边举行公祭。公祭仪式结束以后，太原进行了数万人的大游行，保矿运动达到了高潮。英国福公司让步，但要山西必须赔付275万两白银，清政府与山西爱国商人共同赎回了矿权，历时数年之久的保矿运动终于取得胜利。

③景太昭：指景耀月（1881—1943），字太招，别署大招、帝召、瑞星、秋绿、秋陆。山西芮城人。18岁中秀才，入选太原令德堂读书，1902年再选升山西大学堂。1903年秦晋合闱，中副榜。1904年秋，景耀月成为山西第二批官费留日学生，进入早稻田大学攻读法律。期间景耀月结识孙中山、胡汉民等，加入中国同盟会。1907年8月，景耀月与景梅九、谷思慎等人在东京创办《晋乘》杂志。1911年武昌起义后景耀月被举为议长，草拟临时大总统就职宣言，并参与制定《中华民国临时约法》。1912年景耀月任南京政法大学校长。1944年4月28日景耀月在北京逝世。

借题发挥

当时借着争矿问题，同人又做了许多文章，暗里鼓吹革命，不但是争矿一事，就是遇着别的题目，也要委曲宛转，说到革命上边，真有千变万化，不离其宗的奥妙。再用一句八股熟语评一评，可叫做吾人天性流露于不自觉了。说到这里，我又想起一段话来，就是山西第二次派来的学生，里头很有几位老先生，保守辫子，好像一条生命似的，宁死也不肯剪掉。我一天藉着同乡开恳亲会，发了一段论议，便说道："这头发本是一种烦恼的东西，弄成一条辫子，搁在脑背后，已经不成个体统；如今人把它挽在头上，作了个盖顶势，好好一个头颅，让他盘居上面（影中央政府），压制得全身不爽快（影国民不自由），如今请大家下一番决心，痛痛快快地，一刀两断，剪除了他（影革命），不但一顶圆光，而且通身快活，大家有甚么顾忌，不肯决然舍去呢?"这一席话，革命同人，自然领会得来，拍掌喝彩地欢迎。惟有那老先生大不快意，背后对人说："某人甚么都还好，就是爱劝人剪辫子有些讨厌！又说出那样言辞来，教人越发不敢赞成了。"

玉楼影中曲子

当时在《第一晋话报》里面，也借题发挥了好些民权的议论。我本来要作一种长篇小说，写自己理想的社会，立名曰《玉楼影》。具体的布置，大概在联络同志，激发人民爱国精神，改进一切；归结到了功成身退，在五台清凉寺里，筑起一座玉楼来，合同志享些神仙幸福。开宗明义，从社会罪恶和世界潮流说起来，曾写一个公子，看一幅变色地理图，触动了国家观念，激昂的不了。我因为朋友夸了一句好，又用杨柳青的调儿，把这一回事情排进去，编成好几个曲子。如今但把关系共和自由思想的写出来，请大家看一看：

反抗英国，美人称雄；血战八年，才得成功。大总统举了华盛顿，独立旗，自由钟，十三州里闹烘烘，嗳！共和国家，第一文明。法兰西也是个共和邦，路易时代①，专制异常，惹起国民大反对。革命军，起中央，断头台上斩魔王，嗳！轰轰烈烈，闹了一场。观罢欧洲，再观亚洲，有许多亡国，都在上头。印度、安南②今何在，谁为主，谁为奴，谁与他人作马牛？嗳！思来想去，两泪交流！印度国里恒河沙，猛想起当年佛祖释迦，三三降生真天子，舍王位，出了家，九九修成大菩萨，嗳！救苦救难快救中华！

注释：

①路易时代：路易十六（1754—1793），法国波旁王朝的国王。1789 年 7 月 14 日法国大革命爆发，1793 年 1 月 16 日和 17 日他被国民公会判处死刑。

②安南：越南国在清嘉庆前称安南国，是当时中国的属国。

欢迎章太炎　密访杨少石

大家知道，《苏报》案中，章、邹二君①同被囚于上海；后来邹君病死于监中，相传为中毒身亡的，多少人为章太炎担心，所以打听得出狱日期，同盟会派人预先到上海安排一切，才把先生平平稳稳迎接到东京来，住到《民报》社里。正值《民报》对《新民丛报》激烈笔战的时代，忽然得一位学问渊博、文章朴茂的章先生，来主笔政，大家怎能不分外欢迎。别的先莫说起，单是一篇"革命之道德"，便把学界全体激动起来，有多少顽固老先生见了这一种议论，也都动魄惊心，暗暗地赞成了种族主义。我乘这时候，才联络人入同盟会，绍介陕西、四川的朋友最多。外省陆军学生方面，最先同杨少石君握手。我有一天到"振武学校"同杨君秘密谈话，杨君从袖中取出自绘地图一纸，略画中国大势，指与我道："革命军若从南方举起，不知几时才能到北京。我们从山西、陕西下手，出来一支兵出井陉，截取京汉铁路的中心，一支兵出函谷，直据洛阳，与南师握手中原，天下不难立定。"并说："十年以内军队革命，十年以外社会革命，如今以运动军人为主体。太炎先生说过，学生革命，犹如秀才造反，一百年也不成，这话一些不错。我们趁早联合军界同志，大小握些兵权，就不至空口说空话了。"我很是佩服他底议论，但心里暗笑先生未免重看鄙人，几乎有邓禹②劝刘秀，诸葛对刘备的光景，实在有些不敢当。两人说毕，杨君又绍介见了几位朋友，特别指唐君继尧③告我说："此君能担任一方面军事者。"

注释：

①章、邹二君：指章太炎、邹容。

②邓禹（2—58）：字仲华，南阳新野（今河南省新野）人，东汉开国名将，云台二十八将之首。刘秀对邓禹深为敬重，令左右呼邓禹为邓将军，每遇大事，必与商讨。

③唐君继尧：即唐继尧（1883—1927），字蓂（míng）赓，云南会泽人，出生于书香家庭。1904年赴日留学，入东京振武学校第六期。1905年秋加入同盟会。辛亥革命爆发后，参加蔡锷指挥的昆明重九起义。1915年12月25日，蔡锷、唐继尧联名通电全国，宣布云南独立，发起推翻袁世凯的"护国运动"。1927年2月6日唐继尧下野。1927年5月23日，44岁的唐继尧气病成疾，吐血丧命，葬于昆明圆通山。

小友与明明社

我原在学校寄宿舍里住，及入了同盟会，因联合同志在校里出入会面有点不自由，于是乎搬到一个名叫千代田的旅馆。有一天，直隶①华君绍介一个青年同志来，相见很是投契。论他底年纪，不过二十岁，看起来，好像极有阅历的老成人，气象沈雄，迥异寻常。原是陆军学生，一来因为和学校监督闹意见，出了学校；二来入了同盟会，自由思想，很是发展，受不了那些专制学规。说起笑话来，也算是一个不安本分的学生。大家晓得军人不重文学，求如项羽岳飞能作歌词的，更不多见。这位青年，才具纵横，吐嘱风雅；拈毫弄笔，不露壮夫之态；赋诗填词，尤多惊人之句。我喜呼为小友②，是天津静海县人。又由他绍介一位军人，却又不同，性情豪爽，言语奇快，遇事非常机警，对人极有热诚；本是个粗疏汉子，却染些高尚思潮，服善化恶，扶弱抑强。我得了这两位新友，交游日广。又觉旅馆中秘密谈话，有些不便，才商量赁了一间小屋，三四个人同住。无意中小友在门首，标了一个明明社的牌子。最初联络陕西同志邹君子良③入同盟会时节，子良发一种疑问，说明明社和民报社是否一气？几乎恐怕误入迷途似的，和小友大争论起来。我明白解释了一番，才相信了，也算运动革命时代一段笑史。

***

注释：

①直隶：中国旧省名，今河北省。

②小友：或指杜羲。陕西赵世钰回顾录中说他和井勿幕向山西景梅九、河北杜羲商借明明社，作为同盟会陕西分会成立的场所，景、杜同意后，会议如期召开。杜羲或是景梅九称呼的小友，后来又称他为仲伏。

③邹君子良：即邹子良（1879—1914），名炎，字子良。原籍甘肃宁州（今甘肃宁县），寄居陕西三原，遂以三原为籍。少年时家贫，给某富家作书童。邹子良在主人的帮助下，数年后考取童生，又被资助赴日本留学，在日本加入中国同盟会。1911年8月，邹子良赴渭北山区联络哥老会、刀客，拟在渭北发难。

《民报》周年纪念会①

明明社本无别的意想，却惹起日本警察注意来。有一天我不在家，来了一位侦探问同住的人姓名，小友隐约告了他一番。我归来闻说此事，知道有些不妙，想起一件事情来，就是未移居一个月以前光景，《民报》开周年纪念会，适逢孙中山先生重到日本，大家想望风采，无缘接近，忽然听说这纪念会有先生底演说，把全学界人震动起来。有同志和我商量，这一天早起先约同志，据了演坛左右，并由多人招待来宾，看看情形如何，再请孙先生来。我很是赞成，但以为这时正是种族主义昌明时代，人人都怀着一片愤激的心，一定是踊跃争来，还怕甚么意外反对？同志说，也不得不预防一二。于是，那一日早起，和许多同志，先到锦辉馆安排一切，四壁悬挂欢迎及庆祝的对联，万国旗帜，交悬在中间，很是庄严灿烂。曾记某女士集一联赠孙先生道："岂有蛟龙愁失水？不教胡马度阴山。"到也有弦外的余音。七八钟，人还不甚多，我和几位同志坐在演坛右边，不一时，到会的潮涌而来，不下数千人，后来的实不能容，都徘徊馆外，伏窗而望，人语嘈杂，似乎都带些革命的声浪。一时摇铃开会，满场寂然，有万木无声待雨来的光景。先请章太炎读祝辞，气度沉雄，声音弘朗，掌声因之雷起。读毕，先请日本来宾演说，有一位作舌人的翻译，颇有点迟钝，听众多不明了，大家遂耸动我代替这位先生；我便自告奋勇，上了演坛，将他换下来，代各位来宾翻译了一场。大家倒还听的懂，掌声不绝，我也不觉困倦。以后便是孙先生底两小时的长演说，把三民主义发挥一番，对于民生主义，尤说得详肯，且态度安详，声音清爽，不愧为演说名家。听众欢迎，自不待言。随后有田君、乔君底演说，却是慷慨激昂，令坛下大众狂呼起来，实在可算留学界空前的盛会。这会场有公使底侦探，报告开会的详情，并说山西有两个演说的，就是指我和乔君②。但好在不知道我姓名，不然怕不取消了官费！这话又说回来了，明明社这一次要败露了机密，岂不吃亏？当下便和小友商量一个办法。

注释：

　　①1906 年 12 月 2 日，《民报》在东京召开周年纪念大会。会议由黄兴主持，章炳麟读祝词，孙中山作《三民主义与中国前途》之演说。

　　②乔君：当时留学日本的山西姓乔的只有乔煦（1882—1912），字子和，回族，山西阳曲人。1905 年加入同盟会，并加入同盟会的秘密军事组织"铁血丈夫团"。1911 年任山西新军第四十三混成协第八十六标（标统阎锡山）第一营管带（营长）。1911 年 10 月 29 日，参与领导辛亥太原起义。1912 年任河东军政检阅使，不久病故。

匕 首

因为明明社露了破绽，同时又生出一件骇人事件，就是有人对我说："外间纷纷传说，你绍介的某人把同志底名册，献给公使馆①，恐怕不久就要发出来事情，请你小点心才是！"我听了这句话，真是"火从心头起"，外面却装著没事样子。适逢友人华君曾赠我日本匕首一把，锋利异常，虽不能削铁如泥，却能斫铜钱立断两半而刃不折，也算是好兵刃了。本藏在枕底，这时忽然看见了柄把，便从枕底抽将出来，拿在手里，霜刃闪闪地照人两眼，不觉"恶向胆边生"，暗暗地装到袖里，也没告人知道，一气向某人寓处去，用一句文话写，就是"欲得而甘心"了。幸亏某人底运气好，赶到他那里，他正不在家，问下女，也不知向何处去了。心里总是放不下，到处找了一遍，也莫踪影，便想道："这奴才莫非逃藏在公使馆里去？他要永远不出来，又怎么样对待他呢？"好生闷气，归家一夜，不曾合眼，恍惚间，觉得某人来了，笑嘻嘻地向我握手，却见那匕首跃出，直刺他底咽喉，我高呼痛快，痛快！旁边人把我推醒来，原来是梦魇。到了第二天，又有同志来，证明某人绝没有作这事，同志名册，托我交来，请看。我才知道是谣言，很悔昨天猛浪，要是糊里糊涂刺伤了他，岂不冤枉了好人？但仍和同人商量，这明明社总是要改的。

注释：

①公使馆：指中国驻日本公使馆。

何公馆

小友说："既然明明社有了破绽，咱们或是搬房子，或是把这牌子去了，或是另改个名称也好。"于是大家说："还是改个名称，试一试看。"我说："这个名称，太奇怪了，惹人注目，固然是不好，太平常了，也觉得无味。"话犹未了，同住的何君拍手道："我有个好名称，改成'何公馆'三字，大家看怎样？"我笑道："好便好，但明明社未免一落千丈了。"大家也笑起来。你猜为甚么说这三字好呢？一者因为公馆在中国是很普通的名辞，在日本却很新鲜，但是日本人，研究中国风俗的，也知道这公馆是官僚住宅底名称，官僚断不会革命，一定是不注意的了；二者利用"何"字在公馆上面，在我们底意思中，何字可作"甚么"解，就说这是"甚么公馆"，还不是明明社么？恰保住本来面目，但日本侦探断不作此想，就可以把他瞒过去了。所以大家决议改成了何公馆。却也奇怪，日本侦探再没来胡缠，才知道这公馆两字底魔力不小。虽说大家担了一份腐败的名称，一来把革命底形迹掩饰过去，二来日本之有公馆实自此始，也算有开创底奇功了，一笑！

请坐吃茶

自明明社变成何公馆之后，对于联络同志，依然照常进行。每天必有同志来谈；然而不同志的人，也挡不住他来，往往碰在一处，不好说话。普通的革命议论，固然是不要紧；若是秘密的计划，露泄了就有些不妥。古人说："机事不密则害成。"一点不差。所以同盟会，有种种约定的秘语和手式等，以为表示同志的作用。这是秘密结社的规矩，毫不足为奇。这时民报社是彰明较著的个革命机关，去的人都系同志，还没用密语的必要；惟有何公馆，普通朋友时来聚会，非用密语不可。常用同盟会约定的秘语，有时也露痕迹。如问人姓，曰老兄姓贵姓（贵姓上的姓，说时略逗），答曰某姓；要是答姓某的，便不是同志之类，总觉有点勉强。当时何君想了一个法子，我们譬如正同着一个或几个同志谈话，忽然来了一位客，主人是认识的，先来客是不认识的，又不好意思问他是同志不是，这时候主人用一种方法表示，又要快当，又不要露痕迹，使大家互相知照才好。何君想的话很简当，就是同志来，主人说，请坐吃水；不同志来，主人说，请坐吃茶。不用问，预先要把这密语告了同志才行。往往多少同志，在公馆正谈得兴高采烈，忽然来了生客，说一声请坐吃茶，大家就搁起闲话来胡唐塞。说一声请坐吃水，仍继续前话，毫无顾忌，却也有点意思。后来更加简便，来客让坐，唤下女倒茶，就是不同志；唤下女倒水，就是同志。何君解的最好，因为吃茶普通，吃水特别，并不是薄待同志。小友说的尤妙，茶者杂也，非我同类；水者美也，君子之交淡如水。我说："论起这种密语，是专对待不同志的人，所以倒茶吃茶，很是自在；若说吃水，反觉奇离。对于同志，本来不须这个，因为可以明明说都是同志，没有甚么要紧。"所以后来同志来了，只说一句玩话道："又来了一个吃水的。"但是这里有个疑难，就是正和不同志的谈话，来了一位同志的，还能让吃水，叫倒水么？不用说，是不能的了。没法子，只好请他吃茶，以表示有不同志的在坐。算来算去，还是"吃茶"这句话用途很广。

奥而梭

吃茶吃水外，尚有一句特别密话，单是和一个人约定的，一般同志知道的很少。提起此人，大大有名（请往下看，正用的着这样道白），不是别人，就是江西李烈钧字侠璜[①]的。他本来是一个军人，却有政治的脑髓。大家知道第一次陆军留学生共派百八，其人适合《水浒》天罡地煞人数[②]，有用点将录，写出他们性质来，以侠璜为豹子头林冲。因为他沉勇绝伦，能决大谋定大计（这事也没几个人知道）。其实侠璜这时并没露出惊人态度来，然小友已经认定他是担承民军责任的人，所以特别注意，常邀他到何公馆来，计划革命的事情。侠璜一日见有生人在座，正谈革命，就指这人对我说一句英语道："Also?"（音，奥而梭，翻成中国话，叫做"也是"。）我会意，也答应了一句"Also"，有时也用德文音说成"阿而作"。后来便把这一句话作为侠璜的暗号：他病了，说奥而梭病了；他回沪，说奥而梭到上海去了。对于一切事情，说奥而梭怎样主持，奥而梭怎样计划，旁人莫名其妙，不懂是说甚么；所以在革命秘密时代，多少同志，不知侠璜有作为，可以说是"奥而梭"一句秘话的功劳了。然而他底同学，夸讲他的也不少；只有一个朋友，说他脑力过人，因为他一日和日本某博士论"化学方程式"，随手写出，一些不差。某博士大为惊异，说比化学名家，还精熟的多。这一件事情，我却没问过侠璜，因为我不希望侠璜作理学博士。

注释：

①江西李烈钧字侠璜：李烈钧（1882—1946），原名烈训，又名协和，字侠如，号侠黄，江西省九江市武宁县罗溪坪源村人。1904 年赴日留学。同期的留学生有阎锡山、李根源、唐继尧、程潜等人。1907 年加入同盟会。

②《水浒传》中英雄排座次，按 36 天罡 72 地煞之分，共 108 位。

与革命有何关系

我曾说不希望侠瑛作理学博士；然我初到日本的时节，却有作理学博士的野心，所以入了高校第二类，以算学理化为主课，都是些干燥无味的学科。自己并不畏难，每日穷理演算，孜孜不倦，虽不是一定勤学的，也没有旷过甚么功课。对于算学，尤突过学校先生所授的课本，研究极高深的数理。自入同盟会以后，三迁到了何公馆，把学校的事，渐渐地抛在脑背后——非关系革命的书不愿看，非关系革命的人不愿见，非关系革命的话不愿谈，非关系革命的事不愿做了。于是每逢算数理化等疑难问题，正用脑力去解剖的时节，忽然想起一片心事来，便放下他来道："与革命有何关系？"后来这一句话说惯了，有一天正画投影画，拿着钢笔细细描写黑影，一时又麻烦起来，把笔一掷，尚未开口，小友从旁边看见，连忙笑道："与革命有何关系？"我自己也不觉笑了。不但自己怕用功，对人家用功的人，反讥评为"功课学生"。心里恨不得令普天下学生，同讲起革命来，才好。日本某志士《忏悔录》中，有"可怜青年之热心"一语，正道着我此时情状。如今常对朋友说："为革命牺牲一切，都觉得平淡；惟有牺牲学问，很感得痛苦了。"所以偶然听见一位青年和朋友说，如今不是我们求学时代，真是刺耳伤心的话！敬告青年诸君，勿效我往事。如今不是求学时代，几时才是求学时代呢？大好光阴，幸莫错过！

《汉 帜》

　　曾在取缔风潮中，记得归葬陈天华先生①一事。那时经理葬事的，有禹之谟②、宁仙霞、陈汉元诸君③，都是革命党中热烈男子，在湖南轰动了各校学生全体罢课，并军界多人送葬衡麓，当着大众演说革命底道理。一时人心很是摇动，却被湖南当道知道了，说："这还了得，简直是要造反！"于是乎把禹君先捕拿了，宁、陈逃出，到了上海，和几个同志，组织《洞庭波》杂志，专鼓吹种族革命；议论精辟，文词清健，海内外底同志，争先购阅，后来听说宁君也在途中被捕，并赋绝命诗，传诵一时，内有"断头台近岳阳楼"之句。有一天小友回到公馆，说汉元来了，是老朋友，明天约会见面。我很是欢喜，相见后，把湖南底往事略讲了几句，说到《洞庭波》有继续在东京出版的意思。因为《民报》自太炎主笔后，文章渐近艰深，普通的人，往往看不懂。《洞庭波》用极显豁痛快的文字，写出革命宗旨来，所以欢迎的很多。大家和克强④诸友商量，似嫌《洞庭波》名字限于一方，于是另想一个名称，叫做《汉帜》。立时组织起来，请太炎作了个发刊词，甚是冠冕堂皇，起句是："日本以太阳得名，中国以天汉立称。"同志诸人见了，莫不叹绝。于是汉元自撰论说，我担任译述，并作了一篇《清快丸》的短篇小说；小友等担任文苑，由同人捐助了些钱印出来，却也合一般社会的心理，所以销售甚广，不敷分布。出了一两期，因经济困难停刊，大家都道可惜！

注释：

　　①归葬陈天华先生：1905年12月8日，陈天华在东京大森海湾投海自尽，时年30岁。其灵柩经黄兴、禹之谟倡议筹办运回长沙，各界不顾官方阻挠，决定公葬于岳麓山。"适值夏日，学生皆着白色制服，自长沙城中望之，全山为之缟素。"

军警站立一旁，亦为之感动，不加干涉。到达岳麓山后，举行了隆重的下葬仪式，禹之谟、宁调元等多人发表演说。

②禹之谟（1866—1907）：字稽亭，湖南湘乡（今双峰县青树坪镇）人。1904年初，黄兴创立华兴会，禹之谟首批加入，积极组织反清斗争。1906年5月，陈天华和爱国志士姚宏业灵柩返湘时，他首倡"公葬岳麓山，以彰义烈"，发动万余名学生举行大型公葬活动。1906年8月，禹之谟为反对清廷盐捐浮收和提款兴学等反动政策，率湘乡驻省中学200名学生回湘乡与县衙据理力争。8月10日，被湖南巡抚庞鸿书以"哄堂塞署、图谋不轨"罪名逮捕入狱。1907年2月6日，禹之谟在靖州东门外慷慨就义，年仅41岁。

③宁仙霞、陈汉元诸君：宁仙霞，即宁调元。陈汉元，即陈家鼎。

④克强：即黄兴（1874—1916），原名轸，改名兴，字克强，一字廑午，号庆午、竞武。近代民主革命家，中华民国的创建者之一。

书报输入之诡秘

诸君知道，革命党人传达主义，全仗着书和报；政府方面，也晓得这个武器利害，因为拿破仑曾说过一纸报，强于五千毛瑟的话，印在他们脑筋里面，不得不害怕，所以用种种限制干涉的手段：一面禁发行，一面收没书册；一面不准购阅，一面实行检查。曾看过一种小说，内载一个俄国虚无党人秘传书报向德国，被税关警吏搜索出来，立刻送到监狱里边，幸亏是俄国人，没有十分为难。然这党人把输入革命主义的责任，算未曾交代下去，于是出狱以后，又用种种欺瞒方法，到底达了目的，及德国警吏觉察，已经将许多革命小册子传遍了柏林。即如清政府痛恨《民报》，设法防备，不教输入内地，从上海方面传达还容易，要是从天津方面传达很难。当时何君想了一个极妙法子，就是利用一位满洲的朋友，回国时节，将《民报》包好装到箱子里，说是给与他的朋友带的《法政丛编》。这位先生，并不在意，便完全担任带回去，居然都收到了。这是甚么缘故呢？因为海关上人，见了满洲人名片，和那一条辫子，便晓得不是革命党，绝不搜检他底行李，所以十分妥当。还有陕西底同志，把《民报》集成厚册，另行装订，标题"心理学讲义"（妙绝），送回内地去的也不少。可见"天下无难事，只怕有心人"了。

铁 券

革命书报，除《民报》《汉帜》等外，也莫多少。有一位姓胡的同志，把邹容《革命军》，陈天华《警世钟》，吴樾《宣言书》，章太炎《排满歌》，集成一小册，教我想一个名子。当时忽然触起《铁券》上"胡灭汉留一半，汉灭胡一人无"这几句话来。有人解释一人无，是不留一个人（灭种政策，太毒）；有人解释一人无，是没有一个人去灭胡的，寓激动汉人的意思。这一个解释，本来不妥当，然我取这一种解释，说邹、陈、吴、章①，皆是灭胡之人，所以题曰《铁券》，作了一篇序文，自署为"灭胡又一人"，完全标明一种狭义的种族说。又由大家捐了些钱，印出几千册，销行很广。后来各省同志，都争着集款印刷，暗暗里输入内地，论效力，较《民报》《汉帜》还大些。因为这几种书，大半用通俗文字写出来的，尤以《排满歌》为最好懂。开首是："莫打鼓，莫打锣，听我唱个排满歌！如今皇帝非汉人，满洲鞑子老猢狲；他的老祖奴尔哈，代领兵丁到我家；后来篡逆称皇帝，天命天聪放狗屁……"等语，人谓直截痛快，得未曾有云。

注释：

①邹、陈、吴、章：指邹容、陈天华、吴樾、章太炎。

白浪滔天之痛饮

大家知道，日本有一个豪杰，浓眉朗目，虬髯长身，姓宫崎名寅藏①，别号白浪滔天。曾著一书曰《三十三年落花梦》，自述他底往事，颇关系中国革命党底运动史。这位豪杰，在戊戌改变时节，曾在香港护救康有为。因误认他是中国革命底人物，以后晓得保皇党底真象，才和康某绝交，另访中国志士，得逢孙中山先生，即认定为中国革命党底首领，相订为生死交。我在《民报》周年纪念会上，曾为执翻译之役，于是时常来往。这时日本有社会革命党人，宫崎先生底兄长，也在里边，但他底主义却不然，以为东亚革命，当先从中国下手，然后才能说到日本，所以自命为中国革命党人，反与日本同志疏远，与中国同志亲近。有一天我和何君谷君②，邀请先生到何公馆为长夜之饮。因为先生豪于酒，有一斗不醉，一石亦不醉的大量。谷、何二君亦善饮，我也随着大喝起来。半醉，我用日本音唱："王郎酒酣拔剑斫地歌莫哀，我能拔尔磊落抑塞之奇才，豫章翻风白日动，鲸鱼拨浪沧溟开。"举坐呼快。宫崎先生亦歌一曲，悲壮激昂，令人起舞。何君唱日本志士咏巴黎革命绝句："一刀两断君王首，落日光寒巴黎城！"尤为慷慨。主客皆为浮一大白。天将明，喝尽两桶正宗酒，客酩酊辞去，主人醉卧，不复能送客矣。次早，带余醉入一神社，立樱花树下，真觉天地沉默；忽来群鸟，不避醉人，争蹈树枝，花片乱落，至今思之，如梦如幻。

注释：

①姓宫崎名寅藏（1871—1922）：指宫崎虎藏，通称寅藏，别号白浪滔天，日本熊本县人。1897年经犬养毅斡旋，获得日本外务省秘密经费，与平山周再度来华考察，结识康有为、梁启超。8月与孙中山见面并成为知交。加入兴中会，对反清革命出力甚多。1902年宫崎寅藏出版《三十三年落花梦》，介绍孙的革命事迹。1905年介绍黄兴与孙中山会晤，加入同盟。1912年元旦宫崎寅藏参加孙中山就

任临时大总统典礼。1913 年宋教仁案发生后从日本到上海，辅佐孙筹划"二次革命"。失败后往来于孙、黄之间，力解孙黄矛盾。1917 年初到长沙参加公葬黄兴、蔡锷仪式。1921 年最后一次来华，在广州会见孙中山。次年在日本东京病逝。著作编为《宫崎滔天全集》。

②何君谷君：何君，当指何澄。谷君，当指谷思慎（1881—1945），字仲言，山西省神池县城关镇人。谷幼聪敏，涉猎群书，辄能背诵。善与人交，肝胆相照。服膺郑成功"灭清复汉"遗策，遂入哥老会，被推为"龙头"。1903 年，谷思慎借川资寻其伯父如墉。时如墉任山西大学堂总监，闻其在乡行事，与己思想不和，严加责备。思慎力陈欲读书进取，方允留读中斋（文科）。两月后，谷名列优等。1904 年，山西省保送首批留日学生，谷被选入日本明治大学攻读政法。民国元年（1912）9 月 19 日孙中山莅晋视察，谷向孙中山陈述"晋人治晋，较为稳妥，知之在先，或无后忧"，孙先生首肯者再。1917 年，谷思慎响应孙中山"护法"号召，曾南下穗、沪，流寓二年。1926 年孙中山病逝，谷深感此后将无知己，又转豫任胡景翼咨议，后携眷回乡。1941 年，谷被聘任晋绥边区临时参议会参议员。1945 年秋随晋绥军区部队进取绥远，拟以联络绥远国民党军将领旧交，促其等早日反正。不幸途中积劳，病殁于右玉县威远堡，时年 63 岁。

社会主义演说会

日本丁未年①，所谓西园寺②底内阁时代，颇行一种法兰西宽大政策，人民底结社自由，言论出版自由，很有些活气。有一天，在大街遇见一位朋友，说今夜晚上锦辉馆，社会党人开演说会，咱们去听一听，也能广点见闻。我这时候虽说没有研究过这一种主义，也稍知道他底魔力，便动了一番好奇心，说可以去的。他说："多邀几个人也好。"于是到了晚上，就同小友、兰君③等入了锦辉馆。见到会的人，都穿的便服，带的便帽，神气之间，似有避警察官视线的光景，可算一个半秘密会。忽见一个人拿着一幅红色布幅，悬在正中演台底前面，显出白书的"社会主义"四个大字来，满场人心，为之激动，才知道是他们底旗

帜。演坛右侧，安一张桌子，坐几个雄纠纠的警官，先不知道是干甚么
的。随即有人登坛演说，报告开会底宗旨，说了一半，右侧坐的警官，
忽然立起来，伸出右手作推排状，大声喊说："中止！"这位演说的，
便不敢再说，含嗔带笑地下去了，才知道这警官是妨害言论自由的，我
心里大不快活！又上来一个，便道："我今天讲的话，断不能被干涉，
要是被干涉，这中小学堂底教员，都不能上讲堂了。"（大家笑起来）
他便把经济学上，关系社会主义方面的政策，说了一番，比第一个人说
的稍长些，又禁不住说到革命上边去，仍然被警官干涉下来。（干涉的
样子，真正难看，那一幅不近人情的脸子，尤其可憎！）转眼间，又笑
嘻嘻的上来一位，便道："我的运气最坏，每次演说，总接着被中止的
人后面上来，不知接着我演说的人，运气怎样？"（大家又笑起来：我
才知道这不是第一次开会。）你猜他演说的是甚么？他说的是俄国虚无
党底事，比别人更激烈些，不到十分钟功夫，也下来了，不用问，是被
警官中止的。其次，是一位演说美国托拉斯底弊害的，就是说铁路大
王，煤油大王等大垄断主义；因为日本没有这样大资本家，所以小资本
家的犬（日本的警官代名词，也是社会党人给他送的徽号），还不大
咬，他能多演说一阵，仍然到中止程度，被那犬一口咬下来了。最后上
来一位，台下掌声大起，我也不由得跟着拍了几掌（大家莫笑我，说我
是无意识的举动，实在这位先生底面上，和蔼之中，带一种强毅的气
象，一望而知为革命大人物，教人自然地钦敬起来）。他不是别人，就
是有名的东亚卢骚，中江笃介④底大弟子，幸德秋水⑤先生。他底自由
思想，得之所传；社会主义，突过前辈，真算日本特出的人物。我虽没
见过面，却看过他底《社会主义神髓》一书。所以听人说是他，就格
外注意听他底演说。但见他上了演坛，冷眼向右边一顾，那警官仿佛避
他底目光，把头一扭，他便拈起一个道德题目来，雄辩滔滔。说到暗
杀，是西洋哲学家认为道德上必要事情，那警官起来中止。他却向警官
点了一点头，说："还可以说几句！"警官允许他，便说："在日本现在
暗杀不必要，也不可知；但是这些政治家，资本家，渐渐地蛮横起来，
总有一天不得已发现了这种暗杀事实，也没有人能挡住。"大概这些话，

又不入警官先生底耳，又立起来干涉。记得先生还要求再说几句，到第三次中止，才含笑下坛。（后听人说幸德演说，照例被三次中止。）坛下有高呼"幸德万岁"的，有大骂"警官马鹿"（日本普通骂人语）的，于是纷纷散去。出对小友和兰君说："日本人民底自由，也有限的很！"这时候对于立宪政体，不免怀疑起来。

注释：

①丁未年：即1907年。

②西园寺：即西园寺公望（1849—1940），伊藤博文的得意门生。西园寺公望是日本民主最后的守护者，他的第一次内阁从1906年至1908年。第二次内阁从1911年至1912年。西园寺公望在太平洋战争爆发前一年的1940年11月去世。

③兰君：疑为南桂馨（1884—1966），字佩兰，山西省宁武县城内人。1902年，入山西大学堂西斋学习。1906年参加中国同盟会，到日本入警察学校。1908年归国。辛亥革命爆发后，1911年10月28日，他参加了发动太原起义的决策会议。太原起义成功后，奉山西省军政府之命，赴南京求援。中华民国成立后，历任河东筹饷局局长、山西都督府参谋长、粮服局长、警务处长兼省会警察所所长等职务。1928年，出任天津特别市市长。抗日战争期间，拒不出任亲日政权职务。中华人民共和国成立后，他担任了联合银行董事、山西省政协委员、北京市文史研究馆馆员等职。

④中江笃介：即中江兆民（1847—1901），日本明治时期自由民权运动理论家，政治家，唯物主义哲学家，无神论者。

⑤幸德秋水（1871—1911）：日本明治时期社会主义者。原名传次郎，号秋水。生于没落商人家庭。高知县人。幼年聪明好学，能读中国古籍、作诗文，才华出众而闻名乡里。1903年，日俄战争爆发前夕，他同堺（jiè）利彦等人创办《平民新闻》周刊，宣传反战和社会主义思想。1905年《平民新闻》被迫停刊，幸德被捕，坐牢5个月。出狱后，他去美国访问约半年。1910年，他再次被捕入狱，1911年被处死。

吞气吞气

自从听了这场演说，对于社会主义，更加一番研究。因为这主义，就是三民主义里边的民生主义，与同盟会不相背违。所以和日本社会党人握手起来，天天在一块谈些世界革命大势。这时他们组织了一个《平民新闻》，出版后，很受社会欢迎：社会小说，纪事闲评，莫一样不精采的。何公馆订了一份，自己看，并且劝大家朋友看，看来看去，都有一点平民思想。我和小友越发走到迷信的程度，把雇的下女，都传染成了社会党，也随着痛骂他们的政府，轻蔑他们的天皇（日本尊重天皇，过于神圣，谁敢轻蔑），仇视他们资本家，于是乎何公馆一变而为社会主义的传教所。当时和迷信国家主义的朋友也抬不少的闲杠。然而对于国家社会主义，赞成的也很有些，不过讲国家社会主义的人，已带了一种官吏的臭味，所以纯粹讲共产主义的便骂他们是御用社会党。由是分成两派：一派缓，一派急；一派柔，一派刚。我和小友走了极端，专同急且刚这一派大来往。有一天在某处楼上，开秘密会，被警察知道了，到楼上干涉，把许多人赶下楼去，我没理会他，但向大杉荣[1]先生请教世界语的读法，在那里审音订声孜孜不厌。日本某同志回头看见惊笑道："还闹这学问哩？吞气吞气（言消停的很）！"自己也笑起来，随著那警官的指挥下楼。

注释：

[1]大杉荣（1885—1923）：日本无政府主义者，思想家、作家、社会运动家。他对日本知识界有一定影响，思想十分激进。

共产主义略说

甚么叫共产主义？说起来话长，但就这主义来由的大概说一说。因为社会上的贫富不均，起了许多不平现象，所以欧西哲人，想出种种法子来，要改革社会的组织。最初讲的均产主义，和中国古时的井田制度，汉时的均由（田）说差不多。后人有研究的说这主义未免烦扰，而且照现在土地说，商埠的土地和农家的土地，价值悬隔，至于百倍不止，虽均仍是不均，况且各样物产均起来，也很费事。所以有人研究出来一种集产生义，就是把大家作成的物产，拢共集到一个公所地方，仿佛陈列所光景，各劳动者拿自己得来的劳动励牌去领，励牌分开等次，以志勤怠；没有牌的，自然不能去领。有人研究这主义，较均产自然好些；惟办法（惯语叫手续）仍然是不清省。最近社会主义的人，才想出一个不均不集的法子来，叫共产主义。就是现在用心力体力制造出来的科学（哲学也入科学）产物，大家通共得自由自在享用起来，莫有不满足的道理。统计世界上的人，除过老的小的残废的，剩下这些心力强壮的中年，经营生产事业，制造成的产物，供全世界人用，是很有余的。试看如今号称文明的国家，一方面有积堆如山，消售不出的货物，一方面有忍饥、受冻、呼号无应的劳民，请问那些货物，还不是这些劳民造成的么？竟全被资本家偷窃了去，作为他的私产。所以共产主义者，提倡"收用"的学说，就是教劳民把资本家盗藏的货物，确认为大家血汗铸成的货物，大家一齐收用回来，自己受用。有人证明这共产主义，是太古的人民实行过的，纵的学问拿横的学问讲，看如今世界上未开化的种族，尚有太古的遗风，就知道了。说到这里，有人疑惑起来说："这不是要把世界返转到混沌时代么？"我说："上古的共产状态，是赤子之心，理性在茫昧境界；未来的共产状态，是'大人者，不失其赤子之心[①]'，理性到纯熟地步。所以有人说：'过去是黄金，现在是瓦砾，未来是金刚石。'大器晚成，一些不差！"朋友中赞成我这几句话的很多。共产主义暂且说到这里，把世界语再略解释几句。世界万国，语言文字，各不相同。俄国有个医生名叫柴门霍甫，取拉丁文及各国文，特制成一种文字，拼音简单，文法整齐，较各国文字都容易学习。原先为虚无党秘密通信之用，后来发表出来，有提倡作为各国通用语言，所以叫做世界语。现在各国学者，用世界语著的书不少，学会了很有好处。

　　①大人者，不失其赤子之心：语出《孟子·离娄下》。

心折剩余价值说

　　后来日本社会党人，又开了个夏期讲演会，讲演各种社会学说，里头最有研究价值的，是马克斯的《资本论》，其语甚长。讲演者，但把他的"剩余价值说"，详细理论出来，就是论价值二字，本然无定标准，有人说供人生活满人欲望的东西有价值，本然不错；但天然的空气井水，都能供人生活，满人欲望，也没有特别价值。惟有把天生的原料，如棉花，本然从农家劳力来的，再加一番劳力作成线，就另有价值。更加一番劳力，把线作成布，就越发有了价值了。如今资本购来原料，和用大家劳力作成的机器，雇来许多工人，譬如每天作四点钟工，把所有的线作成布，卖出去，得来的钱，除过原料费补助费（如机器用煤油等），机器磨损费，工人赁金等，已经有些余钱；资本家犹嫌不足，每天要工人作六点钟，这多做两点钟工所得的价值，全归了资本家，就叫剩余价值。计算起来，为数很大——这就是资本家偷窃劳动者的东西。如今讲社会主义，要把这剩余价值归了大家劳动的人，不用问，这些资本家是不愿意了，并且还有贪心不足的，每天要工人作十点钟，甚至有作十二三点钟十四五点钟的也有。所以马氏提倡罢工为救急的方法，迫求资本家，减少作工钟点（每天至多不得过八点），增加劳动赁金，也很生些效果。自从马氏"剩余价值说"发表后，世界经济学者，莫不赞同，但替资本家帮闲的学者，很是有些不爽快。

道德论

这个夏期讲演会，也叫金曜①（星期五）讲演会，有一天幸德秋水先生到会，讲过道德论。略引用俄国无政府党克鲁泡特金②的学说，参以己意，大概说，道德以善恶为标本，善恶又以是非为标准。现在世界未到大同，彼亦一是非，此亦一是非，各长其所是，各非其所非，真正在是非淆乱的时节，这善恶也就没一定标准了。譬如以杀人为非，就是恶事，然到了战争时节，杀敌人又不为非，反以为是，反说是善事，难道敌人不是人么？拿这看起来，如今人讲道德，只讲半面，就是没有一定的标准。空间的道德，大概是这样情形。时间的道德亦然，古人以为是者，今人未必以为是，古人以为非者，今人未必以为非。譬如忠君在古人说是善，如今未必为善；无君在古人说是恶，如今未必为恶。打破阶级，无主奴之定分；打破宗教，无神圣之定尊。有人说道德既然无定准，就可以不讲道德了。这却不然，道德虽没定准，公道自在人心。总言之，利于人群者叫做善，害于人群者叫做恶，大家莫有不承认的。然有积极道德，消极道德之别。己所不欲，勿施于人，是消极的；己所欲者施于人，是积极的。我不欲人之加诸我者，吾亦欲勿加诸人，是消极的；我欲人之加诸我者，吾亦欲加诸人，是积极的。一定有这两面，才能完全。俄国某君本是虚无党的暗杀首领，有一天被疯狗咬了一口，他就对他的亲爱朋友说："我被疯狗咬着，一定要发疯的，发疯一定要乱杀人，请你赶快用手枪将我打死！"他的朋友乘他未到发疯程度，果然把他击毙了，这是甚么道理？就是晓得我若害人，人可以杀我，就晓人若害人，我也可以杀他了，暗杀精神，就在这里。（我想起周公营洛邑的时节，有人说不如丰镐之险的，他说："后世子孙是好的，天下贡道平均（洛阳是天下中心点）；子孙要是不好，天下伐我容易些，若在陕西就难了。"必如是，知道自己子孙不好，人家可以伐自己，然后人家子孙不好，我们才可以伐人家，这算最公平的道理了。古人制字，如心为恕，便是这样讲法。

注释：

①金曜：即金曜日，日本星期五的表达方式。

②克鲁泡特金（1842—1921）：俄国革命家和地理学家，"无政府共产主义"的创始人。

养狼自卫

既然说有利于人群的叫做善，有害于人群的叫做恶，大家没有不承认的。所以一方面讲共产主义，是认定共产有利于人群的；一方面讲无政府主义，是认定政府有害于人群。有人评论："政府不过集合几个无赖小子在一块商量些巧法子，弄百姓的钱；弄到手里，反作些害百姓的事情，还要说'维持社会的安宁秩序'。"请看如今社会的秩序是甚么？不过是富者欺压贫的，强者欺压弱的，智者欺压愚的，贵者欺压贱的。他们所维持的，也不外这些现状。莫有一点"博爱""平等""自由"的精神，把社会整理起来，那里能够安宁呢！况且他们就利用社会不安宁，实行敛财肥己的主义。试举一个例讲：法兰西有一年，忽然出了好些狼虫，到处扰害，大家惊慌不了，于是他们政府想了个法子，立了个捕狼警察所，大铺排起来：设警官，招警兵，挖深坑，布网罗。这些钱，自然列在临时岁出门里边，问百姓要，不多时果然把狼患除了，大家夸讲捕狼警兵尽力，请政府赏给奖章（中国文虎章①之类），以为从此可以安枕了。过了好些时，又有许多狼出来为患，又劳动捕狼巡警去捕灭，如此这般好几次，有人发现一种破绽出来，就是：捕狼警察所内，有个养狼的密圈，把捕来的狼都保藏起来。等狼少的时候，悄悄的放出去，然后捕回来，显他们的功劳，保他们的饭碗；不然，早把捕狼警察所裁撤了，这些人岂不闲下来？（这法子倒不错。所以送四个字，给他们曰"养狼自卫"。）听说各国警察和小窃贼，都有连手，也是一样的意思。所以说他们不是保卫治安的，简直是扰乱治安的。这样政府，有甚么存在的必要呢？（以上述幸德秋水说）

注释：

①中国文虎章：民国五年（1916 年）北洋政府修订的《陆海军勋章令》中设置了文虎勋章、嘉禾勋章等奖章，各又分一级到九级，分别授于有功劳于社会或有功绩于事业者。

闲评东亚两女杰

说起无政府主义来，便想到日本赤旗事件①。就是日本社会党人大杉荣诸君，第一次在东京街上大张旗鼓，集会多人，把"无政府主义"五字标在一条红布上面，高唱革命歌，轰动一时。被警察用蛮力干涉，捕了好些人，捉将官里去。内有菅野女士②，尤其激昂。日本报上评为："万绿丛中红一点。"（说到这里，猛想前年中国开筹安会③的时节，开甚么公民大会，表决国体，票上通写的"赞成帝制"四字；里头有一张票上，独写的是"赞成共和"四字，当时某报也用这一句评语，妙得很！）这年正是秋瑾女士在浙江谋起革命，张曾敫④派李某去调查，把女士一切秘密计划，全献出来邀功，竟然将女士拿到，严刑逼供，女士坚不承招，强予纸笔，叫写罪状。女士只写了一句："秋风秋雨愁杀人！"官府就据这一句，定了死罪，推到轩亭斩决！算中国女界革命流血第一人。当时在日本，我尝同朋友说秋瑾女士的历史，和赤旗事件中，日本菅野女士相提并论，许为东亚两女杰。后来听说日本这个女士，也被日本政府送到断头台上，可以说是"德不孤，必有邻"⑤了。

注释：

①赤旗事件：该事件 1908 年 6 月 22 日在日本东京发生。起因是日本社会主义分子在东京神田锦辉馆召开欢迎山口义三出狱大会。大会在即将结束时，揭示出两面红色旗帜，旗上绣有"无政府主义""无政府"等白色大字，由社会主义直接行动派（强硬派）的荒烟寒村、大杉荣等高举游行上街。用意原为刺激议会政策派（缓进派），却与警察发生冲突，从而演变为大规模的械斗事件。事后荒烟寒村、大杉荣、堺（jiè）利彦等 14 人遭到逮捕。8 月，分别被判处 1 年 6 个月至 2 年 6 个月的有期徒刑。

②菅野女士：即菅野须贺子（1881—1911），在 1908 年的赤旗事件中，菅野被无罪释放。1910 年，日本的社会主义者、无政府主义者广泛地展开了反对天皇专制的活动，菅野须贺子明确指出，天皇是"经济掠夺的首领、政治罪恶的根本、思想迷信的源泉"。对此，桂太郎采取了极其严厉的镇压措施，并无辜地判处 24 人死刑，其中幸德秋水和菅野须贺子等 12 人于 1911 年 1 月先后被绞死，这就是著名的"大逆事件"。

③筹安会：一个为袁世凯复辟帝制的工具。1915 年 8 月 14 日，杨度串联孙毓筠、李燮和、胡瑛、刘师培及严复，联名发起成立"筹安会"。孙毓筠、李燮和、胡瑛、刘师培 4 人都曾参加过同盟会，是名噪一时的革命党。杨度用了许多手段把严复列为发起人，使袁世凯"极为欢悦"。此处景梅九说筹安会事情是前年，说明他写这篇文章的时间为 1917 年前后，但《罪案》一书出版时间是 1924 年。

④张曾敭：1905 年任浙江巡抚。1907 年捕获革命党人秋瑾，并将其处决，激起舆论谴责，调江苏巡抚，又改山西巡抚，最后托病辞官回籍。

⑤德不孤，必有邻：出自《论语·里仁》。

劳心劳力不平说

这时在日本的中国学生，也立了一个社会主义研究会，我自然是在里头。有一天到清风亭开会，到会有四五十人。先有几位先生，演说社会主义的历史，及最近的变迁，说出无政府主义来，大家都是有些感动的情形。我把自己研究所得的，也略说了几句，就是说："中国古来社会学说，很是不少，譬如《礼运》上所述：'大同之世，天下为公，选贤与能，货恶其弃于地也，不必藏于己；力恶其不出于身也，不必为己。'这些话就是共产主义和无政府主义的神髓，不过没有人去特别研究，所以不十分发达。到了战国时节，诸子百家学术甚盛，也很有些道理和社会主义吻合的。看老、庄、列、墨诸子的书，可以知道个大概。就拿孟子讲，所载有为'神农'之言者许行①，就是讲无政府主义的。所云：'古之贤者，与民并耕而食，饔飧而治；今滕有仓廪府库，则是厉民而以自养也。②'大家想一想国家去了仓廪府库，政府还有甚么存在的能力？自然是无政府主义了！至于孟子主张井田说，可以叫做国家社会主义，惟说'劳心者役人，劳力者役于人，是天下通义③'，有些不平等的思想。不过古人所说劳心，还指为社会谋画利益的，试问如今资本家劳的是甚么心？无非要多用些工人，多做些货物，多赚些金钱，多享些厚福，全为自家筹思，并不替别人打算，这样劳心的资本家，说他役使劳动者，和劳动者被他役使是通义。如今拿社会主义看起来，真是不通之义了！（大家拍掌！）至于精深的学说，现在很有几位大学问家在这里研究，不怕没有发挥的，大家往后看就是了。"

注释：

①许行：战国时期著名农学家、思想家。《孟子·滕文公（上）》记载有许行其人"为神农之言"，所以被归为农家。

②"古之贤者"句：原文为："……贤者与民并耕而食，饔飧而治。今也滕有仓廪府库，则是厉民而以自养也，恶得贤？"饔飧（yōngsūn），熟食。"饔"指早餐；"飧"指晚餐。

③"劳心者役人"句：语出《孟子·滕文公章句（上）》："或劳心，或劳力。劳心者治人，劳力者治于人；治于人者食人，治人者食于人。天下之通义也。"

相互扶助　王守义

　　第二次清风亭开社会主义研究会，请了几位日本党人讲演无政府学说。有一位讲的是相互扶助的真理，因为达尔文的"天演论"出世之后，风靡欧亚，甚么是生存竞争，甚么是优胜劣败，弄的世上人但讲功利主义，一切道义也不顾了，只要争竞的胜了，就是优等民族；争竞的败了，就是劣等民族，和中国俗语说的"成者王侯，败者贼"是一样的论调。睁眼看见全成了弱肉强食的悲惨现象，这世界还有甚么意思？所以克鲁泡特金君发明相互扶助的真理出来，和生存竞争的学说，虽说立于相反的地步，却有相济的妙用。有人评论这两个学说，在进化史上，如同鸟之有两翼，车之有两轮一般（我看起来，以进化为中心，生存竞争是离心力，相互扶助是向心力，两者调和，世界才能圆满进步）。天演论拿动植物的生活证明，互助论也拿动植物的生活证明。克氏著作里有《植物之精神》《动物之道德》各篇，都有相互扶助的注解（我按孟子说"出入相友，守望相助，疾病相扶持，则百姓亲睦"，正是这个道德）。没有生存竞争，则个人的精神不现；没有相互扶助，则团体的魂魄全失。世界有和平的趋势，社会有共产的组织，全赖这相互扶助的精神。有两句话叫一人为众人，众人为一人，就是小己为大群谋，大群亦为小己谋，全社会人通通生了关系（和专制君主自谓愿以一人事天下，不以天下奉一人的假面目不同）。这位先生说完，又上来一位讲虚无党历史的。我翻译了几句，警察中止了；我又把日本的宪法痛骂了一场。那警察问我姓名，我怕他报告公使馆，这时正研究阳明学说①，随手写了个"王守义"给他。这是我在日本第一次道谎。

注释：

　　①阳明学说：又称王学、心学，是由明代大儒王守仁发展的儒家学说。

无主义　一弦琴

　　友人某君对我说黑格尔[①]的学说影响于无政府主义很大，因为他持相待的二元论，一边有个有，一边就有个无。譬如世界有国家，就有无国家主义出来，有政府，就有无政府主义出来，有宗教，就有非宗教的，有军备，就有非军备的。（太炎曾本佛理推至无世界，无众生。）所以有人评论现在极端社会主义，纯粹是个无主义。我笑道："这样说起来，有主义不胜无主义了！"友人也笑道："不错，不错。"提起非军备主义，记得一天日本社会党在一个梅花园里开游园会，约我到那里游去，共有三四十人，集合在那园里一个亭子上，团团坐定，几个演说大家，就大发起议论来，激昂的了不得。惟有幸德秋水先生，正上演坛说了几句，忽见两个游园的兵士到跟前，随即捉来非军备学说，大谈起来，便道："德国军队，受德皇的野蛮训教道：将官命令兵丁，向父母兄弟发炮，也要服从。法兰西社会党另作一番宣言道：将官命令兵士向国民发炮，就是教向自己同胞发炮，这时候兵士应该将炮转回头来，向发令的将官去放！"说到这里，那两个兵士大有感动的样子。忽然来了个警察，把他们拉过去不教听。幸德先生含笑疾呼道："愿我爱国同胞的兵士，把这几句话，记在心里，一传十，十传百的传起来，就是日本的福音了！"鼓掌声中，幸德先生降坛。大家又茶话片时，福田英子[②]（就是日本变法时代，图谋政治革命的一个女杰。曾枕炸弹高卧，侦探不敢近身云），亲鼓一弦琴，以助余兴，声调清扬，激楚，八音并出于一弦之上，使人听之，无（怃）然意远！我从此推想到陶渊无弦琴[③]来，可以影合无政府主义，曾占一绝，结云："一自羲皇[④]人去后，更谁能理无弦琴？"

注释：

①黑格尔（1770—1831）：德国古典哲学家。

②福田英子（1865—1927）：日本作家。

③陶渊无弦琴：陶渊，指陶渊明，原书丢了一个"明"字。《晋书·隐逸传·陶潜》记载："（陶潜）性不解音，而蓄素琴一张，弦徽不具，每朋酒之会，则抚而和之，曰：但识琴中趣，何劳弦上声。"

④羲皇：一般指伏羲。伏羲（生卒不详），风姓，又写作宓羲、庖牺、包牺、伏戏，亦称牺皇、皇羲、太昊，史记中称伏牺。据说生于陇西成纪（今甘肃天水市），所处时代约为旧石器时代中晚期。传说伏羲发明陶埙、琴瑟等乐器，创作乐曲歌谣。

矛盾思想

有一天同朋友谈起非军备主义来，他说从前提倡军国民主义说中国俗语"好人不当兵，好铁不打钉"是瞎话，如今反成了好话了，人人都不当兵，野心家自然也没法子，况且"一将功成万骨枯"，真令人痛心！试看日俄战争后，日本添了数万寡妇，贫苦不堪，也没人理他。但羡慕甚么乃木大将①，东乡大将②的荣耀，不知道他们身上的宝星，都是沙场上战死健儿的血换来的。"年年战骨埋荒外，空见葡萄入汉家。"③如今战胜国的结果，也不过替资本家添些金钱而已，还不是一样么？我听了这些话，很有道理。但是心里头，却生出一种矛盾的观念来，便道："非军备主义，固然不错，但现在的世界弱肉强食，野心的帝王，明里提倡弭兵，暗里增加军备。所以有人评万国和平会，就是强盗晚餐会，商量杀人抢夺的方法而已。既然讲世界主义，国家观念自然要打破。但是外国一欺侮我们，难道束手待毙不成？到这个时候，还得讲爱国才行！"岂不是矛盾起来？所以讲非军备主义，须从强国切实的下手，把他们海陆军同时的都裁撤了，弱国自然不用防备他们，不然我要疑惑强国社会党人，拿这主义欺瞒弱国，实在莫有诚意，比讲究武装和平，假仁义的人，还可怕些。这位听了我的话，却摇头道："不然，不然！且听我说！"（此段暂用《水浒传》一种结法。）

注释：

①乃木大将：就是乃木希典（1849—1912），日本陆军大将，对外侵略扩张政策的忠实推行者。中日甲午战争时，率部侵占中国旅顺、辽阳。1895年率第2师入侵台湾，翌年任台湾总督，是皇孙裕仁的导师。1912年明治天皇病逝后，同其妻剖腹殉节，成为日本武士道精神的典型代表。遗有《乃木希典日记》。

②东乡大将：即东乡平八郎（1848—1934），日本海军元帅，海军大将，侯爵，与陆军的乃木希典并称日本军国主义的"军神"。1894年7月25日，中日甲午战争前夕，丰岛海战中，他作为"浪速"舰舰长，击沉满清运兵船"高升"号，清军七百余人阵亡。1895年3月日本进攻澎湖时，他指挥第一游击队以火力支援步兵登陆。1900年，八国联军攻打中国时他任日本常备舰队司令。1934年5月30日病死于东京，终年86岁。

③此为唐李颀写的诗《古从军行》。

抵御枪炮之理想

　　却说这位朋友听了我的怀疑话，便道："你说非军备主义，先从各强国下手，是不错的；至于说社会党和政府通通一气，表示和平的假面目，却大不然，譬如法国社会党在议会提减少军费的议案，美国社会党谋破坏政府的海军计划。并且各国社会党正筹备国际联合的方法，一旦各国有战事，取消极抵制的手段，或铁道工人一致罢工停运，或兵厂工人暗中毁坏军器，或运动前敌军人弃械休战，或运动后备军队按兵不出，种种防害，虽一时不能实行，也很有些力量。至于弱国不能和他们抗战，就研究守的方法。譬如墨子非攻，就是非战论，一旦听说公输子①设攻城之机攻宋的时候，墨子就连忙到那里设守具，抗拒他。九攻九拒，公输的攻械已尽，墨子的守围有余。"我便拦他一句道："如今攻守都需枪炮，譬如中国海岸的炮台全毁，兵器又不改良，怎样抵御人家？除非同义和拳想出一种闭火的神法来，才行罢！"说到这里，自己不觉的笑起来，朋友也笑道："现在科学进步，一日千里，安见研究不出一种东西来，抵御枪炮？只要有这思想，自然就能生出事实，不必请大师兄弄鬼了！"（听说有理学家研究出来一种爱夫光线，钢铁碰着他，就要销化。有人说这光线大发展起来，一切枪炮都归于无用，可见这事情不久就要实现了。盼望大理学家，快些多制造这种光线，世界的和平，就有了希望了！有人说枪炮无用，仍然反回来到木器战争时代，是一种宇宙循环说，也似乎有道理。然而到那时候，离世界统一不远，国界打破，战争自熄，正不必忧虑。）我说："不错，这倒是应该研究的！"

注释：

①公输子：指鲁班，被奉为我国的土木工匠的祖师。

人道军队

当时我在日本就想学理化科，因为日本大学里边，有火药专门。日俄战争时代，有下濑（日本博士之姓）火药①轰动了全世界。越发引起一片野心来，和四川一个同志商量，让他学工科，入造兵专门，将来两个人，便可以操全国军器军火的全权。和革命前途，很有关系。后来讲非军备主义，便把这心事高搁起。而且听人说日本人也不愿中国学生研究这两项学问，恐怕露泄了他的独得之奇，将来不能制胜。于是乎更灰心，连大学也不想进去了。也有些朋友，用一种话来激我道："革命事业，总须以破坏为前提，当看枪弹炸药为杨枝甘露，遍洒世间，然后可以普渡众生。譬如一把刀，拿在贼手里可以杀人，拿在人手里也可以杀贼，我们如今要破坏强权，应该预备一种'人道军队'来，用世界无敌的武器，把他们全降服了，然后再讲非军队主义，归马放牛，示世界不复用兵，岂不贯彻了我们的主张？"我说："现在讲帝国主义，也是这样想法。德国皇帝，何尝不说他是人道主义哩？其实不外乎种族的僻见，虚夸的心理，如何能作得到？还是想正经法子，教各国人，先把自家所有的野心都打消了，自然世界会和平的。"

注释：

①下濑火药：1885年法国人制造出以"苦味酸"为主要原料的炮弹，并取得了相关专利。日本海军拟采用苦味酸炮弹装备舰炮用于实战，命名该炮弹为"下濑爆药"。1904年日俄战争时，下濑爆药投入实战，为毁灭俄国波罗的海舰队立下功绩。1899年下濑被授予工学博士学位，担任海军下濑火药制造所所长，继续从事火药研究，1908年成为日本帝国学士院会员。

米党　锦辉楼上打文妖

讲无政府主义，正达到极热度的时候，把一切法律看的狗屁也不值。有一天晚上，在街碰见一个同学，他说："明天锦辉楼政闻社在那里开会，请梁任公演说，你可以去听一听。"我认得他是宪字号①的人，只答应了一句："好罢！"心里大不痛快。回到寓中，同小友商议说："当革命空气满东京的时代，岂能容保皇臭味，掺加起来？赶紧想法子把他们驱除了才好！"小友很是赞成。当夜连忙到各处找寻同志，约定明天一致行动。安排妥当，次早一齐到了锦辉馆。但见有许多带红布条宪党作招待员，来的人却也不少。还有许多未约定的同志在里边，都点头会意，分别坐定。一时摇铃开会，上来一位，报告开会宗旨。末尾一句，说的很亮，就是："请梁任公先生演说。"果然见那梁启超大模大样上了演坛，有一部分人拍掌。他便提出个头儿说起宪约来，见没多人赞成，心下着忙，便拉起国会来说立宪国家，须要有监督政府的机关，这机关就是国会。政府好比小孩子不懂的道理，须要我们监督他的行为（这几句话，就算任公一种苦肉计，把政府骂了两句，讨反对党的好）。当下拍掌只中间一排，我晓得前后都是同志，便好说了。梁启超在上面，又东拉西扯说了几句机关，忽见张溥泉②君起来骂道："甚么机关？马鹿③！"打人缝中冲开一条路，直奔演坛而来，说时迟那时快，又见一只草鞋在演坛左边飞起来，正打启超的左颊，回头一看，原是一位带眼镜的老先生，再往上一瞧，梁启超已经没了！听有人说他一溜烟从楼梯圆转下去。于是乎乱打起来，带红布条的人，都赶紧扯了！纷纷的作鸟兽散（好像前月公民团被击散时的情形），大声喊道："革命党！革命党！"就有日本一个警察上来捉人，又扯友人南君④去，经我解释了几句，就算了。这时候张君已据演坛，演说起革命来。大家又重复坐定，拍掌欢迎。霎时间立宪党人的会，变作了革命党的会，但张君这时拿无政府主义，驳梁启超机关的话，大家还有些不懂。宋钝初⑤先生又上去把同盟会的宗旨，发挥了一遍，说："立宪党，是保皇党的变象，他们是要君主的；我们不要君主的，如何能想⑥容！要容这文妖讲君主立宪，我们理想的'中华民国'，就永远的不能实现了！"大家才大喝采起来。后来日本民党犬养毅⑦君，说了一片调和的话，归结到赞成革命，宾主尽欢而散。还有一个笑话，就是宪党人误用日本音，呼革命党为苛埋党；苛埋正合日本米字的音，把日本警察弄糊涂了，说甚么是米党？后来同人往往戏用米字代表革命，原本于是。

注释：

①宪字号：是指立宪党人。立宪，有君主立宪，也有民主立宪，梁启超主张君主立宪。梁启超的结论是："革命绝非能得共和，而反以得专制。" 1907 年 10 月 17 日，以梁启超为首的君主立宪派组织政闻社，在东京开成立大会。

②张溥泉：指张继，字溥泉。

③马鹿：日本骂人话。

④南君：即南桂馨。

⑤宋钝初：宋教仁，字遁初。

⑥想：似应为"相"。

⑦犬养毅（1855—1932）：日本第 29 任首相（1931—1932），立宪政友会第 6 任总裁。通称仙次郎，号木堂，绰号鬼狐。明治、大正、昭和三朝元老重臣，护宪运动的主要领袖，孙中山的革命密友。他曾组织成立中国进步党，与立宪改进党属同一政治派系。后致力于两党合并。孙中山至日本后，犬养毅予以庇护，积极支持孙中山的革命活动，连孙中山这个名都是犬养毅命手下浪人平山周代取的。1932 年 5 月 15 日，犬养在首相官邸休息，十余名海军青年将校和陆军士官见习生强行冲入官邸，向犬养开枪射击。犬养于当晚死亡。

戏解"宪"字

当时我仇视君主立宪，有不共戴天之势，第一感触在吴樾烈士炸出洋五大臣，揭出清廷假立宪，以欺国人的手段；第二感触在看见共和政治，将普遍全世界，这些君主都要下二十世纪新舞台，还教他们立甚么宪；第三感触社会主义，其极端至于无政府，这宪法也就不须要了。况且当时留学生讲立宪的，都是想藉这个问题，为将来攫取政权的地步，那里有为国为民的心事？所以曾戏解宪字曰："宪字是个象形，兼会意字，宀象红顶，丰象花翎，四为横目，心即是心，合而言之：就是心儿眼儿都在红顶花翎上。"当时曾登在《晋乘》上面。友人看见都笑说："这恰好道破宪党的情态。"还有一位先生，用说文原解，加以注释，说："宪字从害声，从心，孟子所谓生于其心，害于其政是也。"大有从根本推翻宪政之势。正经说起宪法来，也算现世界国家应用的东西。然而仔细研究各国宪法的内容，觉得为国民订出权利条文，很是有限，大半还是替政府资本家开方便之门的，也无怪乎社会党人，不拿各国宪法，放在眼里。

《晋乘》始末

说起《晋乘》来，大家或有不晓得的，所以在这里补注几句。只因《第一晋话报》出到第九期，同乡会分裂（不过几个人闹地方意见，甚么南路北路中路的分起来①），不能续出，于是我又邀集几个同志，商议另组织一种杂志。大家想名目，我以浙江有《浙江潮》杂志，湖南有《洞庭波》杂志，陕西有《夏声》，四川有《鹃血》，皆就地理历史立名。想起孟子说的晋之《乘》，楚之《梼杌》，鲁之《春秋》②。这《晋乘》与《春秋》并列，亦是一部光荣历史，何妨用这个名称组织起来？大家很赞成，于是友人只君，作了一篇《晋乘解》，说："乘是从古代车战立称，当春秋时，惟晋最强，所谓《晋乘》者，一定纪载战事，表明作州兵为爰田③，慷慨迎敌。那一种军国民精神，不能但解乘为载，说成普通记事的文章。"痛快淋漓，万余言，很有些道理。我担任杂俎小说，曾著一篇《情圆》，写段香儿和杨翠喜④的事情。大家凑了些钱，出了三期，因为经济缺乏停刊。适日本动物园从美国购获两麒麟，轰动了许多人去看，我也瞻仰了一番，和书上写的样子，不大相同。然其顾视清高，气象温厚，真和那些凡兽不同。我忽然触起一番心事来，作了一封书，戏告内地友人曰："西狩获麟⑤，《春秋》绝笔。东狩获麟，《晋乘》⑥断编。生不逢时，古今同慨。若圣与仁，则吾岂敢！⑦"亦大可笑矣。

注释：

①"南路"指山西太原以南临汾运城地区，"中路"指晋中一带地区，"北路"指晋北忻州、大同、雁北地区。

②见《孟子·离娄》载："王者之迹熄而诗亡，《诗》亡然后《春秋》作。晋之《乘》，楚之《梼杌》（táowù），鲁之《春秋》，一也。其事则齐桓、晋文，其文

则史。"

③爰（yuán）田：指变更旧日田土所有制，以公田赏赐众人。也称辕田。《左传·僖公十五年》："晋于是乎作爰田。"孔颖达疏："服虔、孔晁皆云：'爰，易也。赏众以田，易其疆畔。'"杨伯峻注："晋惠既以大量田土分赏众人，自必变更旧日田土所有制。所赏者众，公田恐难以满足，又不能不开阡陌以益之。"

④杨翠喜（1889—?）：北京通州人，14岁时就在天津协盛茶园、大观园、福仙、景春等戏园演出。她长相可人，皮肤白皙，脸如满月，更能唱曲，嗓音圆润。1907年，庆亲王奕劻（kuāng）任军机大臣，其子载振艳羡坤伶杨翠喜，欲纳为妾。善于钻营的段芝贵，便出资为杨翠喜脱籍。此外，段芝贵还从天津商会王竹林处筹措10万金作为寿礼送给载振的父亲庆亲王。这时，素以刚直敢言的岑春煊即上奏折云："段芝贵为皂班之子，李氏家奴，献妓取幸，众所不齿！命为封疆大吏，实属有违官箴。"并面见慈禧详细申诉。慈禧大怒，即再颁上谕将段芝贵革职。杨翠喜之名竟喧腾全国。后归属王氏，以后销声匿迹，再未出现在舞台上。

⑤西狩获麟：发生在春秋末期鲁国西境大野泽地。传说："周敬王三十九年春（哀公十四年），西狩于大野。叔孙氏家臣钼商获麟。""折其左足，载以归。"孙氏不识，问孔子，孔子往观之曰："麟也，胡为乎来哉！"反袂拭面，涕泣沾襟。子贡问曰："夫子何泣也！"孔子曰："麟之至为明王也，出非其时而见害，吾是以伤之。"孔子因而伤感。于是写下"西狩获麟"这句话之后，就不写了。这就是传说中孔子作《春秋》"绝笔于获麟"的故事。

⑥《晋乘》：1907年9月15日创刊，在日本东京出版。编辑兼发行者署晋乘杂志社，由山西留日学生景定成、景耀月、谷思慎、荣炳、荣福桐等主持。社址在东京神田区仲猿氏町5备地。

⑦若圣与仁，则吾岂敢：孔子的原话。

蜂社会之研究与革命

却说社会主义派，有一天开研究会，某君引蜜蜂的生活，证明社会主义。略说蜂分三类，曰雌蜂，曰雄蜂，曰中性蜂。一群中只一个雌蜂，俗称蜂王，其实是个蜂母。因为他统率的一窝蜂，全是他产生的。

这一窝里头，有几百雌蜂，和两三万中性蜂，蜂母在巢中专产蜂卵，每间房各一个，等蜂卵孵化成一种幼虫，蜂母捕取别的昆虫养育他。等到幼虫脱了皮，结茧化为蛹，渐渐成了蜂体，破茧而出，或为雌蜂，或为中性蜂。若养得新雌蜂的时节，这雌蜂（俗说旧女王）就统率许多雌雄蜂，中性蜂飞出窝外，另选适宜的地方，营巢寻粮，把旧窝让于新雌蜂。留下若干雌雄蜂，中性蜂，帮他的忙，再廓充圆房养育新蜂，照样的化生起来。有人考究蜂母享年最永，曾有一个蜂母十五年间产蛹不绝。一年可生百万蜂卵，所以正名定分，改蜂王曰蜂母，一些不差。（我当时心里道：几句话不要紧，把蜂王的命就革了，并把藉口蜂有君臣之分，以驳无帝王无政府学说的口也堵住了，其关系颇不在小。）那中性蜂就是生殖器不完备的一种雌蜂，作巢采蜜，都是他的责任，所以有人定名为劳动蜂，形体最小。（蜂母形体大，腹尤长，雄蜂腹部短且粗，所以三种蜂，最容易识别。）因为不产卵，莫有别的欲望，每日出外采取花粉，纳到他的后肢上的凹面处（凹周生长毛护之，可以叫作花粉笼）。采花的时节，一面吸甘蔗糖性质的花蜜，取到胃里边，回到巢中再吐出来，就化成葡萄糖性质的蜂蜜；一面触花蕊，这花粉就粘到身上，然后用肢把他集到花粉笼里边，再搬回巢去，咬花蜜和花粉，收到胃里，拿津液调成一种糜粥，吐出来，哺养幼虫，并且填满各房，教幼虫们都在糜粥里生活。两三天再备一点粮，且用蜡封锁房口，等幼虫把粮吃完，结茧化蛹，过十几天，便成一种劳动蜂，咬破房盖，展翅飞出。这些蜂初出来，留在巢中，专养幼虫，等再生出新劳动蜂来，就把养虫的责任交代他，才出巢采取食料。总而言之，劳动蜂没有休息时间，大有碍于卫生，所以寿命最短。春生者，不过两三月就死了，秋生者，也活不过六个月。幸亏生育很快，补充很易，一个窝里，时常总有几万劳动蜂，孳孳不倦，保持他全社会的生活。至于雄蜂的任务，专令蜂卵受精。有人考究，蜂卵受精的，化成雌蜂或劳动蜂；不受精的，都化成雄蜂。每巢雄蜂，不过几百个，性最懒，不好劳动，常在巢里坐吃蜜空。每每到了冬天，百花凋谢，粮食缺乏的时候，这些劳动蜂便杀死那些懒雄蜂，作为食料吃了。这叫做保一群的安全，不能不牺牲一部分的同类。我听到这里，又触动了一片心事来。大家晓得讲社会主义的人，视五洲为一家，人类为同胞，绝不能存种族的僻见。所以这时候，把"非我族类，其心必异"的话，已经看的轻了。忽然听得劳动蜂杀懒蜂这一说，就想起各处驻防的满族，本然可以作同胞看待，太平年间，汉族纳粮，供养他的男女老少，同劳动蜂供给懒蜂的情形差不多。一旦到荒乱年间，粮食缺乏，怕汉族要作冬天的劳动蜂，要牺牲那些懒蜂似的满洲同胞，以减轻全社会的负担，以保安全社会的生活，闹起革命来，那就怪不得汉族不仁了！于是拿这意思，告诉某先生，请他作一篇文章，告诫满族同胞，赶紧归农学工，自谋生计，不用贪目前的便宜，招将来的祸患，"殷鉴不远"，在蜂社会！某先生甚以为然，当下作了一篇长文，登了报章。

蜂社会之尾声

我听了蜂社会的演说，自己又买了些动物的书，考究了一番。因为有几个疑团在里边：第一雌蜂既然是受精的蜂卵化成的，不应该是一个。后来考究，才知道一巢中产蜂过多，到实不能容的程度，那些劳动蜂，便另作几个大蜂房，蜂母产卵到里面令受精，这蜂卵形状，和平常一样。但孵化的时节，保护特别注意，食料特别精良，生育也特别的快，不到十六天，就可以成雌蜂。先成的雌蜂，把其余大房里未成虫的几个蜂妹子刺杀了。剩他一尾，留居旧巢，长养儿子。旧蜂母就率领一干劳动蜂雄蜂移居别处；第二蜂巢的原质如何？考究起来，山蜂的巢，是他的劳动蜂能嗬枯木小片，作成一种薄纸，巧制六角整形的房室。至于蜜蜂的巢便不同，先求枯木洞穴，为造窝的地点，然后用一种蜡质，是从劳动蜂腹下皮肤里分泌出来的。初为液质，渐渐凝积成了薄片，劳动蜂才用腮和肢，把这蜡质薄片拿起来，造成六角的蜂房，排列很是整齐。饲蜂的人，往往预备空箱，招蜂营巢在里边，可以注视他们天赋的工程才能。古人说："蜂虿有毒。"毒在那里？就在尾刺上，西人叫做毒剑，本是防身的武器，遇或有人防害他的业务，或有人攻击他的巢穴，他们就仗剑迎敌，大有勇士的气概，但绝不轻用这种武器。试看蜜蜂有时落在身上，人若不用手掇弄他，他绝不会螫人的。偶一触动，好似途穷的匕首，当下露将出来，就要伤人。在法律上讲，可以叫做正当防卫。至于蜂好勤恶懒的性情，不但于冬天杀懒蜂那一桩事证明，并且有一种极有趣味的事，就是蜂房门口，时常有蜂围绕。考究起来，原是守卫的兵士，带有斥候①防御的职务，这都在人意中，不甚稀奇。最妙的是：有别的巢中蜂迷了路，经过他们的房外，被他们看见了，先审察来的客蜂，花粉笼中有花粉没有；若有花粉，便认定他是勤蜂，表示一种非常欢迎的意思，来迎接到巢里，用蜜粥款待，休息片刻，再送客出来（绝不打劫客的花粉）。若是客蜂莫带花粉，便认定他懒蜂，立时驱逐出境，真算是一种有意识的举动！对于自家人，也是一样办法。将来社会主义普及时候，应该对于勤懒，仿照蜜蜂先例，立一种制裁才好。

注释：

①斥候：指古代的侦察兵。

论目的不问手段

有一天，看无政府主义，发现"论目的不问手段"一句话，就是说目的若是正，那手段邪一点也不要紧，并引那俄国的虚无党人的故事，往往利用女党员牺牲名节，给那些权贵作了姜小，一面探听政府消息，报告本党；一面骗取金钱，扶持党务；一面又乘机行刺，替被害的同志报仇。颇有良好成绩，所以各国社会党，往往用这种手段，达他们暗杀的目的。此外还有用许多手段，诈取那些吝啬家的钱财，举办改良社会事业。这里头有一层危险，就是藉公益的名目，敛财肥己之人，也有利用这一句话的，不过这些事情，在社会党里，绝行不去。因为有许多党员，监视各个人行为，若被发见，定然宣告死刑，所以不敢。我曾作过一件事，自觉的有些下不去，及看了这一段议论，才解了心上的结子。原来有一位候补官儿的，到了东京。人人通说他有两个钱，我正办《晋话报》，筹款无术，才使人求他捐助，谁知善财难舍，竟然一毛不拔！后来打听这位先生好冶游①，适遇东京神田，出了个怪美人，叫甚么菊之家，专勾引中国人入彀。他便半夜偷情去了，有人瞧见，候他出来，领到同乡会。我拍案大骂说："我们留学生名誉全被你们这些官儿弄坏了（也是实情），今天非严办你不可！"于是提出三大条件来：一报告公使馆；二呈明本省巡抚；三登报声明。（手段。）只见先生吓的面如土色，叩头求饶。我不答应。有几位装好的便道："都是同乡，可以不必这样办，还是叫先生认了罚，给同乡会捐些款好了！"（目的。）先生才千谢万谢，说："大家高抬手，兄弟认捐就是！"我暗笑道："这先生真舍不得官！"却见他随即拿出五百元来，说道："暂且请收下，以后还要尽力多多捐助！"于是《晋话报》才多出了几期，这也算论目的不问手段了。我从此又发明两句话来。说："为办公益，向人弄钱，不为敲诈；拿钱出来，教人办公益，也不为受敲诈。"但不晓得有钱的人，承认不承认？

注释：

①冶游：野游，男女在春天或节日里外出游玩。后来专指嫖妓。

青岛行　震旦公学

　　那年有几个朋友发行一种杂志，名叫《国报》，自然是谈国家主义
的，教我也作一篇文章。我的主张已经改变，所以作一篇《政府万能驳
议》，暗带无政府主义的色彩，把议会政治也驳倒了。那位总编辑朋友，
也没大更改，便登在《国报》上面。后来还作一篇《国民之自觉》长
文，主张极端自由和完全自治，仍不离无政府。此文落到上海《民吁
报》①上面，暂且不表。却说那时我毕业"一高"②，无心入帝国大学。
一天山东来了两个人，就是陈君干③和商君震④，说他们要在青岛创办
震旦公学⑤，请我去当教员，我立刻承应了。因为我意在回国，急速运
动社会革命。不久便和几位山东人，搭了由日本向青岛的轮船⑥。出了
对马岛，曾遇见一场大雾，对面不见人，船失方针，每天放气，怕误和
别船相撞，幸亏无事。到次日天晴，几个人在甲板上闲谭。有一位滑稽
家，学孔子见胜馔变色而作的神情，使人失笑！谭次，有人讲，明天午
后可以到青岛了。某君叹曰："不图明天午后，复见故国山河！"一人
接着说："请看今日域中，竟是谁家天下！"我笑曰："文章天成，妙手
偶得，不过还是民族主义。"因那时已经谭到社会主义，大家都赞成，
但是民族革命风潮正急，所以不知不觉便流露出来。

注释：

　　①《民吁报》：即《民吁日报》，1909 年 10 月由于右任、谈善吾等人在上海创
刊，系《民呼日报》被查封后继起的日报。报名取"民不敢声，惟有吁也"之意。
范光启（鸿仙）为社长，景耀月为总编辑。发行仅 48 天，即被日本驻沪总领事函
请上海苏沪太道查封。

　　②一高：日本第一高等学校。

　　③陈君干：即陈干（1881—1927），字明侯，原名贵川，山东省昌邑市白塔村
人。1908 年，陈干与刘冠三等在青岛创办"震旦公学"。"震旦公学"成为山东党

人的重要活动机关。

④商君震：即商震（1888—1978），字启予，祖籍浙江绍兴。生于河北保定。1914 年，在陕西陆建章部下任团长，同年投阎锡山。历任团长、旅长、师长、军长、晋军前敌总指挥、山西省政府主席。1935 年任河北省政府主席兼天津市市长、北平政治分会委员、国民党中央监察委员。1936 年任河南省政府主席。抗日战争爆发后，任第十二集团军总司令兼三十二军军长。抗日战争胜利后，任联合国军事参谋处中国首席代表、蒋介石总统府参军长、盟国管制委员会中国代表兼驻日本军事代表团团长等职。后辞职留居日本。新中国成立后，两次回国参观访问。

⑤震旦公学：1907 年后陈干和刘冠三在青岛创办。"震旦"在佛教经典中是对中国的称呼，革命党人取为校名，是振兴中华之意。

⑥景梅九回国时间是 1907 年。

胶州湾头咏诗

次日到了胶州湾，上岸即到震旦公学。那时不过赁了一所房子，挂了个招牌，创办人刘冠三①君既不在，只有几个学生在里面。但是精神很好，令人颇想日本"庆应义塾"②开创时的光景，也不过三五人发起，后来居然成了三岛③有名大学校。震旦公学前途，或者不可小量！我心里实是这般想。惟记学生中有一位姓尉的（梦白），年纪很轻，却露出一片诚恳颜色来招待我。我和他谈了些社会主义，颇能领略。记得一天同他出游到胶州湾头破桥上，谭到多年前此地不过一片荒地，自归德人经营，不过十数年，焕然改观，马路坦直坚平，胜于上海高楼大厦，亦极壮丽，商务日见发达。惟德人侨居此地的大都是富人，每日通过街头，趾高气扬，不可一世！我国人居此以劳动者居最多数，相形见绌，予因之有感触，乃昂首高吟《诗经·大东》章句云：

　　周道如砥，其直如矢；君子所履，小人所视！

　　西人之子，粲粲衣服；东人之子，职劳不来。

　　回头语尉生曰："是何异描写现在青岛社会的情形！"尉生不觉点

头太息。

注释：

①刘冠三（1872—1925）：名恩赐，字冠三。山东省高密市康家庄人。1908
年，与革命党人陈干等开办震旦公学。1909 年，清廷与德国驻青岛总督交涉查禁
震旦公学，引渡刘冠三。他星夜逃离青岛，后辗转山西、察哈尔（今内蒙古）、河
北等地，进行革命宣传，历时两年。中华民国建立后，他任山东省同盟会副会长、
临时议会副议长。1913 年，第一届国会成立时他任众议院议员。革命党人商震被
捕后，他声称当局捕错人，并将其子易商出狱，促其逃走，后又设法救出其子。
1916 年首次恢复国会时他仍任众议院议员。1917 年段祺瑞揽权，国会再次被解散
后，他奔赴广州，协助孙中山成立护法政府，任护法国会众议院议员、山东招讨
使。1922 年，第二次恢复国会时再任众议院议员。后身患肺癌，逝于北京。

②庆应义塾：简称庆应大学或庆大，始建于 1858 年，乃日本名思想家福泽谕
吉所创建的日本第一所私立大学。培育出日本许多具权威及影响力的人物，如日本
前任总理小泉纯一郎、桥本龙太郎，政治人物小泽一郎等。

③三岛：清末民初时常用的对日本的别称。指当时日本的本部领土本州岛、四
国岛、九州岛。后来随着北海道的开发，日本就不再是三岛而是四岛了。

罢工运动

我在青岛住了几天，很认得些工人。和他们谈些社会运动问题，以
罢工为最初手段。当时工人中程度稍高者，为船坞工人。听说有几个初
到工厂，不过作些不重要的分业，不到数年，便成了精巧工师。德人很
佩服他们的聪明。一天他们设法领我到船坞参观，我亲见德国人有作苦
工的，他们都作细工。人言果不虚，我们心里非常痛快！据他们说：
"他们几个人已握得船坞全权，一旦中德有事，不难从中响应！"我知
道他们已经有点意思了。又到了一处看见了一艘海舰，他们说是日俄战
时，捕得英国暗助日本侵犯中立海线的商船。我想起在日本看过一本

《英德未来战争记》，乃一英国将官著作。想英国海陆军终非德敌，预写德军入伦敦光景，以及英人另组国民军以退敌的勇气，颇能激动人心。据云，因著此书，曾亲乘自行车，调查各处地形，很费了些时光。我见此船，知英德之战，必不能免；德日感情，亦必日恶。因告诸工友曰："数年后，此船或乘机得复其自由！"这却不在话下。最快心的，就是运动罢工，工人即实行了一次，结果很好。我便写了一封信，报告日本同志。不久得到覆音，大加赞扬，并希努力奋斗。后来德人调查出来一点消息，遂影响到震旦公学。

家书　满船风雨入塘沽

　　在青岛虽热心社会运动，然终不忘同盟会宗旨，时时露出种族观念。因为震旦公学对门有一戏园，曾到里边看过几次，一日偶有感触，遂占绝云："月明如水浸层楼，妙舞清歌夜未休；留得汉家衣冠在，黎园子弟胜封侯！"不用说，是种族主义了。又拟《谒孔林》结句云："我来惭愧无余地，被发左衽谒先生！"更是显然。但我自从到日本后，久不作诗，很觉得不自然。那时又相偕一诗人，即老友陈家鼎（汉园）①，更不肯轻露一笔。一日忽接仲弟函云："老母病急，望兄返里！"心中好不着急，乃辞别诸友登舟而去。船中占数绝寄汉园，一云："天涯游子思亲泪，海上行人别友书；回首最怜相聚处，齐烟九点②认模糊。"

　　二云："三年同住海之滨，如此情怀忍别君；大好河山齐破碎，知予叔宝③更销魂。"

　　三云："汉家久矣不能兵，名士南阳气自雄；诸葛学原宗乐子④，安排八阵下齐城。"

四云："天外断云围似阵，海中急浪险于丘；君看共济同舟客，都在浓团梦里头。"

一日舟入渤海，行经大沽炮台故址，风雨忽来，独立船头，满目悲凉，不胜感慨，因得"满船风雨入塘沽"一句，寄呈汉园，乃叹为神来之笔云。

注释：

①陈家鼎（汉园）：陈家鼎，字汉元，湖南宁乡潭树湾人。景梅九认识陈家鼎是在日本留学时，两人又一起在青岛震旦公学当教员，成为诗友兼朋友。

②齐烟九点：唐朝诗人李贺《梦天》："遥望齐州九点烟，一泓海水杯中泻。"

③叔宝：南朝后主陈叔宝。

④乐子：乐毅，燕国大将，拜为上将军，受封昌国君，辅佐燕昭王振兴燕国，下齐七十余城，基本灭了齐国。后被齐国田单用反间计罢将，逃赵国。

井勿幕　岳文渊

到北京恰遇见发起震旦公学陈君明侯①，为山东争矿。我替他作了篇文章，驳倒外交当局，这不算甚么奇事。最奇的是遇见陕西同志井勿幕②。井君虽和我在东京相识，也说过将来回归，一同到西北作革命事，却未预料在北京相见！井君那时不过十九岁，貌如好女，英爽逼人，颇娴军略，有周郎③外号，因在日本陕西同志办一《夏声》④杂志，我作了几句祝词道："禹凿龙门，始通大夏。辟土绛汾，毗连潼华。晋之与秦，唇之与齿。愿赋同仇，长城共倚！诸君奋志，光显皂旆⑤。关河百二⑥，万祀千秋。"井君读此，大赞服，始与予定交，密谋一切。所以北京再遇，不啻天缘！我即约他同游山西，为他年秦晋联军，作一计划，他听了非常赞成。但他不想在太原露他底真名姓，乃改名岳文渊。遂与偕往太原，由石家庄改乘正太火车，过井陉、娘子关，君曰：

"此真天险，奈已通火车，失却一军事要塞，但有能者亦可守！"予曰："不错！庚子⑦岁，清兵曾据此击退德军。"

注释：

①陈君明侯：陈干，字明侯。

②井勿幕（1888—1918）：原名井泉，字文渊，后通用井勿幕，笔名侠魔，陕西省蒲城县（今属铜川市印台区）广阳镇井家塬村人。是陕西早期的留日学生，1905年8月20日由陕西同乡康心孚介绍加入中国同盟会，1905年冬奉孙中山之命担任同盟会陕西支部长，回陕组织同盟会。1911年10月辛亥革命爆发后，他任陕西军政府北路安抚招讨使，曾率部与陈树藩一同攻打山西运城清军。1918年11月赴三原任陕西靖国军总指挥。1918年12月23日被靖国军第1路郭坚的部下杀害，时年仅30岁。

③周郎：即三国周瑜。

④《夏声》：1908年2月26日，井勿幕在日本东京，以陕西留日学生中的同盟会员为核心，创办《夏声》。"夏"是中国人的自称。

⑤皂斿（liú），古同旒（liú），是一种黑色的旌旗飘带。

⑥关河百二：陕西古称秦，"百二"本义是以二敌百。一说是百的一倍。语出《史记·高祖本纪》，意思就是山河地势极为险要。

⑦庚子：1900年。当时慈禧逃到山西，八国联军由娘子关一带进攻山西，清兵据险防守，八国联军没能攻入山西。

会客厅　恶政府

到太原，时值八月中秋①，会诸友于山西大学堂。时在此学堂充教职员者，多同盟会员，最著者如解子仁②、刘劝功③、李天五、杜仲虑④，仲虑见勿幕尤狂喜，许为知音。劝功与勿幕谈剑，亦极相契。刘翼若⑤时充法政学堂监督，偕勿幕往谭，亦曰："岳君奇士也！"为一时同志所倾倒至此，甚奇特！我于诸同志中颇爱翼若之温文尔雅，在日本曾亲绍介入革命党，然君体质颇弱，我看他很不耐繁剧的生活。有一天，我在法政学堂会客厅，见他和客人应酬，精神好像来不及，因戏语之曰："天下伤心处，劳劳会客厅！"翼若不觉点首，但是我底意思却是讽笑一般官场，大旨仍在"废官"，因未尝忘无政府主义故。还有一件可以证明我底心事，就是大学堂当时英文教习未到，大家强教我代上几堂，我便答应了，讲英作文法，到堂上举了个汉译英的短题曰：苛政猛于虎！特把政字译成"政府"，苛字译作"恶"，于是苛政，译作"恶政府"，并申明一句："政府莫有不恶的！"隐隐约约，把无政府主义，宣传了一堂。别人不大知道，惟有仲虑是一清二楚，对我说："好是好，他们如何领会得？且大家已热心种族革命，这些话更不入耳了。"我笑应道："我岂不知？但熟处难忘耳！"隔了几天，居然有留我在大学堂讲英文。岳文渊——勿幕，在法政学堂教日文，那时我和勿幕，想到陕西谋革命的，所以执意不就。连忙告辞同走，写了两句淡话，给诸同志曰："诸子有心留朋友，宋江无意上梁山。"

注释：

①中秋：这是 1908 年的中秋节。

②解子仁：即解荣辂（lù）（？—1920），字子仁。山西万荣县（原万泉）北牛池人，同盟会会员。民国元年间，他任山西省教育司司长、民国教育司司长、榆林道尹等职务。

③刘劝功：即刘懋赏（1870—1931），字劝功，先世为山西平鲁人，后迁居朔县安太堡村，1904 年被保送留学日本，后加入同盟会。1905 年回国。民国后，回雁北山阴、朔县等地开凿渠道，灌溉民田，人民大得其利。他好舞剑，善书法。

④杜仲虑：即杜羲，字仲虑（fú）、仲伏。

⑤刘翼若：即刘绵训（1881—1919），字翼若，山西省猗氏县（今临猗县）李汉乡陈家卓人。1902 年，入山西大学堂中斋。1903 年，乡试中举。1904 年中甲辰科三甲第 102 名进士，分发以知县用，但不愿为吏，故留学日本，入早稻田大学攻读法政。1906 年，经荣福桐主盟，景定成介绍，加入同盟会。1907 年 3 月，山西法政学校筹办，刘绵训获请担任监督。10 月，山西同盟会创办《晋阳公报》，刘绵训任总理，批评时政，并秘密宣传革命。1909 年，任山西咨议局议员。1910 年，山西巡抚丁宝铨以禁烟为名残杀百姓，刘绵训采用王用宾揭露残杀百姓文，在公报刊载揭露，并拒绝丁宝铨更改之命，被迫辞职。不久入京，任京师大学堂图书馆

馆长。

中华民国成立，1912年3月15日，阎锡山就任山西都督，成立都督府，赵戴文和刘绵训任秘书厅厅长。1916年10月，孙发绪出任山西省长，成立山西地方自治促进会，刘绵训担任副会长。1917年，孙发绪被排挤离职，自治促进会也被裁撤。刘绵训遂进京，目睹时政日非，抑郁成疾，1919年在北京病卒，享年38岁。

汉流　店房题壁

我同勿幕决意南行，雇了一辆回头车，出了太原。行至中途，勿幕曰：“从此我恢复原姓名，又是井勿幕了！”我当时即戏占一绝云：“来时岳文渊，去时井勿幕；悠悠世间人，那得知其故？”勿幕笑曰：“此诗幸秘之，勿轻告人！”我说了声：“那是自然。”又和他谭别的。他对于社会革命，不甚注意，一意在种族方面想，因告我曰：“我在四川时，曾闻哥老会中人自称曰‘汉流’，汉流二字很雅正，且有气势，但是下流人太多，没知识。我想亲身入到他们里面，渐谋改良，就拿‘汉流’这个名辞，刺动他们种族观念，革命或易成功！”我说：“很好，不妨伪造一部‘汉流’秘典，如‘烧饼歌’①类，以当宋江的《天书》。”勿幕爱读《水浒传》，所以我用些梁山泊故事，作谭话资料。并且这时，我把无政府主义，搁在脑背后了，同勿幕走了一条路。有一天，在店房，忽有所感触，便向店家借笔墨来，向那白墙上，横写了四句：

　　　杀人如戏，

　　　满怀心事；

　　　平不平耳，

　　　胡为踌躇？

勿幕问曰：“又要学梁山好汉，起社会革命么？”我道：“请想吴学究智赚玉麒麟的反诗②！”他真聪明，便含笑道：“原来是‘杀满平胡’③，狡猾，狡猾！”两人行至平阳府，宿破店中，勿幕却借来笔墨，向墙上大笔特书两行草字道：

> 异日得志，当精练八旗子弟兵，灭尽汉奴！

> 某月日　锡昌醉书

我笑曰："我不及你底反激法，但太毒了！"勿幕曰："满奴中有良弼④者，尝有此语，并非我凭空捏造的嘘！"我深然之。又谭到秦晋联军革命时，他偶翻《渔洋诗话》，见有两句道："晋国强天下，秦关险域中⑤。"便笑道："这恰是替秦晋联成了婚姻，还说甚么来？"

注释：

①烧饼歌：相传为明刘伯温所著，全文共计1912字，用40余首隐语歌谣组成，是用隐语写成的"预言"歌谣，但至今民间仍认为其概括了明朝、清朝、中华民国以来的各种大事。《烧饼歌》和《推背图》等，都是中国谶纬文化的代表之作。

②吴学究智赚玉麒麟的反诗：说的是《水浒传》的故事。

③这首诗的第一个字连起来就是：杀满平胡。

④良弼（1877—1912）：清末大臣、宗社党首领。满洲镶黄旗人，爱新觉罗氏，字赉（lài）臣。曾留学日本，入士官学校步兵科。1912年1月与溥伟、铁良等皇族成员组织"宗社党"，被推为首领，反对与革命军议和，反对清帝退位。26日被彭家珍炸死。

⑤陈廷敬的《晋国》诗，全诗如下："晋国强天下，秦兵限域中。兵车千乘合，血气万方同。紫塞连天险，黄河划地雄。虎狼休纵逸，父老愿从戎。"陈廷敬（1639—1712），字子端，号说岩，清代泽州（今山西晋城）人。顺治十五年（1658年）进士，改为庶吉士。初名敬，因同科考取有同名者，故由朝廷给他加上"廷"字，改为廷敬。朝廷重臣，曾主编《康熙字典》《佩文韵府》《大清一统志》等，有文集传世。

登条山　勿幕壮语

两人到安邑，我回家得见双亲，甚喜。又见仲弟静成，方剪发拟东游觅我，不觉感泣！因有人告我母亲说："汝子入了革命党！"读革若揭。我母曰："我不知揭命党何解？但知吾子绝不为恶！"但口虽这样说，终是不放心，故有命仲弟东游意。及我到家，略为解释，家人也不追问了。我特绍介勿幕于安邑诸友，李岐山、郭质生（即润轩①）其最著者，相约为盟友。又与河东诸同志相见。勿幕学得制炸药法，向李正卿②寻药水，拟入中条山试验效力如何，因药料不全，作罢。但偕游解州，察地形，登桃花洞顶，勿幕指顾河山，叹曰："他日革命，如须秦军相助，我必率偏师，由某某渡河，下河东矣！③"我甚壮其言。勿幕家在蒲城，他从十五岁逃出家乡，走四川，游日本，四年余未归④，所以不能在河东久住，旋即西返。惟约定如西安有相当事情可干，即函邀河东诸同志，到秦中共计大事，因慷慨辞谢而去！

注释：

①润轩：郭润轩（？—1915），又名郭质生、郭朗清，字振江，山西安邑县（今运城市）城内人，1906年，郭润轩同景梅九、李岐山在运城回澜公司开设汇文书店，出售进步书籍，宣传革命思想。郭润轩和李岐山同为景梅九的"哼哈二将"。郭润轩又随景梅九到北京办《国风日报》，一同写作攻击山西巡抚丁宝铨的文章。太原起义后，景梅九、郭润轩等回到山西，郭润轩到太原办《山西民报》。1915年（一说是1914年）春郭润轩归里，被安邑县知事张之仲承金永旨意，以通匪罪杀害。而张之仲和郭润轩都是同盟会会员。

②李正卿（1884—1959）：山西万荣县解店镇北解村人，李正卿先中秀才，继入山西大学，后到日本早稻田大学就读，又入宏文学院，加入同盟会，回国后担任《晋阳公报》的编辑。太原起义后，李正卿与运城的同盟会员王建基、王德卿、王钱青、张聚五诸人，在得到余粲（jié）允许后，以河东中学堂为驻军所，训练辅安军，暗中响应太原起义。后张士秀同井勿幕、陈树藩率领的秦军攻克运城，张士秀组织总司令部，李正卿任河东军务处处长。抗日时期他逃到陕西，1949年后，回到万荣县。1953年，任山西省文史研究馆馆员，直至去世。

③三年后，井勿幕果然实现了自己的诺言。1911年底，清兵从娘子关攻入山西，张士秀去陕西求援，井勿幕同陈树藩等率偏师来河东攻入运城，消灭清兵，助景梅九、李岐山等建立河东军政分府。

④井勿幕四岁父殁，胞兄井岳秀（字崧生）大勿幕十岁，对他特别爱护，抚养成人。1902年他们弟兄分居时，分给他的蒲城县内义源永杂货铺破产，债主临

门，无法应付。这个年仅 14 岁的少东家，迫不得已，赴四川重庆，去投靠曾受过他父亲周济的川东道道台张铎。井勿幕在重庆正蒙私塾读书年余，结识了当地革命青年杨庶堪、朱之洪、熊克武、但懋辛等。闻孙中山先生在国外成立反清的革命组织"兴中会"，同时四川有学生赴日本求学的消息，便不顾张铎的阻拦，于 1903 年 12 月冒险随众赴日本。1905 年 8 月孙中山先生在日本创建同盟会，井勿幕由陕西同乡康心孚介绍加入，为中山先生所器重，"呼为后起之英"。所以景梅九说"他从十五岁逃出家乡，走四川，游日本，四年余未归"。

哭亡妻　泪随雨下

此番回得家来，少了一个人——内子——妻（没有适当名辞，只好这样写。）佗①死了两年多了！我在东京已经知道，所以到家也没甚么特别悲感。但想起第一次回国②，在家住了一月多，临行时节，佗问我再住几年，才回来？我说大概还得三四年！佗听了这句话，脸上忽露不快，便道："怕你那时回来，只见我一个墓骨堆啰！"言下惨然！因佗得肺痨病，自知不久。但我想佗还不至于夭死！很安慰了一番。那知佗不到一年多，就死了呢！佗比我大四岁，死之年，不过三十岁，总算是夭寿了！我因记得临行痛语，所以一日问小儿崇文道："你母埋在那里？"答曰："在北门外二亩棉花地里！"我便出了北门，时适秋天，凄风细雨，助人悲思！遂不顾雨湿衣，直上高崖二亩地。果见一新坟已生宿草，不用问，是佗底埋骨处了！因独立墓旁，思曩语，不觉泪随雨下，滴落坟土！这便是那"报答平生未展眉"的薄情嘘！曾写一绝记此云：

　　凄风楚雨入郊原，知否郎来泣墓门？悔煞三山空采药，终然无术返乡魂！

此事无人知，但诗中别有感想，却不容人说出，算了罢！佗给我留下一男二女，男曰崇文，时年十三；长女清贤，时年十一；次女清秀，时年八岁耳。一家人都爱那清秀。

注释：

①佗：表示第三人称，通"他"、"她"。

②景梅九第一次从日本回家是 1905 年暑假。现在是第二次从日本回家，是 1908 年中秋节后。

续弦　提倡天足的动机

续弦！这两个字的出处，我没深考究。但少时曾读过《琵琶记》①——第七才子——里边写蔡伯喈弹琴，有甚么"旧弦断了，续新弦"的一段话，影续娶新妇的事，或者就是此典的出处，也未可知？我自丧偶后，在日本时，就有人提到"续弦"的话。我那时热心革命，且研究无政府主义，主张极端自由恋爱，把好些说媒人的驾，全挡住了。到家又有许多人提亲的，我虽然没对他们讲甚么新主张，总是摇头不理。一天某友，又谭起此话，并说："解州有一个女子，已经二十多岁了，在蒲州教会学堂读书数年。但也不迷信宗教（这句话，完全为对付我的主义说的，然也是实话）。现在愿意寻个配偶，却因为放了足，没人应声。我想给你提一提！"大家知道，那时河东女子读书的极少，放足的也不多。这个女子，总算是难得的了。然我心里，尚不肯舍自由恋爱主义，听了友人这一片话，还露出些踌躇不决的样子。后来这友人又说了一句很动心的话，就是："你权当提倡天足，答应这段姻缘如何？"我因慨然道："好罢！我也不问这女子抱甚么主义，就本这条意思，答应人家好了。但是金钱式的结婚，咱是不干的。"友人笑道："老实说'没有钱'就是了，还装腔作势，讲这些排场话，作甚么？"这两句话真可恶！把穷鬼的鞋底，都揭穿了。我也不弱，便道："这是什么话？饶没钱，还向你老先生借不出一笔大款来么？"友人笑道：
"呵！好利害，这媒人谁还敢当呢？"

注释：

①《琵琶记》：元末南戏，高明撰。写汉代书生蔡伯喈（jiē）与赵五娘悲欢离合的故事，共四十二出，被誉为传奇之祖。

景公制礼

记得没费口舌，这段姻缘，已十有八九地成起功来。有一天，我和媒人商量，要先见那女子一面，再决定。媒人说："那绝对不成，可以找一张像片来。并且我把你底像片，已经给人家瞧了。"我笑道："那你就对不起人家了。我底像片，自然映不出这幅黑面孔来，岂不是误人？何如面对面，也免得后来有些瞒怨？"媒人道："保人家不嫌你黑就是了，还怕你嫌人家白不成？"我心里说："好笑！我并不是讲甚么黑白，我只是想大家见一面，好打破旧日的'父母之命媒妁之言'结婚式。"这话又不好同媒人说。当下只好说一句："不说啦，见了像片再讲。"河东社会狠朴实，像大都市那样假照片的，黑幕是没有的，所以两方可以凭照片看个大概。但我当时因为前妻死于肺痨，恐怕再结合一个病妇，到底有点不放心。过几天，媒人拿像片来了：原来是阎女士①和同学们共拍的照片。媒人指与我瞧，自然瞧不出甚么病不病，好像是个"健妇"：一句话，心里愿意了。便请媒人向阎家切实议婚去。他说："莫别的商量处，纳聘换帖，择期迎娶，就完了。"女家在解州，离安邑四十五里远，一切都托人在那里办妥；反正自己没有钱，全由诸友协助，家里也不管甚么。又过了几天，友人从解州来，告说："婚姻已就，在解州赁定一座大房子，就准在那里迎娶。"我道："迎娶也可以，只是我要简便一点，最怕的是磕头，非改作鞠躬不可！"友人说："由你自己定好了！"于是随便写了一张礼单，大约是："向媒人行三鞠躬礼；向男女宾行一鞠躬礼；夫妇相对，行一鞠躬礼。完事。"女家允照办。长话短说，当迎娶那一天，惊动人也不少：一因观新礼；二因看天足新妇；三因看假辫新郎。提起假辫来，真是自愧，太没有抵抗环境的力量了！制成一个发网带辫，套在秃顶上，再戴上帽子，不留心，也瞧不出甚么破绽来。但我时常忘记戴假辫，仲弟亦然，所以有大秃二秃的外号。一时轰传大秃娶天足女子，焉得不惹起一般人的注意？这且不表。我当时却有兴会，作了一幅长联，写出一片心事来道：

曾游三岛归来，羡他六千童男女，自由结婚，演成文明巨族②。

独抱大同旨趣，愿教十万众生灵，双方合意，联作世界新盟。

上联是种族主义，下联是无政府主义，倒有许多人赞同。还有一幅七言联道：

才名未及诸葛妇③，

佳话争传永叔姨④。

此联固是从续弦著想，尚且别寓情怀，不在此篇范围，姑置之。最可笑是所订鞠躬礼单，一时便有许多继起仿效的，还加了一种骇人名称，曰"景公制礼"。

注释：

①阎女士：即新娘阎玉青。

②曾游三岛归来，羡他六千童男女，自由结婚，演成文明巨族：三岛，指日本，指景梅九留学日本归来。《史记·淮南衡山列传》记载了徐福带领六千童男女再度出海，并携带了谷种，还有百工随行。这次出海后，徐福来到"平原广泽"，他感到当地气候温暖、风光明媚、人民友善，便停下来自立为王，教当地人农耕、捕鱼、捕鲸和沥纸的方法，不回来了。而平原广泽在何处，是不能考证的了。

③诸葛妇：诸葛亮娶黄承彦之女黄月英为妻，黄是当时有名才女，熟读兵书，上知天文，下知地理，文韬武略，足智多谋。

④永叔姨：欧阳修（1007—1072），字永叔，号醉翁，晚号"六一居士"，吉州永丰（今江西省永丰县）人，谥号文忠，世称欧阳文忠公，北宋卓越的政治家、

文学家、史学家。薛简肃有三个女儿，大女嫁给欧阳修，二女嫁给王拱辰。后欧阳修丧妻，又续娶薛家小女。连襟王拱辰开玩笑道："旧女婿为新女婿，大姨夫做小姨夫。"从连襟王拱辰的角度看，永叔妻子原来是大姨，后来成了小姨；景梅九的前妻去世后，新娶的新娘还去前妻家里认做闺女。梅九和永叔有相似之处。

国丧笑话

　　我们结婚后，不过几天，便听见所谓"两宫殡天"的消息——清西太后和光绪一时死①。由官府出示，禁止嫁娶吉事。心里说，幸亏办的快当，不然又要应甚么"好事多磨"的话了。当时因闹国丧，很出了些笑话，一时也记不了许多。一天早晨，听说知县等，在关帝庙行望祭礼。我便衣去参观，只见庙里设下灵位，各位官儿，北望三跪九叩。赞礼者一唱"举哀"二字，大家干号了三声，真是可笑！一日友人又告我一段笑史，说河东实业学堂，行国丧礼（各学堂都要举哀的），那位许桂一老先生（年已七十许，狠赞成革命，尝给学生讲书，说孟子是主张革命，所以劝齐宣王，王天下云云），率领全体学生拜祭，到举哀时，他忽然伏地大哭道："我底老婆呀！"把学生通逗的笑了。他还正颜厉色地诘责道："笑甚么？不准借灵堂，哭凄惶么？"真把大家乐死！我听到此，自然止不住笑了。也莫详细调查实在情形如何，但说这话的人，却不少，真算"年老成精"。可怪的，是当局人都很明白，为甚么要走这些虚套？一时在空间添了许多活剧，使哭的人都笑出泪来，何苦，何苦！但一回想自己抱得最新主义，却在这里从俗迎娶，鼓乐花轿，新筵洞房，又"爽然自失矣"！

注释：

　　①1908 年 11 月 14 日，光绪帝驾崩。11 月 15 日，慈禧因病而逝。

阎大姑娘作了李二姑娘

　　阎洁漪，字玉青①。这是我给新妇换的名号。在解州住过二十天，同车归安邑。车过二十里店，我对玉青说："从此，离咱家越远了，离咱家越近了。"这两句的妙谛，玉青还领略得来，含笑道："不错，不错。"无意中，把家庭的执着观念打破了。到了安邑，伲拜过堂上。我底母亲，具大爱力，视媳如女，自然使伲无离家的悲感。清秀呼之为娘，依恋怀抱，伲很表一片亲爱的神情，反教我暗里吊下泪来。想到人类天然的同情心，应没有甚么亲疏厚薄的界限，何以世人多不知相爱？这是我感泣的理由。次日伲携清秀同至我底前妻娘家，拜过我底岳父母，居然成了李家二姑娘。我底内弟等呼伲作"二姐"，伲直受不辞，好像见了久别重逢亲兄弟一般。这是玉青的社会性表现处，我很感服伲底自然情态。

注释：

　　①玉青：阎玉青（1889—1948），生于山西解州县城北关，她的父母都是虔诚的基督徒。少年时期的阎玉青即随母亲到邻近的虞乡、永济等县的教会学校去读书，开始接触西方资产阶级民主、自由、平等、博爱的思想。1908 年 10 月下旬，她与景梅九结婚。这一年阎玉青 19 周岁，景梅九 26 岁。

教育会　任用郭李

提到结婚，几乎把革命大事都忘坏①了。却也不然。那时和诸同志，仍常常计议同盟会扩张的事情。在安邑最合意的同志，便是说过的郭润轩、李岐山二人，他们的学问智识，固然比别人高的多。可爱的是郭之刚烈，李之豪爽，一望而知为能任大事者！自介绍加入同盟后，莫不拿全幅精神，从事革命运动。旁人也看破一点。记得当时安邑知县龙璜②，见了我面之后，很说了些恭维话，便强要我担任创立教育会。我推辞不过，权且答应下来，心里别有打算。因为藉教育的事，或者可以多拉拢几个学界同志，也不定。随即组织起来，邀郭、李二君③，为重要会员，却惹一个坏绅的反抗来。有一天在县署，集合几个绅士，商议教育会的办法，说话中间，某坏绅特别提出岐山，说了几句不入耳的话。大概总是甚么"品行不端，名誉不好"的瞎评，意思要打消岐山的会员的资格。我当时发怒，双眦欲裂地瞋视坏绅，很很④地道："你是个没有品行的人，不配说别人品行好坏！"说时，一手拿起茶杯来，几乎要摔他；大家连忙挡住，遂不欢而散。出署后，那坏绅所依为后援的某老绅，却问我道："请你自己斟酌去好了，不必闹气！"我说："你老先生说甚么都可以，他是甚么人，也讲别人坏话！"老绅士听我这话，也不好意思再讲了，我便任意办下去。打听某某堂长或教习，素有反革命的情事，便不客气，都辞退了他们。一个老儒，心中不顺，用我底名字⑤，作了一幅对联，用匿名帖的旧法，粘在街墙，写的是：

> 定是革命党，开口称康梁，恐喝县主；
>
> 成何教育会，私心用郭李，扰乱学堂。

横额更凶！用景清⑥故事，写著"景家瓜蔓抄"五个字。友人对我讲，我笑道："无见识奴！革命党怎么开口称康梁，连孙黄都不知道么?"又对润岐二人说："郭李连称,亦殊不恶。"皆大笑,其狂态可想。

注释:

①坏:似应为"怀"。

②龙璜:籍贯不详,只知他1902年任大同知县,在原平城书院改办三年制大同县高小学堂,为大同最早公立小学校。

③郭、李二君:郭润轩、李岐山。

④很很:狠狠。

⑤景梅九名定成,字梅九。这幅对联的第一个字连起来是"定成"。

⑥景清(? —1402年):庆阳府真宁县(今甘肃正宁)人,建文初年,为北平参议,后来改任御史大夫。燕王朱棣攻入南京称帝后,是为成祖,忠于建文帝的官员大批被杀。景清欲为建文帝报仇,有一日,景清秘密怀揣利刃上朝,成祖察觉有异,下令搜身,搜出所藏利刃。成祖诘责之,景清奋起曰:"欲为故主报仇耳!"成祖怒,于是把景清磔死,诛九族。成祖又下令把景清家乡的居民全部杀光,凡是跟景清有任何辗转相连关系的人都受到株连,世称为"瓜蔓抄"。

大似宋江放晁盖

安邑高等学堂,有一个坏堂长,也不知和小可有甚么仇恨,曾向省城告密,说我是革命党!他写的密信,被人发见。郭君听了大怒说:"非指教这个奴才不可!"一日郭君到高小,视察学务,却被奴堂长,喝令学生们缚绑殴挞了一顿,且送到县署管押。我狠不平,亲自写了一张保状,保他出来。休息了几天,偶在某处和奴堂长窄路相逢。郭君奋老拳,将这奴才痛挞了几下,并以臭粪涂抹其面,且塞其口,自然不好下场了。旋有人报告此情。又听说奴才已喊告县署,县令已发签。我对李君岐山说:"事不宜迟,我们赶紧到润轩家里去。"岐山更不答话,抬身便走。一齐来到郭宅,见润轩曰:"人家要来擒你,这场官司不好打，避了为是！"润轩道："该逃向那里？"我道："你到陕西蒲城找勿幕去，自有安身处！"一面说，一面同岐山即促其从背巷绕至东城根，教他顺城根走，由北门出去，定无人阻挡。润轩拱手拜别而去。我同岐山目送他转过城角，心才放下。笑谓岐山曰："是何异宋江放晁盖？"说罢，我们两个，才转步走向街头，装着没事的样子，缓缓地，连说带笑从大街走回家中，已听见甚么衙役围了郭宅搜人，心中一面觉得好笑，一面又估计郭君出城去了多远。

龙包　贼羔

诸奴不知润轩已走，以为尚藏匿在城内，四处埋下眼线，暗行侦探。一日见玉青之弟阎虎臣到我家来，他们认作润轩，黑夜里派诸役到家搜寻。当然搜不出甚么来，无味而去。那一夜，我适不在家。次早回来，才听见了这事，心里说："诸奴果真误为润轩尚在城内，一定不去追赶他，他定规安然渡河了吧！"因为我自润轩去后，总不大放心，这么一来，我自然是将心放下了。然老母平素喜怒不形于色，这日却发大嗔怒。某友来问昨夜是甚么事情，老母曰："龙包（龙璜外号）派来几个贼羔（安邑语，乃贼子之意），平白来骚扰人一场罢了！"某友笑曰："龙包！贼羔！倒很叶韵，你老人家说的好！"这两句话，又把老母嗔气化为乌有了。我又安慰了两句，友人说："这事可以责问龙包。"我说："可以不必，我方利用此包，责问的教他难受起来，反不好。"这场事，便无形地过去了。

愿天下学堂毕业考试
监场的都似我

　　说起我底狂态来，却也不小。那时应一个教育会长的名目，于是河东中学堂考毕业，请我监场。我是反对考试制度的，如何能干这事？好了，索性去帮助学生一点。想到这里，才欣然命驾，到了中学堂和监督及各教职员，协同省城派来的委员，拟定考试题目。我素有精通天算的虚名（说起来，因为我推算过一次日食，还不十分错误。一时便喧传，某"上知天文，下通地理"，赛过诸葛亮。好笑的话多了，不能备述），教我拟几何、代数题。我拟了几个"看似艰辛，却容易"的题目，不但此也，到监场时候，见有苦思的学生，便走到旁边，指点他几句，那自然是活神仙。所以有一天，考试英文，我在安邑早晨起来，刚洗过脸，想起来了，说："不好，今早是考试英文，怕学生要吃亏！"也顾不得吃点心，连忙驾车，驰至中学堂。下车奔入讲堂，看学生脸上情形，都像望着我说："好爷哩！你才来哪！"我便知道不妙，一面和别的监场的应酬几句，一面巡行监视起来，暗暗又指点了一番。还算好，没有交白纸的。当时自己一想，也很觉得可笑！但还替普天下的学生，自祝了一句"愿天下学堂毕业考试监场的都似我"，狂极了！试毕，大家要照像留纪念，教职员们，都穿靴戴帽，请那位河东道台。我是不高兴再服满清衣冠的，所以预先着便服和几个学生坐在那学堂后面一座假山上。有一位国文教习望见我，却说一句不好听的话道："鹤立鸡群。"好笑！总然把我恭维成鹤，奈辱一大群学生作"鸡"何？再说考试毕后，河东道在道署设宴请教职员和委员，自然有我；我是不懂这些俗礼的，便高坐在所谓首座上。他们大家又让了一回，围定圆桌坐下。谈笑中间，我忽然忘情，想起杜诗一句，高吟道："是何意态雄且杰！"座旁某君肘了我一下，我才醒悟是在道署宴席上，一笑作罢！

西北革命运动之机缘

未几，勿幕有信来说："润轩从蒲到长安。现在南雪亭①诸君，荐君②在西安高等学堂作英文、算学教习，每月薪水百金。"又注了几句密话：意谓教员不关紧要，大家可以在清政府注意不到的地方，图谋革命，且陕西是西北要区，更须注意云云。这本是我和勿幕预约的计划，不意成熟这样快，心里自然欢喜！最可笑是每月百两的薪金传出去，很动了许多人的羡艳。因为河东社会，那时生活程度狠低，往往"八口之家"，每年费不了百金的也有，人以为这一年下来，可以落千两银子，岂不是大发其财？我虽不以此为意，却因在日本办杂志印书，狠感受金钱的苦痛，极愿自己得一笔巨款，供革命运动的花费，那么，每月百金，自然有不足的观念。况我又有"朝有千金，暮当散尽"的宣言，无论多少钱，也不够我发挥的了。然而这时，专意在革命，已经没有所谓"愿得黄金三百万，交尽美人名士"的想头了。却说当接到勿幕信那一天，同岐山商量，岐山曰："你即写回信答应下来，我和敬之（仲弟号）先入长安，联合些同志，预为革命运动地步。"我照他底话办了。并对他说："我要带家眷去，所以更得你们先去觅住处。"我携眷的动机：一因玉青尚有求学的心事；二因可以掩饰革命的形迹；三因玉青性近社交，不是家庭妇人，或者可以感化成个革命内助。我这意思，曾被朋友瞧破的不少。以后再说。先讲岐山同仲弟到秦，过了十来天，回信来说："地址已觅定，离学堂不远，朋友都在此等候，早来为盼！天气冷，上路多带些木炭！"

注释：

①南雪亭：即南兆丰，字雪亭，陕西兴平县流演村人，留日学生，同盟会员。1909年，南兆丰与张渊、南凤薰等革命党人在知县张瑞玑的支持下，遂创办了

《兴平报》。辛亥起义中，《兴平报》发挥了积极的宣传作用。1911 年，陕西军政府曾任命南兆丰为省交通部部长。1913 年 1 月—1914 年 6 月，南兆丰又任陕南观察使。

②君：指景梅九。

入秦纪行　渭川感怀

　　我同玉青入秦，友人给我荐了一个仆人，姓叶，狠有意思，一路上说了好些怪话，我戏用骈文体记出来。将过黄河，他对我讲起华山故典来了，说："某年有主考到华阴县，出了一道诗题叫'贼得仙人掌上雨初睛'。"我疑惑道："贼得？呵！明白了，是'赋得'的错误。"车过潼关，关吏搜检行李，见了那一箱粉笔，不知道是甚么东西。一个说，好像是"山药"；一个拿出一条粉笔说："不是！"却尝了一口，像尝不出味道来。转问我，我直言告他是学堂用的东西，叫粉笔，照例不上税。（这句话，有点朦蔽的意思。）他们装的认出来了，连忙道："不错，是粉笔，学堂用的东西，不上税，过去吧！"进了城，叶仆叹曰："巧巴哥说不过潼关城，先生真能行！"我于是心里记了两句道："仆夫认贼作父（赋），关吏指水（粉）为山。"叶又指华山对我说："华山就是花花山的意思。先生，你看有多么好看呵！"不错，当时山雪未消，倒有些花花道道的。他又说："华阴庙有三圣母楼，上去看一看也好，只是今天这风刮得乌乌（状风声）的，不要上去吧！"于是又得一联曰："未入华阴县道中，已见花花之岭；欲登三圣母楼上，怕受乌乌之风。"将到华州，叶又说出一段野史来道："从前这少华山下有一家财主李凤仙，真是家豪大富，骡马成群，有七十二架水磨。所以他讲出两句欺天话来——若要穷了李凤仙，干了黄河塌了天。——他家有一丫头，一天遇见一个和尚，告诉他说：'你看见你主人门前石狮子两眼红时，一直向东南走不要回头。'他记下了，每天起来在门外看那石狮子的眼。一天有个小孩戏剪红纸，贴了狮子双目，那丫头第二早起一瞧，连忙向东南走。走出十数里外，忽听惊天动地一声响，才敢回头看，原来那一角山崩倒下来，自然，那李凤仙的家是全毁了。到如今这赤水路上，还有许多石头，都是天塌的遗迹。"我道："原来如此！"他又讲起甘肃有人造反，到处堕城毁庙，只留下郭子仪[①]的庙没毁——我心里说："这是单骑免胄见回纥[②]的余威。"——你看华州城墙没有垛落（即女墙）了，就是反兵破坏了的。我于是又得数联道："狮子眼红，天塌灭李凤仙之家。甘肃兵变，毁祠留郭子仪之庙。所以赤水路上，都是石头，华州城高不见锯齿也。"我给玉青说明"远看城墙像锯齿，越看越像锯齿"的笑谭，他才明白。还记得过渭南，想起《史记》渭川千亩竹[③]一语，却望不见甚么竹。又触起社会主义来，曾咏一绝，一并录此："落日关河动旅愁，朔风吹雪入秦州；渭川千亩竹何在，铲绝人间万户侯！"（末句将富贵一笔抹杀，甚得意！余详拙著《诗心》。）

注释：

①郭子仪（697—781）：祖籍山西阳曲。以武举高第入仕从军。天宝十四载（755），安史之乱爆发后，任朔方节度使，率军收复洛阳、长安两京，功居平乱之首，晋为中书令，封汾阳郡王。代宗时，又平定仆固怀恩叛乱，并说服回纥首长，共破吐蕃，朝廷赖以为安。有"再造唐室"之功，史称"权倾天下而朝不忌，功盖一代而主不疑"，年85寿终，赐谥忠武，配飨代宗。

②郭子仪单骑见回纥，说的是唐代宗永泰元年（765年）八月，仆固怀恩勾引吐蕃（tǔ bō）、回纥（hé）、吐谷浑等30万军队，直取长安。京师震恐。代宗急召郭子仪抵御敌兵。郭子仪一军仅1万多人，被敌重重包围在泾阳。但回纥兵骁勇善战，又多于唐军5倍以上。战则必败，退则被歼。郭子仪决定智取，放弃力敌。于是，郭子仪出去会见回纥将领。回纥首领药葛罗看到唐朝军队中有人来，怕唐军用计，叫部下摆开阵势，自己也搭弓上箭，准备射击。郭子仪远远看见这场面，干脆脱下盔甲，把枪也扔了。回纥首领看清后，赶忙上前迎接郭子仪，并一齐向他跪拜。这是因为郭子仪两次从安史叛军手里收复两京时，曾经带领过借来的回纥兵。他在回纥人中有很高的威信，回纥人一向称他为郭令公。

③渭川千亩竹：见《史记·货殖列传》："齐鲁千亩桑麻；渭川千亩竹……此其人皆与千户侯等。"

华清池上之感想

　　行在临潼，想起骊山下面的温泉来，便同玉青至华清池馆。只见栏楯曲折，楼阁差池，尚有旧时离宫气象。入室，看那温泉池是用青玉石造成，有阶级，供入浴者坐濯。先垂足后没体。我先入浴，以足下踏，觉池底滑腻如玉；乃将全身沉入，只露面水上，温度恰好，稍有些硫磺味。玉青同浴。自从在日本温泉男女同浴后，这是第一遭。因语玉青曰："日本温泉狠多，但要寻这样美玉池槽，是没有的。可见昔日帝王底厚福，却全是劳民伤财的结果。试想当年造这泉池的工人们，他们并未享受这样入宫沐浴的特权，仅供甚么唐明皇演私窥贵妃浴身的乐剧，岂不冤枉？然而到如今，我们平民，全能到这里来混浴。（馆中有一大池，可容数十人，池上有阁，题曰华清，为一般平民混浴之场。我们共浴的池，土人呼曰官厅，乃过路官客浴池云。）想到这里，若不是帝王重用民力，怕造不出这样好池馆来。再说劳工的得报酬，不于其身，必于其子孙，也不枉辛苦那一场了！"这算当时的感想。玉青颇能领会，曰："幸亏那唐明皇死了多年；若是到如今不死，永远占了这块地方，人民还有入浴的希望么？可见帝王到底是要不得！"我听了，心里说："好了，可以引进革命之门哪！"浴毕，偕至店房，天气狠冷。计程明日可以到长安，索性把一路带来未用的木炭，全弄进屋里边，架起来用火烧。好红火！冷屋顿变成温室了！玉青微笑，我因触起一段故事来，又记了一联曰："何期，竟作鸳鸯，同浴太液华清之水？居然龙凤，大举骊山烽火之烟。"（勿幕评上二句风流，下二句放诞，甚确。）大可笑！

《不平》《忠群论》

到了长安，由岐山介绍见马开臣①。开臣底父亲，是有名的马善人，在长安开设"存心堂"书铺。平素好与理学先生来往，却狠赞成岐山，因岐山虽纵横，而颇留心性理学的缘故。玉青亦为此老所爱，认为义女，李姑娘又为马姑娘矣！玉青亦待开臣兄弟如手足，往来狠亲密。一日玉青自马家归来，告我曰："老先生给两儿媳命名，长曰温，次曰良，再次必定是恭俭让了，狠有意思！"我听了别有会心曰："原来孔子是富于女性的，被马老先生看破了。"因主张革命时，有排孔心理，所以不觉流露。但开臣抗爽粗豪，毫无理学气，已经由岐山介绍入同盟会，很热心革命运动，和邹子良、井勿幕都深相接纳。勿幕又介绍我见焦子静②、师子敬③诸君。焦君富平人，隐于胥吏，以侠义好友闻于时。彼时在富平会馆，创办一"健本学堂"。教习多系同盟会员。开学时，我曾至堂演说。勿幕对我说："学生中有胡景翼④与尚武者，皆有希望。"我因注意及两生，特未与畅谭耳。至于我在高等学堂，担任"英文算学"，自然没法发挥自己底主义。那时长安教育会，办一《教育界杂志》，勿幕介绍我投稿；我因作了一篇《不平》短篇小说，写出贫民不能受平等教育状况，颇寓社会革命的意思。又作《忠群论》一篇，直驳忠君旧学说。曾引托尔斯泰，每日以三事自课：一曰公益，二曰社交，三曰文艺。以比曾子三省⑤，曰：为人谋，乃为一般人谋，非为或一个人谋，是人即表群，为忠群一证，亦即托氏之公益。与朋友交之信，自然是社交了。传不习乎，用汉马融⑥注意以传为欲传道于后世，能无时习之自得乎？与托氏为文艺以教世之意同。此文一出，大惹起一番学潮来。同志常铭卿⑦曰："《左传》大小之狱，虽不能察，必以情，曰，忠之属也。此忠也是为人之忠，不是忠君之忠。"谷芙塘⑧师旋来秦清理财政，见此文评曰："《忠群论》，体大思精，独有千古，解三省更新而确。人字，本有人己之人，与人物之人的分别，在此定是人物之人；若解作人己之人，便与下面朋友交重复。"我得这几种批评后，却悟此篇尚缺证据，又为书给在日本同志，王用宾、李亮功⑨等，征求补正，复函多有发明：王⑩言君群为古今字，古之君字即是群；李⑪言庄子德合一君，问诸太炎曰作为结合一群，亦可。《左传》父生之君养之，解作群养其合。我接到诸函，又共复一函谢之曰："因我一念痴想，欲将古书中君字，全改作群。如事君作事群，群臣作群己，竟累诸君翻匮倒箱，甚惭甚惭！"

注释：

①马开臣（1879—1914）：名文明，字开臣。陕西长安人。清末积极参加同盟会领导的反清斗争，经李岐山、邹子良介绍加入中国同盟会。他还在存心堂书铺销售宣传进步思想的书刊，是革命党人书刊发行点之一。南北议和、陕西停战后，马开臣随郭希仁赴各地查禁鸦片。下文"玉青亦为此老所爱，认为义女，李姑娘又为马姑娘"：玉青娘家本姓阎，嫁给景梅九后，又到景梅九的前妻家里被认作姑娘，变成李家二姑娘。现在又被马开臣认作义女，所以又成了马姑娘。

②焦子静（1878—1945）：名冰，陕西富平人，父为按察司吏，主驿传房。子静年十四，随至西安，学吏事数年。焦子静性慷慨，好交游，加入同盟会，与同志创办健本学堂。1911年辛亥起义时，子静星夜驰至富平，策应渭北党人赴省应援。旋任督办河北民团使兼游击司令。1913年，子静当选国会众议院议员。后国会被袁世凯解散，子静愤而归里。1914年秋，袁世凯派亲信主陕。焦子静表面上与之周旋，暗中却与李岐山、景梅九、胡景翼、井岳秀等密谋反袁逐陆，还出面营救被陆关押的国民党人士数十人出狱。陆建章离陕后，主持陕政的陈树藩投靠北洋军阀段祺瑞，在陕西实行专制统治，焦子静赴上海谒见孙中山，被委任为西北护法军招讨使。第二次国会恢复，焦子静赴北京，任唐继尧驻京沪联络代表。1923年曹锟贿选总统。焦子静坚决反对，南下云南、上海等地。1945年7月9日，焦子静病逝于西安。

③师子敬（1876—1964）：陕西富平人。1890年入蒲城县衙户房习吏事。1905年冬与井勿幕等组织自治社、天足会。1908年张拜云、焦子静等人在西安西大街富平会馆创办健本学堂。陕西的同盟会员中，焦子静足智多谋，师子敬机灵果断，两人在重大决策时配合默契，有"焦谋师断"之誉。中华人民共和国成立后，师先后担任西北军政委员会人民监察委员会副主任等职。

④胡景翼（1892—1925）：字笠僧，陕西富平人。早年入西安健本学堂，1910年加入中国同盟会，1911年武昌起义时，在陕西举兵响应，任第一标统带。民国成立后赴日本留学。1917年参加组织陕西靖国军，任第四路司令兼第七路总指挥。1922年冯玉祥任陕西督军时，他任第一师师长。后与冯、孙组织国民军，任副司令兼第二军军长。11月，任河南军务督办。1925年4月病逝于开封。

⑤曾子三省：曾子曰："吾日三省吾身，为人谋而不忠乎？与朋友交而不信乎？传不习乎？"

⑥马融（79—166）：字季长，右扶风茂陵（今陕西兴平东北）人。东汉儒家学者，著名经学家，尤长于古文经学。

⑦常铭卿：即常自新（1885—1920），字铭卿。陕西蒲城人。早年肄业于三原宏道高等学堂。清末举人。曾任蒲城县高等小学堂教习、蒲城教育分会会长。1906年井勿幕自日本回陕，发展同盟会会员，他首批加入，任东路负责人，积极从事革命活动。1908年10月16日，知县李体仁将常自新拘捕，革除功名，严刑拷打，庭苔数百，血肉狼藉，但他未吐一字。同时被捕师生有40余人。后在省内外、国内外爱国人士声援下，清廷将李体仁革职，全部开释被捕师生。此后，常自新又与焦子静、李异材等在西安建立健本学堂，培植革命力量。辛亥西安起义成功后，任陕西省军政府秘书、教育司次长。1914年陆建章主陕，排除革命党人，他愤然辞职，隐居乡间。1920年2月1日过洛河时，不幸失足，溺水而亡，卒年34岁。

⑧谷芙塘：谷如墉。景梅九在山西大学堂上学时的老师。

⑨李亮功：即李镜蓉（1880—1947），别号亮工，山西省河津县人。出身贫寒而勤奋读书。1900年，离开家乡赴太原令德堂攻读。山西大学堂成立以后，入中斋学习。1904年公费赴日本留学，就读于东京帝国大学农学院，参加了同盟会，并授业于章太炎。学问湛深，有"南章北李"之誉。辛亥革命后任临时大总统南洋教育司司长。袁世凯窃据大总统后，他弃职北上太原，与支应遴等人任山西大学教授，一度任山西大学校长，不久，被袁世凯猜忌，亮工愤而辞职归故里。袁世凯帝制覆灭，1917年亮工返太原专门讲学，任国文学系主任。"七七"事变后，亮工返回家乡举办教育，后因日军要挟，他去兴县刘少白家闲住。曾营救中共人士，倾向进步。随后仍致力于讲学。他于1947年在西安东门外八仙庵病逝。

⑩王：王用宾。

⑪李：李镜蓉，即李亮功。

遇张东白　得明楼妙语解颐

　　勿幕本是后起之俊，但他很推重一时前辈老先生。算起来，略有数位，如张伯云①，张东白②，李仲特③，李桐轩④，吴葆三⑤，朱素舫⑥。伯云以善书能诗文著名，又有新思想，赞成种族政治革命。《夏声》杂志中，曾登其所为七律若干首。一入潼关，见道旁官柳，即不禁高咏其"大道青垂柳万丝，行人高唱大风词"之句。所以我到长安，先问伯云。勿幕道："伯云病甚，不能见客。"我打算等他病好了再见，那知隔了不多天，勿幕忽来报曰："伯云死矣！恨不使君一面。"我曰："然也！岂但恨我不见伯云？尤恨伯云不见我而死！"（因我当时颇自负，可与当代大人先生抗行，其实很浅薄。）勿幕笑曰："又是世说新语，尚有东白在，我必介绍你见他，其兴趣高雅，不亚伯云。"这目的算达到了。初见东白于邹子良家。东白学宗老聃⑦，言语妙天下。我与对谭数语，不觉倾倒。相偕出门际，东白提及社会人品来。我顺口答道："如今上等人全是下等人，下等人全是上等人。"东白不觉点头叫绝。对于我好像露出"孺子可与言"的意思了——便道："改日再细谈！"我自然是得意的很。因我很想把无政府主义，和老子学说融会一番，作一册东西，自己却自命是革命实行家，欲推此责于前辈先生。东白既服膺老氏，必能发挥此义，所以一触机锋，即用单刀直入的法子，说出那两句快语来试他，果能打动此老心事，焉能不得意忘言？此后在焦、师⑧诸君所立的公益书局（秘售革命书报，亦一有力机关），时聆东白雅语，至忘餐饭。一日诸同人邀东白与我同到得明楼饭馆午餐。此楼很有历史，乃前代文人聚宴之所，挂几付旧对联，都饶清兴。谈次，东白偶拈得明二字，冲口而出。他说："我有一付对联了！得法得诀，要吃啥菜，你吩咐，明来明去，若无现钱，我担承！"举座大笑。我道："妙极！世上东西，都到不要钱的时候，就好了。"这是一种引诱法，当时未审几人入彀，这且莫表。犹记勿幕对我说："东白评《封神传》⑨，甚有新意，云是驳儒教者。举凡助纣之忠臣，皆现兽形于广成子⑩翻天印下，真痛快，可见讲忠君的全不是人。"我深以为然。但东白懒执笔，遂未著出。我尝对勿幕说："可惜，失却革命时期中一好著作！"

注释：

①张伯云：可能是张铣（xiǎn）（1862—1909），字拜云。陕西蒲城人，善诗文，能书画，尤善音律。随便取几只瓷碗，按声音高下排列，双手各执一竹筷敲奏，即能成曲。清光绪二十一年（1895）参与公车上书，力主变法维新。主办《顺天时报》。与富平焦子静合股开设公益书局，为秘密运动革命机关。同年，他又与焦子静等创办健本学堂，作为同盟会秘密机关。后任路局文牍，秘密购运枪弹，招募工程师，以为革命之准备。宣统元年（1909年）以疾卒，年四十七。

②张东白（1854—1923）：名维寅，字东白，号二知园主人。陕西蒲城人。1894年中举，后任汉中府学教官。赴任数月，愤而辞官，携一猴、一琵琶而归。1903年，陕西巡抚升允将关中书院改为第一师范学堂，张即受聘在省一师任教。是陕西早期的同盟会员。辛亥革命后居家，日与书、画、琴、棋为伴。命家舍为"二知园"，以农桑为生兼以书画。朋友赠钱送物，概辞不收。张东白安贫乐道，生活极为清苦，吃穿都不讲究。常赤脚拖鞋，蹲于椅凳，不拘小节。家中无书案，他就在破风匣上写字作画。1917年被督军陈树藩羁留府中，为陈教授书画。临回时，陈树藩问需要何物，他说："离家时，老婆叮咛扯上几尺颜色布，缝个裤子，再不需要什么。"当时陕西境内连年战争，人们憎恶混战局面，他曾戏写打油诗："鸡叫东方白，惊起一伙贼。整天弄到黑，不知谁哄谁！"1923年，他病逝于家中，终年69岁。

③李仲特：即李异材（1858—1937），又名李异，字仲特，号俱非子，晚号一如居士。陕西蒲城人。1878年他与胞弟桐轩同时考中秀才。他幼年学习过珠算，对数学发生浓厚兴趣，日夜研习，逐步学会了几何、代数和微积分。1888年他被选拔去三原宏道书院学习。1890年他受陕西舆图馆之聘，参加测绘各县地图工作，清末至民初使用的西安府县地图，就是他绘制的。1906年加入中国同盟会。1908年，同盟会陕西分会在西安成立，李当选为分会会长，与井勿幕、景梅九等组织秘密机关，宣传革命，又与张拜云、王子端、焦子静和胞弟桐轩等在西安办健本学堂，培养革命骨干。他与桐轩及约祉、仪祉两侄均为同盟会会员。辛亥革命后，隐退研究佛学。于1930年完成他的第二部数学著作《级数比类》四卷。李晚年双目

失明。1937 年 8 月 14 日病逝。

④李桐轩：即李良材（1860—1932），字桐轩，异材之弟。1910 年被举为陕西咨议局副局长。民国元年（1912 年）充任全国读音统一会会员，创定国音字母，后致力于社会教育多年。他与同人共组易俗社，改良戏曲，所编《一字狱》《黑世界孤儿记》等剧本，流传一时，以编剧授徒为乐。晚年精研佛典，于密宗尤有深得，尝著《莲舌居士传》自道其生平。1932 年，微疾，端坐而逝。寿七十二。

⑤吴葆三：吴星映，字宝三，朝邑人，清末以知县候补湖北。丁艰归里，绝意仕途，寓居省垣，与蒲城张拜云、富平焦子静诸人，合资组设公益书局，为秘密运动革命机关。辛亥光复，任军府参议，历任当道皆以革命先进推崇之。年六十卒于家。

⑥朱素舫：生平不详，只知井勿幕回陕后，与张拜云、李仲特、李桐轩、吴葆三、朱素舫、焦子静等，讲究国学，以资掩护。

⑦老聃：即老子（约公元前 571—公元前 471），著有《道德经》（《老子》）。

⑧焦、师：焦子静，师子敬。

⑨《封神传》：俗称《封神榜》，又名《封神演义》。

⑩广成子：为小说《封神演义》中"十二金仙"之首。

孔子是死的　四书是纸的

岐山与仲弟敬之在秦，先结识郭君希仁①，并由勿幕绍介入同盟会。敬之对我说："郭君为一笃实君子，既同盟，必能实行主义。"我因访此君于所谓咨议局，相见与谭革命原理，很投契。郭最服膺其师王镜如②先生，谓其有特别精力与见识，又亟称其学友曹寅侯③。我都拜见了。王先生不主种族革命，故不能深谭；寅侯才气横溢，意态雄沉，一望知为奇男子。但不多言，我默识于心。勿幕亦极器重他，说朋辈中无及寅侯魄力者。又说他最初精研理学，一日忽大悟，乃写了两句话，告友人曰："孔子是死的，四书是纸的。"俗儒听之咋舌，通人则拟之于陆象山④"六经注我"⑤的警语。

注释：

①郭君希仁：即郭希仁（1881—1923），原名忠清，字时斋，又字思斋，后改字希仁。辛亥革命后废原名，以字行世。陕西临潼人。1909年冬，他由陈会亭、景梅九介绍加入中国同盟会。1911年10月22日，西安起义爆发。陕西军政府成立，郭希仁被任命为军政府高等顾问和总务府参政处负责人。

1913年1月他离陕赴京，3月在北京入基督教，不久辞去国会参议院议员，与李仪祉一起赴欧洲考察。10月，回国家居。1915年，袁世凯阴谋复辟帝制。郭希仁在华山下共学园聚徒讲学，一时有志之士从学者有三四十人。讲学者有刘蔼如、孙岳、续西峰（山西人）、邓宝珊、史可轩等，共学园成了民党志士"策划讨袁之枢所"。陕西将军陆建章下令缉捕郭希仁，他于1916年春避居山西。陆建章垮台后，郭希仁返陕任省禁烟局坐办，赴关中西部查禁鸦片，颇见成效。后任陕西省水利分局局长兼林务专员，陕西省教育厅厅长。1920年，辞水利分局局长职。1923年5月21日病逝西安。一生著述有《水利谭》《春秋随笔》等数十种。1905年，清廷向全国人民宣布实行"预备立宪"。1907年（清光绪三十三年）10月清廷正式下令筹设咨议机关。各省"咨议局"，相当于各省的"临时议会"。

②王镜如：疑为王铭丹，字敬如，临潼人。当清末季，以开通风气矫正时俗为己任。从事讲演，口若悬河，听者为之动容。渭南令张世英见而奇之，延致幕中，日与谋议，推行新政。旋与郭希仁、曹印侯、贺绂之诸人，于省垣组设丽泽馆，讲学其中，实为革命秘密机关。辛亥起义，任东路防御大使。共和成，署鄜县知事，卸事后病殁于家，年五十二。同时有华县李坤生，乾县李守先，并以善讲演闻时，有陕西三大演说家之称。

③曹寅侯：即曹印侯（1881—1913），亦作寅侯、音吼。陕西临潼人。1908年西安设立丽泽馆，名为研究学术，实为陕西同盟会革命党人秘密集会场所。1911年10月22日西安起义的消息传至临潼，曹立即响应，率民团武装占领临潼县城。后又率军前往潼关抗击清军，后召集壮士6000人，组成"敢死军"，他还变卖家产，以作军饷。与清军血战30余次，击败清军，收复柳林镇。1912年2月12日清帝退位，陕西东、西两路停战和议后，曹倡议裁军，并以身作则，遣散部属十余营，遂离开陕西去外省经商。1913年居汉口养病。"二次革命"前，所谋反袁事泄，被湖北军政府都督黎元洪下令捕押。因查无实据，又得友人营救而获释。随即移居杭州养病，11月3日病逝于杭州韬光寺。

④陆象山（1139—1193）：即陆九渊，号象山，字子静，书斋名"存"，世人称存斋先生，与当时著名的理学家朱熹齐名，史称"朱陆"。是宋明两代"心学"的开山祖。明代王阳明发展其学说，成为中国哲学史上著名的"陆王学派"。

⑤六经注我：宋陆九渊《语录》："或问先生：何不著书？对曰：六经注我！我注六经！"

牛头寺遇僧　终南山动念

我因与诸学者来往，也染了点讲学习气。曾作了一篇《颜学扬榷①》，专阐明清初颜、李之学②，颇惹起时人的注意。但前边已经说过我在学堂，却担任的是干燥无味算学英文，所以没有发明主张余地。惟记三月间，和诸教习，发起了一个远行会，我拟了四首唱歌，颇寓鼓动青年的意思。一时偕同三百健儿，全鼓旌旗，步出长安城，直向终南山进发。我心里描出将来革命军一个影子，好不痛快！路过杜曲，登牛头寺③，寺供杜工部木主④。时陵下桃花盛开，饶有诗趣，又与寺僧接谈，据云俗家山西。我因触动乡情，说了几句世间语，即席口占一绝赠之曰：

> 误落尘网三十年，回思旧梦总茫然；逢师欲问西方法，却话今生未了缘！（末二句为勿幕所激赏，谓有禅意。）

行至终南山下，游都城隍庙。内塑各县城隍像，颇为奇观。大家休息，午餐后，登山唱"登，登，登山入潼关从来不解平"一曲，使人忘倦。至山腰，入僧寮少憩，却见一僧横榻吸鸦片烟，烟泡很大，圆径约五分，高八分许，对灯呼呼，当客不让，有吞霞吐雾的兴致。我当时很反对这种玩艺，但念出家人吸烟，与世无涉，可以理恕，也没干涉他，讥笑他。及登极峰，直上凌霄阁，至阁后窗前一望，只见荒山暗谷，四无人迹，大有混沌初开的气象。不禁肃然冷念，急降下，随众转至一角山峰后面，却别有一境界。岩头滴泉成池，池畔起屋，名曰茅菴，为众僧打坐念斋的所在。到此自令人动出家念头。

注释：

①扬榷：约略举其大概，扼要进行论述。

②颜、李之学：颜元（1635—1704年），清初思想家、教育家，颜李学派创始人。原字易直，更字浑然，号习斋，直隶博野县北杨村（今属河北省）人。主要著述为《四存编》《习斋记余》。李恕谷（1659—1733），名塨（gōng），字刚主，号恕谷，蠡（lí）县人，是17世纪著名的思想家、教育家、哲学家，他与其师颜习斋合创颜李学派。

③牛头寺：位于长安区韦曲镇东南少陵原畔，距西安城约二十多里。为纪念唐代伟大诗人杜甫，在寺内建杜工部祠，后又移于寺东院。杜工部即杜甫。

④木主：又称神主。俗称牌位。

游蒲城　鱼侯鳖王同日死

岐山在秦无事，又性好动，不甘寂寞。一日谓我曰："君留秦，我去晋，分道扬镳，各谋革命进行事业，将来或有会合之期。"我很赞成他的话，因我信岐山能独当一面作事，又觉山西地势逼近北京，如欲谋中央革命，当出偏师直捣函、燕①。乃互订密约，送此君东去。润轩被勿幕邀往蒲城，充某学堂教习，改号曰质生。勿幕有兄名岳秀，字崧生②。勿幕有周郎称，人言崧生却自拟是孙策，我即断定他饶有霸气，及和他见面，果非虚声。又闻其有女，好习武事，能舞剑盘矛，胜过男子。我当时极力鼓吹活泼有力的妇女，都效法俄国虚无党妇人的行为，扶助革命，听了这话，便想见此女一面。所以乘暑假时期，亲到蒲城一游，和勿幕弟兄握手言欢，十分痛快。此女时方十五六，天真烂漫，跳跃自如。当院挺立伸臂，呼其叔勿幕，用力扳其臂，未能少屈，其力大可知。我戏之曰："真虎女也！"一日我和勿幕谈史，至李陵③誓不归汉一节，崧生曰："李陵太没出息，我若为陵，必率匈奴灭汉。为母报仇!"言下甚激昂,我深赞其富于情感。勿幕好谈诗文,案上有英诗一册。翻阅其中,有诗一首,设想地球一旦脱轨,地上哲学者,蟊,乞丐,帝王,鱼鳖等同归于尽。勿幕喜其配搭的有趣,使我意译之,我因译成七古一首曰:

> 夜半狂飚卷地起,宛转弹丸忽脱轨;儒蟊丐蚁惟一命,鱼侯鳖王同日死。但闻天际有人拍手语,何处流星美如彼?

勿幕笑曰:"鱼侯鳖王,配的好极了,余亦称原作,能手能手!"我也笑了。某日勿幕偕我登城回顾,指城外一角山道:"此唐时五陵少年④逐猎场也,迄今此间人犹富侠气。"我问侠客为谁?勿幕说出几个人来,我默记在心里。勿幕又绍介我见了李桐轩,谈了些革命历史,很畅快。所以我离蒲城时,对勿幕曰:"在蒲,于人得见李桐轩,于友得交君家侠兄,于诗得成'鱼侯鳖王同日死',可谓不虚此游矣!"

注释:

①函、燕:函,当指函谷关;燕,当指燕京,即北京。

②名岳秀,字崧生:即井岳秀(1878—1936),字崧生,陕西蒲城人,因在兄弟中排行第十,人称"井十"。他和井勿幕是同胞兄弟。井岳秀是清朝武庠生,自陕西武备学堂肄业。井勿幕自日本返回陕西发展中国同盟会成员时,井岳秀参加同盟会,并为同盟会捐赠了大量家财。1908年,井岳秀任蒲城县教育分会评议员。1910年,当选陕西咨议局常事议员。1911年,在辛亥革命中,参加了西安的起义,此后历任陕西北路防军统领、陕西北路安抚使。南北议和成功后,任陕西陆军第四混成旅工兵独立一营营长。1916年,任陕西警备第三区司令,陕西陆军第二混成旅步兵第四团团长。1917年,任陕北镇守使。1918年冬,井勿幕遭李栋材杀害,此后井岳秀派参谋张孝先、连长李福成到汉口侦察了半年,最终抓获了李栋材并押解回榆林处死。同年11月,所部被改编为陕西陆骑兵旅,井岳秀任旅长。1922年冬,靖国军杨虎城部从关中撤到陕北,井岳秀不顾北京政府对杨虎城的通缉,收容了杨虎城。1924年冬,冯玉祥、胡景翼、孙岳发动北京政变,推翻曹锟,成立国民军,井岳秀被任命为陕北国民军总司令。1927年,所部被改编为国民革命军第二集团军第九路军,井岳秀任第二集团军副司令兼第九路军总司令。1929年,第二集团军第九路军缩编为第二集团军暂编第十八师,井岳秀担任师长。1936年2月,井岳秀因手枪落地走火而意外身亡。

③李陵(?—前74):字少卿,陇西成纪(今甘肃天水市秦安县)人。李广之

孙。曾率军与匈奴作战，战败投降匈奴。李陵在匈奴二十余年，元平元年病死。

④五陵少年：长安以北（今咸阳附近）有汉代五个皇帝的陵墓，即高祖长陵、惠帝安陵、景帝阳陵、武帝茂陵、昭帝平陵，每个陵墓周围都聚居了许多豪富之家，后以五陵少年代指豪侠少年或纨绔子弟。

一路无话　访卓亭浑忘宾主

从蒲回到长安，一路无话。这四字不是敷衍，因为那一次蒲城之游，目的只在蒲城和长安两点。所以到如今想起来，好像没经过甚么富平、三原似的。不但此也，无话两字，归途中还有个下落：因回省时，同李襄初①一路，这位先生，也不好多谈，只一天日将落，离宿止地点，还有十里路，他说："不怕，冬走十里不明，夏走十里不昏。"我那时很留心谚语，所以记下了，这不算无话的证据。一天走到三原，他约我到桥头茹卓亭②家里去。卓亭也是同志，又在日本留学时节，有能文名，《夏声》杂志，他的文章最优美，勿幕也常说他，我仿佛也见过他一面，便高高兴兴地相偕出了城。只见果木成林，蔽盖郊野，襄初曰："此所谓'渭北春天树'也！"我点头道是。入桥头，又见溪流穿村，浣布妇女，列坐溪头，心里道："这地方倒幽雅的很，何减武陵桃源？"到卓亭家，襄初和卓亭很惯熟，一直到书斋里，只见卓亭正在那里看书，见客一笑，让坐，问了襄初两句，也没说甚么。我更是个"书迷"，便坐在那里翻了一本书，静看起来。于是相对无话，浑忘宾主，少时告别，兴辞而出，很满意！襄初只对我说："卓亭真用功。"及到省后月余，勿幕来，才说："卓亭以为襄初引个生人来，他又未曾绍介，也没谈话，卓亭觉得很慢待了你哪！"我才回想到那时情形，不是熟识的光景，我便笑对勿幕说："是便是，只我并未觉得主人慢待，记得还吃了一餐似的。"勿幕道："南关庙糊鬼，还说甚么来？"我也没法子辩别了，一笑！回到长安寓中，玉青自然欢喜，和佗谈起蒲城经过的事情，佗说："我也想见勿幕的侄女了！"

_____

注释：

①李襄初（1886—1918）：即李天佐，字襄初。陕西蒲城陈庄西陈村人。天佐幼随父读书，胆略超众，膂力过人。1900年，天佐考入关中大学堂。1906年，入日本东京东斌学校攻读数理、兵术。次年经井勿幕介绍，加入同盟会。后任西安健本学堂教习。辛亥西安起义中，率众从北教场夺得官马百余匹，打开咸宁县狱，同囚犯援攻满城。西安光复后，天佐任渭北民团副使，协同焦子静剿匪安民，保卫地方。共和既成，解甲读书。护国之役，复出参加讨袁逐陆各战役。以功任混成团团长，升任第五旅旅长，驻蒲城。1917年12月，靖国军袭击蒲城，他与岳维峻坚守，击毙靖国军健将耿直。随后，升任第五旅旅长兼第三守备区司令。1918年10月29日，胡景翼被陈树藩挟持去西安，第二天，胡景翼部下以为李天佐出卖了胡景翼，见面厉声质问："吾总司令安在？"李天佐错愕未及答，诸人即开枪乱击，岳维峻急以身障止之，几为所伤，回视天佐，已中枪扑地矣。天佐死时，年才31岁。

②茹卓亭：即茹欲立（1883—1972），字卓亭。陕西泾阳鲁桥（今属陕西三原）人。1898年，茹欲立入泾阳崇实书院，1902年入三原宏道大学堂。1904年初，于右任任商州中学堂监督，聘茹欲立、李仪祉为教员。1905年秋，被选派为陕西官费留日学生，到东京后入振武学校学习军事，同年加入中国同盟会。1908年正月，与陕西留日同学共创革命刊物《夏声》，曾以大无畏、皮生等笔名撰稿多篇，反对君主立宪。同年，茹欲立自振武学校毕业。因参加和领导学潮，留学生总监督不承认其学历，并遣送回国，茹欲立经沪、粤返陕。1911年10月23日光复西安，27日，秦陇复汉军政府成立，茹欲立任军政府秘书长。1913年4月中华民国正式国会成立，茹欲立任众议院议员。次年1月袁世凯解散国会，茹欲立被迫东渡日本。1915年末，回国参加护国运动，其后曾任陕西督军府顾问。1919年初，茹欲立潜离督军府赴三原，任陕西靖国军总参议。1928年秋赴南京出任审计院副院长，1931年2月就任监察院院长。中华人民共和国成立后，茹欲立历任西北军政（行政）委员会委员、最高人民检察署西北分署副检察长、全国政协委员等职，被选为陕西省人大代表。1972年10月10日病逝。

长安市上　造谣言

杜仲虔①这时已从太原到长安，特来和我计划革命，并商量新旧学问。闲时同到南院门前，饮两大碗劳糟酒，半醉不醒，狂歌过市，人目为疯子。于是仲伏（与慮同，因他改名羲，太炎很爱他，呼之以仲伏；直拟以伏羲。伏羲的伏字，古今有好多写法。如庖，如宓，如伏，如慮皆是，所以常改写）有"长安市上，醇酒数升"的得意名句。一日从友人张翊初②家与诸同志畅谈晚归，我和仲慮路过南城门边，遇卖浆者，两人停止住，喝了两碗浆，仲慮忽然仰望天上彗星，东西辉耀，随即造了两句谣言道："彗星东西现，宣统③二年半！"我附和起来，说："这个童谣相传好久，不知甚么意思？"那卖浆者很妙，便道："甚么意思？就是说大清家快亡了！明朝不过二百几十年，清朝也差不多二百多年了，还不亡么？"我和道："原来如此！"最妙是警察先生站在旁边，也说了两句赞叹的话。我却拉仲伏回寓，在路上很觉得有趣。过了两天，同志邹子良、李仲山④等都来说："外边流传一种谣言，很利害！甚么'彗星东西现，宣统二年半'，人心大动摇起来！"我和仲伏只是暗笑，却装着不晓得的样子来道："没听人说呀！"他们说得很有兴趣，又添了些"明年猪吃羊，后年种地不纳粮"的谣言，那却不知是谁造出来的了？后来又改成"不用掐，不用算，宣统不过二年半"。这话更为传的远哪。我又想起仲慮初到长安，在临潼古槐下，遇见一位朋友，正是十五夜，他因赠友一诗云：

　　搔首问青天，春归到那边？月圆三五夜，树老一千年。灞上无穷景，囊中有数钱；同为沦落者，相见倍凄然！

我乃就谣言和成一首云：

　　举首望长天，光芒射半边；彗星十万丈，宣统两三年。百姓方呼痛，官家正敛钱；也知胡运毕，何处不骚然？

勿幕见了，笑道："真乱党！然也是实话。"时兰芳五⑤君，亦在长安，见此诗，却另写出一段意思，和了一首，中有两句道："星球旋累禩，日月始何年？"仲伏曰："此所谓豁然大糊涂也！"

注释：

①杜仲慮：杜羲，号仲慮（fú）、仲伏，河北静海（今属天津）人。

②张翊初（1883—1939）：即张赞元，字翊（yì）初、翌初，甘肃宁夏府灵州

(今宁夏灵武）人，生长在古都长安，以陕西长安为籍。清头品顶戴，陕西、湖南、山西等省巡抚张煦幼子。清末留学日本，日本法政大学毕业，中国同盟会（东京）早期会员，《夏声》杂志主要撰稿人。张赞元侠肝义胆，为人豪爽，常常将家财用于革命，资助同志，而自己却时不时穷困潦倒，借钱度日。1911年初，他出资和党人在北京创办《岁华旬记》，3月，又相助老同学景梅九将其扩版改为《国风日报》，他出主意写文章又筹钱。辛亥后他担任陕西靖国军总司令部秘书、总指挥署秘书长。中华民国成立后，"以服官从政为可羞"，"退居读书"，研习碑帖，"与郭希仁往来尤密"。1919年初，张赞元等获悉井勿幕遇害的消息，由西安赶赴三原，参加陕西靖国军，任总司令于右任秘书。1920年8月，胡景翼回到三原，任陕西靖国军总指挥，张赞元担任署秘书长。1921年后，应陕北镇守使井岳秀的邀请，张赞元被聘任为参议。1933年6月7日—1937年2月26日，张赞元担任陕西省政府委员。他与陕西省政府主席邵力子友情甚笃，协助邵力子做了大量工作。1937年4月，孙蔚如担任陕西省政府主席时，张赞元被任命为陕西省政府参议。张赞元于1939年9月15日（八月初三日），因积劳成疾，在西安病逝。

③宣统：清末代皇帝溥仪年号。

④李仲山：即李仲三，陕西潼关县寺角营村人，晚清秀才，早年加入同盟会，联络朝邑刀侠严飞龙参加革命，为西安大雁塔滴血盟誓者之一。辛亥西安起义，李仲三任东路安抚招讨使，与清军战于阌乡、灵宝间，事定解兵。靖国军时期，李仲三随陕军出关，往来于冯玉祥、胡景翼之间，参与并促成将溥仪赶出故宫的"北京政变"。李仲三还作为陕西代表参加过国民党在南京、上海、广州召开的全国代表大会。1928年杨虎城到南京，住在李仲三家中。杨虎城接受了李仲三先生建议和资助，决定赴日本游历，藉广见闻。后李仲三先生断然拒绝前往台湾，留在大陆，20世纪60年代逝于西安。

⑤兰芳五：兰燕桂，字芳五，山西河津人，1881年生。留学日本，1906年9月由景梅九介绍，加入同盟会。回国后，协助景梅九办《国风日报》，辛亥后曾任山西农林堂教员。

玉青掉文　芳五醉话

说起兰君芳五①来，本是明明社的旧友，在日本和我及仲伏同居，意气狠相投，所以这时也到长安望我。曾荐他到健本学堂充教习，月余他不知为甚么闹起脾气来，告病假，来到我的寓中寄宿。时王子端②为监督，第二早晨，送了位医生来给芳五瞧病。玉青听了此话，笑曰："这叫做'王使人问疾医来'。"芳五笑说："甚确，王字妙极！"玉青又笑曰："还有一句更妙且确，'而之景丑氏宿焉'。"某友叹曰："是何异康成③婢？"玉青却嗔道："何至夫人学婢！"某友谢罪，大家一笑而罢。芳五终未释然，竟不到学堂去了。一天和我到某酒楼痛饮，芳五醉，我和仲伏挟之出，走到大街上，芳五大声疾呼地说道："只有梅九，是真革命党！他在东京，每日为革命奔走，一点闲空都没有，这是我亲眼看见的！"我心里道："好爷哩！你要人命罢了。"幸亏那时长安巡警，也不晓得甚么叫革命，不甚注意，只当是醉人瞎说。我极力阻挡他，他绝不理会，口中还接续着，高谈革命。有趣极了！我没法，和仲伏拉他到正谊书局里。这书局是同志薛麟伯④开设的，所以不要紧。大家才劝他在书局睡了一觉，醒后，他自然是不记得醉时话了。大家责备他，他便戒了酒，永远不沾唇。此事和同志陈汉阁⑤，因酒后失言，几露秘密，因而自行绝酒，一滴不入口，直到革命后才开戒，都是革命时期中最有价值的纪念。

注释：

①兰君芳五：兰燕桂，字芳五，山西河津人。

②王子端：即王顺，字子端，陕西蒲城人，清廪贡生。与同县张拜云、井勿幕，富平焦子静等交最善。加入同盟会，创办健本学堂于西安，自任校长，以培养革命基本人才为务。又与临潼郭希仁等组设丽泽馆，联合同人，不时聚会，皆为秘密机关。辛亥光复，任秦军总部参议，赞襄军政一切。共和告成，历任当道皆聘为顾问咨议，曾于民国三年任礼泉县知事。

③康成：即郑玄（127—200），字康成，高密人，家贫好学，终为大儒。游学归里之后，潜心著述。以古文经学为主，兼采今文经说，遍注群经，世称"郑学"，为汉代经学的集大成者。

④薛麟伯：薛峻，字麟伯、林伯，陕西华县人，同盟会员。在南院门开办"正谊书局"，同公益书局类似。

⑤陈汉阁：陈玉麟（1873—1939），字汉阁，山西洪洞县龙马乡长命村人。山

西省农林学堂毕业，1902 年由清政府选送到日本东京帝国大学林科留学，加入同盟会，并负责从日本给南方运送枪枝弹药。辛亥革命前后，他回山西，任军政府军需部长，负责运送粮弹辎重。共和后，陈南下广州追随孙中山。袁世凯窃国称帝，孙中山在广东成立民国政府，陈任护法议员，积极响应蔡锷的起义。他还曾任山西高平县县长。1929 年，他又任河北东陵林垦局长。1939 年去世。

忆洵生新诗句　我是呐辩者

　　回想在日本时，同人中能了解社会主义，并爱新文学而有创造性质的，还有个崔洵生①，就是第二次东游，海上遇飓风，他和我两个人没晕船，在船头高呼壮快的他啰！到日本后，他入了农科大学专科，很享受了些田野风味。曾有两句诗歌道："彼自然之权化兮，令人心醉而神怡！"乃写对于明媚春光的爱情。"权化"②二字，用《法华经》③化城喻，便是他的理想乡了。他曾说："中国诗歌，由四言，变五言，变七言，变离骚，变词，变曲，当然还有一变，要柔和词曲于西洋新诗中，融会贯通，除却词调曲牌的限制，自由组织成一种新体才行。"我很赞成他的话。却因热心革命，没甚注意此事。他随意弄了几章，我只爱读其中一章，道：

　　　　吾闻燕赵古多慷慨悲歌之士，杀人如草，白昼过市，官不敢问，吏不敢言，何此风之永歇？令予俯仰今古而潸（潜）然！

　　爱此诗的心理，自然还是因为和革命暗杀有关系。最可笑是有一天我买了一本书，在东京市上，走着翻阅，猛然碰着他；他也拿一本书瞧，看样子和我手里书差不多。我拿过一瞧，不错，都是新出版的木下尚江氏④著的《忏悔》，不禁相视大笑！所以我两人狠觉得同心。他主张社会革命，和种族革命政治革命一齐来。有一句扼要话道："可以省却一番手续。"尝著一文，驳杨度⑤氏《金铁主义》，惜未发表！那一年他也应陕西农校礼聘，来到长安，相见之欢，自不待言。他却讲了两句客气话道:"自从你离了东京,各方面顿觉凄凉起来,大有凤去台空的趣味。"我笑道:"这是你个人的感想罢了,咱家算不得凤。"他又道:"我在东京接到你一封信,写的甚么去鲁,遇井,辞并,续弦,入秦⑥,好像要作一篇传奇似的,教我好不得明白。"我道:"不过写的好玩,连累你猜度了一回。"说到西北革命,他自然高兴同谋,我绍介他见了好些同志。某日王镜如、郭希仁⑦诸君,发起了个通俗讲演会,来的人很多,我和他同列来宾席。开会后,主席报告开会宗旨,随着有几个人演说。到来宾演说时节,友人推我上去,我捉了聋哑两个字说起来,大意本"下无言则吾谓之暗,上无闻则吾谓之聋"两句,敷演起来,说政府是聋子,人民是哑子,弄成了聋哑世界。现在各处开报馆和演说会,代社会鸣不平,人民不甘于哑了;但政府仍然是聋子,对于一切舆论,充耳不闻。且还是个奸聋子,你劝他作好事,他是听不见的;你若是骂他,他当下就听见了。所以某某地方,发现捉主笔封报馆的事情,就是奸聋的证据。(大家笑起来。)我又说到如今要医治聋哑,惟有开通民智一法;要开通民智,设十个学堂,不如立一家报馆;立十家报馆,不如开一场演说;(注了一句,因为中国识字的很少。)开十场演说,不如唱一台戏剧。(大家又鼓掌起来。)我便下来了。记得演说毕,大家还吃了一顿饭,才散会。洵生同我一路回寓,途中他"扬带抑"地赞了我一句道:"你真可称为呐辩者。"哈哈!一个呐⑧字,把我底演说资格取消了。

注释:

①崔洵生:崔潮(1882—?)字洵生,山西省赵城县(今属洪洞)人,曾留学日本学校,1910年农科进士。1911年,授职翰林院编修。

②权化:梵语化现、应现之意。谓佛菩萨为济度众生,以神通力权示化现种种之身或种种之物。

③《法华经》:即《妙法莲华经》,简称《法华经》,是佛陀释迦牟尼晚年所说教法。因经中宣讲内容至高无上,也誉为"经中之王"。

④木下尚江氏:即木下尚江(1869—1937),日本小说家、社会活动家。生于长野县松本市一下级武士的家庭,幼年受民主思想熏陶。1888年毕业于东京专科学校法律科。1903年与幸德秋水等人创办平民社,出版《平民新闻》,传播社会主

义启蒙思想。1906 年加入社会党，1907 年受政府弹压退出政治舞台，宣布皈依佛教，学坐禅。1911 年幸德秋水遇害后，隐居遁世，直至去世。他的作品有小说《忏悔》《乞食》等。

⑤杨度（1875—1931）：原名杨承瓒，字皙子，号虎公、虎禅，又号虎禅师、虎头陀、顼虎，湖南省湘潭县姜畲乡石塘村人。1902 年赴日留学，进东京法政大学速成班学习。同年冬与湖南留日学生杨笃生、陈天华、黄兴等创办《游学译编》，担任编撰工作。曾为清政府出洋考察宪政五大臣起草考察报告，后出任宪政编查馆提调。1907 年初在日本创办鼓吹君主立宪的刊物《中国新报》月刊，担任主编。该报自一卷七期起迁到上海出版。所撰《金铁主义说》曾连载于该刊一至六期，主张中国应成为经济的军国主义大国，要求清廷召开国会。辛亥革命后，他依附袁世凯，任参政院参政。1920 年他与孙毓筠、胡瑛、李燮和、严复、刘师培等组织筹安会，为复辟帝制竭力鼓吹。袁世凯死后被通缉。他一度转向佛学。1922 年起开始接近孙中山，拥护"联俄、联共、扶助农工"三大政策，为民主革命奔走甚力。1925 年参加"反帝国主义大同盟"，逐步接受进步思想，与李大钊建立了友谊。1927 年曾为李大钊被捕而多方营救，并变卖房产，救济被害者家属。1928 年，杨度寓居上海，佯以卖字画为生，为杜月笙门下"清客"，与进步人士交往，参加中国互济会同盟和中国社会科学家联盟等团体，仍从事革命工作。1929 年秋由潘汉年介绍、周恩来批准，秘密加入中国共产党，与夏衍单线联系。在白色恐怖下，以秘密党员的身份坚持党的地下工作。1930 年杨度加入中国自由大同盟。1931 年 9 月 17 日因病在上海逝世，终年 56 岁，安葬于上海万国公墓。著有《杨度集》等传世。

⑥去鲁，遇井，辞并，续弦，入秦：去鲁，指景梅九离开山东青岛震旦公学；遇井，在北京遇井勿幕；辞并，是指在山西辞别山西大学堂英文教习；续弦，指回安邑娶妻；入秦，指到陕西。

⑦王镜如、郭希仁：均见 135 页注。

⑧呐：古同"讷"，指说话迟钝。

长安似此　革命奇着

　　洵生①善围棋，据他说，还不及他底兄长；因他兄长一次和人对棋，将终局时，对手忽将全盘棋子拂去，这位老哥，不慌不忙地，将棋子一一拾起，又布成原棋，一子也不错，对手大惊；其实他就是隔一天两天，也还忘不了，这是洄生亲眼看见的。我也不晓得是真是假，但想同他学一学，我性不近此，弄了两盘，茫无下手处，他也懒教了。一日我到张翊初②家（翊初的父，曾作山西巡抚，名张煦③，继张之洞④修过《山西通志》，所以很有些藏书。勿幕到长安，总喜在他那里翻阅丛书，遇着奇文奇论，欣然与我共赏，所以我也常常来往。翊初又是同志中最富情感的人，且善评诗，故人乐与清谈），看见翊初正同勿幕对棋，尚未落子，纸画棋盘，四定子处，写了"长安似此"四个字。我心里说："这又是个革命豫兆。"他们俩请我作观棋者，便拈子落盘，数着后，我见勿幕一角布子有空，代他放了一子，他惊道："这一着不错！是几时学会的？"我笑道："我只会这一着，不是太原公子的一子贯当中，是我们西北革命的奇着。"他们俩都笑起来，停棋又谈革命。勿幕说："陕西同志中能文者，卓亭外还有陈慧亭⑤，我教他编了一首《革命歌》，偏重种族方面；因我想拿他鼓动会党中人。"说着取出那一纸《革命歌》来给我瞧。我只记得中间有甚么"扬州十，嘉定九，杀的麻烦才罢手"⑥的句子，自然使人激愤。我道："这够用了，不必再弄甚么汉流秘典⑦。"勿幕点头会意，我又谈到前两天和高校学生郊外实地演习测量，以长安城为测点，便动攻取此城的念头。时邹子良亦在座，慨然曰："革命起，我用三百人破长安必矣。"金曰："壮哉！"

注释：

①洄生：崔潮字洄生。

②张翊初：张赞元字翊（yì）初。

③张煦：是张赞元父，赞元 13 岁时，父亲张煦就去世了。

④张之洞（1837—1909）：字孝达，号香涛、香岩，又号壹公、无竞居士，晚年自号抱冰。清代直隶南皮（今河北南皮）人，洋务派代表人物之一，其提出的"中学为体，西学为用"，是对洋务派和早期改良派基本纲领的一个总结和概括。

⑤陈慧亭：即陈同熙（1883—1914），字会亭、慧亭，号敬甫。陕西省潼关县上洼村人。经井勿幕介绍，加入同盟会。他到北京，同军界的革命党人联合上书资政院，罢免陕西新军督练公所总办王毓江。民国元年（1912）1 月 2 日，临时参议

院成立，陈同熙当选为议员。翌年4月6日，袁世凯就任总统。陈同熙东渡日本，投入反袁斗争，积劳成疾。民国三年（1914）返回北平，病故。

⑥"扬州十，嘉定九"句：扬州十日指1645年（南明弘光元年，清朝顺治二年）清军攻破扬州城后对城中平民进行大屠杀的事件，扬州死难八十万人。嘉定屠城即指清军派李成栋率所部五千多人攻入嘉定城，下令屠城，有近三万人被屠杀。

⑦汉流秘典：景梅九同井勿幕离开太原途中，两人商量要伪造的秘典，如"烧饼歌"和类似宋江的《天书》一类的东西。

新军都是革命军

当时清政府最怕"革命"二字，于是乎把人家译成的《西洋历史》里边的革命字样，改作维新，革命军改作新军。友人某看了这种改法，便道："汤武革命①，也要改做汤武维新么?"我道："我明白了，现在各省添练的新军，都是革命军呵!"我于是和同志注意运动军队中人。那时陕西新军中有一个同志充下级军官，就是张菊亭②了；为人慷爽绝伦，和我来往甚密。一天在寓中蒸饺子吃，同志来的不少，饺子蒸熟下笼，同志两三人分据一笼，争以手取。菊亭适来，见此情况大笑，也加入一个笼团，吃起来，真是有趣极了! 吃毕，大家愿留者留，愿去者去，并没有甚么周旋应酬。因为那时革命同志，心心相照，默喻无言，除却秘密计划外，平常也没甚可谈的；不过总想见面，这也莫名其妙了。

注释：

①汤武革命：《易·革·彖辞》中有"汤武革命，顺乎天而应乎人"的名言。"汤"，就是中国历史上第二个统治王朝的开基者——商汤天乙。"武"则是指周武王。

②张菊亭：可能是指张光奎（1879—1937），字聚庭。1908年景梅九在陕西

时，张光奎是新军中的下级军官。同盟会员，陕西长安人。张光奎父多年在外省当官，家中尚属殷富。张光奎性豪爽，喜交游。本省武备学堂毕业，参加新军，1909年任新军混成协队官，加入同盟会，参与组织军事研究社，积极投身反清革命。1925年初，张光奎应胡景翼之邀前往开封，在河南督署襄助军务。同年胡景翼病逝，张光奎寓居天津。邵力子主陕后，张光奎被聘为省府顾问，后移居南京。1937年冬，逝世于西安蕙园寓所。

快遇王一山　即景得句

却说陆军学堂，还有一位同志，是郭希仁君特别介绍的，就是王一山[①]。我曾到他底学堂里去会他，谈了好多话，很相得。他在学生中，有不安分的名声，常代表同学，和教职员等反对。教职员自然不喜欢他了；但同学都很帮助他，所以不至开除。且因他通医学，常给大家看病，很有效，因此大家同他感情很好，他也利用这种特技，联络同志。我对他说："革命党人，医卜星相，都应学习，无论走到那里，不至困碍，且能收拾人心。"记得这学堂在西关，靠着荒村，日暮登楼野望，一种萧条景况，使人动念！即景得"野旷人如鬼，村荒犬似狼"句。友人见此曰："此亦伊川被发[②]意也。"我引为知音。

注释：

①王一山（1884—1955）：原名治馨。陕西旬阳人。1905年考入陕西陆军小学堂，1907年毕业后考入陕西陆军中学堂。1910年，加入中国同盟会。1911年10月22日，陕西同盟会联合新军、哥老会在西安率先响应武昌起义。袁世凯派陆建章主陕期间，王一山奔走渭北各地，参加反袁逐陆斗争。1920年离陕赴沪。1926年王一山返回陕西，以教书维持生计。刘镇华围攻西安期间，王一山经人介绍结识了杨虎城，再次涉身军界。中华人民共和国成立后，王一山被选为陕西省和西安市各界人民代表会议代表。1955年1月1日病逝于西安。

②伊川被发：披发伊川。白居易《时世妆》有句："昔闻被发伊川中，辛有见

之知有戎。"伊川,河南洛阳附近。

开元寺　革命密约

　　长安同志日多,大家觉得有组织团体的必要,曾借开元寺——马开臣的学塾,集议了一次。李仲特老先生也到场,李仲山、邹子良、王一山诸同志均至,约二十余人,公推仲特先生为会长①,又由我拟了八句四言的密约,首以"秘露死决,接交宁缺"。因此时革命运动甚密,故取秘密党手续,定露泄本党秘密者,处死刑,这是第一句的意思。那时取人也甚严,所谓"宁可少一人,不以一人败"。因相戒绍介同志,宁缺勿滥,这是第二句的意思。结以"分途并进,破坏建设",这是最明白的话了。但那时同志从事破坏的很多,留心建设的很少,也寓唤起注意的思想。这种约言,陕西同志,大概都晓得;而中间四句,完全为运动哥老会而设,没有发表的价值,只得告罪于大家了。

注释:

　　①1908年冬,井勿幕在西安开元寺的丽泽馆秘密召集同盟会骨干会员开会,成立中国同盟会陕西分会。会议通过了联合新军、慕亲会、哥老会、刀客等一切反清进步力量,共谋革命大业的决议。

演了一回　今装古剧

　　马开臣、郭希仁君,一面从事革命运动,一面仍与诸道学先生接洽。也绍介我见了几位，并且把手握太极图，和一百八十度的长揖，都教给我了。一天郭君约我和诸先生演习古冠礼，适玉青的兄弟阎虎臣①，到陕西望我，于是教虎臣充冠者（年龄很合），我充家长，牛先生充大宾，读祝词的，进冠的，赞礼的，司仪的，都派的停停当当的，在一个庙宇中演了一回今装古剧。我还没失场，但磕了些冤枉头。因为宾主答拜，皆用古礼，其间颇有平等观，如冠者拜大宾，大宾必回拜是也。演毕，希仁告我曰："能将授冠式，改良一番，寓些尚武意思更好。"我漫应之，但他曾用文语说了两句感慨话道："自冠礼废，而中国无成人矣。"

注释：

①阎虎臣：是景梅九妻子阎玉青的弟弟，山西解州人，曾留学日本，加入同盟会。

入秦第一快心事

是年曾接老父入秦，就医于救世堂医院；因所患为漏疮，中医累治无效，狠觉苦痛。玉青以曾入耶稣教学堂的关系，和医院教士等往来，询知此病，可以割治，于是才搬老父来，清秀、崇道①同至。初到歇了几天，然后送入医院，将养数日，才施手术。那一天我怕去，听老父在医院中形神不安，乃促玉青速往视。经医生劝诱，用麻醉药蒙住，痛割了一次，然后用药洗净包好。移入病房，渐渐清醒，此时我已到院，问割时痛否？曰："毫无知觉，醒来割处好像受了骡马重蹄一般，有点麻木而已。"我心才放下。又闻医士说："从此可保终身不再犯。"更教人欢喜，所以常自谓为入秦第一快心事。又过了半月多，完全平复，才离了病院。秀、道二人，成天和他爷爷淘气，老人家却以为快乐。但看我来往的人，都不是"等闲之辈"；勿幕尤露棱角，李仲山、邹子良、寇圣扶②皆有侠少气味。老父又见了我底《忠群论》，则曰："忠字若作如此解，移孝作忠，仍可说去。"我乃乘闲说革命的大势，给老人家听，并云："愿父牺牲一子，以为社会，留仲子养老如何？"老父慨然曰："以时考之可矣；若论牺牲，全家何妨？且我亦不觉老，汝在家膺教育会长时，旁人不早说出来了么？"我知道是指那一幅"定是革命党的"对联，和"景家瓜蔓抄"的横额，不觉俯首受教。秀儿颇聪明，是时八岁，诵黄黎洲③《明夷待访录》《原君篇》如流，老父听之笑曰："好好念，长大了作个女革命党员！"

注释：

　　①景梅九有一男二女，男曰崇文，1908 年 13 岁，长女清贤 11 岁，次女清秀 8 岁。此处的清秀是次女，"崇道"或为"崇文"之误。

　　②寇圣扶：指寇遐（1884—1953），字胜孚、圣孚、胜甫，号玄疵。陕西蒲城县陈庄村人。早年投身辛亥革命，是陕西学生运动的代表人物。1906 年在井勿幕影响下，参加同盟会。1911 年 10 月 22 日西安光复，寇遐被选为陕西临时议会副议长，国会众议院议员。1916 年，袁世凯称帝，寇遐积极参加反袁逐陆斗争。以后皖系军阀头子段祺瑞又派陈树藩督陕，他又投身反陈斗争。1923 年 10 月，曹锟贿选，寇遐不为金钱所动，愤然南下，投奔孙中山。1924 年 10 月，冯玉祥、胡景翼发动"北京政变"，寇遐出任工商总长。1931 年，杨虎城主持陕政，邀请寇遐任省政府委员、高等顾问等职。1935 年，张学良率东北军入陕，寇遐在促进张杨合作抗日上，起了很大的作用。

　　中华人民共和国成立后，寇遐任陕西省人民政府委员。曾编辑出版《西京金石书画集》。1953 年 9 月 6 日，寇遐因心脏病在西安逝世。

　　③黄黎洲：即黄宗羲（1610—1695），字太冲，一字德冰，号南雷，别号梨洲老人、梨洲山人，学者称梨洲先生。与顾炎武、王夫之并称明末清初三大思想家。

诗兴偶发　又用了一个稠字

　　入秦后，总忘不了青岛的震旦公学，在家已听见德人干涉这学校。

因为工人屡次罢工，他疑是这学堂鼓惑；其实彼时工人知识已开，狠能自动，不要旁人教导了。但有时因文字鼓吹与宣传，及组织团体，微借助于学人。后来工人觉得这还不满足，自己便研究起文学来，渐渐作文一事，也不求人了，真是好现象！却说震旦虽被强权解散，他的革命精神不倒，和我同居教席的陈家鼎君[①]，仍走日本，进行所抱的宗旨。我到秦半年后，接到他一封信，详叙别后情况，并一首长歌赠同志曹君雨亭[②]，结以："曹郎曹郎子视我，陈平岂能长穷饿？[③]"我晓得他又打急荒了！又附写两幼妹诗数绝，给我批评，我答以两首绝句云：

> 闺中有弟遥怜汝，传语殷勤慰旅思；
>
> 我爱东坡诗最好，谁知小妹更能诗？
>
> 清词佳句入蓬（篷）壶[④]，绘出南行姊妹图；
>
> 春雨潇湘思帝子，连翩齐下洞庭湖。

（原诗有老苏携出洞庭湖句。）

因这几首诗，又触动诗思；时值八月，阴雨连绵，直至中秋那一宵，忽然晴朗，洗出一轮皎洁月儿来。顿觉尘思一去，乃口占数绝，第一首尤不费事，便是：

> 长安十日风和雨，到处逢人唤"闷哉"；
>
> 讵有精灵通帝座，中秋特送月儿来！

余记忆不清，尚有忆旧一绝云：

> 去年今夕入并州，人聚月圆笑语稠；
>
> 屈指别来曾几日，冷风凄雨又中秋。[⑤]

勿幕见此绝曰："又用一个稠字，狠有本事。"这话从那里来？因为我在青岛，曾作一短剧，曰《扬花浦》，写高丽，某奸卖国，受婢女辱骂，被刺客暗杀。以梆子腔谱成，刺客唱词中首云："日俄不和曾争斗，白山黑水战云稠。"勿幕曾道此稠字巧，狠难用，所以有这两句话。

注释：

①1908 年夏，陈家鼎和宋教仁被孙中山派回中国发动起义。他和宋教仁各自率领一个小组，宋教仁经台湾赴大连、奉天，陈家鼎到胶州湾、青岛、山东沿海地区联络人马，最后他和宋教仁率兵南北夹攻，直取北京。但这个计划旋即失败。

②曹君雨亭：即曹澍（shù）（1881—1943），字雨亭，陕西泾阳人，廪生，1905年10月，24岁的曹澍以官派公费留学日本。1910年完成学业回国。参加同盟会。辛亥革命时陕西成立了"秦陇复汉政府"，他任政府教育部长。后在国民政府监察院审计部专员，1943年病逝于重庆。

③陈平岂能长穷饿：陈平（？—公元前178），阳武（今河南原阳）人，西汉王朝的开国功臣之一。陈家鼎写的这两句诗自比陈平，岂能长久穷饿。

④蓬（篷）壶：蓬莱、方壶，传说为东海中仙山。指日本。

⑤此句中"去年今夕"，指1908年中秋，景梅九和井勿幕在太原；"又中秋"，是指1909年中秋，景梅九在西安。

好好一个女孩　怎么会死了呢

　　是年①年终，乘学堂放假，回家走了一趟，也没有甚么特别事件可记；只虎臣②娶妻，我作上宾，自然用的是"景公制礼"，却加了一点耶教式。虎臣不大愿意，临时闹了些撇扭，阎丈生了气，虎臣赔了情，算完事。我却想起一撞事情来了。因为玉青妹卓漪时年不过十二三岁，一天严正地问了我一句话道："听说我姐姐生了个女孩，怎么会死了呢？"言下露出我和玉青不善保护胎儿的意思。真把我问哑了。只得笑一笑，勉强答了一句："那是没法子的事！"因回忆玉青生女那一天光景，很有些意思；我本要早先躲出去的，却来不及了，忽听玉青呻吟声，心里好着忙，一面还压住心道："又不是你生孩子，慌甚忙？"一面又招收生婆来照护，我只在院心转来转去，没办法。收生婆忽然拿出个纸条来，教我写上甚么"紫金花娘娘"五字，说是催生符；管甚么迷信不迷信，糊里糊涂写了，交给收生婆，使孕妇吞下去。说也奇怪，旋即听见呱呱一声，胎儿堕地；报道是女孩子，大家很有些失望颜色！我自然不问甚么男女，只要孕妇安全就是了。再说一句，我最惜爱的还是女孩，心中自然欢喜。甚么"先开花，后结子"的话，完全不入耳了。玉青因坐草③的苦难，颇想亲人，幸亏马开臣的老母亲，把玉青当作亲女看待，随即来探视，并用通行的看女俗礼，又要看三天，又要看满月，很是亲热。但这女孩生来，肥大雪白，四方面皮，不像初生胎儿，我心里便有些怕惧；那晓不出三日，便受风死去！玉青自然有些悲痛，只得安慰了一番，别人也没甚怜惜。又因想起玉青常说的某君溺女事情，作了一篇《溺女》短篇小说，写出这种风俗的坏处；中间描写某君听孕妇呻吟一节，完全"现身说法"。惜此稿落在某先生手里，再没看见。我于次年春，重到长安，说起卓漪问话，玉青也只一笑。

注释：

①是年：指 1909 年。

②虎臣：景梅九妻弟阎虎臣。

③坐草：指妇女临产、分娩。

《帝州报》的投稿员　被守门人挡驾

《溺女》短篇，本要送到《帝州报》上登载的；《帝州报》是老友张衡玉①创办。衡玉是庚子后我在北京交识的朋友，长我十岁，善饮酒，能诗文，在陕西作知县，每到一个地方，便提倡办报，甚么《韩城报》，《兴平报》，都是秦中破天荒报纸，《帝州报》是《兴平报》的改名，移到长安，继续出版，因为他那时知长安事故。最妙的是一面作官，一面骂官，作了许多新乐府，替百姓出气。所以我常向他的衙门里行走，并谭到革命。曹寅侯、郭希仁诸同志，全和他很相得。《帝州报》乃南南轩②主笔，南轩稳健而有肝胆，我由衡玉介绍见面定交；曾给《帝州报》投稿几篇小说，不大记得了。衡玉本有烟癖，因为一天出外查案，忘了携带烟具，大受苦痛，回来便斩钉截铁地断除了，并教我写封信报告狄观沧③老友。因观沧很反对他吸烟，使人颇感念朋友间的直道热肠。我平生最怕见官，衡玉自然是例外，然也闹了一次笑话。一天衡玉在衙门请客，我也在内，届时赴宴，走到大堂，被守门人挡住，不让进去，却问道："干甚么的？找谁？"我答道："你们大老爷请我吃饭。"这奴才很妙，又把我上下打量一遍，佯瞅不采地道："请你吃饭？没记得呀！"我心里道："记错日子了罢？怪事！"正要回身，忽然那位常随衡玉出门的一位差人出来了，认识我，连忙把我让进去，并道："正要催请先生哩！"我才得到里面。见了衡玉，自然莫提别的话，那守门的却在门外窃听我讲他坏话没有？真可笑极了！我那有这闲工夫计较这些！回寓和玉青说起来，玉青说："待我得闲见老衡问问他。"我只当说笑，不料玉青果然隔了两天到长安衙门里责问老衡；老衡妙极了，却道："你们灶爷穿的那个样子，就是我守门，也要挡住他，还能怪人么？"呵！原来为穿的衣服不佳！

注释：

①张衡玉：指张瑞玑（1872—1928），字衡玉。山西赵城（今属山西洪洞）人。1903 年进士，在清政府军机处供过职。1906 年后，曾在陕西韩城、兴平、临潼、长安等县任知县。辛亥革命前加入中国同盟会，西安光复的第三天，受命组织民政府于咸宁县署。

②南南轩（1879—1916）：字凤熏，陕西兴平史名村人。少时有大志，性刚直，品学兼优。他在陕西高等学堂上学时就接受了孙中山的革命学说，经井勿幕介绍加入同盟会。1909 年他从陕西高等学堂毕业后即回兴平，与知县张瑞玑、张深如、南兆丰共同创办《兴平报》（称《白话文报》），他担任社长，主持报社工作。报纸宗旨为"启发民智，开通风气"，实为揭露清朝黑暗统治，宣传孙中山的革命主张。1911 年西安起义后，联合集资在西安设立"精业染织公司"，参与开办延长油矿，并来往于临潼、渭南、华县、华阴等地经营工商业。1916 年初，在西安与张深如、杜守信、焦易堂、吴希真等18 人，极力反对袁世凯盗国称帝。被叛徒张怀芳告密，2 月 15 日被捕，他与王绍文、张深如等18 人先后惨遭杀害于西安，年仅37 岁。

③狄观沧：即狄楼海（1874—1938），字凤五，又字观沧，山西猗氏（现为临猗县）裴家营人。1901 年（或1902 年），楼海赴陕西考取举人。1903 年赴京殿试，成癸卯科进士。初在北京任刑部主事，1904 年左右，东渡日本留学，在同乡王用

宾、刘绵训、张起凤等人影响下加入同盟会。1909 年，归国任教于京师大学堂。11
月 13 日，与柳亚子等人组织"南社"。1910 年，交、文惨案发生，时楼海正在北
京，遂请御史胡思敬参劾，将山西巡抚丁宝铨撤职留任，直接肇事者也一并撤差递
革。辛亥革命时期，以山西代表身份参加上海会议。南京临时政府成立后，任特别
宣慰使，调处山西问题。民国元年，任山西教育司司长，旋又被选为国会众议员。
1913 年，奔父丧返家。旧国会两复两罢后，狄楼海等部分议员南下广州，随中山
先生参加护法运动，任国会非常会议议员，后曾受聘为陕西大学文学院教授。未几
又返山西，复任省议员。1928 年 8 月，受聘为山西大学文学院教授，讲授国文、经
学、词章学等课。1930 年前后，辞去文学院教授，与赵戴文等成立道德学社山西
分社（社址位于太原南肖墙 33 号），任山西支社长。继又担任太原绥靖公署参议及
山西文献委员会委员。64 岁返家养老，65 岁病逝于家中。

灶爷故典　无巧不成词

　　灶爷！在这《罪案》中，还没声明过，如今因为老衡这句话，要
补叙几句。原来在日本运动革命时期中，我每日必到各同志住处去一
遍，跑的很快，样子很忙，同志有滑稽家想起一段故事，就是河东人编
的神话，讥笑河东运城人好搬家的。大意说某年腊月二十三，普天下灶
爷上天，朝见玉皇大帝，奏明人间善恶。有一位灶爷，两腿裹着蓝布缠
带，如飞也似的，奔到玉皇阁下，背向玉皇而立。玉皇问道："卿是何
方灶君，为甚么不面朝吾神？"他答曰："大帝有所不知！臣是河东运
城的灶君，那个地方人好搬家，臣赶紧奏两句话，就要下去，迟一点，
怕寻不见原灶了。所以急急先翻身预备跑！"真笑人，他说我忙奔的情
形，好像运城灶爷怕人搬家，寻不着原灶似的。于是给我加了这个外
号，不知者多误猜成因我脸黑的缘故，其实不尽然。但因我是灶爷，玉
青不能不作灶奶了。初到长安，便闹了一场最巧的误会。一天同仲弟敬
之及玉青三人，寻房子，走进一家，主人并和我们不认识，那位房东女
人很和气，让我们到上房谈话，这位女人唤道："给灶爷献茶。"那位

小使捧一碗送给我，敬之面露惊疑状，且暗笑。又听那女人道："给菩萨献茶。"小使把一茶送到玉青那里，我也莫明其妙，心里道："这是谁告诉他的？就是有人告诉，'人生面不熟'的，也不应该这样开玩笑！"不然不然！当时便赁定了他一面房子住下。过了几天，玉青和那女人闲谭时，我并不在跟前，那女人又吩咐给灶爷献茶，玉青见那位丫头送碗茶到灶爷板上去了；又吩咐给菩萨献茶，那丫头捧茶到上面观音龛前放下。才恍然大悟，这一家特别敬灶，那一天，丫头给灶爷献茶时，小使正捧茶敬我，丫头给菩萨献茶，小使正捧茶敬玉青，真是巧极了。

量出为入论　驳帝国主义

提起灶爷的外号，笑谈不少；朋友来信，开首也有直书"灶爷板下"四字的，也有称"厨主"的。吾家只君，有火神称，曾因我和玉青入秦，来信调笑说："灶爷同灶奶，一路到长安，好极了！免得踏翻了那块板儿，就是跌下来，也有人照拂。"这自然是说运动革命有甚危险，玉青可以遮盖些，很知道咱家的心事。再说灶爷灶奶，在陕西朋友中间，已经成了普通称呼，山西亦然。初到长安那年，承芙塘先生命，作了一篇《量出为入论》，曾寄原稿给太原朋友，不知他们有意无意，可巧于腊月二十三日，登在山西某报上面，就有些讥评说："这是灶君的折子。"可笑！说到这篇论文起原，因为芙师，清理财政，很买了些新译出的财政书，一天看见说："国家财政，量出为入。"先生以为这是一种要紧关键，并说了几句惊人话道："此说如行，祸更大于义和团。"真怪，我曾亲问这两句的意思，先生道："义和团撞祸，就是不怕洋人，如今不怕这种洋说，一定也照样量起出来，向百姓多收入，还不要弄出大乱来么?"我心里很奇怪的说:"这先生可以谈无政府了。"当时先生接着笑道:"我还用书院考课法,出这一个题目,你试作一篇看!"我于是用起旧笔调来,把这句剖析了一番,先就题面略说:"个人财政,量入为出,是决算每月或一年所入若干,然后再计支出;国家财政,量出为入,是预算一年须出若干,才够维持国家的费用,然后想收入的方法,向百姓要钱。"再讲到"维持国家",还不是由野心政治家乱说么?甚么陆军海军,都要年年增加到世界第一位置才好,这样量起出来,还有甚么限制?国会虽有所谓预算权,也不中用,所以论中有两句得意文章道:"自帝国主义之说行,而列强疲于军备矣!"便是暗用幸德秋水"廿纪之恶魔——军国主义"的论调,说现世界的国家政府,非取消了不可。自然是有关主义的文字。谷先生很妙,见了这篇文字,大赞赏,评曰: "量出为入论,脚踏实地,无一捕风捉影之谭……"并道:"孟子曰'无政事则财用不足①'便是量出为入的反语,就是说,有政事则财用须足;但若为野心家利用去,必至横征暴敛,民不堪命,如你论文中所说日本近状,自是当然的结果,恐帝国主义,要害苦了世界人,所以说比义和团还利害!"

注释:

　①语出《孟子·居心下》。孟子曰:"不信仁贤,则国空虚;无礼义,则上下乱;无政事,则财用不足。"

鳝鱼记　和尚尼姑

回到长安,只有一句可纪念的话,就是同志张翊初①说:"我那一天靴帽袍褂的想到你家里拜年,想了一想,这样装束,太不恭敬了,所以没去。"你思太不恭敬,说的何等好?勿幕是年三四月曾游河东一次。一日勿幕到长安,告我说:"我从蒲城一日夜至此。"我知道他正学走,用线穿铜钱成长条裹两腿，渐次多增钱数，约至若干重而止；然后脱去钱裹，就行走如飞了。所以他一日夜行三百余里，还是不慌不忙的。我对他说："从此可以作神行太保了，何妨到各省去一遭！"他道："我原为南走越，北走胡，才下此苦功，不久即行。"又问河东之游如何？曰："见了好些同志，很有意思；惟听说交城、文水，闹甚么种烟案②，同志张石生③被捕，王理臣逃去④。"我道："此事我已听到，因为山西巡抚丁宝钰（铨）⑤，宠爱夏某⑥的老婆；这老婆善割烹，做的好鳝鱼，很适合丁某的口味，所以派夏某到交、水，把百姓打死了百十个！我说这些百姓都死在鳝鱼口里，想编一本鳝鱼记，写此事始末，你看如何？"他说："鳝鱼记？妙极了！快编罢！"说罢，又谈了好些事情。记得精卫和黄某，谋炸清摄政于北京，未成功，被捕去收狱⑦。我理想中的精卫口供是劝"清帝退位"，以弭革命惨祸，假作听来的话，告勿幕。勿幕道："也许有这话，但恨他们太不机密了。譬如我们两人，运动革命，被人瞧破时，用何法遁避？"我道："这却没策！"勿幕笑道："你装和尚，我装尼姑，岂不是现成的隐身术么？"我心里道："这小猴倒自觉的很漂亮，可笑！"口里道："妙，像极了！就这么办罢！"我又谈到子侄辈的愚蠢来，勿幕却低声道："如我辈者，皆不世出之才，安能望诸他们？"我笑道："别呕人哪，不世才专让汝矣！"

注释：

①张翙初：张赞元字翙初。

②种烟案：1909 年，山西文水、交城两地的农民秋收歉收，种麦失时，农民为了亡羊补牢，便种了鸦片。当时，清政府颁布了分期禁烟令，山西巡抚丁宝铨为了邀功，诳奏本省已禁绝。第二年即 1910 年，清廷要派人来山西查烟，巡抚丁宝铨急速向全省颁发禁令。1910 年正月间，开栅和附近的广兴、武陵、文倚等 30 多村，联络了绝大部分农民，准备向官府请愿，要求再种一年。二月初一，在开栅镇召开了 30 多村的万人大会。丁巡抚派太原府知府周渤、官绅孟步云、左炳南，统带夏学津，带领马步重兵，开枪打死 40 余人，伤 60 余人。这就是全国震惊的"交文禁烟惨案"。

③张石生：山西人。焦子静任陕西按察使署的驿传房经丞时，张石生与李岐山、兰芳五、郭质生、景敬之等人来陕西省，在驿传房公开住宿，秘密活动。1917

年7月张勋复辟，引起全国公愤。山西党人李岐山、张石生等亦皆前来，以陕西警备军统领郭坚任讨逆军总司令，从北路渡河。后郭坚部几乎全军覆没，仅带50人败回陕西。张石生也可能是指张士秀，字实生，永济市开张镇南营村人。

④王理臣逃去：晋阳公报刊登了有关交文惨案的报道。丁宝铨下令报纸更正。王用宾逃到石家庄的迎宾旅馆，提笔写出《正告山西咨议局》社论数千言。王用宾写完此文后，便出门买票东渡日本走了。稿子由尚德带回太原当晚付印，付印后，尚德亦密赴京城。第二天，丁宝铨见报，怒不可遏，封闭报馆，并上奏清廷，说王用宾鼓动革命，煽惑民心。清廷下令通缉王用宾。山西巡抚丁宝铨虽然查封了《晋阳公报》，但外地报纸却查封不了，天津《日日新闻》和《大公报》就刊登了关于山西交文惨案的报道。汉口《中西日报》、上海《申报》以及各地报纸，尽情报道此案，还有报纸揭发丁宝铨与夏学津之妻的不正常关系。通缉令行文至狷氏县（今临猗县），官兵将王用宾的父亲逮捕收押，家产尽抄。王用宾的妻子陈碧梧大义凛然，率子女静坐在村南水井旁边，说，若官府再来人相逼，即要与子女投井自尽以明心志。

⑤山西巡抚丁宝钰：钰字乃铨字之误。丁宝铨（1866—1919），字衡甫、号默存、谥恪敏，江苏省淮安府山阳县人。1906年，任山西按察使。1907年，任山西布政使。1909年，任山西巡抚。丁宝铨因交、文案，在山西大兴党狱的事，被在北京的狄楼海利用了一个监察御史胡思敬，在朝里参了丁宝铨一本。清廷于1910年5月15日，给丁宝铨以降职留任处分，夏学津受撤职处分，永不叙用。1911年6月28日，清政府奉上谕"以山西巡抚丁宝铨因病奏准开缺"，将其调出了山西。1912年，丁宝铨任北洋政府全国水利局副总裁。1915年后，绝意仕进，隐居沪滨。1919年，丁宝铨在上海被人暗杀。

⑥夏某：即夏学津，他的妻子姿容美艳，据说是拜认丁宝铨作了义父，时常出入巡抚衙门，与丁宝铨的关系暧昧。

⑦被捕去收狱：1910年，黄复生与但懋辛在京开设"守真照相馆"作为暗杀基地。同年12月，汪精卫与黎仲实、陈璧君、喻培伦四人抵京，暗杀目标选定载沣，结果很快被军警逮捕。审讯时，汪、黄两人争当主谋想牺牲自己。主管这起爆炸案的肃亲王善耆亲自看了黄、汪的供词，对汪精卫的才华尤为欣赏，加上清廷也怕引来更多革命党抱着炸弹来报仇，于是摄政王听从善耆的建议，改处死为永远监禁。汪精卫在狱中写有诗一首："慷慨歌燕市，从容做楚囚；引刀成一快，不负少年头。"

雁塔密语　诸君辛苦挽龙头

当时同志，因听见精卫案件，知道革命的机会已迫，非速谋进行不可。在开元寺开会后，大家已有一种团结精神，但大计划尚未决定。是年春①，因和在西安诸同志相约，游慈恩寺，共登那座有名的雁塔，旋梯而步，直上高层；塔心甚宽，洞开八面，俯视遥看，城野如画。那时人心，不在这些景况上留意，等候齐登到上边，聚首共谈，定革命南响北应的大势，以启发于东南，成功于西北为勉辞。我把我自己要再到日本和同盟诸君，切实联络计划一番，然后进行的意思，向大家说明，都很赞成。那时节，高近塔顶，同人讲秘密话，并不怕甚么侦探听得去，尚且不觉地低声悄语起来，因想出那"不敢高声语，恐惊天上人"的古话，恰能讥诮此时莫名其妙的心理。议毕，降塔，出寺，到野外，有几个人看见地里莞豆苗，新鲜的很，便用手指去挽了好些，说拿回去，到饭馆里，教他做些莞豆苗汤，大家吃一顿。一友说："很好，正合时节，俗名龙头菜。"我问龙头菜何解？他说："因为二月二，龙抬头的缘故。"我别有会心说："这一下子，连龙根都拔了。"还有人笑说："你看他们挽苗的，不像活贼么？"样子实在差不多，和塔顶低声语，都算是自然神情，使人失笑！入西门，离木兰居饭馆很近，就在这里吃晚饭。是的，游了好半天才回来的，大家团圆坐定，把别的珍馐美味，不要说起，等莞豆苗汤上来，一齐用调羹一酌，简直成人间第一美味，你夸我赞个不了。我又想起龙头话来，高吟道："诸君辛苦挽龙首，付与他人恣意餐。"便有革命成功后，权利都归了他党的感想。当时同志，似乎没注意到这一层，但加一字评曰："妙！"

注释：

①是年春：1910 年春，井勿幕奔走各地开展活动，不常居陕西，故同盟会郭

希仁、焦子静、邹子良、李襄初、王一山、马彦翀等十余人在西安大雁塔召开秘密会议，公推郭希仁为同盟会陕西分会支部长（郭其时公开身份是陕西咨议局议长）。景梅九所写的雁塔聚会，当是这次会议。

遗臭万年　龟贵不分

我和仲伏，喜研内典之学，曾访宏师于小雁塔寺——一名兴禅寺，谈了好些佛理。寺有绿牡丹，花开时，香闻寺外；行至寺内，香益烈，因戏对仲伏曰："我发明一种臭学公理，香臭之大小，与距离之平方为反比例，香臭俱四散故。"仲伏说："香臭一理，所以常见两人在野地出恭，必互相离开好远，才没臭气，便是利用这公理了。"我道："自己不觉得自己矢臭么？"仲伏笑曰："方言大家，连'自矢不觉臭'的成语都忘了！"是呀！但我由香臭一理，又悟到"流芳百世，遗臭万年"的话来，便对仲伏道："去年到家，得了一个大笑话。有位杨先生——软圪塔（表弟名）底父亲，代表安邑南关盐店背盐的工人，来见我，说有几家盐号，包揽卸盐，以致许多背盐苦工，没盐可背，生活很是艰难，请你在盐运使处，替工人说几句话，教那几家盐号不要包揽一切，穷苦人便有了活路了。我当听了这话，心里以为这也算一种'劳工运动'，自然满口答应，并教他联合工人攻击盐商。这一下却不好，先生大恭维起我来，说：'你若是替大家把这件事办成，就要遗臭万年了。'我不觉一笑，那先生更妙，接着说：'你笑哩！真真能遗臭万年！'你看好笑不好笑，没法子，只得遗臭万年，给人家办好了一桩事。"仲伏随听随笑，笑毕，说："那一定是把甚么永传不朽，和遗臭万年两句话，弄穿错了罢！"那自然，他还有意骂人么？记得某友在某村私塾教书，一天地①某家学生打了一顿，学生不肯上学，过了两天，他父亲带他到学塾，给先生赔话，讲的很妙，说："这小东西，因为先生生气打他，高低是不肯上学，我对他说，常言'不入龟门，不受龟气'，你既入了先生龟门，便应受先生龟气……"话没完，把先生也说笑了。同是粗人，一定把龟字误为贵字啰！

我那时寓居咸宁学署，地名柏树林，尝和勿幕戏谭说："杜工部居此，将有'玉露凋伤柏树林'②之句者是也。"和下马陵——俗误为蛤蟆陵——相近，乃董仲舒③坟墓所在。时同仲伏徘徊陵下，说今道古。某夕，在陵旁望见雁塔，仲伏偶指着塔说："这塔八面玲珑，兼方圆形体，狠有美术的价值。"这几句话，忽然触动我底奇妙心理，乃道："世界上的东西，兼方圆形的狠多，咱们试数一数。"以下便是我两人赌说的方圆东西，也记不清那个是我说的，那个是仲伏说的了，但把记忆到的写将出来，便是：

圆含方孔的古钱——这东西不论古今，都要废的。古璧也有钱形的，还有辟雍④，栏杆八角式的井口，八角亭子。

方盘圆子的围棋和象棋。麻鹊牌的筒子（也叫饼子）。牙牌骰子。方含圆的石砚。

日本国旗——仲伏并想到青天白日的同盟会革命旗，以及朝鲜四卦太极旗，其他画星球的国旗，并谈到大同时代，把这些国旗要全废了。

红心剪靶——这从日本国旗联想出来的，而帝国主义的国家，正是"众矢之的"呵！

方块纸上摊的圆膏药——并说出"不分是半个，分开是浑个"的谜语来。

日本大学生的方帽——方顶圆帽，有古冕状；并想起"短衣工拍马，方帽惯吹牛"的滑稽诗句。

方杆圆头的火柴。火柴匣上圆印记。方盒的洋卷烟。

方盖圆口的火炉。

方灶上的圆锅——这自然是灶爷——我说的！

方盘内放的烟灯——仲伏说的，但那时我两人全不吸这东西。

方架上的圆镜。方匣内圆印色盒。方含圆的图章。

方墙上的圆门。红日东升的方照壁。

方窗心的圆格。

方石基上的圆柱。方形架上的圆鼓。

方马蹬式的指环。方套圆式的耳环。

圆龟背上方碑——当时居近碑林，中有唐石经，所以常同仲伏到里面摩抄观玩。自然说到河图入洛⑤，书卦方位图等。

圆口方身的洋墨水瓶。茶叶瓶。方座圆心的自鸣钟。

方纸上画的圆地球。圆地球上的方里。

方床上的圆枕。方盘上的圆球。（所谓突球是也。）

门扇上的双环。方箱上的圆锁。方匣内的圆炸弹。

方城圆池。方襟圆领。头圆趾方，智圆行方，种种方圆，熟语也说了好些，太多了，算了罢！

注释：

①地：疑为"把"字之误。

②玉露凋伤柏树林：杜甫《秋兴八首》第一句为"玉露凋伤枫树林"。

③董仲舒（前179—前104）：汉广川郡（今河北景县广川镇大董古庄）人，汉代思想家、哲学家、政治家、教育家。

④辟雍（pìyōng）：辟，通"璧"。本为西周天子所设大学，校址圆形，围以水池，前门外有便桥。

⑤河图入洛：相传，上古伏羲氏时，洛阳东北孟津县境内的黄河中浮出龙马，背负"河图"，献给伏羲。伏羲依此而演成八卦，后为《周易》来源。又相传，大禹时，洛阳西洛宁县洛河中浮出神龟，背驮"洛书"，献给大禹。大禹依此治水成功，遂划天下为九州。《易·系辞上》说："河出图，洛出书，圣人则之。"

借《此书》　藉口和藉手

在东京时，曾听同志说过王余祐①先生底《此书》，是谈兵的奇著，心里总想得一部看看。一日访谷芙塘师，于其案头，得见抄本著作，翻阅正是《此书》，甚喜！因问芙师曰："我听人说《此书》很久了，并在某杂志上，见过每章的标目，不知此书特点何在？"芙师最喜谈兵，尝言《二十四史》，完全是"战史"；这一问自然提起老先生底"兴头"来，便道："历来兵家多主守，《此书》独主攻；故言攻极详，言守极略，其意在起兵故。"一面说，一面翻阅给我瞧，说："你看第一章是'起兵必知守向'，第二章是'初起之兵，利在速战'，即可知他底目的了。"我道："但不知这先生底历史如何？"其实我很知道《此书》的来历和王先生底生平，这一问，是试探芙师知道不知道。（没安着好心，一笑。）芙师道："他底历史，倒非常有些价值和意趣。他底父亲在北京被人陷害，他和他底兄长，要到京探听消息，行至琉璃河，看见乡人演戏，正唱'伍子胥过昭关'，他忽然有感，对他兄长说：'如入京兄弟俱死，谁报仇者？兄去弟为子胥矣。'后来他父兄都被仇家致之死地，他接聚豪爽，杀了仇人全家，避居五公山，所以又号为五公山人，和明末遗老，俱有来往。作《此书》倒是主张种族主义的，因而成了禁书。"我听了，知道芙师是《此书》的知音了，便向他借《此书》一详阅。（又没安好心，是要另抄一本的，呵呵！）芙师答应了，却说了两句妙语道："《此书》若被政府看见，便有所藉口了。"我答的也有意思，道："《此书》若教革命党看见，便有所藉手了。"芙师不觉微笑。先生虽老，尚有雄心，特不肯露泄，看某君集句赠他对联道："故人慷慨多奇节，天下英雄惟使君。"就可想见其为人了。我也常拿张船山②底"英雄肝胆依然在，只是逢人不肯狂"两句拟他。

注释：

①王余祐：即王余佑（1615—1684），字申之，一字介祺，号五公山人，卒后门人私谥文节，世称文节先生。明末清初人，享年70岁。所著《此书》，以谈兵为主，又名《乾坤大略》。

②张船山（1764—1814）：即张问陶，清代官员、著名诗人、书画家。字仲冶，一字柳门。因善画猿，亦自号"蜀山老猿"，其诗被誉为清代"蜀中诗人之冠"。

抄《此书》 革命战略

《此书》拿到寓中，喜不自禁地对仲伏说："得了一部革命兵书，快来看！"仲伏一翻道："甚么书，抄的这么工整端丽？"——不错，写的是一律工楷，匀净到底；怕是原本都不定。我笑道："你问此书的名字么？就是《此书》！"仲伏本来知道，便说："是王五公山人《乾坤大略》么？"——是的，《此书》后经别人改为《乾坤大略》。并不及原名好。要知原名的好处何在？请看先生自题《此书》后的七律云：

> 十二陵荒烟草余，几人着眼看皇舆；滴残胫血缘何事，画遍炉灰是《此书》。——（是何等沉痛，岂可改名？没却他底一片心事。）龙虎韬雄倾峡水，江山策定闭户车；王灵未改天心巩，肯使隆中计略疏。——（先生自负如此。）

当仲伏看了此诗，教我和一首，我乘兴和起来，便是：

> 老去英雄恨有余，惊看胡马徧方舆；天崩地坼成何世，国破家亡剩此书。有客闭门修霸略，无人仗剑誓戎车；（因先生此书后，尚有愤语数则，意谓我不能为，后世子孙必有能为者，子孙不能为，他人亦必有能为者，其希望甚切。）腥风扫净山河定，始信先生计不疏！

后来勿幕看此诗曰："我与汝仗剑起矣！"当时计算全书字数，分日抄写，七日毕，并邀王一山同抄；且讨论了一番，把前两章定为"革命战略"。原书注重西北，并有不得已再取川中为根据之说。我又和焦子静君，说明《此书》大意，请他留意，道："我不久要离开此地，这就是我们的办法，不可忽略！"焦君曰："留一部作底子，将来多抄几部，大家保存着传阅好了。"我说："很兑！"

惜别长安　忆任才子

　　五月间，屡接东京同志来函，都报告革命实行期不远，自然用的是隐语。我曾在仲特①先生处，看见先生底侄子宜之②，从德国来一信，纯系庾言③；我猜是说中山④在欧洲豫备大举的意思，仲特也说不错，因此我更决意东游。那时却有几种恋恋：一惜别同志，入秦目的，即在联合同盟。预备立西北革命基础，并排除保皇立宪的空气，不许他入函谷关。这件事总算办到了，同志们来往狠亲密，胜过同胞弟兄。仲伏善辩，常到公益书局去，和诸同志谈话，他最爱任君⑤——号任才子——为人极慷爽，尝详论清廷所订咨议局及资政院议员选举章程，对于被选资格中，家产值三千元一条，很肆攻击，对人说：“我有二千五百金家资，很够当选资格。”人都知道他很穷，于是诘问他怎么会有这些家资？他说的很妙，道：“我老婆和我底女儿，是两‘千金’了，我和我儿子，两个二百五，共起来，不是二千五百金么？”俗以无赖汉——强汉——为二百五。任君自命如是，所以听他说这话的，莫不绝倒，真是滑稽之雄，勿怪仲伏之临别依依也！一惜别学堂，我在高等学堂，虽教的是干燥学科，却因发起校友会，和学生狠接近。又对本科学生，特自编《大代数》，正教的入味，自觉在数学教科书中，别开生面，这一走，就算中断了，安得不怅惘！一惜别张五，老衡虽没被我拉入同盟，我承认他是个特别同志，很想劝他把官丢掉到外面去，所以勉强成五律一首，赠别云：

　　　　秦中同作客，此别苦为情；三去千秋国，孤身万里征。（因仲伏不欲东去。）浮名还赚我，久宦太劳生；（此从古人“忠孝太劳生”脱来的，生是生平之生，不是“小生”之生；然和我字对起来，有些嫌疑，所以声明一句，便寓劝他莫作官的意味。）为问息肩日，还期四海平。（这两句合两人说起来，就令不为浮名不久官，也息不了肩，因为革命未成功，四海不平故。四海平三字目的狠远，直达大同世界。）

还有别同志一律，却不大记得，乃王一山评为"尽在不言中"者，自然不用提了。一惜别书肆，长安南院门前，古书铺很多，大有北京琉璃厂光景。我和仲伏常到各书铺买书，其实买的很少，翻看的很多；往往遇见一部价贵的奇书，一个翻前半部，一个翻后半部，回来说一遍，就算记下了。书贾也知道，然因时常照顾他，不好意思不让翻阅。还有些想买未买的书（因为我的薪金，时帮助同志，所以连买书的欲，也牺牲了），更教人难舍难离。我曾对仲伏说："天旋地转，我们再回来的时节，怕到南院门前，还踌躇不忍去哩！"

注释：

①仲特：即李异材，字仲特。

②宜之：即李仪祉（1882—1938），原名协，字宜之。陕西省蒲城县人，父亲李桐轩，伯父李仲特。1898 年，李仪祉以精于数学考取了秀才第一名。1909 年，毕业于京师大学堂，获举人衔。由西潼铁路局派赴德国柏林皇家工程大学土木工程科留学。1911 年，辛亥革命爆发后，中辍学业回国。1913 年，返德国继续求学，并和陕西水利局局长郭希仁一道遍游了俄、德、法、荷、比、英、瑞诸国，"考察河流闸堰堤防"，立下了专攻水利科学技术，振兴祖国水利事业之鸿志。1915 年，毕业于德国丹泽工业大学，获"特许工程师"荣誉称号。回国后，历任导淮委员会委员兼总工程师、中国水利工程学会会长、中美工程师协会董事、清华大学名誉教授等职。李仪祉终生以治水为志，求郑白之愿，效大禹之业，凿泾引渭，治黄导淮，足迹遍布祖国江河湖海，卓有贡献，尤对黄河治理，精心钻研，独有建树。1938 年 3 月 8 日逝世于西安，安葬于泾阳县郑国渠畔。

③庚言：即寓言。

④中山：指孙中山。

⑤任君：即任师竹（1875—1911），陕西耀州城内人。原名灵秀，字痴雏，号山川。后改名尹，字师竹。师竹性聪颖，工诗文，善搏击，擅雄辩，邑人以才子称之。他是耀县早期同盟会员。

女革命员二人　子良化龟

玉青因听人说，他的母亲病重几死，所以一知道，我决意离秦，他便先回去了。这里要补一段故事，就是玉青也加入了同盟会，却不是我介绍的，因马开臣有一天到我寓中，我不在，他问玉青某某同志的消息，并说出长安同志要在他家开会的事情，玉青漫应之。我回寓，玉青质问我革命党在此地人不少了，也不见作出甚么事来。我心里好生惊怪，便反问道："你怎么知道？"他笑道："还瞒人哩？开臣全对我说了！"说著举出谁是同志，谁是能作甚么事情，一点也不错。我知道开臣露泄秘密，也没同玉青多谈甚么，乘机到开元寺，找到开臣，对他说："玉青并不是同志，你怎么把本党秘密，全给他说了？这还了得！"开臣听了我这话，一声也不响，面上露出些慌恐。我又安置他几句，说："不要紧，玉青不至于陷害我们，怕甚么？"话虽如此，开臣到底不放心。他独自去找到玉青，劝他入同盟会，玉青答应下来，自写盟书，给了开臣，开臣才放心。以后同志便不避着玉青谈话，玉青对革命也狠热心起来，每说总要作出一番特别事情，教大家看。这时女子加入同盟的，玉青外，便是邹子良的夫人。夫人名师斐，便寓着以俄国女虚无党员苏斐亚①为师的意思。他的体格强似子良，有丈夫气概，行动绝异寻常女子，和玉青来往狠相得。师斐和子良的结合，是由勿幕介绍，勿幕曾对我说过师斐的派头，真能配得子良，所以我对师斐表相当的敬重。子良力不敌师斐，尝戏呼为土匪，但也狠爱他，尝对我说："师斐大有用处，我还要让他一头！"我戏语之曰："这话表示君向师斐缩头耳！"子良大笑。我的话有来历，因为子良曾告我一异梦，说："他夜梦化为龟，游戏水面，狠自在，不知何兆？"我戏曰："君将曳尾塗中，不为革命牺牲，是庄子化蝶的第二梦！"子良说："靠不住！"因他是决意牺牲的。但我尝对玉青说："子良化龟之梦，若非相知，岂肯告我？"

玉青说："这便是革命人员朴直处！"

注释：

①苏斐亚：也译为苏菲亚。苏菲亚是一个文学形象，小说中的苏菲亚出身于"俄国最高贵族"，她对所献身的事业赤胆忠心。民意党人成功暗杀亚历山大二世的全过程，主要是由她来策划、指挥完成的。事件发生后，苏菲亚被捕，从容就义。苏菲亚的反抗暴政、慷慨赴死的壮烈行为，引起了中国革命党人的敬重，成为晚清中国女界的偶像。

一篇起交涉的文字　革命符咒

玉青去后，长安没有特别事件可记。只焦子静君介绍四川同志谢君来见我，说西南革命的豫备狠急，更坚我去国的心。又在上海办《民吁报》的于右任①君到秦，曹雨亭②邀我到他家相见。没谭别的，但听于君说："你那一篇《国民之自觉》，登在《民吁》上，惹出交涉来，日本领事某，用红笔把你那篇文章，号出许多句来，作证据！"我早听到此事，固不是单为我那篇文字，那篇文字，却是交涉中的要品；其实也没甚么，不过揭出日本对韩、满的野心，及军国主义的假面目而已，便招倭奴的忌视。但我却因此觉得那篇文字，有保全的必要，可惜当时没向于君提明，教他为我特别捡出那篇文字来！只说了些闲话，最有意思的是于君在雀战中间，忽然高吟出两句诗来道：

天孙枉被牛郎笑，一角银河露小星。③

且再三复吟第二句，我知道这是张船山娶妾，戏赠其夫人的诗。于君为甚么咏此？呵！明白了，听人说他在上海纳妾，此番回家见妻，自然有这等感想；不然，我又错猜寓着甚么特别意思了。因我尝评"一角银河露小星"，有神秘的美感。又曾于前岁七夕望银河，注视牵牛星旁底小星，对玉青谭过此句的，所以特别记得。右任有《半哭半笑录》，虽系子云少作，颇有革命火气。清吏升允④见而大恶之，欲兴文字狱，于君始遁海上，然由是得名。勿幕年少甚狂，常拟赠于君诗云："当年哭笑寻常事，升允与君大有功。"我笑曰："这两句，也未成熟。"所谓眼高手低，正是此时状况。最可笑，我有和友人三绝，狠恶劣，且有莫名其妙的心理，便是：

> 七尺肮脏骨尚雄，无穷心事问天公；向君只借湛庐剑，一扫群魔世界空。

> 无畏禅师⑤号大雄，三十六棒判私公；迩来看遍华严界⑥，撒手人间万事空。

> 纷纷猪狗尽称雄，天道原来不算公；还幸健儿能却虏，三千强垒一时空。

勿幕见此，亦不满，但谓第三绝云："末两句必验，是革命军成功的符咒！"呵呵！你看"符咒"两字，有多么挖苦！玉青也特别记诵此三绝，所以还能补叙出来；不然，要埋没了一片神秘心事！

注释：

①于右任（1879—1964）：陕西省三原县人，原名伯循，字右任。"右任"本为1904年他开始向报社投稿时用的笔名，后成为他最常用的名字；其他的笔名有骚心、大风、神州旧主、剥果、半哭半笑楼主、啼血乾坤一杜鹃、关西余子等。他两岁丧母，由伯母房氏抚养。后经三叔与重臣帮助，入名儒毛班香私塾就读。曾被陕西提督学政叶尔恺誉为"西北奇才"。1906年4月，于右任为创办《神州日报》赴日本考察新闻并募集办报经费，在日本得会孙中山，并加入同盟会。1907年起，先后在上海创办同盟会第一家大型日报《神州日报》《民吁日报》《民立报》等，积极宣传革命。中华民国临时政府成立后，他出任交通次长，主持部务。后出任陕西靖国军总司令，以反对袁世凯。后担任国民政府审计院长、监察院长。后去台湾。1964年11月10日，病逝于台湾。

②曹雨亭：即曹澍，字雨亭。

③"天孙"二句：古语称人妻曰尊夫人，称人妾曰如夫人，妾亦叫"小星"。清朝人张船山在苏州找了一个小妾，还让小妾与她的夫人相会在可中亭中，他夫人却被蒙在鼓里。张船山赋诗曰："天孙冷被牵牛笑，一解银河露小星。"文中两句"天孙枉被牛郎笑，一角银河露小星"是由张诗化出。

④升允（1858—1931）：姓多罗特氏，字吉甫，号素庵，蒙古镶蓝旗人。历任

山西按察使、布政使，陕西布政使、巡抚，江西巡抚，察哈尔都统，陕甘总督等要职。1931 年 7 月 23 日病逝于天津租界，逊帝溥仪赠谥曰文忠。于右任，认清了清王朝政治腐败、媚外残民的面目，写下了不少忧国忧民、抨击时政的诗篇，自编成《半哭半笑楼诗草》，于 1903 年冬在三原印行。三原知县德锐看到诗集随即报告陕西巡抚升允，升允以"昌言革命，大逆不道"的罪名上奏朝廷。1904 年清廷下令拿办于右任。于迅即逃离开封到上海，化名刘学裕，入马相伯创办的震旦学院读书。

⑤无畏禅师：天竺国僧人善无畏。他于唐朝中期来中国传扬佛法，公元 724 年随唐玄宗来洛，735 年圆寂于洛阳大善寺，后迁葬于龙门广化寺。758 年，唐肃宗于广化寺为无畏禅师立了行状碑。寺中尚建有无畏师塔等。

⑥华严界：虚空界、佛界的别称，信徒修行证得菩萨身，可自由来往三界、虚空、佛界、天界。

独别张襄初　壮快纪念

　　我和仲伏，拜别诸同志毕，仲伏忽然对我说："几忘一要事！"我见他说的郑重，反问何事？他道："不是别的，听说张襄初①回来了，他一定要在军界占一势力；将来革命起兵，万离不了他。我们现在就要走，不及绍介同志给他了，但须见他一面才好！"我道："不错，此君在东京为子奇②绍介入同盟，并见过几面，记得他是学骑兵的。"当时已知道他的住址，便同仲伏到他寓中，他正在院中，见我们自然欢喜，让坐谭话，略问陆军各同志消息，张君说："大半都回来了，由部分发到各省，充新军教练等官。"我问他："已得差事么？"他说："我曾见当道，说要派我差事，我还没答应。"我们劝他无论如何，总得加入军界，以豫备革命。说毕，我告诉他，我和仲伏，即刻要走。他很怪异地说："怎么这样着急？"言下露出想教我们再住几日的意思。但那时我们已经整装待发，只得郑重分手。我在路上对仲伏说："十年内军队革命，定能成功；但离社会革命尚远。"仲伏说："走一步再讲，我看出不了二年，就要发动。我们所制造的‘宣统二年半’谣言，非应不可。”我不觉点头道：“也许！”这时匆幕已到南方去了。临别时放下一封书，绍介寇圣扶③联合蒲、富④一带刀侠。圣扶曾来寓，报告某刀客被官吏捕去处死，可惜失却一侠少！圣扶和李仲山是师范学生中同志。仲山黑面刚肠，有李逵外号，和邹子良友善，临别时，忆诸人不置，仲伏因咏他曾作过的诗，为纪念，曰：“我备快枪君炸弹，大家莫负好头颅！”又曰：“此后相逢竟何似！死生流转讵能言！”完全一片革命精神。所以大家都莫有儿女可怜态，这便是初次离长安时，壮快的影子。

注释：

①张襄初：与张翔初音同，疑为同一人。即是张凤翙（huì）（1881—1958），字翔初，祖籍河南省沁阳县，出生于咸宁县（今陕西西安市东郊）。早年中过秀才，名列咸宁县同榜第一。1902 年考入陕西陆军武备学堂，1904 年秋毕业，考入振武学校。1906 年升入士官学校骑兵科第六期，加入同盟会。在日留学期间，曾多方设法抄录日本的军事机密转送清政府陆军部。武昌起义后，1911 年 10 月，他与钱鼎、张钫等发动西安起义，被推为临时总指挥。1911 年 11 月陕西军政府成立，一致推选张凤翙为“秦陇复汉军”大统领兼民政长（省长）。1912 年 7 月 12 日，北洋政府任命张凤翙为陕西都督。袁世凯窃国以后，张凤翙为了维持统治，向北洋政府妥协，排挤在陕西的民党人士，并与阎锡山等七都督联名通电责骂黄兴、李烈钧等民党人士，向袁世凯表示忠心。1913 年 7 月“二次革命”爆发，他秉承袁世凯旨意，通电声讨孙中山和黄兴。还电令张钫率部入川镇压熊克武领导的反袁斗争。1914 年白朗起义军入陕，张凤翙奉袁世凯令亲率大军在蓝田、商县一带堵截。7 月，袁世凯派亲信陆建章率大军以剿白朗义军为名入陕，随后调张凤翙入京，封为扬威将军。1937 年 7 月张凤翙回西安。抗日战争期间，他担任过陕西省临时议会议员和国民参政会参政员。1943 年，赴重庆参加国民参政会议。中华人民共和国成立后，他历任西北军政委员会委员、西北行政委员会委员、陕西省人民政府副主席、副省长，是第一届全国人民代表大会代表。1958 年 7 月 29 日在西安病逝。

②子奇：即何子奇，直隶人，1904 年 7 月赴日。在日本，他参加了同盟会，并加入了同盟会的核心组织“铁血丈夫团”。

③寇圣扶：指寇遐。

④蒲、富：指陕西蒲县、富平县。

两袖清风　要银钱做甚么

　　我与仲伏、胡子毅①三人，共随老父东行，由潼关渡河，到家。一路上也没有特别可记的事。惟在黄河渡口，怒责厘局检查员云："不看是甚么人，都要搜么？"这话实在没有理由，但那检查行李的，好像受了催眠术暗示一般，便放我们过来。那时子毅稍形慌恐，我也莫名其妙。及到虞乡宿子毅家，他才说箱里有些黑货。仲伏很不以为然，我解劝了一番，并云："在长安时，曾因吾党经济不足，想起那'论目的不论手段'话来，打算贩卖烟土。玉青也有此意，我却为'名誉'两字束缚住，不肯做。今天无意中倒做到了！"因子毅也是同志，素日注重经济活动，曾在河东创办织布厂，一来为的是容纳同志在内；二来为赚些钱好作事。这目的没达到，所以乘我在长安，贩了一次白合，换了一些黑货，虽然发不了大财，总有点赚头，比到我两袖清风的归来，强的多了。却说这"两袖清风"，本是同志开玩笑的话，因为我起身时，盘费几不足，全仗仲伏作了三月英文教习，剩余几个钱，才走脱，所以他们笑我是"清官去任"。论起我在长安，住的房子，每月房钱，不过铜钱两串，尚不到两元钱，好似白住人家房子一般；又不是米珠薪贵，"长安居大不易"。旁人都说我每月百金，必富余好些钱，又没给家里寄钱，怎么一贫至此呢？我原没计算，一日同玉青说起此事，伧道："把每月两千斤馍帐忘了么？把给某某同志接济的钱忘了么？"是的，我在长安，有穷孟尝君②的号，座上客常满的。至于接济东京住的同志，也有两三次，这全不在话下。却说到家，见了母亲，自然欢喜。我笑说了一句："莫给你老人家带回些银钱来！"老母道："只要我娃你好好的就是了，要银钱做甚么！"真的，老母只痛他的孩儿，一切都不在心里，每一念及，凄然泪下！

注释:

①仲伏、胡子毅:仲伏,即杜羲。胡子毅,即胡足刚(字子毅),山西虞乡县黄旗营村(今永济县)人。日本法政学校毕业,同盟会员。

②孟尝君:即田文,战国时齐国贵族,四公子之一。古代的孟尝君是富有的,而景梅九却并不富有,却也座上客满,所以只好自称为穷孟尝君。

怪梦 杀媳妇

在家住了两天,和仲伏到解州一游,到玉青家里,那两位老人家不用说,是殷勤招待,玉青把某人在长安误报母病的话,给我们讲了,自然是怪那人瞎说乱道,像有意骇人似的。说起来,大家又反引为笑乐。曾同仲伏,访柳鉴一及诸友,有人请仲伏写对联的,仲伏不好推辞,写了一联成语道:"得志当为天下雨,论交不愧古人风。"这虽是旧话,却道着当时一片心事;并给我二人前途豫写了一个影子,所以有纪念的价值。那时不能在解州多住,因急欲东行,到日本和同志商议革命进行事宜。把这话对玉青说明,邀佗同回安邑。是夜曾得一怪梦,梦有一人,一箱,一大鸟,在河滩,我从滩里经过看见了,很奇怪,却有一人问道:"这一人,一箱,一鸟,要上天,你试想一个法子!"我梦中想道:"这是一道算学问题,很容易。"当下便对那人说:"这有何难,将人装入箱内,用胶粘箱于鸟背上,岂不是一飞冲天!"说毕,即醒,记得很清爽,时七月二日也。次早向大家说出,都道是个奇梦,有人说:"这一定有个豫兆。"我那时绝不信梦,只说出来,当笑话讲,反连累大家胡猜起来,真乃对不起人。仲伏更不信这些。那知道后来,倒好像应在他底身上①,很怪!这且莫提。过了两日,我和仲伏同玉青三人回家,路经某村,跟随人忽道:"孙家媳妇,就杀在这村里。"仲伏惊问道:"怎么把媳妇杀了呢?"我笑道:"杀媳妇是俗话,就是娶媳妇的意思。"他问："娶怎么成了杀？"我说："杀字是从索字音转，索有求意，所谓予取予求是也。或曰从'说'转，杀不及索字妥当，有地方叫讨媳妇，日本叫贳^②，也是求索讨要的意思，可见把女人并没当人看！"自然说到女权论了。

<hr>

注释：

①"那知道后来"二句：仲伏因到东北发动起义，被侦探捕获，装入箱子内，运到北京入狱。而景梅九也在1916年因反袁世凯被捕入狱半年。

②贳（shì）：意思是租赁、买。

行路难　覆车

到家住了几天，便同仲伏起身，坐轿车由茅津^①渡河，到会兴镇，车换短轴，因轨窄故。此时陇海铁路，才通车到洛阳，尚须行两天旱道。走到峡石，天落雨，不能走，住破店中，店家问："还是吃饼？（音如顶）还是吃面？"仲伏笑道："你看如何？"我便想起仲伏初来长安时，说他在河南路上，被店家问了这两句，大吃一惊，心里说："这不是《水浒传》中，张横讲的：'却是吃板刀面！却是吃馄饨！'一样声口么？"所以他这样问我。我也一笑，说："这话真有些含糊，不知吃饼（顶）时，他怎样摆布客人，怕烧烤起来都不定？"这话把仲伏也说笑了。闲话少说，第二天，阴雨仍未停，峡石山路，泥滑滑行不得，破屋又漏雨，幸是暑天，就在檐下打铺。同行者有常走这条路的一人说："'张茅峡石不种田，逮住客人得半年'，一点也不假。这雨不停，真把行路人坑死！"我又想起老父在嵩县经商时，往来此路，受尽艰辛，曾对我讲过这一路危险，常有刀客出没！现在又听见了这些话，未免愁烦起来。还算好！到第三日天晴了，赶紧上路，在某处店房打尖，看见壁上有两句道："头戴棉花圪塔帽，脚穿秦椒皂角鞋。"题为"书所见"，下署"世界第一诗人"题。我对仲伏说："你看！这不是火神弄的笑话么？"仲伏说："一点也不错，定是他去年回家时写的了。却也是真话，此地妇女缠足，完全是秦椒皂角样子，真难看！还不肯放了，有甚么法子？"火神是只君[2]外号，以后再讲。车行将近洛阳，赶车的觉得路很平坦，没危险啦！一个不小心，把车咕噜的赶翻了。本来窄轨，行高轮车，不很稳当，这赶家自夸他很能干，一路没翻车，这一下子可丢脸了。幸亏没伤人，我头上少微擦破一点，仲伏用牙粉给我敷上，也没大妨碍。正所谓"不踬[3]于山，而踬于川"，很长了一番见识。

注释：

①茅津：在今山西平陆县西南古茅城南（今茅津村）。茅津是黄河上著名的三大古渡之一，与河南省三门峡市区北部6公里处的会兴镇隔河相望，是沟通晋豫两省的交通要津。

②只君：生平不详。

③踬：音 dié。

洛阳石狮当铜驼

到洛阳，我底鞋底磨穿了；仲伏同我至一鞋铺，买了一双新鞋。当下把那双旧破鞋踢到铺柜底下，穿着新鞋出来。仲伏笑说："这好像你没穿鞋来似的！"我想起在东京数年，没有洗过衣裳，补过靴子，总是等旧了破了，当下抛却了，换新的，说是养成"革命性质"，自然是可笑的心理。所以听了仲伏这话，不觉冲口而出，说道："这也叫革命行动。"两人到洛阳城里，闲游了半晌，毫没目的。但去看了一看甚么藩台衙门前一对大玉石狮子，土人说是汉宫殿故物。从前西太后那拉氏，辛丑[1]回京，经过此地，看见这两座狮子，很爱他，想移入颐和园，到底没弄的动。相传有些灵怪，这自是谣言。我并不管这些，但用手摩挲了一番，叹曰："此与当年铜驼②等耳。"回到店房，商量明日到郑州分手，我向汉口，仲伏向北京。想到"同行不舍伴"谚语，当然有点不快！

注释：

①辛丑：1901 年。

②铜驼：铜铸的骆驼，古代置于宫门外。《邺中记》："二铜驼如马形，长一丈，高一丈，足如牛，尾长二尺，脊如马鞍，在中阳门外，夹道相向。"《晋书·索靖传》：靖有先识远量，知天下将乱，指洛阳宫门铜驼，叹曰："会见汝在荆棘中耳！"后来，索靖的预言果然应验。公元 291 年（太康十二年），西晋发生了"八王之乱"，时间长达 16 年，都城洛阳遭到严重破坏。

黄鹤楼怀古

两人到郑州分手后，仲伏的前途，我是照顾不到的了，只得照顾自己。因三等车人满，坐在行李车上，倒反觉得宽舒。汉口下车后，遇见陕西田君，是熟人，同着某君，到日本去的，喜甚！邀作同伴，一登黄鹤楼故址。原楼已毁，只余张之洞修的奥略楼①，尚可登览。汉阳树，鹦鹉洲，依然在望，自使人动怀古之思。惟不知何人在故楼台上盖了一座洋楼，未免大杀风景，遂惘怅而返！后来有"昔年鹤去今楼空，江水无情只向东"一律，其实便是这时候的感慨。

注释：

①奥略楼：据《黄鹤楼志》记载，奥略楼建成于 1908 年，是湖北地方乡绅和学界为纪念张之洞升迁入京，在原黄鹤楼故址附近，聚资为他建造风度楼。张之洞根据《晋书·刘弘传》中"恢宏奥略，镇绥南海"的语意，亲书匾额"奥略楼"

三字，风度楼遂改名为奥略楼。该楼于1955年修建长江大桥时拆除。

江行安稳　闲评博览会

　　初渡长江，心里自然要和黄河比较一番。河浊而江清（有人说河水一澄即清，江水澄久始清，因河速挟泥沙俱下，看似浊而实清；江渐浸尘土于中，看似清而反浊。江水没实验过，河水确如人言），河束而江宽，河急而江缓。三人坐在小火轮房舱里，几不觉船动，江平可想。那时南京初次开博览会，田君和我说起来，想到那里去游玩游玩。我说："也可以，只愁盘费不足！"田君说："不怕，我们带的钱多，可以借你用！"我说："那好极了！我陪你们走一趟。"于是同到南京下船，在下关旅馆歇足。吃过饭，问博览会在那里？伙计讲"离此不远"。真个是很近，一绕湾便到了。三人买了入门券，到里边，看见地段很宽大，倒也像个博览会样子，各省独有专修的物品发卖所，叫甚么湖南馆，江苏馆，广东馆，四川馆，直隶馆，都有特别出品，陈设的也很华丽。特别湖南造的新磁器，几乎可与江西景德磁并驾，改良的花样尚过之，已经有许多人订购下了。将订购人的名字都记在札上，中间最注目的熟人名字，是于右任了。我心里说："他倒跑的快，又到南边来了！"美术馆中，陈设的湖南、江苏刺绣品，算是第一精巧。有意大利皇后绣像，逼真影片，都丽绝伦，标价十万元云。自然都是贵族奢侈品，与平民无干。山东馆博山玻璃公司还陈列了些科学用品。最出奇的，是东三省馆，附设动物园，中有三省产的虎豹麋鹿等物，大有蛮人气象。最狭小的是陕西馆。（里面，有碑林字帖，我想起在秦时，只君教我买一套碑林全帖，说："在本地觉得寻常，到外边便成了宝物。"我因不爱字，所以没买，今见此，颇有悔意。）还有山西馆，也很狭小，倒是友人陈汉阁手制的花果，逼真原物，为一时异品。最可憎，是把傅青主先生真迹十二条屏，标了个数十元价目，真辱没古人不浅！又陈列几座康熙磁瓶，却都标了十万元价目，怪事！游回来，三人评论了一番，夜里还到戏园，看了一本《血泪碑》，算是新派戏，有点布景，一时便想起"改良戏曲"问题。

海上遇秋心　看戏冒险

次早乘沪宁铁路走上海，路新开，车也宽敞干净，茶房招待的又殷勤，每站必递手巾，请乘客擦脸。特别是我听到那"卖吃食"的，叫道："五香炒鸡蛋，南京豆腐干。"其音清亮，蛋干，声如叠韵，很觉得有味。比较在日本火车站，听到得阴沉的"辨堕，辨堕"（实是办当两字音如此）声，一在天上，一在地狱了；这或是"爱国心"的冲动也不定。呵呵，到上海，访右任一谭，说起南京博览会来，他道："你没注意，会中寻不出一把洋伞来，中国工艺之不发达可知！"因为博览会，是夏天开的，所以他感知这洋伞的缺乏。我到上海已八月初，但南方还算温暖。右任给我绍介了几个朋友，最有意思的，是那位号秋心的某君。因为我在东京时，作了几篇小说，曾署秋心两字，此君在沪上作文登报，亦署秋心，两边朋友，都起了误会。有把此君文章，猜成我作的，把我的文章，猜成此君作的，互相疑问起来，虽曾用书信辩别，还有许多不清楚的，我于是绝意废了这个署名。两个人并未见过面，经于君一绍介，自然是相视一笑，我曾拟一绝赠此秋心云：

满目河山恨，君愁我亦愁；那堪江浦遇，又是海天秋！

（友人有评此绝，恨愁重复，我不承认。恨是客观恨事，愁是主观悲愁，自是两截。末二句，却为勿幕激赏。）到夜里田君邀我看戏去，我当然高兴去。（因为所谓两宫殡天后，我到长安，就看见咸宁知事某，有张告示禁演戏，中有两句顶好笑的话，甚么："两宫升遐，百姓有三年四海遏密八音①之义务。"这一来，教我在长安没戏看了。一年后，到乡下听过一回秦腔②，真冤枉！所以在途中看戏很勤。）这一夜戏，有恩晓峰③的《空城记》，林黛玉《断桥》，表"许郎害的我好苦"一句，若自感身世，声泪俱下，很过戏瘾！小翠花④的《蝴蝶梦》，是前三年在青岛看过的角色，有故知重逢的感慨。完场，有一回《仙人跳》，是上海滑头戏。田君坐不住了要走；我看戏，照例要"看到尾"，所以只得请先行。我把这回时兴戏，看完了，一个人出了戏院，已经到夜半十二点钟了。从四马路过来，有许多女子，乱拉客，心里知道这就是人常说的"野鸡"——野妓——了。便放开脚步，大摆脱地闯过去。回寓对田君说明，并戏曰："我有一付对联了！"便道："理学者，怕看《仙人跳》；冒险家，误入野妓群！"

注释：

①遏密（èmì）八音：指帝王等死后停止举乐。《书·舜典》："帝乃殂落，百姓如丧考妣，三载，四海遏密八音。"孔传："遏，绝；密，静也。"孔颖达疏："四海之人，蛮、夷、戎、狄，皆绝静八音而不复作乐。"

②秦腔：又称乱弹，流行于我国西北的陕西、甘肃、青海、宁夏、新疆等地，其中以宝鸡的西府秦腔口音最为古老，保留了较多古老发音。又因其以枣木梆子为击节乐器，所以又叫"梆子腔"，俗称"桄桄子"（因为梆击节时发出"恍恍"声）。

③恩晓峰（1887—1949）：女，京剧老生。满族，北京正黄旗人。演出谭派名剧《卖马》《洪羊洞》《碰碑》《定军山》等，颇受好评，时人称她为"女叫天"。

④小翠花：即于连泉（1900—1967），原名桂森，字红霞，号绍卿，艺名筱翠花、小翠花，北京人，原籍山东登州。他九岁入老水仙花主办的鸣盛和科班学艺，演梆子、京剧花旦，曾名盛琴，艺名"小水仙花"。后为北京市戏曲研究所研究员，并在中国戏曲学校任教。著名京剧旦角表演艺术家，著有《京剧花旦表演艺术》。

好事者　海上两绝句

三人乘日本轮船，由上海出发。在船上遇见直隶李君，是春柳社社员。春柳社者，东京中国留学生所组织的"新剧团"也。我曾在青年会，看他们演过《茶花女》[①]，总算是不错的。李君和子奇相熟，何公馆时代[②]，常常会面，所以记得清，认得明。我问他春柳社消息，他道："同人全回国了，在内地提倡新剧的不少。"说毕，又问我这几年在那里，我告诉他在长安。他又问："在长安曾作甚么事?"我道："没作甚么事!"这先生很妙，听了我这句话，摇了一遥头，笑道："不能吧! 你这……好事者。"好笑，"你这"了半天，才想起这"好事者"三个字来恭维我，和"遗臭万年"的话差不多吧! 我只得一笑完事。却说头一天有风，起了海浪，且是阴天，心里好生不快，和田君谈起江船平稳来，如昨如梦，因占一绝云：

　　浪急疑掀海，云低欲坠天；愁风复愁雨，空忆过江船!

但我照例不晕船，仍时时在甲板上，四望茫茫大海，白浪沸天，起些壮快的念头。到第二天，天气一晴，午后横来一片云，飞过船顶，洒了一阵急雨，急雨过后，眼前忽现奇丽的美观，日映一道虹彩，正落在船头，成七色锦带环围起来，好像特给这轮船，加了一种天然花圈，我高兴起来，又占一绝云：

　　忽见海云飞，更觉海风骤；急雨打船心，飞虹落船首!

田君大赞赏，连前一绝评起来，说是"海上二绝"! 船至长崎，停半日，曾上岸一行，时日本热暑未退，街头尚有卖冰的，三人都饮了一回冰，又上船。第二日，由日本内海向神户出发，风浪仍未减。

注释：

①《茶花女》：法国亚历山大·小仲马所著小说。

②何公馆时代：指日本留学时代，那时，景梅九将他和小友住的地方由明明社改为何公馆。

神户感旧

神户①下船后，忽想起那年走青岛时，路经此地，和汉园②同游布引山；布引两字，是写那山中瀑布的样子。在那山上，曾遇见程仲渔③，说他在长江运动失败，归途在长江几落水，因用手杖在地面写石达开④诗句云："我志未酬人亦苦，东南到处有啼痕！"不胜感慨！此情此景，历历在目，所以强邀田君及某君，到布引山一游，看有甚么变化么？不妙！前次山门，有天真烂漫的女郎招待，这次没有了，已有"去年人面"之感！天也不凑兴，下起雨来了，地湿滑不好走；但目的在再看那银河倒落的瀑布，直向布引亭中来。却见那瀑布溅雨化为浓烟，蔽遮涧谷，连瀑布影子都看不见了，但听见澎湃声音而已！一肚子不高兴，回来了，漫写一绝云：

> 重来三岛心情异，又到名山景物非；瀑布牵愁天上落，飞烟溅雨恼人归！

心里便有不久居日本的意想；因此行，纯为和同志商量革命方略，绝无其他留恋故，所以拿这一绝句，作了个豫兆。

注释：

①神户：为日本四大岛中最大的一个岛。

②汉园：指陈家鼎，字汉元。

③程仲渔：即程克（1878—1936），字仲渔，又作众渔，河南省开封府祥符县人。河南大学堂毕业，留学日本东京帝国大学，获法学士位，同盟会会员。1936年（民国25年）3月28日，在天津病逝。

④石达开（1831—1863）：小名亚达，绰号石敢当，广西贵县（今贵港）客家人，太平天国名将。他16岁"被访出山"，19岁统帅千军，20岁封王，就义时年仅32岁，有关他的民间传说遍布他生前转战过的大半个中国。

唱和赠答　欢然道故

到东京，到胜光馆，访张翙之①君。此时同乡中同志，回国及他迁的很多，惟张君守胜光未去，相见极喜！道别后事，并问各同志消息，据云："理臣②尚在北京，太昭③入顺天医院。亮工④暑假回国，也快来了。"我访太昭于顺天医院，说起河南店房题壁诗⑤，相与大笑；并说及民吁往事（时民吁已改民立），和交、文案来，深幸理臣脱险！自然把《鳝鱼记》也告诉他了。闲谈了好些话，别去。又访见汉园⑥，问子奇，说向东三省去了。他问仲伏，我告诉他说他到太原一行，或者也往关外去。汉园能诗，即席赠我五律一首，我依韵和之以答赠，有"世运仍阳九，君才自建安⑦"一联，为汉园所欣赏。我又赠理臣两首五律，也是和韵答赠的；惟记一律中有四句云："言语端木赐，文章司马迁；浮沉今古世，感慨定哀年！"理臣在《晋阳报》上，曾辟微言一栏，语甚精透，故暗用"定哀之际，有微言⑧"为赠；不但使端木句活跃纸上，后来刘翼若⑨君，评言语二句为死联，我说："有后两句，便不死。"（这不是不服善，实是自负，一笑。）我一天，忽想起三年前住的旅馆（千代田铺）来，到本乡一打听，才知这旅馆已经移了地方。我寻到了，旅馆主人很欢喜，殷勤的招待，还见了那位大姑娘（是我同仲伏称呼惯的），这姑娘受的是日本古教训，我当时初遇，尚躲闪不欲见生客，后来却和我很熟惯，常谈些故事及风俗，算是公开交际。他性静，学弹古琴，自然幽雅。二姑娘是受新教育的，举止自不同；但绝无浮华习气。常笑我不修边幅，但我并不理会。最难得的，主人把我留的书箱，还保存在馆，当时交还了我。又问我子奇、仲伏⑩消息，我告诉他仲伏和我都充当了几年教习，我问他水力电气工业，主人说："失败了，还要研究！"乃郑重告别。

注释：

①张翔之：即张起凤（1880—1957），字翔（huì）之，山西猗氏五农庄（今永济县卿头镇张家锁村）人。1905年加入同盟会，积极从事反清活动。留日期间，曾代理过同盟会山西分会会长。还兼任同盟会山西机关报《并州日报》馆馆长，由越南革命党人阮鼎南任主笔。新中国成立后，曾任山西省政协委员，山西省文史馆馆员。1957年病逝，终年77岁。

②理臣：即王用宾，字理成。

③太昭：即景耀月，字太昭。

④亮工：即李镜蓉，号亮工。

⑤题壁诗：见《罪案》"汉流　店房题壁"。

⑥汉园：即陈家鼎。

⑦世运仍阳九，君才自建安：道家称天厄为阳九，地亏为百六。三千三百年为小阳九，小百六。九千九百年为大阳九，大百六。《南史·宋本纪（上）》刘裕讨桓玄檄："自我大晋，屡遭阳九，隆安以来，皇家多故。"

⑧定哀之际，有微：是指孔子本人生活在定公、哀公之际，作《春秋》，以微言大义把自己不便写出的真意委婉地表达出来。

⑨刘翼若：即刘绵训，字翼若。

⑩子奇、仲伏：子奇，即何子奇。仲伏，即杜義。

父亲哥哥　秦始皇开国会

到东京，曾访得铃木先生寓处。此君为陕西高等学堂"博物"教习，其夫人亦偕往，和玉青相善。暑假他们先回日本。临行，夫人将爱猫托付玉青；猫当我们离秦已失去，所以我到铃木寓中，会见了他的夫人，寒喧数语，即提起这话，说："猫儿遁去，四出骑骑侦探无影子了。"夫人却笑道："很有趣，让他去好了，还找寻甚么？"铃木不在家，我见了他的父亲——就是他的哥哥，这事怎样讲呢？因日本人重长子，长子无嗣时，可使他底最小的弟弟，给他承嗣。铃木教习，便是这样地给他哥哥作了儿子；但他仍称呼长兄，他夫人称呼公公，他儿子自然称呼祖父，也算奇闻。铃木可以写"父亲仁兄大人"了！这事是铃木夫人，告诉过玉青的，所以我一见他长兄，便想起这段话来，心里好笑。铃木很忠诚，他在长安学堂，无所表现，自我和张季鸾①诸人发起校友会，中有"理化"一类，曾请铃木演说，他提出一"蚯蚓问题"，讲了好半天，有两句俏皮话，说："蚯蚓疏活土壤，功实过于秦始皇筑万里长城！"学生听得，很有意趣，才晓他很有研究，惜乎没有工夫再讲演甚么！我此番到东京以后，学校不能入，自己便特别用起英文功来，读英译毛巴逊底小说不少。还有欧美名家小说，见有用现在习俗描写古剧的，以及甚么科学小说，把无生物，齐写成生物，好似"草木春秋"作意，就想起蚯蚓疏地，如筑长城的话；打算做一部小说，把这各种意思，都混合到一处，弄出些惊人妙语。一天，偶到顺天医院，见太昭说："我要作一部长篇小说，写秦始皇开国会，先派李斯②出洋考查宪法，回来招集议员，开了国会；第一交出筑万里长城的案子，议员不通过，秦始皇大怒，把他们全坑了！"太昭没听完，便大笑道："哈哈！秦始皇开国会③，奇想天开！"

注释：

①张季鸾（1888—1941）：名炽章，字季鸾，笔名一苇、老兵。祖籍陕西榆林。张季鸾聪颖。延榆绥道陈兆璜欣赏他的文章，又同情他的家境，遂将其招入道署，亲自教读。经陈兆璜介绍，1902年秋，他前往关中"烟霞草堂"，师从关中名儒刘古愚习经世之学。1905年张季鸾考取官费留日，先入东京经纬学堂，不久后入东京第一高等学校攻读政治经济学。留日期间，与革命党人多有交往，课余任陕西留日学生创办的《夏声》杂志主编，开始办报生涯。1908年，张季鸾学成归国，在关中高等学堂当教员2年。1911年张季鸾应邀到陕西同乡于右任在上海的《民立

报》工作。1912年1月，中华民国成立，经于右任举荐，任南京临时政府大总统府秘书，参与《临时大总统就职宣言》起草工作。1926年张季鸾与吴鼎昌、胡政之合作，成立新记公司，接办天津《大公报》，任总编辑兼副总经理，主要负责评论工作。1942年9月6日张季鸾病逝于重庆。身后有文集《季鸾文存》传世。

②李斯（约公元前284年—公元前208年）：战国末期楚国上蔡（今河南上蔡）人。到秦国后被任命为丞相，后为赵高所忌，于秦二世二年（前208年）被腰斩于咸阳闹市，并夷三族。

③"秦始皇开国会"：此小说的写作动机是影射清廷假立宪、真专制的把戏。景梅九构思这部小说的时间是1910年8月，不想，9个月后，清政府真的在1911年5月上演了假立宪、真专制的把戏。

《贱海》 听章太炎讲国故

亮工旋来东京，遇于胜光。说到别后感想，话很长。他留意国学，把所谓西学看的不大值钱，于是有《贱海》之作，中有四语，我记得清楚，道是：

> 耕种苟能勤，收获自然好；奚必鱼与鳖，始堪充一饱！

我以为绝唱，他很得意；因亮工如曾子固①不工作诗，而踏实说理，乃有此妙趣。我时为人传诵，靡不忻赏，不独作者自怡悦也。曾记他和大家闲拟诗钟②，攫得"西太后，洋灯"，他得一联道："其有龙黎③之兆乎？纯是石油之功也。"亦属拙而工之奇构。他那时入"札幌农科"，在东京没久住，便走了。但我因他又动了国学念头。听得章太炎先生，尚在东京，亲访之于先生寓中。先生正为其少女讲书，少女时不过六七岁，很聪敏可喜，口诵"八骏日行三万里，穆王何事不重来"④诗句，跳跃而去，我不知佗是甚么联想了？又见先生替佗编的《说文部首均语》，仿《千字文》体，首尾完成，惟用借假字很多，不易明。先生见我，问到仲伏，有怀旧意。时《国故论衡》⑤已出版，先生赐我一册，我如得至宝。又听说先生正为大家择讲此书，时往听讲，并得闻讲《说文解字》，获益不浅；因先生注重声训，直溯因原，一洗数千年讲文字者之蔽陋，又本孔氏对转，发明成均图⑥，使人了然古音之转化，皆奇著也。惟先生为人讲《诗经》，我未能一听，至今以为憾事！又先生高弟某君，为国语学草创，取成均图，与欧西音韵掺和，并主张改良国语，先生以示我，我见其中，颇能于先生说音处，有所发明及修正，自是佳作。

注释：

①曾子固：即曾巩，字子固，北宋建昌军南丰县（今江西南丰）人，唐宋散文八大家之一。

②诗钟：是中国古代的一种限时吟诗文字游戏，限一炷香功夫吟成一联或多联，香尽鸣钟，所以叫做"诗钟"。诗钟吟成，再作为核心联句各补缀成一首律诗，游戏结束。

③龙漦（chí）：一指古代传说中神龙所吐唾沫；一指祸国殃民之女子。

④"八骏"二句：这首诗的题目是《瑶池》，作者为唐代李商隐。

⑤《国故论衡》：章太炎撰。1910年初在日本刊行。书刊行时有广告云："解说简明，字理湛深，诚研究国学而不可不读。"

⑥成均图：是章炳麟继承清代学者讲古韵的成果，并且调查了各部之间的远近关系以后，把古韵部安排成的图，用以解释文字通转的现象。"均"通"韵"。

怀幸德秋水　忆同盟

此番到东京，日本无政府党人，因幸德诸人为大阴谋事件①——掘地道炸毁皇宫案。（有人传说，他们制造一种极猛烈爆炸物，可以一举毁东京，此言虽不可信，但也有来历；因佛国佐拉②，以自然文学派著名，他曾作一部长篇小说《巴黎》③，日人译出，分为上下两册，其中写一愤世者，想发明一种爆药，炸毁了巴黎，再做出新世界来。幸德秋水，很恶都市，故人拟其有此种大计划；其实他注意在炸毁政治中心的宫府，不过因爆发余势，有"火炎昆岗，玉石俱焚"④的现象，也未可知。）共二十余同志，入狱后，政府以高压力对待党人，所以连社会党都寻不到了。但某日报载，法厅开审情状，说幸德入厅，以目光摄旁听席某青年，露微笑，真能写出他底神情来。我以为某少年，必系赞成阴谋计划，而临时未加入，但决定非卖党者；因卖党者，必不敢旁听故。可怪的是法厅虽公开，却不许幸德诸人畅言始末，遂令真相至今不明，使人恨恨！既不得见日本无政府党人，又不得见同盟会中人，因自精卫入北京，谋炸清摄政王后，《民报》机关已取消，孙、黄诸先生，皆走欧洲，或南洋去了，我很闷！因此来，拟和同志商革命方略，谁料有此寂寞情况！心里说："革命要停顿么？不能吧！"一时想到长安同志，太原同志，都有极积进行的猛气，我才在这里听讲国故，学英文。（甚么荷马的《诗史》，斯宾塞⑤的《社会学》，叶马逊的《论文集》，大好读本，由一个文学博士，特别讲授，觉得比在学堂五年的英文工夫强的多了。在（这）博士虽曾游学欧美，却是日本国粹派，常穿和衣，不喜西装。但思想，却是新派，很不赞成武力。）到底有甚着落？这样堕落下去，还不及在西安哩！一时真所谓"胡思乱想心不定"了。

注释：

①大阴谋事件：指日本"大逆事件"，又称"幸德事件"。1910 年 5 月下旬，日本长野县明科锯木厂的一工人携带炸弹到厂，被查出。日本政府即以此为借口镇压日本的社会主义运动。同年 6 月，当局开始对全国的社会主义者进行大肆逮捕，诬陷日本社会主义先驱幸德秋水等 26 人"大逆不道，图谋暗杀天皇，制造暴乱，犯了暗杀天皇未遂罪"。于 1911 年 1 月 18 日宣判幸德秋水等 24 人为死刑，另外两人为有期徒刑。日本人民把幸德秋水等 12 人称为"十二烈士"。日本的社会主义运动由于这次大规模的残酷镇压而受到严重打击，暂时走向低潮。

②佛国佐拉：现在译为法国左拉。爱弥尔·左拉（1840—1902），法国作家。

③《巴黎》：是左拉长篇小说三部曲《三城市》中的最后一部。

④火炎昆岗，玉石俱焚：出自《尚书》卷九《夏书·胤征》："火炎昆冈，玉石俱焚。"昆冈，即昆仑山。

⑤斯宾塞：英国社会学家。他被尊为"社会达尔文主义之父"，其学说把进化理论适者生存应用在社会学上，尤其是教育及阶级斗争。

宋钝初谈话　忘了三大不自由

　　我胡思乱想一阵，没法自解。一日听说宋教仁君尚在东京，乃亲访之，和他谈起西北革命豫备的情形，宋君对我说："四川，两湖，两广，云南，各省同志，都积极进行，大约一两年中，一定有大举；但破坏容易，建设难，我看同志从事于破坏一途的太多，对于建设，很不注意，将来要组织共和国家，不是玩笑的事！甚么临时约法，永久宪法，都须乘此工夫，研究一番才好！所以我很想邀集精悉法政同志们，一齐干起来，你以为何如？"我听了他这一片话，未尝不赞成；但我未能完全抛弃无政府主义，对于法律两字，几乎是深恶痛绝，如何听得下去！只笑说："请君勉为其难，我是要作容易事情的！"宋君似乎想起我从前的主张来，便道："我也不纯是注意建设，不去干那破坏事业；不过是说同志应该双方并重。"我便敷衍几句，辞去。虽说两个莫谈到一气，然而因此探得南方革命真消息，越觉得东京不可久留了。过了两天，钝初又到胜光馆访我一次，是说右任请他到上海，帮办《民立报》，并报告海外同志消息，然后又归到法律政治问题。我却不客气的说了一句："民生问题，也须研究，才合同盟会宗旨。法律但能保护资本家，且是限制人民自由的东西，不可看的太重了！"宋君也说了一句："不错！"就告辞走了。我答宋君的话，也有来历，因为前三年日本同志某，请中国同志在册折上，随意写几句话作纪念，钝初写的是："道德，法律，宗教，世界之三大不自由也！"我曾对仲伏说："拿这句话讲，钝初也赞成无政府了。"还记得溥泉写的是："或称我辈为匪类，亦不恶；匪与非通，世人之所是者，我辈一切非之，故曰匪类。"这自然纯是无政府党口吻了。

痢疾自治　非仕宦主义

一朝起来，觉腹中不快，入厕，乃知系痢疾——赤痢——一声也没说，自己到洋药房，买了些治痢药饼吃了，渐渐病愈。约计十日，朋友无人知道我病的。这不是恃强，因为从前同学某君，和我同在一个旅馆里住，他忽病赤痢，转进医院，医生检验病后，说赤痢是传染病。麻烦起来了，先派员到旅馆行清毒法。把各屋里都洒上药水，主人很忙了一阵，懑怨某友不该害这样病。而某友在医院，又受隔离法，不许见客。所以我这次病赤痢，只悄悄自治了一番，未曾惊动旁人，便是怕给人家闹麻烦。然也幸而没传染到别人身上，才过了这座难关，实在是操心！又因此疑惑到卫生事件，也可以不要官医张罗，由人民自己去办，自由的多。说起来，那时我刚三十岁，身体还算强壮，所以把这病十天半月间，就抵抗过去了。曾对友人张季鸾说起自强的事，论到能强便好，所以好物品，俗语也说"强的多"，他很赞成。说可以办个"强报"，发挥这道理。因他才二十余岁，辞了陕西教习，又来东京，想和同志办一种中国青年杂志，寻我商量，我表同意，他并说："青年不是以年岁计，能自强的，虽年老如伍秩庸、大隈①辈，也是青年；不能自强的，虽年少，也算不得青年了。"很通。他邀我作文，并要想一种美术的封面。文章，我是答应要做的，但对于美术，却是外行。忽一天，看见日本美术杂志上，载有中国琼花照片，很奇丽，想用他作封面，和季鸾、其相②诸人商量，都说不佳。我登时也想起琼花一现，和昙花一现，好像一种熟语，心里想，口里莫说出来，也就算了。因此单作了一篇《非仕宦主义》——非仕论——以警青年之热中仕宦者，颇详尽。给了季鸾，自然是寓着"无政府主义"。季鸾也莫管，登入第一期，此系后话。但也奇怪，竟没出第二期，岂非心中的琼花一现为之兆么？

注释：

①伍秩庸、大隈：伍秩庸，即伍廷芳（1842—1922），本名叙，字文爵，又名伍才，号秩庸，后改名廷芳。祖籍广东新会，出生于新加坡。洋务运动开始后，1882年进入李鸿章幕府，出任法律顾问，参与中法谈判、马关谈判等，1896年被清政府任命为驻美国、西班牙、秘鲁公使，签订近代中国第一个平等条约《中墨通商条约》。辛亥革命爆发后，任中华民国军政府外交总长，主持南北议和，迫使清室退位。南京临时政府成立后，出任司法总长。1917年赴广州参加护法运动，任护法军政府外交总长、财政总长、广东省长。1922年，陈炯明叛变时，因惊愤成疾，逝世于广州。广州越秀山上有伍廷芳墓园。大隈，即大隈重信（1838—1922），肥前藩武士出身，明治维新的志士之一，早稻田大学的创始人。

②其相：赵世钰，字其相、其裹，陕西三原人，后来到日本留学，加入中国同盟会。1906年初秋，井勿幕和赵世钰决定向山西景梅九、河北杜羲等同志商借明明社，作为同盟会陕西分会成立的场所，景、杜同意后，赵世钰和井勿幕、张季鸾等20人便在东京组织成立了中国同盟会陕西分会。后任民元国会参议院议员，加入政友会。

美人目　不平念头

"如此美兮如此媚，媚如春风美如乐！"我写出这两句咏美人目诗，给太昭瞧，他一见，便道："这是从欧文学中，翻译出来的罢！"不错，是我译自毛巴森小说中的句子。因中国文学家对美人目，未尝有此喻，所以人一见就能辨别出来。毛巴森小说，每用露骨写法，写巴黎淫风，有过于中国《金瓶梅》等笔法，但日本还没译出许多。我从丸善书局，买了几册英译原本小说，有一长篇，写某贵公子密约一有夫之妇，到某山顶，活底板屋中密会，为本夫所侦知，乃一著名大力士，悄至板屋外，将屋门从外锁起，用力将板屋连人推动，屋里人打门乱叫，他总不理，推到深崖边，更用猛力向外一推，只一声"下去罢"！只见那板屋用加速度，旋转而坠，从山腰樵夫头上越过去，直坠至于山谷底。那座板屋，好像鸡卵破壳的一般，爆坏了。男女两人，自然是粉骨碎身。（这一段，我只牢记得加速度鸡卵破壳名句，余皆敷衍。）但剩下乱卷的衣裳，可以认出是豪华公子，与贫家妇人，一时惊动了好多人，都来看；那农民中，有人发了一句感慨道："无论贫富，到这死的时候，是平等的！"仍给太昭说一遍，太昭道："人生只图这一时的平等么？"是的，一切人"生来死去"都是平等；惟有中间一段落，生出许多阶级来，甚么富贵贫贱，尊卑上下，有君有臣，有主有奴，有婆有媳，才弄得社会一塌胡涂，毫无平等可言！同时同地，不得享同等幸福。所以一般有人心的人，很起了些不平念头，打算扫除现在恶劣社会，另创造出一种新天地来，使人人从生到老，一条线下去，更没阶级差别可说，岂不甚好！所以我听了太昭话，更觉得社会革命要紧了！

得了个回国好机会
遇见了山西老对头

当时既决意回国，实行革命，曾和陕西同志数人，相约游植物园，商议进行办法。群以南响北应，为定着，并提到中央革命的必要。我说明回国的宗旨，彼时陕西高等学堂，曾有信来，说学生逼迫周笙生，（彼时称学堂监督）函邀我重到长安作教习，颇动怀旧之念。想起学生对我感情很好，我岂能恝然不顾他们的盛意么？不过我离长安时，曾有一番决心，非把革命大计划定妥，不再回陕。现在虽然得了些消息，尚无确实计划，如何肯去？所以婉辞谢却。但一面又想到北京豫备中央革命，却想没有个机会能到北京。好极了！赵君其相一日忽到胜光馆，说："河南人因福公司要谋全豫煤矿，此间同人很是愤恨，打算用豫晋秦陇四省协会名义，派人到北京力争矿权，我想你可以乘这机会到那里看看，或者能遇着些同志，把北方革命计划起来也不定，岂不是一举两得，你愿去么？"这真是"天随人愿"，怎能不愿？我说："好是好，但这事责任很重，怕不是我一个人能担得起的。"赵君说："只要你去为他们定大计，决大谋，办事的自然有人。听说河南同乡打算派王月波及王某，同你一齐去。"我说："好极了，只要大家议定了，我便走一趟。"大家知道，福公司是我们山西老对头，曾谋全晋煤矿，以致李烈士培仁①投海，惹起一度大风潮。然后晋人全体努力争回三晋矿权。"仇人见面，分外眼红，"所以一听说"福公司"三字，自然动一片义愤，若今天不替豫人出力，岂不是山西争矿结果，反遗害于河南么？在大家意思，也以为我是争矿的过来人，一定有些阅历，所以当时开了一个四省协会，便一致赞成我同两位王君偕归。我三人受了大家委托，即日商量起程，并决定由高丽乘火车，经过东三省，入北京，因便利，且免风涛故。

注释：

①李烈士培仁：即李培仁。

亡国惨况　韩京书感

三人由长崎登船，过日本海峡，想见俄国波罗的舰队①覆没处，不胜感慨。舟行约半日，至高丽仁川②登岸。目睹日本警察，鞭打高丽苦力状况，愤火腾天！时日本已违背《马关条约》，合并韩国，一切政治权力，尽落日人之手③。视韩人如犬马奴隶，故早在人想像中。《国民之自觉》④文中，所摸写的日人得意情形，齐来眼底；乃知不止似小儿得饼，实在像饿虎捕食，恨不得把二千万韩人，活剥生吞，都咽到肚里边，才算满志。那一幅很恶凶暴的样子，真教人看不下去！我们也没工夫停留，连忙改乘火车，到韩国京城下车，是要看一看亡国的惨状。在高丽旅馆住下，旅馆中小使，都懂得几句日本话。他们知道我们是中国人，招待的很好。但问他日本对待韩人如何？总不肯讲。自然是"敢怒不敢言"的情形。我们到大街一看，见了些商店银行等，完全系日本式；甚至街名巷名，都改成日本市町的名目⑤。望见韩皇故宫，和中国宫殿样式差不多，还遇见了些汉衣冠的官吏。居民皆白衣，犹是殷制。妇女绿衣蒙首出行，有负戴于道路的卖物人，令人想见三代古风。又想起高丽人参，到中国人开设的参铺一问，说："近来高丽上等人参，全被日本人搜索一空，所以参价很贵，还得不到好的。"越教人想见日人垄断韩人利权的可憎恶处。我回到店房，因得《韩京书感》二律云：

> 朔风吹暮野，惨淡入韩京；白裕⑥遗民在，绿衣仕女行。冠裳犹汉制，都市已倭城；无限兴亡感，忧来不可名！

> 江山虽易主，城郭未全灰；误国多元老，交邻失霸才。故宫成寂寞，亡社足徘徊；箕子⑦为奴痛，千秋禾黍⑧哀！

"冠裳"一联，与"误国"一联，为同行二王君所激赏；尚有七律一首，已忘。

注释：

①波罗的舰队：应为波罗的海舰队。日俄战争中，这支舰队在 1905 年的对马岛海战中战败。

②高丽仁川：高丽，指朝鲜半岛。仁川，在韩国西海岸，距汉城不远。很早以前，仁川就成为与中国来往的港口。

③《马关条约》规定，中国从朝鲜半岛撤军，并承认朝鲜的"自主独立"，中国不再是朝鲜之宗主国。但日本却趁机占领了朝鲜，所以本书说日本违背了《马关条约》，合并了韩国。

④《国民之自觉》：景梅九所作，揭出日本对韩、满的野心及军国主义的面目。登在《民吁报》上，却惹出中日交涉来。

⑤1897 年，朝鲜国王李熙改国名为大韩帝国。1910 年 8 月 22 日，日本迫使大韩帝国签订《韩日合并条约》。朝鲜半岛彻底沦为日本的殖民地。从此，日本对朝鲜灭文灭种，进行残酷统治。总督府制定了以"吾等乃大日本帝国之臣民""吾等

齐心协力尽忠天皇陛下"等为内容的《皇国臣民誓词》,逼老百姓每天朗读,宣扬对日本天皇的崇拜。朝鲜人民还被强令"参拜"日本神社、"遥拜"日皇宫城。还强制朝鲜人"创氏改姓",强制朝鲜人用日式名字,将姓氏改为"复姓",如"金"姓改为"金村"等,强令他们做背弃列祖列宗的不孝子孙。

⑥白袷(jiá):白色夹衣。

⑦箕子:是文丁的儿子,帝乙的弟弟,纣王的叔父,官太师,封于箕(今山西太谷一带),名胥余,中华第一哲人。《史记》中记载,箕子在周武王伐纣后,带着商代的礼仪和制度到了朝鲜半岛北部,被那里的人民推举为国君,并得到周朝的承认。史称"箕子朝鲜"。

箕子朝鲜的历史延续千余年,直到西汉被燕国人卫满所灭,建立了卫满朝鲜。箕子朝鲜可以说是朝鲜半岛文明开化之始,据说今之朝鲜喜爱白色之民俗即商代尚白之遗风。

⑧禾黍:西周亡后,周大夫过故宗庙宫室,所见尽为禾黍,彷徨不忍离去。

夜渡鸭绿江　梦入山海关

次日三人由韩京动身,乘火车北上。一路望见郊野萧条,村屋卑陋,过平壤道,想起刺客安重根①,枪杀伊藤博文②的事情,使人兴奋。夜十钟,到鸭绿江边,时桥梁未成,江水结冰,行人乘橇——冰床——滑渡冰上如飞。仰视冰天中,寒月半轮,光射银海,有身到北冰洋之感。坐冰床,片刻已至对岸,得诗两句,写这时光景道:

　　一叶橇舟千里客,半轮寒月满川冰。

至今思之,尤觉骨冷!宿安东县,乡音满耳。日本人居此地者,不及在朝鲜的横暴。然闻人言,时时因搜查韩人,有越境肆行骚扰的。且垂涎此地森林矿产,意图侵占,便使想起日本陆军派"南守北进"的野心。此时从安东走奉天,尚有多半窄轨铁路,火车环山而走;曾于转湾处出轨,幸未翻车。行至摩天岭一息,乃薛仁贵③三箭定天山处,自然动怀古的遥思。曾咏一律,末云:

辽野风云迥，摩天星斗寒；但教唐将在，壮士凯歌还！

（结句占争矿之胜利。）

时正仲冬，冰雪满地，寒气袭人；在火车中，尚不觉大冷。将至奉天，又得一律云：

凄凄冰雪地，人说是辽阳；野旷无飞鸟，天低有牧羊。隋唐遗迹在，龙虎旧封荒；（此句影种族革命，自然是说努尔哈赤龙虎将军。）莫问东藩事，而今更可伤！（结到国家主义，奇怪！）

此律和者甚众，惟牧羊韵，友人许为独绝；因从敕勒川歌脱化出来，故难再胜。此外尚有一律，只记"关河无健将，草芥有伏戎"两句，写出马贼声势。奉天下车，宿栈房，曾到农林学堂访崔洵生④，得遇陶佩三先生⑤，欢喜过望，扰一餐而去。复偕两王君乘宽轨火车入京，夜过山海关，梦中被友呼醒，得一绝云：

万里征人梦，惊心入汉关；可怜今"夜月"，犹照旧时山！

注释：

①安重根（1879—1910）：字应七，本贯顺兴，出生于朝鲜海州。1909年10月26日，安重根在中国哈尔滨成功刺杀了侵略朝鲜的元凶、前日本首相伊藤博文，当场被捕。日本关东都督府地方法院判处安重根绞刑。安重根被当今朝鲜和韩国分别称为"爱国烈士"和"义士"。

②伊藤博文（1841—1909）：日本长州（今山口县西北部）人。日本近代政治家，长洲五杰，明治九元老中的一人，日本第一个内阁首相，首任韩国总监，明治宪法之父。1894年伊藤内阁以朝鲜东学党起义为借口，发动中日甲午战争，清朝战败，只好派李鸿章赴日谈判。1895年4月10日签订了《马关条约》。

③薛仁贵（614—683）：即薛礼，字仁贵，山西绛州龙门修村人（今山西河津市城东十里的修村）。他随唐太宗李世民、唐高宗李治创造了"良策息干戈""三箭定天山""脱帽退万敌"等诸方面在军事、政治上的赫赫功勋。天山，今蒙古杭爱山，也称燕然山，位于蒙古高原的西北，离雁门关大概在1800公里左右。公元89年（东汉永元元年）汉军大破匈奴军，登燕然山，班固撰写《封燕然山铭》文，刻石纪功而还。杭爱山在唐代文学作品中常被称为"天山"。

④崔洵生：即崔潮，字洵生。

⑤陶佩三先生：景梅九说："佩三虽是浙江人，在山西农校作教员多年，颇为同人爱敬；又和我为特别相知。"

激动外务部　大老官解释辫绳子

天津一宿，即乘车入北京，同至达智桥"豫学堂"，得见王团沙诸人，共议争矿办法，决定先到外务部，向当局陈述四省留学生争矿的决心。我既应代表名目，就不得不走一遭。那时胡维德①作外务部侍郎，我们雇了两乘马车，去见他。还好，没挡驾，让到客厅坐下，谈了几句闲话，便说到福公司谋据豫矿的野心，非请当局力争不可。他说："大家请放心！我们还能把利权让外人么？学生们尽管求学好了。"我便道："只要当局能力争矿权，学生们绝不喜欢抛弃光阴，来干涉这事情。不过学生们在外面，看当局好像没办法，所以来作个外交后援。"他满口答应和长官并力同争，我们才告辞走去。回到豫学堂，大家又商议，要开一个河南同乡会，也算开成了。我报告山西争矿的经过，及福公司的野心，和政府的无能，非豫人自起力争不可。大家议定了几条办法，散会。王团沙诸君，又邀请河南同乡官，又在豫学堂开了一个会，请来几个大老官。妙极了！有一位姓丁的，年纪最老，官职也算不小。他来了，大家让他坐在官厅中上面首座上，大家自然要听他的高论了。他却攫了个辫子问题来讲，说："这辫不是汉人固有的，乃是本朝风俗；本朝古称索虏②，索就是就是辫绳子。"大家也莫名其妙，他说这话，是甚么意思？只好唯唯。更妙！他也不问今天为什么请他？便抬身辞去，大家也莫留。我只暗笑的说："这便是官僚争矿会议的结议么？"丁去，大家不过谈了些无关紧要的话，算完事。我据事直书，报告东京四省协会，那管他们笑破肚子！说也奇怪，福公司居然不敢硬来；但在天津某报上，说了两句淡话道："河南人和福公司并无恶感，只景某人一个从中挑拨云。"我由是动了办报的念头。

注释：

①胡维德（1863—1933）：即胡惟德，字馨吾，浙江吴兴人，中国清朝及民国初期的政治及外交人物。1926 年 4 月 20 日，段祺瑞辞任临时执政，胡惟德代理国务总理，直到同年 5 月 13 日。1933 年 11 月 24 日，病逝于北平。

②索虏：南北朝时南朝对北朝的蔑称。

堕落　蕙儿妙语

我对于豫矿责任告毕，才和山西同乡诸同志聚首。我便移住蒲州会馆。又遇见裴子青①、苏连三②诸君，都困居京中，无所事事。与杨雨亭君俱住三晋西馆，得遇李阁臣③，是一个豪爽少年，我很注意。一日我在街市上，忽逢张翊初④君，甚喜！他邀我到凤翔馆去坐，我问他到京何为？他道："我打算在部里运动个差事，影住身子，好作咱们的事。"我道："也好。"自然不很赞成；但我很爱翊初的脱洒，所以他邀我作狭邪游，我也去去。这其间的罪状，算不清了！偶逢腊月二十三，想起灶爷典故，于是戏写了一篇《留别书》，寄与东京同志，全是笑话，摘录如左：

白帝托孤，刘玄德泪如泉涌；宋营别母，杨彦辉心似刀扎！（这真不知从何说起！）腾腾热气，大似收生婆端来之汤；点点冷溜，又像吊死鬼滴下之血。（这一联，写六枚铜板澡堂盆汤屋中实情。收生婆，吊死鬼，天然妙对。）羡诸君有女同居，自然高兴；叹小神⑤无人在侧，何以为情？于是屡襄边务，不见玉人；再打茶围⑥，忽逢神女。（数联大有眉飞色舞情况。但实际曾为沦落人伤心落泪，即所谓桐花庄董素仙也。）幸未到田三伙厨中，受他打骂真可恼；却落在吕先生家里，使爷水米不粘牙！⑦（此乃诉告之辞；然实在碰着许多穷鬼，无以为生，且每日想穷开心，真乃罪过。）

就这样地堕落下去么？不能！一日和翊初到李蕙芬家，听他大骂警察，说："他们都靠着我们花捐养活，还来欺侮我们！"我忽然触动"政府全靠人民租税养活，翻来欺侮人民"的痛感。便痴心妄想，要拉他作无政府同志，极力劝他从良，并撰一联赠之曰：

　　　　寄恨骚人空写蕙，含情芳草自能芬！

翊初评曰："何减工部！自能芬好，不用甚么三媒六证，月下老人，以及甚么济良所⑧！"

注释：

①裴子青（1875—1958）：即裴子清，山西安邑县（今运城市）人，1908 年由景梅九介绍加入同盟会，1911 年 2 月，随景梅九在北京筹办《国风日报》，任报社经理。1913 年 3 月 2 日，宋教仁在上海车站被刺身亡，《国风日报》立即报道真相，袁世凯下令逮捕了裴子清和编辑郭究竟。景梅九上书官厅，据理力争，二人才被释放。1915 年，裴子清在西安与景梅九一起参加反袁斗争，裴后来在陕西宜君、白水等县任县长。1943 年返回故里。

②苏连三（1882—1946）：即苏至元，字连三，号洁僧，山西河津通化镇（现属万荣县）人，任安邑县（今运城）警政。在任期间，他结识了景梅九，并加入了同盟会。后曾在张家口、绥远陶林县等地任职。晚年家居，清贫如故。1946 年病逝。

③李阁臣：山西人。1911 年，景梅九、李阁臣都回到山西，李阁臣在夏县曲沃一带召集会党，组织军队抗击清军。景梅九后到太原任省稽勋局长，李阁臣为调查员。

④张翊初：即张赞元，字翊初。

⑤小神：景梅九自称运城灶爷，所以称小神。

⑥打茶围：亦作"打茶会"。指旧时去妓女所在的青楼喝酒、抽烟、吃点心、闲聊。董素仙，桐花庄妓女。后文李蕙芬亦是妓女。

⑦景梅九在这里自比灶爷，说，幸亏没到田三伙厨中受她打骂，但却落到吕蒙正家里，穷得连灶爷都是水米不粘牙哪！形容景梅九当时的穷困。田三，打灶剧中人物，京剧有《打灶王》，说的是：田氏兄弟三人同居，其家有紫荆树，枝叶茂盛。田三之妻李三春，劝夫分居，两兄不允，李乃日夜闹，迁怒灶神，打碎其像，兄嫂不得已允之；紫荆树顿枯死，兄弟悟而复合，树又重活，李三春羞愤自尽。吕先生，即指吕蒙正（946—1011），字圣功，河南洛阳人。宋太宗太平兴国二年（977年）状元。988 年起他当了多年宰相。

⑧济良所：清末，彭翼仲的《京华日报》撰文揭露恶霸张傻子逼良为娼，虐待妓女，官府介入调查，制裁了张傻子。后来，又以没收的张傻子财物房产以及募捐所得，办起了"济良所"，妓女可以投所请求保护，任何人不得强迫当事人回去。

陈慧亭妙语　吴疯子

这时清廷虽未下剪发令，剪发的却也不少。留学生回来，没有戴假辫子的了。我自然是秃头，也不觉得有甚么怪看。当时还有请下剪发令的，却惹起一场笑话。因为那时剪去发子的人，都不大戴中国硬壳瓢帽，于是卖瓢帽的商人，大起慌恐，向清廷请愿说："万不要下令剪发，以致防害我们底商业。"有一天陈慧亭①（他那时充清咨政院议员，先我到京中的），到蒲州会馆访我，坐定后，慧亭同各位朋友通过姓名，谈起帽商不愿下令剪发的事体，慧亭便道："这些帽商，可笑极了！原来是为沙做的帽瓢，并不是为帽瓢做的沙呀！"我不觉鼓掌大笑，真乃解颐妙语！坐中别客，却不懂的，等他去后，都问我道："刚在陈先生沙沙的，是甚么话？"我笑道："你们不懂方言，所以莫明其妙；陕西人呼头为沙（四牙反）。章太炎说是颡字音燮②，以小名代大名，他的话，就是说为'头'做的帽瓢，并不是为帽瓢做的头。"大家由不得也笑了。说起剪发的朋友，也不少，也有因剪发受过革命党嫌疑的，也有真是革命党的。别人不提，且说一个怪人。子青对我说："这里有个吴疯子，名友石，是湖北人，说在东京时，认的你，想见你面。"我当时听了子青话，心里好生疑惑。我在日本时，认得好些湖北人，姓吴的固然有一个，并不是叫甚么吴友石；吴疯子更新鲜了。但我听见他的形迹奇异，猜定他是个革命党，于是乎便寻他见了面。哈哈，才是白逾桓③！我自然认得他。在日本闹取缔风潮时，他和我都是干事员，又是革命同志，却想不到他到北京，也不知他改了姓名。我问他的变易姓名的原因，他略说在辽东运动革命，几被侦探陷害，才变姓名逃出来的。到北边已经一年多了，交识朋友不少。谈到他在《国报》（日刊）上，曾投文稿，署孤愤子，我却见过；因在陕西时看见了这报，就很注意他的文字，因其有革命火气故。又说到他上年年终，于京中各报停刊时，办了十日小报，叫《岁华旬记》，便道："现在又到年终了，我们再干十天小报罢！"我很赞成，并担任筹款。

注释：

①陈慧亭：即陈同熙，字会亭、慧亭，陕西潼关人。

②颡字音燮：颡（sǎng）字音燮（xiè）里的"燮"可能是"变"的繁体"變"字之误。意思是陕西人呼头为"沙"，这个"沙"字是"颡（sǎng）"字音变来的。

③白逾桓（1876—1935）：字楚香，本姓刘，1905年7月加入中国同盟会，并被推为干事。他和居正、田桐、吴昆被誉为中国同盟会的鄂籍四杰。

香厂卖报　醉后吐真言

大家知道我来北京，真是一钱不名，怎么大胆担任为《岁华旬记》筹款呢？因我认得几个有钱人，他们因拉我作嫖友，还供给茶围费，我晓得他们一定有余钱。先对翊初同志说起，他极力赞成，慨然愿出三十元印刷费纸费。我回头对疯子说，疯子说："够用了！"于是大家就干起来。主笔我担任，疯子充编辑。采了些紧要新闻，果然于各大报停刊的第二天出版了。我的论说中，有责备各大报几句话道："于每年最终之五日，不为国民计过去一年之得丧；于每岁最初之五日，不为国民定将来一岁之方针。"（大意如是。）翊初见此，吟味了几回，说："好！真能写出这一种旬记精神来！"这时香厂开市，我和疯子及子青、连三等，各拿些报去卖。占定了一张茶棚馆前的桌子，卖起报来，铜子收入不少；熟朋友过来，送一张看。想起在东京散《平民新闻》的故事，颇忆仲伏。这十天的文章，都含着平民革命精神，好多人说可惜在这小报发表！于是乎才动了办日报的野心。一日饮于沈君实夫家，谈起办日报，他很赞成，并有在他办的《公论实报》馆发行的提议。疯子计算他在天津的差事，薪金积蓄了几个月，共有三百余元，可以充开办费。但干大报，还要保押费，说是预备的罚款，定例须二百元。那么，三百元，如何能开办？实夫道："有个法子，向警厅去立案，说办白话报，就不要保押金了。"不错，这时候《北京话报》，已出版数年，虽创办人彭翼仲①，因触忌，发配新疆，此种话报，已深印人人脑髓。继起的白话报，也有几家，因浅近易解，风行一时。清廷因提倡通俗教育，所以对白话报免押金，自然说不到坏处。我是《晋话报》旧人，自然喜欢作白话；但因白话质直，若谭起革命来，不如文话的隐约些，所以大家赞成文言。为权计，疯子听了实夫话，决定以白话报立案。对于报的名子②，提议了几个。时有某君与保皇党人有关系，他道："梁起超③办《国风报》（杂志），现在很是通行，不如就叫《国风日报》，一来可以藉此扩张销路，二来可泯革命形迹。"最后这一句话，大概合了我们意旨。疯子先赞同，仍嫌袭取，我道："不然！国风是历史上的公名，不是一派人所能私有；况他们提倡邪说，辱没国风二字，我们主持正义，可以称得真正国风！"众议遂决。我那一夜吃醉了酒，裴、苏两君④，扶我归西馆，路过魏染胡同，看见一家朱户，大声呼道："这都是平民的血染成的！"两位拉着我便走，到骡马市街，遇见一巡警，大声呵道："这是资本家政府的狗！"巡警先生，倒退了两步，苏君连忙对人家说："他喝醉了，莫怪！"我也不管这些，口里乱骂一阵，踉踉跄跄地，走进西馆，还说了半夜醉话。差不多把甚么心事，都完全发表出来。酒呵！你真是开心见胆的朋友！

注释：

①彭翼仲（1864—1921）：名诒孙，字翼仲，苏州人，做过通判之类的小官。他痛心于北京的报纸"都是外国人所开"，于是弃官卖产，从事报刊工作，创办了《启蒙画报》《京话日报》和《中华报》，其中尤以《京话日报》销路最广。1906

年 9 月 29 日，清政府以"妄议朝政，捏造谣言，附合匪党，肆为论说"的 16 字罪名，将彭翼仲逮捕下狱，被判"发配新疆"。"彭翼仲案"是 1903 年"苏报案"后的又一起震惊中外的"文字狱"。1913 年彭翼仲从新疆回京后，复刊《京话时报》，直至逝世。

②名子：现在写作"名字"。

③梁起超：应为梁启超。

④裴、苏两君：即裴子清，苏连三。

《国风》出世 色彩俱足

南柳巷，《国风日报》发祥地。好笑呵！四四方方一块小院子，四面间口不大的房子，上面房编辑处，门面房发行处，偏西房厨房和餐室。组织是没有的，完全无政府办法，各尽所能，自由担任。白、裴两君①，可算是经理，编辑，庶务，会计，校对，发行，我可算是编辑主笔兼校对。广告本然没有多少，每日只出一张，先印两版，后印三版，仅留一版广告空儿，也登不了许多。于宣统三年，阴历正月十二日出版。我作一篇宣言，大意是重在鼓舞国民，监督政府，两层意思上。一礼拜后，便有人提起注意来，说："言论太激烈，怕政府要干涉，和平些儿好哪！"这一种话，绝不入耳，因为我们是知道"记者和监狱为邻"的，还怕甚么政府干涉！惟有一个同志话，却说的好，他道："我们虽自命为革命机关报，平时却不要露出消息来，只和一般报的态度，少微强硬些，特别要注重文艺方面，小说以外，再添些戏评，花评，谐评等，以供各方面人阅览，然后销路才可以推广。销路推广以后，一旦遇着发表革命的机会，把真面目再露出来，全登上吾党主张，自然能哄动一时。在外国凡政党的机关报，也是这样的，古人说：'养兵千日，用在一时。'报纸亦然，平素但养名誉好了。"我很以他的话为然，于是逐渐增加门类，如戏评，则设"笔歌墨舞"栏；花评则设"情天棒喝"栏；（因为那时虽然邪游，终觉于良心不安；若再提倡甚么花事，岂不是罪上加罪！所以想出这情天棒喝四字来，可作一种警戒观，含着对于妓女的棒喝，对于嫖客的棒喝，对于老鸨的棒喝几种意思。虽未能尽合本意，纵和别报评花大有分别了。）谐评则有"四面八方"栏；（此栏包罗万有，全是平弹时政，指摘社会的妙谛，为一般人所欢迎。）文艺则有"小说"，"韵语"——"吟坛"，诸栏。后有加"讽言"一栏，寸铁杀人，一时无两，是第一次《国风》特彩。

注释：

①白、裴两君：白逾桓、裴子清。

老蔡　梁山泊吃饭法

《国风》还有一个忠仆，姓蔡，乃随疯子到京的。年纪和大家差不多，因称之为老蔡。说起他作的事，真合僕字古义。僕字从人从菐，菐为两手执丵——即用两手做丵事——他既充守门的，又当厨子，又跑街，又送稿子，又取报，又叠报，又送报车站，又请医生，又邀客人，又发信，又收报费，一天自早到晚，四支百骸，没有停顿，真比电影戏里人还忙；王褒僮约①，不过这样。难得他一声也不哼，"一纳头只去憔悴"死地②，给《国风》出气力。大家过意不去，有时劝他歇歇，他只笑一笑，有时给他一元二元钱教他用，他说："报馆这样穷，先生们都没钱花，我有吃的，有穿的，要钱做甚么？"总没用一次。老蔡呵！社会服务者，那一个赶得上你！把我们长衫先生们愧死了！至于有吃有穿，也是笑话。一天两顿饭，"白菜豆腐，豆腐白菜；馒头大米，大米馒头"，便是满案上的珍馐美味。吃饭时，大家围定桌儿，有座儿坐下，没座儿站在那里。吃起来，风疾电扫，一霎时盘碗齐空。有客来时，随意加入，毫无限制；但不得争咸说淡。某日宁太一③（和陈汉元④办过《洞庭波》杂志，被捕于湖北，赋"绝命词"，有"断头台近岳阳楼"句，传诵一时。后释出。是年到北京，充《帝国日报》主笔，以冷峭笔锋，刺激时政，为论坛健将）来馆，看见大家吃饭光景，虎咽鲸吞，当食不让，大笑道："好个梁山泊吃饭法！"这真是对半说谎，把大块豆腐看成大块肉，把大碗茶汤，看成大碗酒了罢！惟"梁山泊"三字当得起。说到穿衣，也没有甚么讲究；单说我的贴身衬衣，半年一洗，其余人的衣服，也都是"老虎下山一张皮"，想掉换一掉换，也不成功。说到这里，我想起玉青寄我的袜子了。

注释：

①王褒僮约：王褒，字子渊，汉代文人，作《僮约》，记奴婢契约。后代以"僮约"泛称主奴契约或对奴仆的种种约束规定。

②"一纳头只去憔悴"死地：王实甫《西厢记》第一折中写道："则怕有情人不遂心也似此。他害的有些抹媚，我遭着没三思，一纳头安排着憔悴死。"

③宁太一：即宁调元，字仙霞，号太一。

④陈汉元：即陈家鼎，字汉元。

袜子小说之始末

提起玉青，从我去后，他充了河东女学堂监督，贤、秀两女①，也随他入学。女学在河东算创办的。玉青虽没甚么学问，却有些办事才。这事我并没过问，但我到京后，曾写过一封家书，报告行踪。玉青知道我的地方，才给我寄信来，并像片两张。一时颇动思家念头，因复玉青一纸云：

昨夜梦君，今朝得信；又见武装坐立之照片，贤儿清爽，秀儿愁，真个好看煞人也！不得归去，奈何！

此纸玉青记得很清楚，所以不遗一字。到办报时候，又忘了他们，过两个月，才想起来。乃寄玉青报一份，以后便拿报作消息，不再写信了。玉青寄袜子的事，本在后头；但既然提出来了，不妨倒叙一笔，有我作的《袜子》短篇小说为证，原文录左：

袜子

悲秋（当时怕重复。有几个署名，悲秋其一也。）

数日前，有友人自故乡来，带到内子手缝袜子一双，并书一封，略云，京中尘土大，听人说我悲秋[2]没袜子穿，先缝一双寄上也。

试之，颇可足。社友皆羡悲秋不已。悲秋回书云："既知京中尘土大，一双袜子济得甚事？然说先缝一双，则尚有后望耳；且正值足上袜子已旧时寄来，为可感也！"

"旧鞋新袜尚可将就，新鞋旧袜，便觉难看"，一般社会，通通如此说。不知从何时传来这一种"审美观念"？自己也觉得旧鞋新袜好看些。（实在是没钱买新鞋。）只可恨京中尘土大，且黑，从来没三日的白袜子。每当大风四起，黝尘遮天，在街上走一过，袜子必然变黑，燕市真住不得也！

德国近世文学家哈依勒氏，曾走英之伦敦，法之巴黎，著一论，比较这两京的光景，略说："伦敦，煤烟涨空，尘土污人；巴黎，花鸟明媚，长空青翠。伦敦是哲学家住的地方；巴黎是文学家住的地方。"又说："有人问哈依勒在巴黎如何？就如同鱼在水里一样；有人问鱼在水里如何？就如同哈依勒在巴黎一样！"（后两语真是妙谛。）氏遂留巴黎不归云。今使哈依勒在北京住上几天；怕又说是哲学家住的地方了，终须西向巴黎去耳。何物巴黎，移人如是？曰："有自由之空气在！"

闲话少说，昨日偶被友人拉去吃酒，中途遇急雨，街上黑土尽成紫泥，无伞无车，比飞行至酒楼，袜子已被泥水沾染矣，好不败兴！酒半，予与友人均有醉意，友人大骂："北京街道不改良，每月官家收得修理街道费，都不知向那里去了！天晴了有土，天雨了有泥，怎么能讲究洁净呢？"予曰："这也怪不得，北京尘土是从城外来的，或说是从蒙古、辽东来的，就是观世音菩萨，也想不下洗尘的法术。"友人又大骂道："京奉铁路，每年赚八百多万，三等车，没坐位，四等车，没顶棚，风雨烟尘都不管，把人当作畜牲看待，怪不得外国人欺负中国人，说中国人不讲究卫生！但看中国那里有讲卫生的地方呢？教人天天在猪圈里讲卫生么？可恨可恨！"我接着骂道："他们每年赚的钱里头，足足有二三百万，是从三等四等车来的，饮水思源，也不知道还懂的'人道'么?!他们自己不是人，怎么能把人当人看呢？"于是两个人越骂越痛，越说越远，遂尔酩酊大醉，分手归去！

此时，雨已停，泥尚滑，夜正黑，醉后不知呼车唤马。（这是假话，那年没坐过人力车，不一定是讲人道，实是为省钱!）跄踉趋道左，数步后，忽然想起袜子来，就路灯下视之，黑鞋与白袜一色矣！便索性大踏步向泥水里去；因思士君子有偶尔失足，遂同流合污，去与小人为群伍，致累终身。我今因袜子一污，便拖泥带水行，何异于是？乃思抽足，忽又自谓："我方急急归寓，为涤雪污染计，怕他怎的！且如此乾坤，那有干净土耶？何妨世人皆醒，我独醉，世人皆清，我独浊!"（这几句在种族革命时代，自然别有感慨了。）复乘酒兴，飞奔数步，一足外向几跌倒；因思士君子虽辱在泥途，也要立定脚跟，磨而不磷，涅而不淄，才算是丈夫是豪杰！即如李陵降虏，胡服椎髻，思得当以报汉，虽未能遂志，而终不为匈奴画一策；苏武③啮雪瀚海，居虏中十九年，虽娶胡妇，不失汉节，皆可尊仰者也。且行且思，不复知身在泥水中。比至寓，脱鞋及袜子，命仆速为洗濯，同寓者见之笑曰："胡为乎泥中④?"曰："厌浥行露⑤耳!"大笑睡去。早起，视袜子，已复白矣。

按，此篇虽提出"人道"二字，隐露社会主义，毕竟不脱种族观。引李陵、苏武自况，皆太显著；惟结到袜子复白，不但我心满，亦使玉青意足，自是合作，一笑！

注释：

①贤、秀两女：景梅九的前妻生有一男二女，男曰崇文，1911 年景梅九在北京时崇文当是 16 岁，长女清贤 14 岁，次女清秀 11 岁。

②悲秋：是短篇小说《袜子》的作者署名，也是小说中的主人公。

③苏武（前 140—前 60）：字子卿，杜陵（今陕西西安东南）人，西汉大臣。武帝时为郎。天汉元年（前 100 年）奉命以中郎将持节出使匈奴，被扣留。匈奴贵族多次威胁利诱，欲使其投降，后将他迁到北海（今贝加尔湖）边牧羊。苏武历尽艰辛，留居匈奴十九年持节不屈。至始元六年（前 81 年），方获释回汉。苏武死后，汉宣帝将其列为麒麟阁十一功臣之一，彰显其节操。

④胡为乎泥中：出自《诗经·邶风·式微》。

⑤厌浥行露：出自《诗经·国风·召南》篇，厌浥（yì），湿淋淋的。行（háng），道路。

竹杠失败　典去少石白狐裘

《国风日报》开办费三百元，自然不到几天就完了。第二月，便维持不下去。我当时采用沿门乞讨的方法，由近及远，先向京中诸友借款，打算十元的八元的凑起来，可以积少成多。大家真看面子，都掏出些腰包来，给了我；只碰了一个旧同学的钉子，他应得有钱的名儿，却一文不肯拿出来，我心里很不高兴！忽动了一种恶念，寄他一封信，大意是说："你如不肯拿钱，我便要发明你一件隐事，登在本报！"这算平生第一次敲人竹杠。那知这位先生很妙，他回信大意说："不料君用此手腕来喝诈，好极了！请你编出来，奇文欣共赏，大家看！"我自己笑起来，对友人说："失败！失败！一杠子打空了，前途大不利！"但我内心是愧悔不及！当然未给人家登报。以后这位朋友，知道我是穷急所致，并非有意敲他，也就算了。京中朋友，大半都是穷人，不能继续出钱；于是又向外省去讨，凡有和我交识的，没一个躲得过去。近而陕西作知县的张老衡，远而云南作讲武堂堂长的李协和，都打到了。幸不脱空；但也有限的很，所以月月闹急慌。我没法，在豫学堂充当了几个月算学、理化教习，每月车马费三十元，也填在报馆内，且从中每月抽出几块钱，报效素仙茶盘子，罪过不小！有一天纸店逼的要命，大有不能付印之势，乃向杨少石去借；那知他老先生也不现成，却好，慨然把他一身最宝贵的白狐皮马褂送我，当了三拾元，过了难关。我赠他两句诗道："典君千金裘，言论大自由！"算一桩最深刻的纪念。过了一关又一关，警厅要保押费二百元；因为立案是办白话报，出版后，除过我所作的《邯郸新梦》小说是白话，其余全用文言，又因直言无忌，深触当局之怒，所以有人献策，说向本报提出责问，既不是白话体裁，便要他纳保押费。这一计真毒呵！

《邯郸新梦》的影子

《邯郸新梦》，是长篇小说，便是和太昭①在东京说过的"秦始皇开国会"笑话，即以为骨子，乱穿插古今事件，联成颠倒梦想，自然用圣叹②的腾挪法，远远续起，以张良放炸弹，影合精卫；屈原办报馆，影合《国风》；打算以李斯考察宪法，影合五大臣；扶苏太子充资政院院长，影合伦贝子③，然后再叙到秦皇开国会，陈涉、项羽、刘季等起革命军，赵高为内应。叙了二十余篇，尚未叙出李斯；因游太原，停顿下去。诸友赞此篇小说者很多，因只能于旧小说中，别开生面，把基（甚）么却说，下回分解等字样，一概不用。每篇首只用两字标目，如传奇回目，但恨未能一气呵成地作下去，留下个不了心事！这小说中，明提出一个侦探史伯龙④来，和萧何有来往；却写萧何是革命党员，冒充官吏，阳作侦探，暗助革命。这萧何影程大胡子⑤，他本是安徽休宁人，日本老留学生。因他到日本时，中国留学生，不过十几个人，他入农科，毕业后，回国遇友人丁季衡⑥，他自称是革命党。季衡恐他受祸，特荐于清肃亲王⑦，才得充大学农科教员。及苏杭甬争路风潮起，他鼓动学生罢课，事为袁世凯所闻知，下令捕他，他重到日本，著《政界风云记》，大骂老袁。俟清帝后死，袁罢职，他又回京。那时袁氏侦奴史伯龙，专以捕杀革命党为事，他和季衡商量，劝老肃用民政部权力，收回缉捕、探访两局，改成缉探局；再令季衡同崇铁青，排斥史伯龙，说他吞没北京《白话报》印字机；因置史于罪，解回原藉，交地方官严加管束。这算他们"屠龙"成功。乃以铁青和季衡接充缉探局正副局长。此后革命党人，才得自由入京，大胡子功劳不小。精卫的事件，若不是他运动，生命早完了。《国风》受他暗中庇获不小。

注释：

①太昭：即景耀月，字太昭。

②圣叹：即金圣叹（1608—1661），明末清初人，名采，字若采，明亡后改名人瑞，字圣叹，别号鲲鹏散士。苏州吴县人。他为人狂放不羁，能文善诗。对《水浒传》《西厢记》《左传》等书都有评点。

③伦贝子：即贝子溥伦。

④史伯龙：清廷巡警部探访局侦缉队长。

⑤程大胡子：即程家柽（chēng）（1874—1914），字韵荪、豫荪、下斋。安徽休宁人。1905年协助宋教仁创办革命刊物《二十世纪之支那》，任编辑长。加入同盟会，并与孙中山、黄兴等七人被推为同盟会章程起草人。1906年2月归国，任北京大学农科教授。回到北京后，利用担任肃亲王善耆家庭教师的机会，一面秘密宣传革命，一面多方掩护和营救革命党人。1907年再赴日本，曾设法为《民报》筹集经费。1909年回到北京。1911年3月，与白逾桓、景梅九等创办《国风日报》。1912年充任安徽军政府高等顾问。袁世凯担任临时大总统后，一度返回家乡。1913年奉黄兴之命赴皖赣两省，协助柏文蔚、李烈钧布置讨袁事宜。二次革命失败后，曾撰写《袁世凯黄粱梦》一文，揭露袁世凯称帝阴谋。1914年初，与熊世贞等人组织"铁血团"，图谋暗杀袁世凯。后因计划泄露，遭到逮捕。9月23日，在北京被害。

⑥丁季衡：即江西南昌丁轸，字季衡，同盟会员。庚子后，北京创设巡警总

厅，丁轸君擢为内城区长，多所建树。论者推为警政之冠冕。共和告成，程家柽君以学识及功烈得充新政府农林次长，又建议以丁轸君充巡总监。民国三年（此处应为民国元年，孙中山是 1912 年 9 月 18 日到太原的），孙中山游晋，程家柽、丁轸随焉，并受同人优礼。1914 年 9 月 23 日，程家柽被害后，故旧无敢过问者，丁轸居贫，以二十金易一棺，以是牵连，与崇铁青同被捕。狱官侯某廉知其情，使平反出狱，崇铁青病死，丁轸犹为侦者所窥伺，乃遁去。袁世凯死，丁轸还京。复至粤，参加护法，谒见总理，奖慰有加，给以参议名。以乃北返，独往库伦，后归张家口。癸亥（1923 年）景梅九重振《国风》，丁轸又话旧语，因与续西峰同志三人订西北革命计划，事泄被捕入狱。旋脱走，以不谙道路，误走小黑河，为追骑所及，被害。

⑦清肃亲王：即老肃，指善耆（qí）。

诡辩白话文　太原密行

说起保押费来，还有一段笑话。就是第一次催交费时，我在报上作了一篇诡辩文字，题目是"这就是白话"，大意是说："中国一般识字人，大约能看《三国演义》《聊斋》文字，所以听得人讲，在现在的报纸上，连一篇陈琳讨曹的檄文①，都看不到，可见他们把古文都着（看）做通俗文字了。本报的文字，总比陈琳檄文容易懂的，因而我说这就是白话。"自然是强辞夺理；但也好得很，居然隔了两个月没来问。到第二次催交费时，便没法唐塞②，只好求人家宽限时日，我才亲自到太原走了一遭。寻到南君佩兰③，说明来意，他说："现在同志在军界，得势的，只有伯川④，现充标统，经济还活动些，且比较旁人爽快的多。你当面请他筹款，一定能达到目的。"我听了他底话，密见伯川，说《国风》窘状，他立时答应筹三百元，我想这数，大可以敷衍过去，就欣然赞许，并谈到南方革命运动的情形。这时黄花岗七十二烈士的壮举刚过去，风潮似乎平静；其实各省同志，因受了这一种热血激荡，对于革命事业，分外的进行起来了。我到太原：一为《国风》筹款；二为密会同志。这时南君亲入军队运动，于下级军人中，得杨镮甫⑤一人，说是一员健将，绍介见了面；又介绍见李君树森⑥，乃充巡警道侦探者，为人极机警沈密；又见常子发⑦，亦军界重要分子，激昂慷慨，有豪士风，并与李岐山诸人会议一次，很觉得山西革命根基稳固了。心里好生快活！南君又提到杜上化⑧老先生革命精神，我也见了一面，以为大似山东刘冠三君。特因《国风》迫急，不能多停；且怕露出甚么风声来，所以款子到手，抬身便走。总之，这回太原行，不算空跑，与革命前途大生出关系来！

注释：

①陈琳讨曹的檄文：陈琳（？—217 年），字孔璋，广陵射阳（今江苏宝应，一说盐城盐都区大纵湖）人。东汉末年著名文学家，"建安七子"之一。官渡之战前，陈琳为袁绍写讨伐曹操的檄文。文章从曹操的祖父骂起，一直骂到曹操本人，贬斥他是古今第一"贪残虐烈无道之臣"。据说曹操让手下念这篇檄文时正犯头痛病，听到要紧处不禁厉声大叫，吓出一身冷汗，头竟然不疼了。曹操爱其才而不咎，署为司空军师祭酒。

②唐塞：现在写作搪塞。

③南君佩兰：南君，指南桂馨，字佩兰。

④伯川：即阎锡山（1883—1960），字百川、伯川，号龙池。

⑤杨镮甫：即杨彭龄，字镮（jiǎn）甫，山东曲阜县人，早年在奉天（沈阳）入师范学堂，后追随宋教仁参加革命，由宋教仁介绍加入同盟会。

⑥李君树森：即李成林（1878—1944），字树森，山西寿阳县贾豹村人，幼年家贫，随母与继父到朔县谋生。1932 年任太原绥靖公署中将参议兼山西大麦郊保安队长。1939 年回太原居住。1944 年病逝。

⑦常子发：即常樾，字子发，山西黎城城内小南街人。1906 年，中国同盟会山西分会首次派荣炳从日本东京回太原，秘密组建同盟会。荣炳遵照同盟会在新军发展会员的指示，介绍常樾、张煌等加入同盟会。

⑧杜上化（1850—1922）：字子诚，灵丘县上寨镇人。杜上化 23 岁（1873）时赴太原府应试中举。1908 年加入同盟会，1909 年 10 月被选为山西省咨议局议员、副议长。1911 年 10 月 29 日山西革命军在太原起义成功，杜上化极力推荐标统（团长）阎锡山任山西省军政府都督，他也被推选为总参议兼议会议长。1912 年 1 月 12 日，杜上化等奉命去大同与清毅军郭殿邦、陈希义谈判，为大同革命军、忻代宁公团与清军调停，达成协议，革命军安然撤出大同。阎锡山任山西都督，任其为

秘书监，后为总参议。孙中山抵晋时曾与他彻夜长谈，誉为"山西一日不可少之人物"。许多革命党人曾得到他的保护和援助。1913 年他被选为议长。后因阎锡山排斥，他于 1918 年退出政界，辞官回家。自荐到双峰寺学校当校长，为家乡育才。临终对子孙及乡绅口述《警告全省百姓讨阎书》，列举 18 条罪状，并托人印行全省。

《刺客行》　勿幕赠诗

大家若要问我何以知道革命期不远？这不是一句话能答应得来的。最先是广东温生才刺杀将军孚琦一案①，是那年二月事，我作了一篇《刺客行》，登在《国风日报》上面，中有"一射将军头，二射将军肚，三射四射中要部……法官问刺客，刺客慷慨中怀吐。只好杀人只好色，不好饮酒不好赌，荆卿误拉秦舞阳，我自徒行无伴侣……"颇为同志所爱诵。接着三月十九日，七十二烈士之役，为民党革命第一次大牺牲；其中最著名的是福建林君②，在东京《民报》时代，群呼为林大将军的。此外广东花县人最多，人说是洪秀全的遗派，共葬于黄花岗，此种消息，惟《国风日报》登载最详，连记半月有余，各省同盟，大为激动。陕西同志进行尤烈，井勿幕时有来函，并遣张君③携其家藏古画，到京、沪一带变卖，以供革命运动费，且寄我一诗云：

　　读诗为汝悲辽阳，乾坤安有干净地？悔不当时生便休，又是来年二十四！我欲乘风视汝来，黑云冉冉天之际。

诗中"二十四"三字，被我猜到。因项羽起兵，周瑜统军，都是二十四岁；勿幕有周郎外号，所以感慨到此，恐辜负于这般好年华。他那年又曾亲到广东，和同志定约起事。张君来时，密告我曰："陕西革命进行颇急，今年必然发动，勿幕希望晋、秦同时并起。"我说："请告勿幕，一定办得到！"及游山西一次，大致已定；又因盛宣怀卖路风潮，乘着机会，大鼓动了一番革命。那时很有意思，是满人吾庐④君，颇赞成政治革命，且能文章工诗词，时寄稿《国风》；曾有一篇文曰"盛宣怀挑动天下"，也可以想见那时风潮汹涌的现况了。这全是革命的先兆。

___

注释：

①广东温生才刺杀将军孚琦一案：温生才（1870—1911），字练生，汉族，广东梅县人。1907 年加入同盟会。1911 年，革命党人准备在广州黄花岗起义。1910 年广州新军起义被清广东水师提督李准所破坏。1911 年 3 月，南洋同盟会会员温生才回到国内准备参加起义，因路费不足，滞留广州，为广九铁路佣工。他获悉李准为起义的最大障碍，遂计划先除掉他。4 月 8 日，比利时人在广州东门外燕塘地方举行飞机表演。温生才估计李准可能也去观看，届时他便守候在城东门外咨议局前的"悦来"茶馆里，伪装品茶。直等到日落时，听到人声吵杂。有人喊了声："提督大人来了！"温生才断定是李准座轿到了，便快步从茶馆中走出，冲到轿前，对着轿门就是一枪。左右的清军护卫惊慌逃窜，轿夫也扔轿逃跑，温生才恐其不死，对着轿内又开三枪。轿内之人，挺卧而死，脚伸出轿外。事实上，轿内被击毙者并不是李准，而是孚琦。温生才被捕后，在审讯时，他面无惧色，侃侃而谈，痛斥满清腐败，大谈革命主义。后张鸣岐奏请清廷将温生才处死。4 月 15 日，温生才被押赴刑场，途中神色自若，行至惠爱街一带时，对着人群大声喊道："今日我代同胞报仇，各同胞务须发奋做人方好！"既而又说："许多事归我一人担任，快死快生，再来击贼！"在其击毙孚琦处慷慨就义，时年 42 岁。葬于广州黄花岗。

②福建林君：即林觉民（1887—1911），福建闽侯（今福州）人，字意洞，号抖飞，又号天外生。他 20 岁的时候东渡日本留学。谙熟日语之外，还懂得英语和德语。在日本参加了同盟会，从事反清革命活动。1911 年春抵香港，准备在广州发动起义，4 月 24 日夜写下感人至深的《与妻书》。1911 年 4 月 27 日林觉民参加黄兴领导的广州起义，进攻总督衙门，不幸受伤被捕。后被杀害，葬于广州黄花岗，为黄花岗七十二烈士之一。

③张君：当是指张赞元，字翙初。

④满人吾庐：生平不详。

拔丁的运动大成功

《国风》发起的动机，固然是以鼓动革命为事；在我个人，则尚寓一番为友复仇的意思。所以一开首，便作一篇"东西两抚之罪状"，东抚是说山东巡抚孙宝琦①，西抚是说山西巡抚丁宝铨！两人中，丁为主，孙为客。因从前说过的交、文案，王理臣、张实生、张汉杰、荆大觉诸同志②，或逃亡，或系狱，心中愤恨到了极点。故《国风》前半年，几专以"拔丁"为目的，直骂得那丁宝铨，神昏志堕，无地自容；尤以丁之五姨太太卖缺，丁之干女夏姬（夏学津妻）为绝好点染品。张贯三君来京时，告我一段笑话，说："某侯补官儿，在饭馆里吃醉酒，学那夏姬；因夏某③被御史参掉官儿，向丁求情，莺声燕语地叫老丁一声干爹，并拜下去道：'你老人家，总要给"他"想法子才行！'老丁连忙扶起笑道：'那自然！那自然！'这位侯补先生，扭扭捏捏就学了一个穷神尽相。"我听了，编了一编，登在报上，真把老丁气死！冤家又碰着对头，那时荆大觉也在北京，是被丁参掉了主事的；抱病蒲州会馆，病刚好，我便请他入社，把老丁秽史全揭出来。时郭润轩④正编交文案戏曲，大觉补正处很多。弄的老丁要运动封报馆；同时本报攻击曹汝霖⑤，送了他一个李完用⑥的外号。他气的不了，也有运动政府封禁《国风》之说。我将两件事合起来，做了两句讽言道："丁宝铨想运动封本报，哼！好脸子，那儿配！李完用也想运动封本报，呸！啥东西，弗害臊！"颇为一时传诵。结果老丁莫把《国风》怎么样，《国风》算把老丁推倒了。因本报每日登丁底罪状，便有人向那清当国的庆亲王⑦，说起丁底闲话来。一日开甚么政务会议，由老庆提出来更易晋抚的案子，大家都和丁莫关系，且听见报上登载丁劣迹太多，于是异口同声地，说是"应该"！便把这"丁"轻轻地拔去了，换了一个姓陆的⑧。

注释：

①孙宝琦（1867—1931）：字幕韩，晚年署名孟晋老人。浙江杭州人。山东巡抚、北京政府国务总理。幼好学，以父荫任户部主事，后改任候补直隶道员、军机处官报局局长，曾经创设育才学堂及开平武备学堂。

②王理臣、张实生、张汉杰、荆大觉诸同志：王理臣，即王用宾，字利臣、理成，本书写作理臣。

张实生，即张士秀（1870—1925），字实生，永济市开张镇南营村人。1906 年在日本加入中国同盟会，回国后于1909年被选为山西省咨议局常驻议员。1910年因交、文案而遭山西巡抚丁宝铨拘捕，判处徒刑二年，解回原籍临晋监狱执行。在狱中张士秀以琴书歌自娱，自拉自唱，县令和狱卒们视为"怪人"。张士秀常说："革命事业终成，吾何忧伤？"并在狱门上题联一副曰："困极必大亨，死地而后生。"以表明对革命胜利的信心。

张汉杰，即张树帜（1881—1946），字汉杰（汉捷），山西崞县（今原平）文殊庄村人。1906年，考入山西测绘学堂。年底，经赵戴文介绍加入同盟会。南桂馨推荐，作《晋阳公报》访员。1910年，文交惨案发生后，受《晋阳公报》主笔委派到现场采访，将事实真象揭诸报端。又因轰动一时的"匿名揭贴案"被山西巡抚丁宝铨逮捕入狱，获释后赴陕西。1911年，他从陕西回并，参加领导辛亥太原起义，力推阎锡山为都督。民军撤出太原时，张树帜任朔方兵站司令，随阎锡山北上绥包。1912年全国南北议和以后，被阎锡山任命为骑兵团团长，驻守大同。1913年，奉命出征绥远，抵御外蒙古叛军的入侵，受晋北（防蒙）东路军司令陈希义指挥。从1917年8月起到1926年，担任晋北镇守使，驻守大同。1936年1月25日，由南京国民政府授予陆军中将。后曾任国民政府赈济委员会帐监主任。1946年5月25日病逝。

荆大觉，山西猗氏县人。

③夏某：即夏学津。

④郭润轩：又名郭质生。

⑤曹汝霖（1877—1966）：字润田。生于上海，1900年赴日本留学，支持君主立宪，反对孙中山共和革命。五四运动时期，被指为卖国贼，住宅惨遭烧毁。抗日战争时期他任汉奸组织华北临时政府最高顾问。1942年3月，任伪华北政务委员会咨询委员。1949年去台湾，1950年赴日本。1957年迁居美国。1966年8月4日逝世于美国底特律。

⑥李完用（1858—1926）：朝鲜王朝后期大臣，朝鲜日治时期的贵族，被当今朝鲜和韩国视为头号卖国贼。

⑦庆亲王：奕劻。

⑧姓陆的：即陆钟琦（1848—1911），字申甫，顺天宛平人，本籍浙江萧山。辛亥革命爆发，各省独立。钟琦反对革命，叮嘱次子敬熙，准备殉清，敬熙赴京告知兄长光熙，二人一同返回山西。九月八日晨，新军起事，攻打巡抚衙门。钟琦斥责说："尔辈将反邪？"话音未落即中枪殒命。光熙奔出援救，也被打死。

冷落了无政府主义

是年对于种族革命，政治革命，很用了些心为之鼓吹，对于社会主义——无政府主义——未免冷落；这有几个缘故：一因宣传种族革命的书报很多，光复旧物，推倒满清诸说，深中于一时人心，所以各处运动，都拿种族说作媒介，别的问题，自然是顾不到了；二因智识阶级，为共和二字所迷醉，以为推倒专政，施行民主主义，便心满意足了，社会问题，那放在他们心里；三因朋友中，了解无政府主义的人，如佩兰、仲伏、溥泉①，皆天各一方，应了那孤掌难鸣的话。所以我自己也懒得讲了。日本同志失败，海外消息一绝，也是重大原因。但我底心，未尝忘掉主义，所以对于日政府，处幸德秋水二十余同志于死刑，乘机把无政府主义五字，标露于《国风》，并为时评，以发挥之。有日②某议员，因幸德案件，提出个正闰问题来，日本皇室，颇为之摇动，我却怕埋没幸德主张，于是特为辨白道：

日本内阁最近之变迁

日俄战后，桂内阁倒，西园内阁继之③，颇执行所素抱之法兰西政策。一时自然学派，流行三岛，而温和之社会主义，且转为激烈之无政府主义矣。日本政客，乃不满意于西园内阁，桂内阁于焉再现，大施其武断政策，欲扑灭无政府党人；遂有去岁幸德秋水之阴谋事件，结果处死刑者至二十人之多！致起议会之反抗。某议员乃提出正闰问题，谓明治天皇源出北朝，而日本历史则尊崇南朝，如此则幸德诸人，为南朝复仇不为叛逆。桂内阁遂无以应，此事为此次总辞职之重大原因。然某议员之提议，实非幸德诸人之本旨。无政府主义，国界亦无，何有朝界？因此倒阁亦可笑也已！

这也没人理会，我又藉五月五日，鼓吹五一劳动节；以午与迕忤逆意通，可表示克鲁泡特金所著《叛逆之精神》来，又中国五日不举子，正惧忤逆故④。而欧西五一节，施行劳动者示威运动，亦牴牾资本之意，东西不谋而合，是为黄中通理⑤云。自然是附会，然藉此一发蓄蕴，痛快之至，那管旁人懂不懂！最妙一日忽见疯子⑥作一时评，开首云："世界无善政府，此吾所叫绝者也。"我大赞之。心里说："他居然了解无政府，此何异巴枯宁⑦口气！"但他立意，是说世界政府，不是卖人国的，便是灭人国的，所以都不好；这算只看到一方面罢了！

注释：

①佩兰、仲伏、溥泉：佩兰，即南桂馨，字佩兰。仲伏，即杜羲，字仲伏。溥泉，即张继，字溥泉。

②曰：指日本。

③西园内阁继之：桂内阁，就是以桂太郎为首的内阁；西园内阁则是西园寺公望为首的内阁。在一个时期，桂太郎与西园寺公望轮流登台组阁而被称为"桂园时期"。

④中国五日不举子，正惧忤逆故：农历五月初五，五和忤同音，不顺遂，所以认为不吉利。俗话有"有福的生在初一十五，没福的生在腊八端午"，认为端午是个不好的日子。五日，指阴历端午。不举子，指不生孩子。

⑤黄中通理：《周易·坤》："君子黄中通理，正位居体，美在其中而畅于四支，发于事业，美之至也。"理，玉石的纹路，引申为物的纹理或事的条理。

⑥疯子：即白逾桓。

⑦巴枯宁：无政府主义者。

逢刘冠三　悼杨笃生

前篇所提出山东同志刘冠三①君，是年夏，曾到北京。来时因奔走积劳，卧病客舍，我因震旦公学的关系，未尝一日忘此君。听人讲他来了，很喜欢。亲身走访，一见如旧相识，见其形容枯槁，精神却健壮。我只向他说："湖南同志杨笃生②，死于英伦，我们应追悼他！"刘君正在那拟挽联，笑应曰："是!"并谈到他担簦③推车，遍走南北各省，访寻同志；至太行山下，在沁州得尺木大士④《语录》抄本，给我瞧。我曾于《霜红龛集》中，见尺木上人的名号。他本是明宗室，国亡为僧，改名尺木，影"朱"字。（因此想起所谓《推背图》，木上挂曲尺，乃知此种谶书，已早传于世。《红楼梦》，叙宝玉梦中十二叙画册，实本于此。木石因缘，亦影朱字；其言《石头记》者，正取石字头之厂，以加于木，成朱字。故有"昨夜朱楼梦"一句，以露出此字。悼红者，悼朱也，故有疑为悲明（朝）之作。此乃友人唐易庵说，当另详。）自然寓种族之感。其所为偈，多澈悟语。最为冠三所忻诵者，曰："释迦替我担担子，我又嫌他无气力!"二言，其自负不小，大有呵佛骂祖的知见，无怪乎，当年为傅青主所倾倒！说到杨笃生，乃湖南同志中长于文学，且赋性激昂。游英之前，曾游日本，我偕诸友见之，痛谈革命，耻与杨度齐名。因相约戮力中原，及在英二年，为病魔所恼，终至陨海自死，或曰病殁。宁太一君，与笃生有旧，闻讯，亲来国风报馆告我，且嘱作一篇哀辞，感念旧事，挥泪成文，太一赞许，携去登诸《帝国日报》，所以我见了冠三，便提起追悼杨君的事。冠三和我谭到各省同志，曰："我在太原，见续西峰⑤，叹观止，故停止北游。"西峰崞县同志，我于二次回国时，相逢并市⑥，深识其为人，闻冠三此语，许具特眼。惟尺木《语录》，当时只从刘君处抄录数首诗，登诸报端，未能全写一过；今闻此卷已失，怅恨何似！

注释：

①刘冠三：刘冠三和陈干、商震等共同在青岛创办震旦公学，1907年冬，景梅九从日本回国应聘到该校当教师。所以景梅九说："我因震旦公学的关系，未尝一日忘此君。"文中刘君亦指刘冠三。

②杨笃生（1871—1911）：原名毓麟，改名守仁，号叔壬，字笃生，别署三户遗民、椎印寒灰、蹈海生等。湖南长沙人。维新运动时就积极参与变法运动。1902年东渡日本求学，结识了孙中山、黄兴等革命党人，参与到辛亥革命运动中。他与黄兴、苏鹏、周来苏等湘籍留日学生另组暗杀团，并在横滨秘密设立了炸药制造所，研制爆炸物十余种。1906年，杨笃生与陈家鼎等人在日本创办《洞庭波》杂志；1907年4月，杨笃生回上海与于右任等创办《神州日报》，并任总撰述。1911

年，黄兴等发动广州黄花岗起义失败，牺牲惨重。正在英国的杨笃生闻讯，悲愤交集。不久，又传闻列强有瓜分中国之说，杨笃生深受刺激，脑疾加重，痛苦难忍。于是，杨笃生便买票乘车到利物浦，想觅一手枪，乘船归国，"寻一民贼死之"。但又觉海天万里，非旦夕可达，就遗书给在伦敦的吴稚晖，嘱其将自己所存一百英镑代为捐献，作为革命党人的活动基金。1911 年 8 月 6 日，39 岁的杨笃生在利物浦海口蹈身大西洋，以死殉国。

③鐙（dēng）：古代有柄的笠，像现在的雨伞。

④尺木大士：即彭绍升（1740—1796），法名际清，字允初，号尺木，江苏长洲（今江苏吴县）人。以名进士终于家，年七十五。

⑤续西峰（1880—1926）：名桐溪，一名九州，字西峰，号寒泉，山西崞县（今原平市）西社村（今属定襄县）人。1898 年赴代州参加"岁考"，中秀才。1902 年入"山西大学堂"西斋学习。1905 年 8 月，续西峰函告东京友人景梅九代他申请，加入同盟会。此后在晋北、绥远一带发展革命力量，伺机武装起义。

⑥并市：指太原。当是 1908 年，景梅九从青岛回太原，与续西峰见面。

怀旧友　睆九悲吟

想起辛亥《国风》同人，颇足使人感念。先是有刘任秋君，投社会新闻稿，甚别致。一月后，亲来报馆见我，意思想要几个钱。时报馆正穷的没法，很难答应；我一瞧刘君名片，是平定人，用了一个极敏捷的外交手腕，便道："我们都是同乡，我也不哄你，《国风》全靠同乡有钱的接济，我们全是尽义务，你老兄的访稿很好，本应该赠些稿费，无奈现在各处接济未到，请先尽几天义务，等钱来了，一定要送些零花儿！"妙极了，老刘也没争竞，且连续投稿，以后变成住馆编辑员；才晓得他是左手执笔书正字，大家都很希奇①！还有个王赓雅君，山东人，信耶教②，很是老成，在馆任发行名义，其实主笔校对事全干。他不大出门，一天到外边访友，仓卒回到馆中，对大家说："我今天看见了一处好街道，家家门首，都挂的金字长牌，上写着甚么'贾玉文，金秀卿，花媛媛'，都是女孩家名儿，怕就是那八大胡同吧?"我大拍手赞道："你真是哥仑布第二，居然发见了一个美洲!"大家都笑起来。我编了一段登入"情天棒喝"，他也不怪。还有一个姚太素③，充投稿员，常拟作最有兴趣的"四面八方"。我记得他写过几句"讽言"，大致说："本报秉笔如董狐，据事直书，无论至亲厚友，概不赊欠!"末两语，真能形容当时《国风》的态度。和大觉④同乡的有位王畹九，为人孤僻，思想甚好，时常投稿，日有长进。我尝目为猗氏一怪。昨日⑤忽接来一纸，不妨附录在这里，以志旧感。

寄梅九诸故旧

　　人如两世，别已十年，听燕市⑥旗鼓声又喧天。怀当日诸君仿造《周召》篇⑦，我曾在三百人队前，滥竽相唱补遗编，为缔共和缘。小阳春卷地重来，闻岭上芳讯，又向百花头上开。话到幽谷伤凄冷，更苦风霜雪里堆，万事任挫摧，况复今岁秋冬久不雨，吾民疾苦费测推，天意何时回?但欲浇块垒，无由借酒杯!哭笑不自知，乃谓狂且痴。试问《猗兰操》⑧，胡为劳其思?怅望伊人兮，东山蔽之⑨，言念停云⑩兮，昔哲所悲!

　　　　　　　　　　　　　　　　　　　十二年一月八号

注释:

①希奇：现在写作稀奇。

②耶教：即耶稣教。

③姚太素：名守质，山西临晋人，字太素，是景定成所办《国风报》的撰稿人。

④大觉：即荆大觉，山西猗氏县人。因山西交城、文水案，"拔丁"运动的主事荆大觉逃亡到北京，抱病在蒲州会馆休养，病刚好，景定成就请他入社，把丁宝铨的秘史全揭出来。时郭润轩正编交文案戏曲，荆大觉补正处很多，弄得丁宝铨要运动封报馆。王畹（wǎn）九和荆大觉是同乡，王畹九当也是猗氏人，故景梅九说他是"猗氏一怪"。

⑤昨日：当指1923年1月8日之后，王畹九写信时间是十二年一月八号。十

二年是 1923 年。

⑥燕市：指北京。

⑦怀当日诸君仿造《周召》篇：想起当年诸位贤达仿造周召共和的文章。因为当时辛亥党人要建立共和国，所以仿造了周召共和的文章，以古喻今，宣传共和思想。周召即周公、召公。《史记》记载，周厉王出奔后，周公、召公二相共同执政。其中召公谥穆，名虎。周公未传名字。

⑧《猗兰操》：最早相传是孔子所作，《猗兰操》中有"子如不伤，我不尔觐。……君子之伤，君子之守"的句子。

⑨东山蔽之：《诗经·豳风·东山》："我徂东山，慆慆不归。我来自东，零雨其濛。我东曰归，我心西悲。"

⑩停云：陶渊明《停云》诗："霭霭停云，濛濛时雨。八表同昏，平路伊阻。"是思念亲友的。

快遇钟声　戏曲说略

我对于戏曲，虽是外行，那年却发过几天戏迷，梆子二簧，都喜欢听。各种旧戏词，听的记下来的很不少，但不能出口唱一句，弄成个"满心蝴蝶，飞不出来"！还爱批评人家的好坏，在"笔歌墨舞"栏中，曾出过丑。有一篇"三庆国四史观"，倒还瞒得过内行。就是以"郭宝臣①为《史记》，以其黄河远上，直接龙门；杨娃子②为《前汉书》，苍凉悲壮之处，可敌腐迁；二宝红为《后汉书》，温文典雅，不愧作家；十三红③为《三国志》，清俊谨严，甚合史裁"。友人说，大有见到处。时有王钟声④君，提倡新戏，颇能文，曾到报馆和我议论新旧剧的长短。他大说旧剧坏话，指摘戏中人，以唱代话，太不近情。我以为："戏者虚也，本异实际，此不足为旧剧病；惟场面和布景，太不讲究，且贵族剧太多，平民剧太少，而都市剧，更有截头去尾的毛病，皆须切实改良一番。至于新剧家以改造社会自任，当然要提倡的。"王君对于我的话，表示不满。但知道我不是反对新剧，仍引为知音。且他又是赞成革命的人，更不能不另眼看待。至于我对于戏曲的意见，倒有一篇文字，可以录出来，表明那时的感想。题曰《戏曲说略》，文云：

尝与友人论吾国乡里野人，身不履学官，目不识文字，而素行孝义节烈，往往可以撼天地而泣神鬼者，乃恒过于读书知礼之士大夫。夷考其故，则或由真性之流露，或蒙社会之薰染，而最普遍之原因，则为受戏曲之教训。谚所谓"高台劝化人"者，实有至理存焉。则舞榭不啻国民之学校，优伶不啻社会之导师也。呜呼！中原之衣冠文物历史风俗，世道人心，为戏曲所维系者，极为远大，固不仅乡里野人受其赐也。明季直隶有王余恪，余严，昆弟二人，其父为仇家陷执入京师，二人议赴难，夜至琉璃河，闻人唱伍员出关曲，余恪抚然曰："阿弟误矣！俱死，谁复仇者？若归，吾死之！"乃自赴京，与父死燕市。而余严归杀仇家三十口无遗，至今父老犹乐道之，以为快事！（按此即著《此书》的王五公山人，前已叙及，此段历史，乃从书肆畿辅丛书翻阅记下的。）夫王氏兄弟，世家子也，匆迫间几忘此一段历史，闻曲乃怃然自失，终复大仇，曲剧之发人猛醒如此。尝论吾国人心最善忘，夫差抱不共戴天之仇，勿必使人朝夕呼于庭，否则恐自忘越王之杀其父也⑤。（此段寓种族主义，乃杨少石说。）甲午庚子以来，国有奇耻大辱，未能雪涤，丧乱之后，依然太平，往日悲凄，不复记忆，目前危殆，置若罔闻，殆非将旧耻新恨编为歌剧，令日日演唱于四百兆人前，不为功也。

今考吾国戏曲之变迁，自优孟⑥以来，史册所载者，多宫中杂剧，俳语滑稽，讥刺时政，讽谏人主，不失古意，唐、宋之世为尤著。而社会演剧至于近世，始风行海内，我观乡曲所演者，尚多正派，大都古之忠烈事迹，足以动人观感者，则为之揭其全部始末，非如都会商埠之演旧剧，往往断章取义，只拣热闹处唱，一出半折，令观者，揣不着首尾，只能作一场儿戏看过，殊动我以礼失求野之慨！况近日尤多淫靡之剧，郑、卫之音⑦，悦耳荡心，迷乱观听，至为大人先生所不许，而有废止戏曲之唱言！抑又过已。

　　盖戏曲有改良说，无废止说；极而言之，都会剧可废止，社会剧终不可废止也。友人佛生之言曰："都会剧，原不为普通人说法，所谓上级中级人行乐处耳。且所演者，率多座客胸中之成剧，故不能不拣热闹处唱。如有新排长剧，则绝对不能如此演法！"予尝许为知言，所惧者，此风或偶尔鼓荡及于一般社会，将误杀天下后生小子，为害正复不浅！改良戏曲家，不可不一注意也。近年游学海外，模仿文明，提倡新剧，所演者为现世之风俗，政治之状态，颇为一输入新理想新美术之妙道。然有执此而议废旧剧者，则尤不可。旧剧者，国民历史教科书也；无旧剧则无历史，无历史则无国家，古人曰："小雅废，则四夷交侵⑧。"予于旧剧亦然；且以演新剧之法，演旧剧，亦为社会所欢迎。当观日本新戏曲家演《五丈原》⑨一幕，服装器仗，纯用旧式台面，假筑祭灯土坛一座，岿立原野，背张油绘之夜间光景，天地一黑，遥望无际。惟电装之数点明星，灿然在目，令人恍然游身于蜀、魏争衡之地，各优须眉如生，形神俱佳，座客欢呼曰："毕竟汉家衣冠，人物好看。"（此段闻之邵竹青，亦寓种族意。）呜呼！异邦之人⑩，犹深感慨，况在吾辈，对兹原上秋风，又焉得不动怀古之幽情耶？乃知剧曲之移人，其力遥在史籍说部之上；无怪乎欧美之文豪，均以作剧家显著也！吾国以戏曲为文章余事，且等而第之于小说传奇之下，所谓通人君子者多不屑为之，间有一二为之者，亦多隐其姓名，惧为世指摘。晚近之致力斯道者为尤少。中国戏曲，所以无长足之进步者，职此故耳。戏曲无进步，则社会无改良；然并此无进步之戏曲，而废止之，则社会益形聋暗，其弊为甚，尤不堪问！刘继庄⑪先生盖知之矣，其言曰："余尝与韩图麟论今世之戏文小说，图老以为败坏人心，莫此为甚；最宜严禁者。"余曰："先生莫作此说，戏文小说，乃明王转移世界之枢机，圣人复起，不能舍此而为治也！"图麟大骇！余为之痛言其故，反复数千言。图麟拊掌掀髯，叹为得未曾有。又曰："今观世之小人，未有不好唱歌看戏者，此性天中之《诗》与《乐》也；未有不好看小说听说书者，此性天中之

《书》与《春秋》也；未有不信占卜观鬼神者，此性天中之《易》与《礼》也。圣人六经之教，原本人情，而后之儒者，乃不能因其势而利导之，百计禁止遏抑，务以成周之刍狗⑫茅塞人心。是何异壅川使之不流？无怪乎其决裂溃败也！"⑬予谓古今来，未有如此透澈之论戏家，愿今之倡言改良戏曲，及倡言废止戏曲者，皆三复先生之言也。否则擿埴索涂⑭，失之远矣，裂冕毁裳⑮，尤可痛也，尚其慎思之云尔！

注释：

①郭宝臣：著名戏曲演员，浑号元元红。

②杨娃子：著名戏曲演员杨宝珍。

③十三红：著名戏曲演员孙培亭。

④王钟声（1881—1911）：原名槐清，字熙普，艺名钟声，浙江上虞人。同盟会会员。1907 年，王钟声和马相伯、汪笑浓等人创办了中国第一所话剧学校"通鉴学校"和中国第一个新剧团体春阳社，编演新剧宣传民主革命思想。

⑤《史记》载：初，越败吴。吴王阖庐卒，子夫差使人立于庭，苟出入，必谓己曰："夫差，而忘越王之杀而父乎？"则对曰："唯，不敢忘！"三年，乃报越。

⑥优孟：优伶名孟，春秋时代楚国艺人，擅长滑稽讽谏。

⑦郑、卫之音：即春秋时期郑、卫两国（河南中部与东部）的民间音乐。《乐记》里说："郑卫之音，乱世之音也。""郑卫之音"一直被儒家认为是靡靡之音。

⑧《诗经·小雅·六月序》："《小雅》尽废，则四夷交侵，中国微矣。"

⑨五丈原：位于陕西岐山县五丈原镇境内，南靠秦岭，北临渭水，东西皆深沟。

⑩异邦之人：指日本新戏曲家。

⑪刘继庄（1648—1695）：即刘献廷，字继庄，一字君贤，别号广阳子。直隶大兴（今属北京市）人。他于十九岁时，遍览山川，博采轶闻，成《广阳杂记》。

⑫刍狗：古代祭祀时用草扎成的狗。《老子》："天地不仁，以万物为刍狗；圣人不仁，以百姓为刍狗。"

⑬这段话见清初刘继庄著《广阳杂记》卷二。

⑭擿埴（zhāizhí）索涂：谓盲人以杖点地摸索道路。借喻暗中求索。

⑮裂冕毁裳：比喻毁灭华夏文化。裂，裁，扯；冕，古代王侯卿大夫所戴的礼帽。

端午忆　难遣是升平

那年除看戏邪游，无消遣法，野游只端午日有一次同几个朋友，向那三贝子花园①去逛。时园中荷花已开，游人如鲫，从动物园过去，有乘船处。其实并没有江河，算开了一道狠狭短的水渠，是利用人好奇心理，设下个水榭候船。游友中，有带钱的人（自然我没带钱），雇好了一只游船，穿荷绕渠而去，倒也高兴！到甚么幽风堂下船，堂下有大茶棚，我们几个占定一个方桌，喝茶吃点心，正在那里指点茶棚下面的荷池，说笑；忽然来了一阵雨，把络绎不绝的游男游女，都打进茶棚来了。男的不要说起，那些女的，都淋的一脸粉雨下来，实在狼狈的狠。一时游人的足声，叫呼声，和天上的雷声，一齐入耳，好不热闹！到底是夏天，不过急雨一阵，霎时云散天晴，只远远听见雷声余响，达于池上。直觉得风云幻变，天地一新，触起些心事来，口占一绝云：

> 客里逢端午，园游亦快哉！舟摇狂士去，雨打美人来。尘海风云色，天公幻变才。余阴仍未已，池上有轻雷。

雨打句，自系当是实况。友人不知，以为太粗豪，想改为"风引美人来"，好便好，只嫌不切。余阴一联，影合革命潮；因广州自刺客温生才事后，接着七十二烈士的战役②，清廷以为革命焰息，不知余阴未已，又炸死凤山③。那炸弹真像池上轻雷声响了。还在途中，口占一绝曰：

> 揭来游客满西城，都向绿阴树里行；诗酒人间随处乐，最难消遣是升平！

友人看到"最难消遣是升平"句，叹曰："真是乱党！真是乱党！"当时永定门外有赛马会三日，亦复热闹。我也去看了一回，却在闹处寻静，跑到人家坟墓里休息，顿觉生死一致。

注释：

①三贝子花园：明代时，北京西直门外通往西苑的路上有一片皇家庄园。该园西侧为满族贵族固山贝子祖先留下来的一片园林，名曰三贝子花园。1955 年 4 月 10 日此园命名为北京动物园。

②1911 年 4 月，同盟会组织的广州起义失败后，同盟会会员潘达微冒生命危险将当初能找到的战死和被俘后慷慨就义的 72 名革命党人的尸骨葬于广州东北郊，并改红花岗为黄花岗。

③炸死凤山：1911 年 10 月，清政府派将军凤山到广州镇压革命。孙中山令黄兴、刘铿等人暗杀凤山。在黄兴的部署下，刘铿与李援（即李沛基）等人，把炸弹吊在仓前街"成记洋货号"商店门前屋檐下一斜板上，等到凤山的轿子走近时，引爆炸弹，将凤山炸得血肉横飞。刘铿、李沛基从容逃走。

杨三梅九　　此恨绵绵

叙到端午一节，又想起一个老友，不是别人，就是曾说过的刘翼若①。那年他也在北京，于午日②两首七律，狠有寄托，一首结韵曰："田文镇恶皆公辅，辜负能文崔信明。③"其自况如此，仍以不得于时为忧，故居恒郁郁，两律为诸友爱好。我因取来，登诸《国风日报》索和，一时和者纷纷，尤以山西同人占大多数，故湖北某友戏谓："老西近在文艺界，大出风头！"可见一斑了。后来我曾有怀君一律，有一联云："歌诗当午日，言志共丁年！"正谓此事。一日同君谈戏，君曰："戏中丑角，为主文谲谏④的正宗，从前只有杨三，已经死了。"我得一句哀辞，杨三一死舞台空！（杨三除李二竟无对。）（记得有"杨三⑤一死无苏丑，李二先生是汉奸"旧联。）说毕忽笑说："杨三对梅九狠好呀！有了，梅九重来行灶冷。"又把灶爷故典提出来了。行字对舞字狠有趣。我心里正要驳他，说："我底灶还不冷。"他随着道："不如说杨三一死舞台凉；河东有句话'凉场'哪！正兑！"我便道："那要对梅九重来行灶热，才是!"他笑道："灶爷总怕断烟火!"此虽一时戏言，纵觉冷字下的有些不吉利，后来算应验了⑥。暂且不表。翼若在朋辈中，以能文著，又重友谊，因交、文案，失去法政监督地位，终无怨言。存心极忠厚，曾自撰一联云："宁人负我，无我负人；非才需世，实世需才!"可以想见君之为人。但平生为"功名"二字所累，不能大摆脱，因自拟为公辅才故。我尝拿冷语当面冰他，他也晓得。曾和他同翻张船山诗，见"不真夭折非才子，岂有功名到谪仙"两句。我因想起旧友温啸松来，温君为介休才子，于得解元⑦后夭折，便道："上句是说温啸松。"他笑道："下句自然是说你了。"我说："岂敢，岂敢!说你也可以。"他默然不答。孰意君忽为才子，我终不敢望谪仙!噫，此恨绵绵，几时能了!但这也是后话，迟些时候再讲!

注释：

①刘翼若：即刘绵训，字翼若。

②午日：指端午日。

③"田文"两句：田文，即孟尝君。镇恶，即王镇恶。王镇恶出生五月初五，是不吉利的日子，家人便想把他送给别人家养活。可祖父王猛见了王镇恶后很惊奇，说："此非常儿，昔孟尝君恶月生而相齐，是儿亦将兴吾门矣。"（《宋书·王镇恶列传》）所以给他起名叫"镇恶"。公辅，古代三公、四辅，均为天子之佐，借指宰相一类的大臣。崔信明，唐初官吏、诗人。青州益都（今山东省益都）人。颇有文采，博览群书，思维敏捷，下笔成章。

④主文谲谏：委婉地规谏。用譬喻的手法进行讽谏。朱熹解为"主于文辞而托之以谏"。《毛诗序》："主文而谲谏，言之者无罪，闻之者足以戒。"

⑤杨三：是活跃在清朝咸丰、同治间誉满京城的名丑。名阿金，号鸣玉。排行第三，故又名杨三，原籍是江苏扬州人。杨三唱的是昆曲，工丑行，成为当时一绝。

⑥后来算应验了：这应验怕是说景梅九在1916年因反袁入狱的事。

⑦解元：清朝科举制度分为乡试、会试和殿试，乡试为省一级考试，考试合格者为举人，第一名为解元。

楚馆　情天缘起

　　自革命运动开始，同志来京者日众。以湖南仇亮①，湖北田桐②，为与《国风》最有缘者。田君字子琴，到京后，即来报馆和同人计划一切；并作时评，抨弹北京社会现状，以唤起改革精神，署名为重耳是也。后来又独力另办一《国光新闻》。仇君字式匡，在日本当我和同人办《汉帜》杂志时，他投过几篇诗稿，乃武人中之能文者。为人极热诚，对《国风》甚加赞许及扶持；因他是士官学生，常绍介些军人来。一日约我到湖北孔庚③君寓中去，孔亦同盟会中人，与湖北诸同志在京共赁一屋，题曰楚馆。我戏谓仇君曰："楚人居曰楚馆，秦人将曰秦楼，太原有柳巷，何处当有花街？邑有朝歌，墨子回车④；里名胜母，曾子不入⑤。我们日游楚馆，大有嫌疑！"仇君亦笑曰："我不知他们命名意思，经你指摘，倒也可笑！但实际的秦楼楚馆，君并未绝迹，岂非避名而趋实么？"好利害，猪八戒倒打了一耙！这也不关甚么要紧，因为那年侠邪游，有几种意思：一同志聚会不易，破费一块钱，占个冷妓的房间，足可以和同志们共谈几点钟；（别的休说，那老妓贾玉文，独占了一座院子，每夕嫖客到院，他一定是出条子⑥去了。大家分屋坐定，如候补官员上衙门一般，老在班房等候，至少须两点钟，才能见一面。李阁臣便认识了这老妖，就为的是房子大且静，居然有时在里边作社论时评新闻稿子；并有客在里边温习法政讲义的。我却爱他房中一副对联作的很稳称，道："老去看花苏玉局⑦，归来贳酒卓文君。"惜不知撰者姓名！至于玉文的应酬手段，周到圆活，一时无两。有时以政界秘密告我辈，差不多成了报馆特别访员。）二因我虽不厌为文，但每天撰稿太多，脑筋为之昏乱，一入小班，万念俱空，心神为之一爽。有雏妓喜摩予圆顶，于是有人造谣说，我每天为文烦闷了，必到"八埠"遍乞诸姊妹一摩顶而后快，未免过甚其词；三因自辟"情天棒喝"栏，投稿多违棒喝本意，甚至来"棒为竹杠，喝为喝诈"之讥。我大为不满，于是才自入花丛，亲行棒喝，撰为警痴破顽之文，一振此栏，且时时寓革命意于其中焉。

注释：

①仇亮（1879—1915）：原名式匡，字蕴存，号冥鸿，后改名仇亮，湖南湘阴县人。是士官学校同盟会员中的"铁血丈夫团"成员。9月与宁调元、傅熊湘、陈家鼎等创办杂志《洞庭波》，宣传民族革命。1911年10月武昌起义后，仇亮策动新军随即响应，亲率革命军围攻巡抚衙门，将山西巡抚陆钟琦击毙，太原光复。民国成立，仇亮任陆军部军衡司长。1914年，袁世凯镇压了二次革命后，仇亮决心再去北京，不料被袁世凯侦知，被捕下狱。仇亮在狱中屡遭刑讯，始终坚贞不屈，赋绝命诗六章以寄志，于1915年6月9日遇害。文中仇君即指仇亮。

②田桐（1879—1930）：湖北蕲春人。字子琴，号恨海，又号玄玄居士。1905年，参加同盟会，先后任评议会议员、书记处书记。1912年1月，中华民国南京政府成立，他任内务部参事、参议员。二次革命失败后，再赴日本，加入中华革命党。后任中华革命军湖北总司令，入鄂起兵。1923年因拒曹锟贿选至广州。1927年任国民政府委员。晚年闲居上海。1930年7月在上海病逝。

③孔庚（1873—1950）：又名照焕，字文轩，号雯掀。湖北浠水县朱店王祠人。1905年加入同盟会及"铁血丈夫团"。1907年毕业回国。辛亥革命爆发，孔庚在吴禄贞军中任行营参谋长。吴禄贞被刺，孔庚转赴太原投奔留日同学阎锡山，因功晋任晋军总司令，后任晋北镇守使。由于反袁，遭阎锡山软禁。袁世凯死后孔庚离开山西。1950年病逝于武昌，终年77岁。

④邑有朝歌，墨子回车：说的是，墨子周游，到了卫国都城，因为曾为殷纣之都朝（zhāo）歌城，加之靡靡之音的"郑卫之声"有恶名，故此回转车辆离开。

⑤里名胜母，曾子不入：说的是，曾子觉得胜母这个地名不好，于是不进去。

⑥出条子：旧时北方谓妓女出外陪嫖客饮酒。

⑦苏玉局：苏轼曾任玉局观提举，后人遂以"玉局"称苏轼。

我底摄政王　子高扮演黄金台

说到情天，索性像卢骚《忏悔录》，把那些丑事，全写出来，才合

《罪案》体裁。但我自桐花庄认识董素仙以来，大有从一而终之势。有许多朋友，嫌他轻慢边客，呼为冰桶；我却正爱他底冰冷处，并以他外表像清摄政王①，有时直叫他摄政王。这自然是出于一种侮蔑清室的心理，也拿这外号表是②素仙名贵。名贵！"情人眼里出西施"，旁人不以为名贵，也未可知。姚太素有《大悟真空歌》，以赞诸姊妹，有娇品，神品，清品，妙品等目，曾仿之作名品，以赠素仙。中有："小苑风流今尚在，双成③眷属素来骄。（切董亦切仙，用骄字形容其名贵。）儿家何处浑疑梦？孽海无边总欲超！（尝问其家世，曰不知；但云一身由鸨母。）俏矣哉！劝郎归告昆仑使，夜深前院出红绡④。"起首数语忘却，只记"回眸一笑恰魂销"一语。素仙不工酬应，惟出条时，每向坐客回眸一笑，双靥自露，大是可爱！初认识即此。尝窃劝其从人，渠亦不解，故益怜之。每有朋友新来北京者，必绍介一见，戏云引见摄政王。有李子高⑤君，晋北人，在太原运动革命，为当道所注意，李树森⑥君闻而密告，并议出城策，乃想起《黄金台》戏剧来。李自扮官长，使子高被雨单扮差役提灯，乘雨夜出南城门，次早搭火车到石家庄，转至北京，寓客栈。我久闻君名，俟其到时，偕阁臣往访，快谭心事。记子高有几句趣语，曰："我教子弟，以《水浒传》为教科书，为养成革命特性。"他只好饮酒不好色，但我也拉他见了一回摄政王——素仙——他很赞成，却没话讲。他要到报馆作校对，我欢迎。但他校对时，只把我所作的诸稿，校一遍，就算完事，并给原校对的人，省不了许多力；但我自然引为知己，很感激他一片心事。后来李树森君，还借着公事，到北京探望子高一回，足征当时同志的义气。树森也见过一次我底摄政王，那时素仙移到小李纱帽苏芗班了。

注释：

①摄政王：爱新觉罗·载沣（fēng）（1883—1951），宣统帝爱新觉罗·溥仪之父。

②表是：现在写作"表示"。

③双成：即董双成，籍贯浙江，传说商亡后于西湖畔修炼成仙，飞升后任王母身边的玉女。

④红绡（xiāo）：红绡和昆仑使都是唐代传奇中的人物，事见唐裴铏《传奇·昆仑奴》。后以红绡为侠义女子的典型。

⑤李子高（？—1911）：即李嵩山，字子高，世居山西代州沙洼村，清光绪年间秀才。1909年，队官认为李嵩山有鼓吹革命的嫌疑，撤去他的职务。丁宝铨乃下令逮捕李嵩山等人。巡警道督察长李成林（同盟会员）护送李嵩山出了太原城，逃到北京。

⑥李树森：即李成林，字树森。

武昌起兵 一张白版

自广东七十二烈士一役后，革命潮一时觉得沉寂了；其实是"万木无声待雨来"的光景。及四川争路风潮①起，全国沸腾，民党一时大活动起来，有乘南北洋秋操②起事的谣言，吓的清廷要停止秋操，大有"山雨欲来风满楼"的气势了。果然到阴历八月十九日，霹雳一声，革命军发现于武昌！北京同志得到电报，说是："黄克强亲到湖北，运动革命，爆发后一点钟，占据了武昌城，清帅瑞徵③败走！"大家兴愤达于极端。《国风日报》，才到了应用的时节，用二号字特别标出大题目，以及各地响应的电报。北京住民大为慌恐，作官的更是忙了手脚。每日正阳门外东西两车站，行客拥挤，市面亦为之大动摇。警察来干涉报馆，不准登载各种消息。白逾桓君，忽然想起一桩故事来，他道："法兰西革命时，全国革军蜂起，巴黎报馆，受政府干涉，不准登载革命消息，他们一律出白纸，人心更慌恐，我们也试办一下！"我也没考究他说的这故事，从甚么地方得来，但觉得这种方法很妙，便赞成他的话。除一版广告及社会新闻外，正面一版，全空白；却在上面排了一行二号字道："本报从各方面得到消息甚多，因警察干涉，一律削去，阅者恕之！"这真灵验！这纸白报一出，人心更是汹汹不定，都乱猜起来，嚷嚷着说："大概革命军完全胜利了，清兵大失败了！各省都响应起来了罢！不然，那有一版禁登的消息呢？"呵呵！警察先生觉得不妙，又赶紧来馆告诉编辑说："除过靠不住的谣言，准你们登载就是！"自然是照常继续登载起来。时北京有一画报，专画各报登过的趣闻，颇有滑稽风味。他见本报出了一张空白报，却想出一种插画，画的是四家打麻雀牌，一家放出一张白版在桌面上，从下家的口里画出两道话线来，中间写的是疑问口气道："你为甚么出这一张白版呢？"趣极！也算一种纪念。

注释：

①争路风潮：1911 年 5 月 9 日，清廷与英、法、美、德四国银行团签订借款合同，将粤汉、川汉铁路拱手出卖给帝国主义，激起全国公愤。保路风潮首先在湖南兴起，而尤以四川最为壮烈。四川保路同志会，拼死"破约保路"，声势越来越大。8 月 14 日，成都开始罢市罢课。9 月 1 日，发展到抗粮抗捐。9 月 7 日，赵尔丰诱捕了保路同志会的领导人蒲殿俊、罗纶、邓孝可、张澜等人，并下令军警开枪屠杀请愿民众，制造了骇人听闻的"成都血案"。血案发生后，在同盟会员和哥老会首领秦载赓、龙鸣剑、侯宝斋、张捷先、张达三等人率领下，四面围攻省城。赵尔丰一面派兵分头镇压，一面向清政府通电求援。清廷急调 6 省派兵赴川镇压，又催促端方迅速启程西上"查办"。清廷派湖北新军前去镇压，造成武昌空虚，为辛亥革命首役武昌起义提供了条件。

②秋操：1911 年 10 月初，清军在直隶省永平府举行的军事演习。1911 年 10 月 10 日武昌起义爆发，永平秋操中止。

③瑞徵（1864—1912）：满洲正黄旗人。满族。1910 年任湖广总督，镇压湖北革命运动。1911 年 10 月武昌起义前夕，大肆逮捕革命党人，杀害彭楚藩、刘尧、杨宏胜。起义爆发后，弃城逃往上海，清廷曾下令逮治。不久病死。

《鄂乱怀疑篇》之底面　山西独立

大家若要知道武昌起义，北京人心慌恐的实况？有我当时所做的《鄂乱怀疑篇》为证。今录于左，并加注释以明其始末，文云：

当鄂警之初至，吾人固未敢置信也。（这自然是假话，实则深信不疑。当日立论于所谓辇毂^①之下，非此不可。）盖以武昌据长江上流，为南北重镇，水陆形胜之区，兵备集屯之域也（此反写革命之声势；因最初同盟会计划，以云南、广州为根据，所以先有镇南关、河口两役^②，皆不成，然后定由中区起义，以作四方八面之标帜）。有瑞澂为之督，黎元洪^③、张彪等为之将，瑞于疆吏中称能者，有手挥如意，自拟诸葛之概；张彪虽一鄙陋小人，而治兵颇严；黎元洪则欧人称为第一流名将，为南皮最倚重之人物，（一片假话，黎并无大名，瑞、张亦碌碌；特因黎被党人举为都督，故加意鼓吹，皆反笔也。）岂区区革命人所能争取于俄倾^④间者哉？乃无何而咨议局议员汤化龙^⑤等，为党人之参谋，炮台军器，归党人之掌握；无何而陆军大臣荫昌出征，袁世凯起用（此时袁尚未入京，已有起用说，因荫昌资望不足故），军政两界之风云，因之骤然变色；无何而京师戒严，市面恐慌，束制报馆，调遣兵警，于是都人士女相惊以革命党且至。风声鹤唳，草木皆兵，而达官富人，争提取藏金于银行，至有携眷纷逃者。天下本无事，庸人自扰之，良可浩叹！无何而太白昼见（一日到大栅栏，忽有数人仰首望空，众人受了一种暗示，一齐仰首，我也随着看起来，果见一个星，警察也不禁止，但说怪事，怪事！我想起彗星谣言，说了一声，这叫"太白昼见，天下大乱"！其实不定是太白星）。日有食之，丁此科学彰著之时代，亦寻常事耳。乃皆因之为妖异（这是占脚步地方）。于是摇诼^⑥四起，人心动摇，尤为可虞也！无何而陆军败绩，水师降敌，瑞澂，萨镇冰^⑦退归九江，荫昌不敢南下；于是鄂省乱象，乃有燎原之势，不可扑灭矣！无何而西安兵变^⑧（阴历九月一日，有电来，此消息同人早知，乃豫定之计划故）。长沙失守，九江，广州，俱有乱耗。（一半谣言，广州独立尚在山西之后。）不意旬日之间，大局糜难至此，使吾人冷静之脑髓，为之震激弗宁（早有投笔意^⑨矣），欲不置信而不可得已！虽然，吾人对于鄂乱，尚有怀疑者数事，故乞海内贤士大夫一解之也！

这是第一篇，又继续作了两篇，对于臣节种族立论，尚未终篇，因山西独立军已起，我不能再在北京逗留了。

注释：

①辇毂（niǎngǔ）：原意是皇帝的车舆，在此指京城。

②镇南关、河口两役：镇南关起义，指 1907 年 12 月 2 日，黄明堂、关仁甫率乡勇 80 人，携带快枪 42 杆，潜袭广西镇南关，直取第三炮台。接着，相继夺痢第二炮台、第一炮台。3 日，孙中山亲率黄兴、胡汉民等至关，登上炮台，全军鼓舞。次日，清军开到，发起攻击。黄明堂坚持数日，枪弹告罄，于 8 日夜弃台，退至安南燕子大山。

河口之役，指 1908 年 4 月，孙中山派黄明堂攻占河口。5 月 1 日（四月初二），革命军又经过激战，毙清边防副督办王镇邦（玉藩），夺取河口炮台，黄明堂以中华国民军南军都督名义，布告安民，严申军纪。此后，起义军又分兵出击，连克新街、南溪、坝洒，直逼蛮耗、蒙自；部队也由三百余人发展到三千余人。孙中山即委黄兴为云南国民军总司令，节制各军，并命他赶到河口督师。革命军与清军在老范寨、泥巴黑、羊子街等地相持二十余日，最后被清军击败。黄明堂率 600 余人撤至越南境内，嗣被法国殖民当局勒逼缴械，强行遣散。

③黎元洪（1864—1928）：字宋卿，湖北武汉黄陂人。武昌起义时，任革命军湖北军政府都督。南京临时政府成立时，当选为副总统。1922 年，他在直系军阀支持下复任总统。

④俄倾：现在写作"俄顷"。

⑤汤化龙（1874—1918）：字济武，湖北蕲（qí）水（今浠 xī 水）人。10 月武昌起义后，即时应变，参与组织湖北军政府，并通电敦促各省咨议局响应革命（一说通电系革命党人借其名所发）。汉阳失陷，随黄兴往上海，后支持袁世凯独裁。"二次革命"爆发后，联合议员孟森等通电反对。1914 年任教育总长兼学术委员长，参加护国运动。袁死，转附段祺瑞，曾任段内阁内务总长，不久失意。1918 年出国考察，在加拿大维多利亚市被国民党人王昌刺杀身亡。

⑥摇诼：应为"谣诼"。

⑦萨镇冰（1859—1952）：字鼎铭，出身于著名的福州色目人萨氏家族。1905 年，总理南北洋海军兼广东水师提督。1911 年奉命率舰队赴汉口镇压武昌起义，因见官兵同情革命军，乃弃职引退上海。1917 年任海军总长、海疆巡阅使。1920 年 5—8 月兼代国务总理。中华人民共和国成立后，曾任中国人民政治协商会议全国委员会委员等职。1952 年 4 月在福州病逝，终年 94 岁。

⑧西安兵变：武昌起义爆发后，西安立即予以响应。1911 年 10 月 22 日清晨，

同盟会、新军、哥老会在新军营长张凤翙的带领下，发动西安起义。

⑨投笔意：指景梅九投笔从戎，回山西参加起义军。

协和南下　苏芗失守

当山西未独立以前，我和在北京的同志协商运动事，太多了，一时也说不清，捡几种说罢！先是听得李侠璜①，因南北合操（此事虽中止，但已发起，所以各省军人，都来北京。其中同志很多，我注意惟李）到京中，寓西河沿、金台旅馆，赶紧到那里，去见他。他一见甚喜，说："你们鼓吹成功了！用着我们实行哪！"我问他几时回南，他说："我听说政府到德国运来大炮好多座，我想运动带一团炮兵，到前敌上，再转过头反攻，岂不是好！"我只道他是学炮兵的，有这个资格，很赞成他的话。刚说了两句，从外面来了他一位同学，却不同志。张皇地说："革命党声势不小！"侠璜很机警，怕我误认来人为同志，故意的发瞋道："甚么革命党，不过几个无知识东西瞎闹；我若带上几门大炮到前敌，管包几炮就打完了！"我心里好笑，口里自然不再说甚么，便告辞走了。惟临行，很对他说："炮骗不到，你还是南下为要！"他笑道："那是自然！"过了两天，他打听德国大炮，一时还运不到，于是一溜烟走了。到南边，算作了一场大事，以后再表。我一面请李子高、李阁臣、郭润轩诸人②，陆续回山西。子高约定从雁门关以外起事，特惧子药不足，打听作子弹机器，未到手，很惘怅，这和勿幕打算买机关枪，一样心理。我对他说："义旗一举，清兵必有来降者，利用他们子药好了！"子高曰："是，吾志决矣！"遂去。一日，张华飞③君来，约我到小李纱帽胡同某小班，见陈尔庵，说他很有计划。我如约前往，见陈，听他议论很圆满周到，但不是革命的派头。他对吴禄贞④有些不满，怕他弄不好。（时吴已奉清命，率第六师，去征山西。）我在他话中，却听见许多秘密消息，并知张绍曾⑤已在奉天有预备，心里很满足！我已决定回晋，和大家一同革命。意思在和吴定约，截断清师后路。当时有一个笑话，就是子青、连三⑥和报馆同人，怕我恋董素仙，便在"情天棒喝"栏里，登了一段骂素仙的话。我笑对他们说："苏芛⑦失守！"失守是那时新闻纸上熟语，天天都登着"某处失守某处失守"的消息。其实苏芛不失守，我也要走的。他们算白用了一番心机和战略，呵呵！

注释：

①李侠璜：即李烈钧，又名协和，号侠黄，本书中写作侠璜。1911 年秋李烈钧奉命北上，参观清政府在天津马厂举行的秋操，途经武汉时，方知武昌起义已经三天。到达北京后，第六统制吴禄贞邀集数十人设宴欢迎李烈钧，到会者均支持武昌起义，任李烈钧为起义军重炮队司令。10 月 17 日李烈钧接江西同志电促返赣，便即离京，经天津、上海，于 10 月 26 日到达九江。"协和南下"即是指李烈钧南下。

②李子高、李阆臣、郭润轩诸人：李子高，即李嵩山，字子高。李阆臣，见 201 页注释。郭润轩，又名郭质生。

③张华飞（1884—1911）：即张世膺，字育和，亦字华飞、善飞，江西德化（今九江）人。为江西同盟会负责人。后任北洋第六镇参谋长。同年 11 月，与吴禄贞一起被暗杀于石家庄车站。

④吴禄贞（1880—1911）：字绶卿，湖北省云梦县人。1898 年，被张之洞推荐入日本士官学校学习陆军骑兵科深造，成为我国留日第一期士官生。在校结识了张绍曾、蓝天蔚，三人学习成绩突出，人们称为"士官三杰"。后吴禄贞被孙中山的革命思想所吸引，加入兴中会。1902 年毕业归国，任武昌武普通学堂教习、会办，并继续从事革命活动。

⑤张绍曾（1879—1928）：字敬舆，直隶大城县张思河村人。受清廷选派，保送日本陆军士官学校第一期炮科。武昌起义后，奉命入关，师次滦州，张绍曾向清廷上书 12 条，主张立宪，还政于民，与吴禄贞等举兵反清。1911 年 11 月 7 日吴禄贞被袁世凯暗杀后，潜至上海。1922 年任陆军次长，次年任国务总理，主张迎孙中山入京协商南北统一，为总统曹锟所忌，不久去职，退居天津。1928 年遇刺身亡。

⑥子青、连三：子青，即裴子清。连三，即苏连三。

⑦苏芛：是指妓女董素仙所在的小李纱帽胡同苏芛班。苏芛失守，是指失去妓女董素仙的喜欢。

留别京友　石家庄大失望

我要回山西参与革命，主意决定后，曾问同人谁愿意同去？姚太素和江汇川两君，说他们愿意同行。于是戏对疯子[①]，子青诸人说："鄂乱我也不怀疑了，苏芗我也不恢复了，说走便走，北京革命责任，全放在你们身上了！"因为当时同志在北京的，并没有停止革命运动。记得有一少年名岑楼[②]者，从东京来，自谓来北京负的是"暗杀"义务。同志留他住在《国风》报馆。且秘密运输炸弹，以备应用；中央革命，原非爆烈物不为功！我嘱托大家的话，精神全在于此。我何以定要回山西呢？一来因为山西南北同志，和我都有密约，我不回去，怕大家不接头，且生怨望；二来外省同志，也算我交识较广些，我不回去，怕大家有些隔膜的毛病，便不好共事；三来若得机会，还想把社会革命，同时干起来，所以早下了一番决心，要回去。且豫定的计划，是山西最后再响应，不防备爆发的太快了。所以他们有密信来，也教我快点回晋，好给大家定主意。闲话少说，我同姚、江二君，从北京乘火车，向石家庄进行，中途过保定就有六镇兵上车的，听他们说山西革命军，占了娘子关，现在吴统领[③]还没到，尚未进攻。又看车中人的颜色，都是仓皇不定，好像逃难光景的多；也没工夫理会这些。到石家庄，三人下车，把简便行装，亲自提着；正要走，听见车中有人唤我，一看才是张君崇本，凭定车窗，摆手说："赶紧回家！"我说："我们要到太原。"他面带慌遽状，正要答说，车已经开了，也可见当时人心不靖的光景。却说我们三人，找了一个栈房休息，占定了上房，茶水毕，又到外边，看石家庄到底是谁带的兵。冒向一个兵，问了一句，他道："是第六镇。"问："你统领姓甚么？"说："姓吴。"这便够了。我们回到栈房商议说："能在这里见一见老吴才行！"向栈房人打听老吴的消息，说："没听得人说吴统领来。"这真教人纳闷！石家庄到太原车，已经不通了！若不见老吴，怎么能过去？正筹思中间，栈房的人来，说："请三位暂受一点屈，移到箱房里；因为吴统领说今晚要来，差官来定占上房。"若在平时，这些话是很教人可恼的，保不定要反抗几句，在这时却成了一种喜信。我说："好罢！我们和吴统领认识，还要见他，情愿让出上房来！"栈房主人，还说了几句客气话，才把我们行李移至箱房。我对姚、江二位说："这倒凑巧的很！我们若见了老吴，便不愁这路不通行了。"不妙！等了半夜，也没见有人到这栈房来，心里说："莫非转了栈房？或者没到？"第二早晨一打听，据办差人讲，才知道老吴（绶卿）昨晚下车，没停留，便乘火车到娘子关，和山西民军首领交涉去了。④啊呀！这真是糟糕！怎么办呢？

注释：

①疯子：即白逾桓。

②岑楼：即岑伟生（1892—1962），湖北省汉川市白鱼乡西湾村人。同盟会革命活动家。

③吴统领：即老吴（绶卿），指吴禄贞。

④吴禄贞11月3日到达石家庄，并派何遂入娘子关与晋民军会谈合作；又密派副官长王孝缜到武昌会晤黄兴，议南北呼应之策。

平山绕道　十八盘

第六镇里边，一定还有熟人，却一时遇不到。娘子关是过不去了。翻回北京？不可！我们目的在山西，非到太原不可！搭火车到清化，从清化越太行山，向入翼城关，再走太原？太远了！这怎么好！又不知老吴几时才能回石家庄？困死这里不成？真是"胡思乱想心不定"！三个人正没个办法，才问栈房人道："火车未通以前，从这里向山西走，还有别路么？"他说："有的，从平山县绕过去，经十八盘，可以到盂县；

再由盂县到寿阳，才能搭火车！"我听了对姚、江二君说："只有走这条路了！"于是大家决定这样走，又问栈房人，向这条路走，有"马车可以雇得么"？他说："我给你打听一下。"还好！有拉土货来的回头车。那时自然没有拣择，且车费也不贵。当时三人雇定了一辆车，向平山县方面去。记的绕过这县的城，到了旷野，看见农家子女，在陌头玩耍，嬉笑无猜，真是一片和平风味，不减世外桃源！特别此处小孩长的五官整齐，某客说："平山出美人。"不觉动念，于是留心看那些小孩，比别处大是优美，颇解旅愁。又经过一个"温汤"，只下车瞧了一瞧，也没留恋。第二天走入山地，弃车乘驴，登十八盘，石径危逼，只得下驴步行；因为有个目的，也不觉疲倦。到山顶，赶驴的遥遥北指，有些高山影子，说："那就是五台山！这里另有一条路直通到那边。"我们只遥遥一望罢了。及到盂县，在店房寄宿，问店房近来太原有甚么事？先是不肯说，我和太素谭起革命声势，毫不避忌，店房才说："听得省城乱了，开兵到南天门了，都督听说是阎锡山。"我急欲打听是吴禄贞和晋军近来接洽如何？那是听不到的了。盂县已有巡警，查店已没细问。我们只说要回太原，不知寿阳火车通否？据云："火车只运兵不许人行。"我们也不便深谭。早起雇脚赶路，中途息肩，却遇见盂县县官的少爷，从省中来，把最近情形说得很详细，才知道晋军和吴军未起冲突，心才放下。他并携有革命军安民告示①，已改用中华民国，自然是痛快极了。我们把外边革命军声势，以及共和真谛告诉他，使他鼓吹，斟重分别。路经山中，九月飘雪，也有些感兴，共计四日，才到寿阳车站。

注释：

①革命军安民告示（原帖）：

辛亥山西革命军军令法

本起义军为（以）推翻满清为宗旨，唤醒受压迫的的民众团结起来推倒满清，踏平巡抚街门，拯救中国。一，不服从命令者斩。二，不敌前力战者斩。三，挠害百姓者斩。四，伤害外人者斩。五，隐瞒军情者斩。　　　　此令

起义军总司令姚以价
辛亥年九月十日

小拿破仑翁　报告军情

　　到寿阳车站上，见有臂缠白布者，却不认得。知道是革命军里人员，便问他谁在这里？适逢火车刚到，车中有我认得的史正轩[①]，我便招呼他，他说："先生来好了，钱甫[②]也在这里。"说话，钱甫已到面前，狂喜！让我们上车说："好极了！我们盼望你来好久了！你一来可敌十万师。"我便问吴禄贞近状，他说："已经在娘子关开始谈判，计划联合攻打北京！"我看钱甫这时威风凛凛，杀气逼人，随口赞了一句道："小拿破仑翁！"他嗔道："拿破仑翁就是了，何言小？"我笑了。史正轩陕西兴平人，曾改良姓名，逃亡到山西，因交、文案，牵连入狱。我在陕西曾函托太原诸友营救，得出狱，入了营盘，和钱甫、岐山最好。我于前回到太原，为《国风》筹款时候，才见了面；不料到寿阳车站，就先遇见了他，省却许多唇舌。事有巧合，往往如此。我到了太原，先见了润轩，他已经办起《山西民报》，标着中华民国年号，高兴极了！然后钱甫一直领我到咨议局——都督府，见了阎伯川、黄少斋[③]诸友，皆在座。非常欢喜！他们见我穿的棉裤，破裂不堪，都笑说："梅九总不讲究。"是的，那里顾到这些事？若不是他们看见，我还不知道哩！他们问外边情形，我说了个大概，伯川主张教我在议场报告，以释群疑，并坚同志的心。于是招集都督府人员，议长议员等参与其中的很多。大家坐定，我便登坛报告，说："我出京时节，南方各省独立者纷纷，清廷无力兼顾。吴统领是革命同志，决不打山西！我可以去见他，协定一切。此次革命成功，可操左券[④]……云云。"大家听了，仿佛以为可信，面带些喜色。伯川对我说："清廷命吴绥卿为山西巡抚，怕他贪图此位，变了卦。"我说："绝不至如此，革命成功，他底位置，何止一巡抚！"伯川首肯说："你可同着仇亮君，再到石家庄去一遭！"我说："好，事不宜迟，我立刻便去！"于是告别了大家，偕同太素、正轩、锩甫，齐向娘子关出发。

注释：

①史正轩（1890—1927）：即史可轩，原名世兴，又名宗法，化名弓尚德，字可轩。陕西兴平人。山西新军协统司令部书记。1908 年用匿名传单揭发军中黑幕，被查获入狱，在狱中加入中国同盟会。1924 年 10 月，他参与冯玉祥等发动的"北京政变"。1927 年 7 月 30 日，蒋介石、冯玉祥"清党反共"，史只身拜访驻富平美原镇的原国民军第二军第二师第四旅旅长田生春，想以旧交情谊说服其同意他率军借道北上。不料田早有预谋，史可轩遂遭杀害。

②锩（jiǎn）甫：即杨彭龄，字锩甫。

③黄少斋（1883—1958）：即黄国梁，字少斋，陕西洋县人，其叔父在太原经商，他与张瑜、阎锡山同在其叔父店中当过伙计。1902 年考入山西武备学堂，后去日本留学。辛亥革命时任山西副都督。曾受阎锡山排挤离晋。中华人民共和国成立后，曾任山西省政协委员会委员。1958 年 1 月 4 日在北京病逝。

④操左券：古代称契约为券，用竹做成，分左右两片，左片叫左券，是索取偿还的凭证。后来说有把握叫"操左券"。

恶消息　吴绶卿被刺

我同着仇亮，姚太素，史正轩几个人，搭火车连夜赶到娘子关，到前敌总司令部办公处，商量进行办法。那时前敌总司令，是姚君维藩①，是我底老朋友。他抱病到前敌，精神不大振作；然性情慷爽，对大家尚能畅谈。说话中间，至半夜一点钟时候，忽从石家庄来一电话，报告："火车站上有枪声，旗军兵变。"大家听了，尚不以为奇怪。因阎伯川曾与吴绶卿，订秘密条约，令旗军攻打娘子关，晋兵迎其前，吴军趁其后，使旗军腹背受敌，可一举而歼之；并藉以坚决吴氏革命之心。吴氏虽未从其计，但对于旗军，未免薄待。今旗军兵变，似乎是意中事。未几，又来一电话，报告："吴绶卿被刺！旗军已向保定方面退却!"大家听见这恶消息②，相对无言。仇亮君尤为懊丧! 因晋军和吴氏交涉，全是他一人从中间说话。最后由我发言，说："吴统制被刺，原因虽不明，但就旗军退却看来，或是满人暗遣刺客行凶，也未可知。那么，军心一定振动，我们乘此机会，到石家庄运动第六镇兵，替他们统制报仇，同着咱们一齐革命，岂不是好? 况且山西还有好些兵在那里，我们也应该去看一看!"这段话，仇亮君听见了非常赞成，说："是，这个计划很好，我一定去的!"我说："要去大家通去。"便征求姚君、史君③同意，他们都慷慨答应，姚君说："可以带几个兵去。"我说："可以不要。"因为我这个时候，只记得孟子说的"自返而缩，虽千万人吾往矣"④两句说，以及《史记》上"知死必勇"的说法。况且每当一番恶风暴雨后，必有一阵清明天气。吴氏一死，自不至再有纷扰。所以我才下了这个决心，情愿身无寸铁，同大家向石家庄一行。当时意气甚豪壮，中途仇亮君对我说："不意君投笔从戎后，有如此勇气!"我笑说："革命不是空谈的!"

注释:

①姚君维藩 (1881—1947)：即姚以价 (价，读 jiè)，字维藩，号龙门，山西河津市西毌庄人。1909 年，他调任新军 43 混成协 (旅) 86 标 (团) 三营管带，转任 85 标二营管带。辛亥武昌起义后，10 月 28 日，推姚以价为起义军总司令，兵分三路，攻占巡抚衙门，光复太原。

②恶消息：指吴禄贞被刺。1911 年 11 月 7 日凌晨一点半，吴禄贞在站长室未睡。马步周率领第六镇的队官、排长诸头目七八人，来到站长室。马步周突然向吴禄贞开枪射击。参谋长张世膺、副官长周维桢闻声而来，亦被马步周带来的人开枪打死。马步周割下吴禄贞的头逃走。

③姚君、史君：姚君，姚以价。史君，史可轩。

④"自反而缩"二句：出自《孟子·公孙丑 (上)》："自反而不缩，虽褐宽博，吾不惴焉? 自反而缩，虽千万人，吾往矣。"

遇何叙甫　开鸿门宴

　　大家到石家庄，下车后，看见六镇兵，散乱在车站两旁，有些臂缠白布的。那时到处革命军，都用白布为记号；我看见了这种情形，心里颇觉有办法了。但苦没一个认识人讲话，正在没道理处，忽见一人痛哭流涕，神气激越异常，我猜着这一定是和死者有感情的，便向前和他说起话来，并说明我们来意，是要联合六镇兵给吴统制报仇的。他听见了，很感动，说出他的姓字来，才知他是何叙甫①，福建人，充六镇参谋官。受吴知遇，今吴遭奇祸，痛愤达于极点，所以有点"人忙无智"的情形。我问明吴统制死底在车站一边，便主张约六镇兵同到那里，围定吴统制遗骸，头已被贼割去，只余巨躯，其状很惨！大家便大声疾呼："非报仇不可！"我便道："军无主不行，今吴统制已死，你们何参谋，就可以作你们的统制。"大家同声赞成。其热心出人意外，可想见当时人心愤激的程度了。说毕，我们说找一个地方，再议进行。忽遇见几个军官，里面有个年纪大的，兵士对他致敬，群趋其前，并道是他们标统。（官名不准，或是统领。）何对我们说出他姓名来，叫吴鸿昌②，一面绍介我们见他。我看见兵士亲付吴氏情形，知道军队中阶级关系非轻；但看他态度，非常冷静，不及何氏之热烈。他并劝何氏道："兄弟，你脑筋静一静，不要忙乱，他们大家既然来了，总有个办法，我们同到司令部再讲！"于是同到一个栈房里，就是他们的司令部。时已过午，吴氏说："我们先吃了饭，再讲话。"于是让我同仇氏上座，何氏与某军官一旁坐，太素与正轩一旁坐，吴氏坐主位，其余副官等，皆站立桌旁。我心里想道："这大似鸿门宴，正轩要作樊哙了（因他携带手枪故）；不知能唱一出好戏否？"却大吃大喝起来，吃喝中间，来了一穿军服青年，进来向正轩谈了两句话。吴氏问他何人，他说："是倪普香③，来此投效于吴统制，奉命和晋军接洽。"吴氏也不再问。后来才

246

知道他那时却安排了一队山西兵，在门外警备，想不到樊哙这脚色，才是他充当了。

注释：

①何叙甫（1888—1968）：即何遂，字叙甫，又作叙父、叙圃等。祖籍福建福清港头镇占阳村，生于福建侯官（今福州市）。1907年，参加中国同盟会。1911年，何遂任北洋第六镇统制吴禄贞的参谋。吴禄贞筹划举行起义时遭到刺杀，何遂乃率第六镇部分官兵发动起义，获推戴为燕晋联军副都督。辛亥革命后，何遂眼见在山西没有活动余地，便在1913年到日本考察军事。1915年归国后，何遂应黎元洪之邀，出任陆军大学战术教官。云南发起护国战争后，何遂潜赴山西大同，策动晋北镇守使孔庚通电反袁世凯，何遂还替孔庚起草了电文。

中华人民共和国成立后，何遂任华东军政委员会委员等职。1953年，何遂迁居北京。何遂是第一、二、三届全国人大代表、全国人大法案委员会委员。1968年1月，何遂去世，享年80岁。

②吴鸿昌：时任清六镇第十二协统领。吴禄贞被刺身亡，吴鸿昌没有率队和晋军革命，却率队撤往滦城县。后来发现山西民军并无大部队进占石家庄，又于11月8日将所部带回石家庄。文中多次称其为吴氏。

③倪普香：即倪德薰，字普香，浙江遂安县人，1886年生，同盟会员，六镇军官。曾奉吴禄贞统制命令和晋军接洽。吴被刺后，与孔庚、何遂等来山西参加革命，随阎北上转战于绥、包一带。

电约张绍曾　运回绥卿心血

宴罢——吃饭以毕——大家莫离座，便开始谈判，拟仇亮氏以晋军参谋长，我们皆权自命为参谋；我开口向吴氏说："吴统制虽死，但是他和晋军的联合计划，我们还应该继续实行！"吴氏①问："我们底军饷，晋军能担任么？"我慨然道："能，晋军不缺饷，即再增数万兵，也有力担任。"这几句话，却不是应酬门面，我心里有个筹款计划，以为定能办到的，所以毫不含糊的答应了。吴氏见我答应的慷慨，便道："好极了，有甚么意见，都可以发表。"仇氏主张先发一电，给张绍曾氏，请他由奉天发兵，直攻北京，第六镇为声援，何参谋拟定即发，并主张发令先断南北铁道两段，以阻清兵南下，而解武汉革命军之围。此项命令亦由吴氏许可，由何拟定发出。我到石家庄，才知绥卿招忌在截留向汉口运送的德国造枪炮子弹数百万。所以当席发言曰："吴统制截留之子弹，可移存娘子关较为妥适；恐此间军队如一旦开发，恐不能携带故。"吴氏也认可。仇氏主张由吴氏集合六镇兵，由我们集合山西兵，为吴统制举哀，并誓师北伐。吴氏也没说别的。此外还有些小问题，都解决了，并邀他先到娘子关一行。说话中间，时已垂暮，于是大家抬身，要分头去集合军队；我又向吴氏说了两句话道："兵贵神速，若乘此机北上，大事可成！"吴氏却说了一句不中听的话道："怕我们的兵不开通！"我更不向他应酬了。对仇氏曰："吴某靠不住！"仇氏曰："有约在，且何参谋可以监视他。"我们大家到车站，集合晋军，正要说明为吴统制复仇，却久不见吴军消息。少顷，有人报告说："吴氏集合军队，向正定方面退去了。"问何参谋，他说："他（我）为发电报，不防吴某率队走了。"这真败兴！但是那几百万枪炮弹还在。大家商定运回娘子关。有人说，怕吴某回来见怪，我笑道："他若是回来，又何必走？且定约说明此项炮弹，应存于山西，怕什么？况这是吴统制的心血换来的，我们怎能不给他放在安稳地方！"大家听这话有理，才命兵士，一箱一箱地向货车上搬，兵数不多，有些百姓，也帮着搬运，不多一阵，把几百箱枪弹炮弹——榴霰弹等，齐转上货车，还有十几包大米，也装载上，还有些军装兵士外套，都分给各兵士穿了。这一切都弄停当了，只差一件，没人开火车。真着急！因这时天已黑，野风四起，冷气逼人，大家又冻又饿，有些不好受。我发了一个口令道："有能开车的，每人赏银二百元！"呵！真灵验！转眼便找到几个开车的来了，把一辆机关车，从火车房中登时运动出来，将客车货车，一齐挂上，气笛一声，向娘子关发动。这时在车上却觅不见那位何参谋，问仇氏，仇氏说："刚才还见他到车上来，或者他到别处去了。"我说："不是，他是预备棺木收殓绶卿死尸去了罢。反正，明天还要派兵到这里来搬运的，如今顾不得他了。"当时饿肚子，实在难受，感觉到面包问题来；因为那时同车人，都没精打采的。几点钟已到娘子关，大家才找到饭吃。别的话，都顾不得讲了。姚君听见把枪炮弹运来，自然欢喜，一面命人搬运下来，一面又派杨篯甫君到石家庄，查看断绝铁路的情形，和何参谋的下落。第二天，他们一同载绶卿骸棺回关，篯甫报告，已断绝东西铁路数十里，姚君曰："我今日始得安枕了！"我问篯甫曰："石家庄还有存留晋军否？"篯甫曰："无！"我说："不妥，应该多留兵分守附近桥梁才行，但折断几条铁轨无益。"他说："山西那里有兵可派，我们回去再讲！"我无法，只得回去。但我当时也有一种痴想误了事。

注释：

①吴氏：指吴鸿昌。本篇出场人物还有：仇氏，指仇亮。绶卿、吴统制，均指吴禄贞。篯甫，指杨彭龄。姚君，指姚以价。何叙甫、何参谋，均指何遂。

罪案中心　分兵计划

你道我有甚么痴想？我以为石家庄一番停顿，使南北交通中断，清军在武汉前敌者，必发生慌恐，民军乘势可以得利，则武胜关①不难下。一面张绍曾念同仇被刺，直以一军拊北京之背，则中央必生绝大风波，同人在内响应，成功有望。且北洋军队，多汉人主帅，当此种族主义昌明，必有一番觉悟，不肯替满人出力，自残同种了，还有甚么仗打？嗳，大错特错！那知道这些奴才们，一点觉悟也没有，仍是一肚子红顶花翎，但想借同胞髑髅，作升官发财的资料呵！所以他们不但不和革命军表同情，而且要极力破灭民军的实力。当石家庄铁路中断了数日，山西并未继续出兵，固然是兵力不敷，以及统军者精神不振，也由于我主持不力（即误于痴想），以致让袁世凯得乘隙入北京，遂不能彻底澄清，遗恨何限！此实为种族革命时代罪案的焦点，终身莫赎此耻了！写到这里，实在不想再续下去。但前车之覆，仍足为后车之鉴；况失败中夹带着无限同胞血泪，有不忍使之埋没在"表里河山"间者，故只得忍痛叙出，以供世人的指摘！袁氏入京，姚君亦痴望其能藉众力以覆满清，不至再与革命军为难；谁知袁氏心怀奸诈，既想利用民党，覆灭清室；又想制服民党，归依一己。故入京不久，即遣第三镇到石家庄，谋攻山西。我曾亲身查看娘子关阵地，如所谓南天门，雪花山，都走到了；但见重峦环抱，障蔽天成，和海口大炮台的形势，一般无二，若得十尊大炮镇守，虽敌有百万雄兵，未易飞过，可惜山西新军，炮兵独缺，有可守之地，无能守之器！我曾谓守者曰："此不能恃吾之能守，而恃敌之不我攻，始可！"是以当日回至太原，和伯川商量南北分兵计划。为秘谋曰："娘子关终不可守，一旦失败，非南退必北进，今不速图，将来恐北不能过雁门，南不能逾霍山，我辈必进退失据，奈何！"伯川深然之。乃分派兵于南北，预为退军地。适续君西峰②，有函来报告："将由繁峙绕过代州，直趋大同！"我阅此大喜，曰："如此，则雁门不攻自破矣！"

注释：

①武胜关：位于豫鄂两省交界处，为我国历史九大名关之一。

②续君西峰：这是本书第二次写到续西峰。1911 年 11 月，续西峰奉阎锡山令，组建忻代宁（指忻县、代县、宁武县）公团，任弓富魁为统领，招兵买马，在晋北发动起义。11 月 28 日，续西峰率公团北伐大同。

筹款　提起社会问题

我当时于分兵建议外，尚有一重要建议，即筹款；因我自石家庄归来，颇感晋军实力不充，非多加练新军，不敷分布。时赵次陇①君，亦参密要。一日议及兵饷，我说只有一法，向太原有名富豪家通借，千百万金不难立集，座中有人谓，恐有扰民的嫌疑，我道："此次革命，不但解决种族政治问题，并社会问题，也应该一并解决。山西富豪，家资敌国，乘此机会，一为平均之，乃是革命要着，不惟筹款而已！"赵君极赞之曰："梅九说是！我们就实行起来，先向最便家，派人去借好了！"伯川听从此言，教大家先公推几家；于是第一便推到祁县渠楚南②家；再次太谷某家，再次榆次常家。但说到常家，我想起一件事情来，就是前边叙过的"竹杠失败"的笑话，我所敲的正是常君。今天若主持向他家借债，恐人讲咱藉端报复，乃特别提一议道："我听说榆次常家，近已中落，可以不向他借！"伯川答应了。却不知我别有这段心事。至于向渠家借银，我主张命姚太素、李梅峰③，率学生军一队去借，伯川许可，即时命人拟就公事，派大家去了。我密告姚君④曰："至少百万始可！"过了两天，有电来说："渠家准借四十万现银，先解二十万来。"伯川回电照准，实不满我意。然因此军需运用已灵，市面金融也活动起来，兵心也一振，新招之兵，也不愁无饷了。据筹饷学生说："初到渠家，楚南的父亲⑤，尚思闭门谢客，学生等乃向其门口，空放了几枪，渠老先生大恐，央人说：'再不要放枪，家里小孩害怕，我早想帮助军饷的！'于是引大家到存放现银的房中，听大家照数去取。"好笑！财主家的老少，胆子都太的小了。当时有直隶同志绕道来晋，说："想在保定一带运动民军起义，为牵制敌人攻晋军队，并可放刺客入北京，实行暗杀。"我力主张，并向渠家为筹生金二十锭与之。伯川也说："这一万金可当十万金用。"

注释：

①赵次陇（1866—1943）：即赵戴文，字次陇，山西五台县东冶镇人。1893年科试（乡试的预备试验）列一等第一名。此后，他在山西大学堂任教。1905年冬，赴日本留学，加入中国同盟会。官至山西省政府主席，国民政府内政部长、监察院长。1943年，在克难坡的窑洞里因肝病去世。

②渠楚南：即渠本翘，字楚南。

③李梅峰：即李大魁，1878 年生，字梅峰，山西洪洞人，留学日本，1906 年 3 月由张呈祥介绍，荣炳主盟加入同盟会，1909 年回国后任山西陆军测绘学堂监督。后任刘汉卿南路军参谋，光复平阳。刘汉卿死后，李大魁被推举为临时管带，后与温寿泉南下军会合，进军河东。

④姚君：即姚太素。

⑤楚南的父亲：即渠本翘的父亲渠源浈（1842—1920），字筱洲，号龙川，因乳名叫旺儿，因而人称"旺财主"。

政事部长　朔方兴讨使

革命军初起，意在破坏；故无人留心政治者。我入晋后，参与军事进行，对于分兵筹款等事，亦曾极积主张。虽在石家庄，自命为参谋，其实并无名义，及二次到晋。颇有人欲位置我，伯川乃命孔君繁尉①及仇君亮商议取法于湖北军政府的组织，于都督府中，分设"军事部"，"军需部"，"参谋部"，"政事部"等，邀我共订章程。孔君颇斤斤于诸部权限问题，又言军事时代，以兵为主，政事可以不要，我亦谓然；但他的意思，仿佛说我有心揽政权。我乃大笑道："我是主张无政府的，你莫拿这些玩意对我剖析；况且大家还不定几时滚蛋，有甚么争论的呢……"这几句话，把大家说的没话了，就照当时通行的军政府大纲，组织起来，以副都督温静庵②君，充军事部长；以黄少斋③君，充参谋部长，以我充政事部长；以陈汉阁④君，充军需部长，大略如此。我既组政事部，内分内务，外交，财政，交通各司，以利进行，规模三日即大定。外交司对于保护外侨颇得力，我特别组织一参议部，邀请同志自由议政。我当时却想到一旦分向南北进兵，图谋大举，过路知县官，非先换成同志不可，于是派了几多知县官出去。惟有作为的同志，不肯去，结果仍被好作官的人抢去了，因而更讨厌了政治！我当时随应承长政事，每日仍参与军事进行；且各省同志到山西来的，以长于军事者居多，又和我素日有些来往。最著的，如从前说过的楚馆主人孔庚（文掀）和李敏、王敬轩诸位⑤，于吴绶卿死后，也由石家庄乘机到晋，我特别介绍见了伯川。文掀慷慨陈辞，大骂袁世凯，说："此奴万不可信！绶卿之死，有疑袁遣人刺死的。若拥戴袁氏，则民党可谓无人，山西可谓无人！"伯川大赞许，聘为高等军事顾问。时议分兵北上，出雁门解大同之围（因续君⑥已率偏师入大同），请孔君主其事。我给他想出个特别名称，为历史所未有的叫做"朔方兴讨使"，意在兴师讨罪，为李子高⑦诸同志复仇故。伯川也没驳回，就照办了。

注释：

①孔君繁尉（1885—1969）：即孔繁霨，字云生，山东省滕县东龙岗村人。1902 年时年 17 岁的孔繁霨，以优异成绩考取了山西武备学堂。1904 年毕业后，被保送到日本士官学校学习中、高级军事课程。1905 年 12 月 11 日，在日本东京参加了同盟会。1911 年孔繁霨参加山西起义，后任山西陆军警卫军总司令，晋绥军训练总监。后离开山西前往山东。1928 年任国民政府代表，军委会委员，山东省建设厅厅长，1940 年任山东省参议长。新中国成立后定居山东老家。为山东省第一届人民代表，第一届政协常委，民革中央委员。1969 年 11 月 3 日，孔繁霨在山西病逝。终年 84 岁。

②温静庵（1881—1956）：即温寿泉，字静庵，山西洪洞县白石村人。早年入武备学校。1904 年赴日进振武学校学习，之后入陆军士官学校第六期。1905 年 10 月 28 日入同盟会，后又加入铁血丈夫团。1909 年回国，任山西大学堂兵学教员。太原起义后，温寿泉为副都督。后任北京政府陆军部参议。1929 年后任国民党河北省政府建设厅厅长。建国后，任全国政协文史馆馆员。1956 年在北京病逝，终年 75 岁。

③黄少斋：即黄国梁，字少斋。

④陈汉阁：陈玉麟，字汉阁。

⑤"王敬轩诸位"句：孔庚，字文轩。李敏，字敏之、勉之，云南呈贡县人。1877 年生，1904 年赴日本留学，先后就读于振武学校和陆军士官学校，同盟会员。1909 年毕业回国。来山西后随阎锡山转战于绥远、包头一带，任民军参谋。民国初年一度任山西都督府参谋长，后离晋他去。王敬轩，即王家驹（1878—1912），字伯轩（本书称为敬轩）。湖北枣阳（一说是随州，枣阳与随州接壤）人。1904 年东渡日本入振武学校习陆军。同盟会成立，王欣然加入，每会必与。1908 年毕业归国。武昌起义，欲回鄂，不果，入吴禄贞部为参谋。吴被刺死，王只身入山西。

山西都督阎锡山素仰其名，委作行军参谋，率兵攻克宁武、怀仁，以功升晋军总参谋兼第四标统带。

⑥续君：指续西峰。1911 年 11 月 28 日，续西峰率忻代宁公团向北进发，公团进入大同，后被清军包围，开始了为期 40 天的大同守卫战。

⑦李子高：即李嵩山。李嵩山在北京与景梅九分别后，回到山西代州，找见其胞弟李泰山，于 1911 年 11 月 7 日带领数十乡民，来到雁门关外的山阴县城，同警务所长崔玉成等打开监狱，放出犯人。这时，大同解送枪械往雁门关的清兵在山阴县岱岳镇栈房住宿，李嵩山见清兵防御松懈，他便将当地老乡和犯人集结在栈房外伪装打架，诱清兵出观。李嵩山乘势率众突入，夺走枪械。接着带兵到了应州，李泰山被清兵的马匹撞倒在地。几个清兵跳下马来，将他五花大绑。清兵将李嵩山和李泰山关在囚车上，带回大同。李嵩山被捕之日，其实就是吴禄贞在石家庄被刺之日。李嵩山和李泰山兄弟两人被大同总兵王得胜寸磔而死，李嵩山的部下多人也一同被杀。

发挥种族主义的一封书

仇亮氏自绶卿死后，居恒郁郁不自得。一日，听说袁世凯与黎元洪，有议和消息，对我道："袁世凯欲利用和议，懈怠革命军进取之志，黎元洪本非民党，恐由此让步下去，革命大事，必至失败！我有心到湖北亲见黄克强，力阻此种和议，坚持我辈宗旨，非打破北京，自建共和，绝不罢休！你以为如何？"我说："君言极是！但此间借重君处很多，伯川恐不放君行！"仇君极言其心已动，再留亦无益，终至痛哭流涕以求去！我不忍阻他，乃商之伯川，伯川闻其去志甚坚，无法挽止。乃予以代表晋军名义，请其到武汉一行。同志荣子文①说："当由伯川与黎宋卿一函，表明我辈的决心。这封信非你自己下手不可！"我受此鼓荡，且对于当时革命大势，亦有一番感慨，乃启墨伸纸，执笔直书，真所谓："文不加点，一挥而就！"把肚子里种族主义，发挥了一个不亦快哉！其实并不以为得意，但同志却推为革命时期中有数文字。今全录于左曰：

宋卿大都督麾下：

锡山本山右武夫，不识天下大计；惟念炎黄神胄，沦于异族，几三百年！古云："胡无百年之运。"兹乃过倍，斯诚汉族男儿之奇耻大辱，无面目以见天下者也！曩在倭岛，与二三同志，酒酣耳热，论太平遗事，未尝不痛恨于曾、李[②]诸奴罔知大义，自戕同胞！而洪、杨[③]亦失雄图远略，死守金陵，无北伐志，为自隳光复之大业也！自时厥后，汉家儿之谋兴复旧物者，断脰[④]陷胸，相继流血于赤县神州。今岁广州之役，黄花岗山长埋七十二雄鬼，实吾党革命已（以）来之最大牺牲也。其在满虏，以吾党势力，仅能达粤土，经此败挫，当为不复燃之死灰。不图麾下，奖率同志，倡义武汉，克定南疆，旬日之间，天下响应，三晋健儿，闻之鼓舞，于前月八日，纠合同志，乘虏臣不备，攻陷太原，树汉帜于并州城上，随将进兵井陉、获鹿之野，实欲断虏师后路，以为我南军之遥援。惟自审军力单薄，未克大举深入，乃与吴帅禄贞谋，将联直军为北上之计，事为旗奴窥破，戕我元戎，引师北遁；吴军亦半溃于中途，图北之策，为之一阻！锡山诚愤懑填胸，拔剑斫地，誓欲联合南北义旅，灭虏朝食，以复我同胞大仇也。奈邮电隔绝，谣诼四起，谓麾下已与袁世凯订约休战；且有要求满虏改制共和之说，锡山且大惑不解！夫汉族与满虏不两立，爱亲觉罗之子孙，率孱弱无能，今所持以抗我义师者，仅袁奴一人，奚足为虑！（后有媚袁者，将袁奴句，改为汉奸一二人，可哂！）麾下诚能张皇六师，长驱北上，则败清师，易于摧枯拉朽也。且改制共和，我大汉民族自主之耳，何要求协议之有？休战议和之说，实懈我军心！（仇君观书到此，曾鼓掌赞之，与其意相和故。）锡山闻三楚多奇略智能之士，未必无谋至此！特惧千虑一失，故敢贡其戆[⑤]言。为今之计，诚宜命水师，由海道直攻津沽，与齐鲁之众联合，扼其项领；大师由陆路北上，锡山不敏，亦且躬率晋军，偕同秦豫之师，西出燕郊，据其腹心，务使虏众首尾不相顾，则成功真旦夕间事也！用遣一介之使，略陈鄙衷，且问大计。昔人有言："楚虽三户，亡秦必楚。"⑥
天而既厌满德矣，虏岂能与汉争乎？（两句融化盲左⑦，自是得意
辞语。）兵贵神速，亦贵果决。（记得续君西峰，将以偏师攻大同，
曾来一书，密求我同意，传语者且曰："非见梅九话，不出发。"
我说："那有此事！"然不可无一言，因大书'兵贵奇，奇贵速，
速贵果'，三熟语付之。亦一纪念。）若迟疑不断，则晋军孤悬一
隅，师久无功，将使中原父老，望断汉家旌旗也！临颖神遥⑧，即
祈伟盼！

此书颇为一时传诵，而山西革命文告，见于当时报章者，只此一
篇。故虽违本心，亦觉有录载的必要。

注释：

①荣子文（1882—1914）：即荣炳，字子文，山西阳曲县大孟镇村人，出生于
忻州峪子村外公家。1902 年中秀才。1905 年加入同盟会。太原起义时，他参加了
起义，后随阎锡山北上绥包，后又潜回榆次，转到大孟村附近隐居。后患了结核
病，到日本医治，回国后于 1914 年病逝，年仅 32 岁。

②曾、李：指曾国藩、李鸿章。

③洪、杨：指洪秀全、杨秀清。

④脰（dòu）：脖子、颈。

⑤戆（gàng）：傻，愣，鲁莽。

⑥楚虽三户，亡秦必楚：出自《史记·项羽本纪》："夫秦灭六国，楚最无罪。
自怀王入秦不反，楚人怜之至今，故楚南公曰'楚虽三户，亡秦必楚'也。"

⑦盲左：春秋鲁太史左丘明的代称。左双目失明，故称。

⑧临颖神遥：临颖，面临命笔（的时候），犹临笔，常用于书信。神遥，即神
驰。《颜氏家藏尺牍·王曰高》："小刻奉览，临颖神驰。"

函拒段祺瑞　欢迎刘越西

袁氏入京后，命第三镇进军石家庄，闻统军者，曰段祺瑞。我曾代

阎伯川致段一书，略云：

> 朔风凄厉，未审君之涉吾境也何故？尝闻中原名将，首称段、黎①；今黎已高举义旗，声动寰球，君胡不自振，以与争功名于史册耶？我军屯次苇泽②，愿与国人，共解时局。此地为淮阴拔赵帜树汉帜之地③，望阁下能一张吾汉帜而媲美于古英！

这封书，由常君子发带去，偕同贾某见段④，段轻笑，且曰："可劝伯川取消都督，再休胡闹了！"其气焰逼人太甚。子发对我说："如能捕段，必拿他的态度作报复！"我知北洋军官，尚未觉悟。一日到娘子关，亲访前敌状况，在张星斋⑤所率营中，闲坐；忽有兵士，领一穿北洋军服的官长来见，我一见其人魁伟英爽，即知为同志，大喜！与之握手扳谭，他道："我乃第三镇炮兵营长刘廷森⑥字越西者，与何叙甫⑦同学，曾入同盟会，存心革命有年；今率队来此，于早晨命本营炮兵登火车向娘子关进发，意在将所带炮兵一齐运动到此，和晋军联合革命，及车过五里铺，兵士看见情形不兑，命火车停住；我乃向兵演说革命，请大家跟我过来，无奈他们胆小无知，不肯下车，并催我回去。我说：'大家不革命，我一个人也要革命！'便跳下车，孤身到这里来了。兵士和我还有些感情，不肯伤我，惟向空中放了两枪，就退去了，可惜！"我听了非常感动。晋军无炮队人才，可惜所载大炮未能带过来！又我们在石家庄运来的炮弹，有弹无炮，真没法子想。但刘君这一来，敌军情形，我们便知道个大概，不用放甚么侦探（曾派兵扮僧人探敌）；且敌军失一将才，也要顿挫一下，革命军便可进行。我亲介绍刘君见了姚君⑧，并带他到太原见了伯川。伯川便命他到雪花山领炮队，刘君到娘子关时，赵次陇君⑨亦在彼，很服刘君的勇感⑩热心，密谓我曰："兵法，大将去于军不利，是我军之得也。"

注释：

　　①段、黎：段，即段祺瑞（1865—1936），原名启瑞，字芝泉，安徽合肥（今属肥西县）人，1911年武昌起义爆发后，任清军第二军军统，湖广总督。1911年11月15日，在袁世凯的推荐下，朝廷任命张锡銮为山西巡抚，命令段祺瑞与第三镇统副曹锟率所部进攻山西。黎，即黎元洪。

②苇泽：即娘子关。

③此地为淮阴拔赵帜树汉帜之地：韩信为淮阴侯，汉三年十月，韩信在破代后，率兵东下井陉击赵。当时赵王聚兵井陉口，号称二十万，在数量上居于绝对优势。韩信一面以轻骑两千人伺机偷袭赵营，同时以主力万人背水为阵，诱使赵兵倾巢出击。随后汉军两面夹攻，获得全胜，赵王歇被虏获。

④"偕同贾某见段"句：常君子发，即常樾，字子发，山西黎城人，同盟会员。贾某，即贾德懋。二人到达石家庄后，因段祺瑞与贾德懋为师生关系，即派专车将他们接到官邸。

⑤张星斋（1880—1931）：即张煌，字星斋，乳名蛇娃，山西省赵城县枣坪村（现为洪洞县万安镇枣坪村）人。1910年加入同盟会，参加辛亥太原起义，为奋勇队长，击毙山西巡抚陆钟琦。1931年病逝。

⑥刘廷森：即刘越西（樾西），字越西，名廷森，又名月溪，云南人，同盟会员，中共党员，国民党陆军中将。

⑦何叙甫：即何遂。

⑧姚君：即姚以价。

⑨赵次陇君：赵戴文，字次陇。

⑩勇感：现在写为勇敢。

山西像一把刀　一片死气

越西亲临前敌，叙甫在省城主练新招民兵，七日速成，并自编革命军歌，发扬蹈厉，使人兴起。叙甫心太热，几欲练成十万精锐，亲自率之，直趋北京，为绶卿复仇。尝指山西地图对我说："山西省像一把大刀，临北京之颈，欲斫倒北京，非山西这把刀不可！"真快语。一日他正在金营外教场练兵，我偕李岐山君往观。（是时岐山从河东来，欲自成一军南下，联合诸军，东出巩洛①，以乘清军之后。伯川不许，岐山密与叙甫、篯甫相接纳，以谋大举。）刚走到所谓万寿宫②后，遥见叙甫指挥亲兵，东西疾驰，有狂飙卷地之势，兵俱灰服，一望如云。我不觉冲口而出曰："一片死气！"岐山曰："非也！一片杀气！"我乃点头，连声曰:"好一片杀气!"当我说一片死气时,心中融化着"有死之心,无生之气"③两语,率尔出口,岐山以为不吉利,改曰杀气,未免有心掩饰,非眼前自然现象。我也回想"死气"不祥,然又自知无心说出,不在好处,勉强跟岐山说了一声"杀气",而终不释然。于是同叙甫说了几句鼓励兵士话道:"有此劲旅,可以出奇制胜,乘敌不备,一试其锋!"叙甫慷慨自矢,愿效前驱。时娘子关风云正紧,我原主张:"与人乘我,宁我乘人。"当越西归来,敌阵未整,我极力劝伯川出师,并曰:"处则娘子,出则获鹿!"是由处如处女,出如脱兔来,自拟为名句。且乘势突出,未尝不可以侥幸万分,总强似死守一关,奄奄待毙。伯川不听,且以我轻听叙甫诸人愚计,将误山西。我则因南北道通,进退绰绰,胜固可长驱中原,获鹿钜野,败亦可北渡雁门,再谋卷土。时戏与友人曰:"我若得统师,早上出师表矣!"时越南阮鼎南④氏在晋,亦赞成出师说;我并从容与议及革命成功后,将助越南恢复故疆,鼎南君笔答我曰:"一语令人万感!"每思此言,不禁愧恧!

注释:

①巩洛:今河南洛阳一带。《战国策·韩策(一)》:"苏秦为楚合从,说韩王曰:'韩北有巩、洛、成皋之固……'"

②万寿宫:也就是太原皇庙,始建于明,清代改为万寿宫。

③"有死之心"二句:《战国策》田单将攻狄,鲁仲子(对田单)曰:"……当此之时,将军有死之心,士卒无生之气,闻若(此)言,(士兵)莫不挥泣奋臂而欲战。此所以破燕也……"意思是:将军有决死之心,士卒无生还之意。

④阮鼎南(1868—1925):即阮尚贤,又名鼎南,号梦莲,亦号梅山。阮尚贤十八岁时(1884)中举人,25岁中进士,历官国史修纂。在越南沦为法国的殖民地后,退隐农村。1907年潜至我国广东,会见了刘永福,后又赴日本。阮尚贤在日本时认识了当时在日本留学的陆光熙(字亮臣,山西巡抚陆钟琦之子),由陆介绍来山西,任陆钟琦的秘书。太原起义后不久,阮尚贤即参加了革命,担任了《并州日报》的总主笔。辛亥年冬,阮由山西去上海等地。1909年来华,1925年11月病死在西湖佛学会。

推袁作总统　幸不是劝进表

外报不至，娘子关外消息，完全无闻知；其时南京已下，孙中山由海外归来①，革命军声势日振。袁世凯氏，且藉以恐吓清廷，希报往日削职之仇，并图帝位。而一般人，则力倡共和，绝非袁氏所欲。此事由刘君芙若②，从北京来，始告我知道。芙若名为受袁克定氏委托来晋疏通，实则欲入甘肃，对回族宣布革命共和的利益，使他们赞成，以免兵祸。及到山西后，对我说明外边实情，略谓："昔日主张君宪的人，如范源濂③辈，都极力提倡民主共和。袁克定密联民党，也劝老袁颠覆帝政，我曾与克定氏约，若项城④主张共和政体，我可以劝山西民军首领，承认项城为第一任总统，并以不攻山西为条件。否则恐山西不能让步。"我听了这话，意谓果能藉此免目前战祸，不妨暂且承认。因密与伯川议，伯川也赞成，命我作一咨文，我乃同段君砚田⑤两人，俱到农林学堂，一密室中，提笔写成一张契约体文字，略道：

> 古今中外历史，已证明君主专制，其后世子孙必招灭身亡族之惨祸。（便是当头一棒，以醒其皇帝梦。）是以最近各国革命，改易政体，皆以共和民主为归趣（趋）。阁下如能协同民军，颠覆专制，然后敷政共和，与民更始，则第一任大总统舍公其谁？须知咨者！

山西都督某

文成，笑告砚田曰："幸不是劝进表⑥！"砚田也笑起来，并道："是一篇惊醒痴梦的文章；未免太潦草了。"我又笑曰："算了罢！买菜乎，求益也？我便是这种意思。"于是携到伯川处，教他看过，他也没驳回，就命人另誊出，使常子发⑦君协同芙若前往。芙若说明来意，欲走甘肃，伯川说："你先到北京辛苦一趟，回来，我教乔子和⑧君同你到甘肃一行；他系回教徒，比较有利益。"芙若听此话有理，乃答应和子发同人北京。

注释：

①孙中山在美国得知武昌起义的消息后，1911 年 11 月 24 日由法国马赛乘大英公司"马尔当"号轮船回国，终在 12 月 25 日驶抵上海。一同到达的有胡汉民、谢良牧、李晓生、黄子荫、陈琴航、朱本富、余森郎、朱卓文、陆文辉、黄菊生，以及美国友人荷马李夫妇，日本友人宫崎寅藏、池亨吉、山田纯三郎、太田三次郎、群岛忠次郎、绪方二三。

②刘君芙若（1876—1953）：即刘盥训，字孚若（本书写作芙若），山西猗氏县（现临猗）陈家卓人。清末拔贡。在东京参加中国同盟会。归国后，于 1906 年九、十月间出任山西大学中斋教务长。继任河南开封学监，又曾供职于北京大学。南北议和时，袁世凯不承认山西为起义省份，刘盥训聚合革命人士通过孙中山先生致电于袁，终迫使袁世凯承认山西为起义省份。民国初年刘盥训为国会议员，反袁称帝。1917 年南下广州，参加孙中山领导的护法运动。新中国成立后，被聘为政务文史馆馆员，1954 年病逝，终年 78 岁。

③范源濂（1875—1927）：字静生。湖南湘阴人。辛亥革命后，曾任教育部次长、中华书局总编辑部部长、北洋政府教育总长。

④项城：即袁世凯，袁世凯是河南项城人，故又称袁项城。

⑤段君砚田（1883—1918）：段砚田，字端溪，山西襄汾县东张村西社人。1901 在日参加同盟会。民国成立后，段砚田随景定成在《国风日报》馆供职。1913 年 4 月 6 日，袁世凯召开第一届国会，山西省推选景定成、段砚田等为国会议员。1915 年 10 月，袁世凯强迫代表拥其为"洪宪皇帝"。段砚田不受财物，不屈威胁，逾墙走出。继而吐血，腹泻，回家调养，医治无效，终年 35 岁。

⑥劝进表：是指劝袁世凯当皇帝，搞帝制。而劝袁当总统，则是共和国的总统。两者是不一样的。

⑦常子发：即常樾，字子发。

⑧乔子和：即乔煦，字子和。

娘子关失守　决意南下

芙若既去之第二日，即有第三镇曹锟①率兵，进攻娘子关警报。我对伯川说："袁奴②远交近攻，欺人太甚！惟有一战，不可退让；胜则长驱北上，败则分兵南北，另作计划。"伯川曰："然，我亲赴前敌一看，请君留守。"我一面答应了，一面到中华民报馆，和润轩计议，说："此战必不胜，但娘子关内，节节可守，不可不豫备接应；等岐山由太谷回，看筹得枪炮若干，再议。"午后一时，有电报来，云："刘越西在雪花山拒敌，派兵一队，夺得敌大炮一尊。"我对润轩云："他们道越西不可靠，今何如？但得炮一尊，何济于事？怕刘君有失！"未几又得电报云："敌炮火甚烈，我守兵不能敌，纷纷退下！"我曰："败矣！但不可张皇，等伯川回来，商议退守策。"未几，姚君即由娘子关回太原，我方疑其退兵过速，一时阎、黄俱返，神色仓皇，但云："刘越西君，苦战雪花山，身浴炮火中，很勇壮！但不能当敌炮火连发；且命中甚准，弹已落前敌司令部，故我辈不能再守！"我道："宜镇定，勿张皇！我拟一文告安人心，彼军未必敢入关。"阎不答，我即辞出，到政事部，拟安民文告成，张帖街市。然阎已出城北走，人心不靖，此固预定计划，但如此慌迫，实违我心。我因到报馆，对润轩说："他们走了，不要紧，我们守城，效死勿去！"张翙之③君强拉我去陆军学堂，见杨篯甫④，杨方推胸痛哭曰："我对不起山西人！"一面说，一面以手枪自拟，周耀武君⑤，连忙抢过来，从杨手中夺下手枪来说："要死大家死在一处，现在他们走了，我们把军队整顿起来，还可以自守，为甚么要死？还没到死的时候哩！"我很壮周君的话，也劝了篯甫几句。时岐山已从太古⑥来，说："他共得枪数十支，和娘子关下来的军队联成一气，还可以革命。"他又对我说："南下军队和我有旧，且陕西民军，都和我们有关系，南下可与联合下河东，出河南，再谋大举。"这几句话很使我动意，因我正念井勿幕故。温静庵君⑦亦主南下，我乃劝周君牺牲意见，同到南路再讲，并道："你们可以率队前行，我率学生队保守辎重车殿后！"

注释：

①曹锟（1862—1938）：字仲珊，直隶天津人。曹锟是北洋时期直系军阀首领，1923 年 10 月，通过贿选登上民国大总统宝座，人称贿选总统。

②袁奴：指曹锟。

③张翙之：即张起凤，字翙（huì）之。

④杨笕（jiǎn）甫：即杨彭龄。

⑤周耀武君：即周俊杰，字耀武，山西夏县人，1908 年入山西陆军小学堂肄业。1910 年由杨彭龄介绍加入同盟会。

⑥太古：应为太谷。

⑦温静庵君：即温寿泉。温寿泉见无力回天，率部分民军南下。

以退为进　王一山来

　　我和翙之、润轩诸人，最后出太原城，想起傅青主"我之愁郭瑀之愁也"①的话，回首望并门曰："不知何时见汝！"此时心中最不安适者，就是越西、叙甫②未返，政事部诸友未别，在我们觉得出城独晚，在他们还要怪我们出城太快哩！步行至徐沟，倦极，学生军有二十余人同行，为觅一破店，休息。我教润轩对学生说："此次南下，还要联合诸军，或东出陕、洛，或卷土北上，乃'以退为进'的办法，并非败溃可比，我们必须整装，押定子药车，徐徐而行，不要忙乱！"润轩道："不错。我对大家说知好了！"此时忽有人来讲，有陕西朋友来访，我连忙接见，乃是王一山君，自然是欢喜极了！问他何以到此？他道："陕西革命军起，和太原应联合一致，所以我和两个弟兄到此，和大家商议联军事体来的。"我便把晋军最近状况告他，并说明我们南下的主意。一山很赞成，说："我们南下联合诸军，还可以下河东，重张旗鼓。"我说："最好我们同行。"一山说："那是自然！"我绍介他见了润轩，又谈到陕西革命经过，他说："同盟会同人，全数出马，李仲山、邹子良并出死力③，我领陆军学生保守藩库，颇得罪土匪，翔初④充都督，曹允侯⑤独树一帜，向乾州御甘军⑥，勿幕⑦亦自成一军，守渭北，潼关连失连得，陕军勇气百倍，可以支持，还可以分兵到河东来！"大家听了，大有眉飞色舞情形。一山次日与岐山相遇，我请他们先行，我们到祁县时，城门四闭，乃停车关外，此时围视的百姓，足有数千，他们见我们很整暇，都竦然环立不动。我命学生阎寅、卫鸿志⑧，向马号借马，并要官车；初不肯与，我乃吩咐一用强硬手腕。阎、卫乃拔刃指挥，他们连忙答应，意思好像说："赶紧送这些神走罢！"于是拉出几辆车，并几匹马，让我们使用。乃整队押定子药车南走，很觉得堂堂正正，非同儿戏了。此时也有从娘子关陆续下来的兵士，我们也收容到队里；里面有一个姓刘的，说是安邑人，他最好空放枪；我很警戒他，叫他休随便费子弹，他虽听话，心里终不肯改，我也不理他，只严束学生军，勿乱放枪而已。

注释：

①傅山曾自述他在著述上的痛苦："或劝我著述。著述须一副坚真雄迈心力，始克纵横。我庾开府（指庾信）萧瑟极矣。虽曰虞卿以穷愁著书，然虞卿之愁可以著书解者。我之愁，郭瑀之愁也，著述无时亦无地。"庾信曾官至骠骑大将军、开府，是南北朝时代重要诗人。郭瑀（yǔ），生卒年不详，字元瑜，东晋十六国时期甘肃敦煌人。东晋太元元年（376年），王穆在酒泉起兵，对抗前秦，后来王穆与索嘏不和，要杀索嘏，郭瑀极力劝阻，王穆不听，杀了索嘏。郭瑀万分悲痛，绝食七天而死。

②越西、叙甫：越西，指刘越西。叙甫，指何遂。

③辛亥西安起义，李仲三（本书写成李仙山）任东路安抚招讨使，与清军战于阌（wén）乡、灵宝间，事定解兵。1911年8月，邹子良赴渭北山区联络哥老会、刀客，拟在渭北发难。10月，西安起义成功，邹子良即赶赴省城参加秦陇复汉军军政府工作。

④翔初：即张凤翙（huì），字翔初。

⑤曹允侯：疑指曹印侯（1881—1913）名树勋，字子润、印侯（亦称寅侯），陕西临潼人。1911年10月22日西安起义的消息传至临潼，曹立即响应，率民团武装占领临潼县城。后又率军前往潼关抗击清军，与甘军血战30余次，最终击败甘军，收复柳林镇。

⑥甘军：陕西起义后，逃往甘肃的前陕甘总督升允，一面电告"陕乱"情形，一面疏请"平乱勤王"，连克长武、邠（bīn）州，杀人如麻。

⑦勿幕：1911年10月22日，西安起义爆发，当时井勿幕"以事前赴北山买

马"，10月27日中，由渭北赶回西安。10月31日，秦陇复汉军政府委任井勿幕为北路宣慰安抚招讨使，不久改为河北（渭河以北地区）安抚使，经略同州一带军务，井岳秀、胡景翼、曹世英、郑庠等在其部下分任统带。

⑧阎寅、卫鸿志：阎寅，生平不详。卫鸿志（1889—1937），字道卿，别号沪晋生（意即：在上海的山西人），山西安邑县张孝村人，幼时喜文尚武，太原起义时，卫鸿志率五百学生军，攻打太原满洲城。娘子关失守后，温寿泉、景梅九、李岐山、杨彭龄、卫鸿志等率军南下河东。1924年，景梅九偕卫鸿志参与了冯玉祥、胡景翼、孙岳国民军"北京政变"，推翻贿选总统曹锟政权。孙中山任命景梅九出任国民军第六军军长，卫鸿志为参谋长。卫鸿志于1937年冬被蒋、阎特务暗杀于河南会兴镇（今三门峡市）。

汉阁遇贼　诸葛亮神签

次日到平遥，城门紧闭，但从城内，供给军食，由城上缒面食等，送出。傍晚，郭瑃卿①偕陈汉阁②君亦至，相见甚喜！郭君言路遇匪人，夺去行李，几不免。因汉阁眼光，至夜间无灯月时，与盲目无异，所以行路极不便。我约与二人同行，并告以学生军路过徐沟时，曾遇渠子澄解第二次款入省，乃命令兵士均分，兵士不听，乱攫去，幸阎、卫两学生，拔刀阻止，截留元宝十余枚在此，尚可供我们使用。汉阁此时虽已放心，而精神不大振，我很替他担忧，想教他回家将养。他讲："到洪洞再说。"这时仍有从娘子关退下来的说，敌人并未入关，我也知道；但此时一心要到晋南，看看河东情形，没有返回太原的心思了。只缓缓而行，并不是"以五十步笑百步"，实在知道敌人攻山西的用意。不过因老袁要示威民党，命他们进攻一下子，原无深入的必要。且他们深入山西，反与南方民军以北攻机会，绝然是不肯的。我曾对润轩说："若敌人全数入关，占据太原，后路必空，南军必乘势北上，这也算我们退军的策略！"润轩深以为是。及到介休。张之仲③为知县，他自然是开门欢迎，因他是政事部放出的官员。大家有在衙门休息的，有在城外休

265

息的，我同润轩、道卿④三人，到介休城外散步，远远望见一座小庙，离城不远。因到那里一看，才是一座孔明庙。我心头很奇怪说："这里怎么会有诸葛亮庙呢？"进到里面，有看庙人迎待，果然有泥塑诸葛像，像前有一大清皇帝万岁牌，润轩取下来折碎了他，对庙祝说："大清已亡了，还有甚么万岁！"又见案上有签筒，润轩有点迷信，恭而敬之地，求了一根签，妙极！签语忘了，但标题有四个字道：

以退为进

润轩笑对我道："你看！这四字，不是你讲的么？怎么可巧这签上就有他呢？可见凡事都有一定，或者你就是诸葛！"我笑道："诸葛倒像，就是把街亭失守了！⑤"在介休更无别事，还记得大堂上一幅集联很好，便是："三公不易其介，四方惟乃之休。"⑥妙语天成，这先生自命也不凡呵！

注释：

①郭琯卿：生平不详。

②陈汉阁：即陈玉麟，字汉阁，山西洪洞人。

③张之仲（1873—1942）：字孝轩，山西荣河县人，同盟会员。辛亥太原起义后，任职于山西军政府外交部，后任介休县知事。

④道卿：即卫鸿志，字道卿。

⑤公元228年春，诸葛亮五出祁山，率领10万大军北上伐魏，均未成功。景梅九在此自嘲丢失娘子关一事。

⑥三公不易其介，四方惟乃之休：这是名人苕筑毁写的一副嵌名联。上联出自《孟子·尽心篇》：柳下惠"不以三公易其介"。三公指太师、太傅、太保。下联是指介休交通发达，四通八达。对联的最后一个字连起来就是"介休"。

灵石城下避丸　阮步兵

由介休退至灵石，共学生等同住破店。想起《虬髯公传》来，听说此地有英雄奇遇处，就是本李靖、红拂、虬髯遗事①，附会而成的。于是又想到谷芙师②在长安时，曾撰一联云："感怀灵石道中，儿女英雄王霸业；放眼太华顶上，泾清渭浊终南低。"不觉动一片怀古念头。对学生卫鸿志谭古今革命事业，断不是侥幸成名，其间必有几个奇人，如虬髯、红拂一流，能使后人闻风兴起。曾记某君《灵石道中怀古》诗中有"傲岸容从妆镜得，不平情为蛾眉留；相逢一妹唤一兄，山河犹增无限黛"诸句。以及王霞举③先生的"中原有主做不得，掉头去作夫余主"④，皆能写出当年情事。我曾想作一出古派新剧，使人演唱，尚未着笔，当目下实行革命时节，更说不到这里了。卫君⑤曾问革命后，以甚么政体为好？我道："政治没有甚么好的！比较起来，共和似胜过专制；但也不算很好，还须实行一番社会革命，一直到无政府时代，才好哩！"卫君听得"无政府"三字，很是惊讶；但他没有往下追问，我也没深谭。然而他却把这句话，牢记在心里，到革命成功后，我在报上发表无政府主义时，他才提起旧话来问我，也是一个纪念。再说灵石曾遇险，因为温君静庵⑥，向灵石县要官马，城内不与，温君颇怒，有命学生攻城的意思，我和翙之⑦、润轩⑧不主张；因我辈目的不在此，所以到次早，整队出发。不料温君的马弁，和城上人冲突，因向城上开枪。这时灵石城内，有甚么巡防队，便集合队伍上城，向城下放枪，温君下马，命学生立定还击，一时快枪弹纷纷飞下，其声清以越，有人高呼道："是快枪子弹！是快枪子弹！"我那时只屹立不动向城上看，见人数不少，中间杂着百姓很多。那位好放枪的安邑刘某，在我前面举起枪来向城角一击，颇命中，城上人哗然退避，我心中才放下。同时刘某中弹倒地，又一弹从我耳际飞过，有人拉我向山坳避丸，我乃侧走，城上一时停止枪声，润轩乃收队，扶刘某上车，徐徐退入霍山，至山坡知敌不敢来追，大家乃谈笑而行。有人与我一根长枪，我负之登山，心里说："我而今成了阮步兵⑨哪！"

注释：

　　①李靖、红拂、虬髯遗事：唐人小说《虬髯客传》有述。

　　②谷芙师：指谷如墉。

③王霞举（1823—1887）：即王轩，字霞举，号青天，自号顾斋。山西洪洞人。1879年，曾国荃为山西巡抚，议修《山西通志》，聘王轩为总纂。次年，王轩任晋阳书院主讲。1881年，张之洞任山西巡抚，择高才生别设令德堂，王轩兼讲习。王轩以诗文奇崛而闻名于世，《辔经庐诗集》是其主要著作之一。

④中原有主做不得，掉头去作夫余主：说的是虬髯客自愧不如李靖、李世民，独自离开中原，后为南蛮扶余国主。

⑤卫君：即卫鸿志。

⑥温君静庵：即温寿泉。

⑦翙之：即张起凤，字翙（huì）之。

⑧润轩：即郭润轩又名郭质生、郭朗清。

⑨阮步兵：即阮籍（210—263），三国魏诗人。

李大哥来援　行军都督

将夕，退至山腰，老张湾，有几家店房，能容下我辈几十个人，及车马等；我和翙之、润轩共占定一窑房。（即穴居）吃过午饭，谈了些闲话，走的困了，大家早早休息，睡到半夜，忽听见有军马声，奔腾自外来，大家惊起，怕敌人追至，我说："没有的事！"即听见有人嚷道："自己人，自己人！"我笑曰："必李大哥也！"开门迎入，果是岐山同一山偕十数骑至，相见大笑。岐山说："郭瑄卿慌慌张张地，来到霍州，见钱甫报告你们被敌人攻击，不知生死？钱甫嗔他报事不明，几乎要杀他，他说：'请先解大家围，再杀我不迟！'我便告奋勇，同一山前来，并谓如梅九有失，必踏平灵石县！"我很感激他的盛意！一山背负马枪，气象雄纠，我问他"何从得枪？"他说："从军中借来的，因赤手不能解围；况且说是救你，莫有不肯借的。"我又问军队情形，他们说明天到霍州再说。岐山问有受伤者么？我把刘某受弹告他，他去看过，回头说："甚危！此地苦无医，到前面再讲罢！"次早大家同行，过仁义镇，即至霍州，钱甫已率队去赵城，遂同至赵城，刘某已不救，为殓其遗尸，寄棺一庙中，由卫鸿志一人经手，并标明刘长贵之柩，此为南下第一牺牲者。我见了篯甫，并谢盛意。他问"子药车全来否？"我说："走过徐沟时，失去一车，特命学生卫鸿志回头去找，我们行至祁县，在店中候他，不至，心甚焦急，至半夜忽报告卫君回来，我非常欢喜；但他未找得那一车子药，未免可惜！那时只幸他无差失，顾不得别的了！"篯甫说："不要紧，保得一车来，已劳苦了！"此时四川同志，公孙长子[1]，吴汇之[2]，同在军中，议整顿军旅，以篯甫为行军都督，静庵颇不愿，我也觉此名不妥。但大家已经改定，很不好意思取消，况当下只论实事，这些名目，却是随便的，所以未竭力反对。长子能文，汇之善军，皆军中能者，我曾另眼看待，恐因无味的争论伤感情，所以行军都督的旗帜，由他们制造起来了。

注释：

①公孙长子（1882—1942）：原名余切，又名兰陔，字培初，四川内江县同福乡（今内江市东兴区同福乡）。1906 年经熊克武等人介绍他参加同盟会，于 10 月发动成都起义，事泄败露，余切机智脱险后，改名为公孙长子，出走甘肃、宁夏、陕西、绥远、山西等地长达四年。1911 年，公孙长子参加山西晋军起义，光复太原，被推举民军参谋长。1915 年后，先后参加了讨袁护国斗争和袁死后的护法战争。1924 年熊克武在川军事失利，公孙长子留上海治病，以卖字为生。1930 年复出，任新编十九路军副师长，期间参加对红军第三次"围剿"，被红军击败后退役民间。1942 年 1 月 26 日病逝于重庆仁爱堂医院。

②吴汇之（？—1915）：字子莫，蓄须，人称吴胡子，四川人，同盟会员。原来吴禄贞第六镇军官，吴禄贞被刺杀后，他即来晋参加革命。后任绛州知事，1915 年被山西巡按使金永杀害。

霹雳一声　惜哉刘汉卿

在赵城关外小学堂驻军，张琦玉[1]出城，见大家，问省城近状，并言："衡玉②五哥从陕西归，现卧病家中，未能和大家相见，一切支应，都由我备办。"正讲说中间，忽闻枪声一起，窗棂震动，镪甫变色，欲躲避，周君耀武③阻之曰："慌甚么？有乱子也不要紧呀！"我也劝大家镇静些。少顷，有人来报告，说是霹雳队中弟兄，因口角冲突，至开枪伤死一名，现由队长弹压下去了，大家才放心。提起"霹雳队"三字，也是我创造的名称；因岭南健儿，惟洪洞、赵城两县为最夥，曾由某君召集多人到太原。静庵不主张扩充队伍，他的意思，是说："山西没枪，但招些空手兵，有甚么用处？"极力主张遣归，当时我出了一个主意，对静庵说："革命党以炸弹为唯一武器，山西虽缺枪炮，然炸弹还可以自造，不妨成一独立炸弹营，定名霹雳队，可以壮我们革命军声威！"这几句话，却打动了静庵，立时认可，说："好极了！这很可以组织起来！"于是霹雳队遂出现于太原城内。南下时，此队随镪甫同行，一路也闹出笑话，就是到赵城，才霹雳一声，自残同队，我当时心中，觉得很可恼，又很可笑，引为自造的罪孽！但此队中人，毕竟有勇气，到后来，还为革命出了点力量，这且不提。当日因这点骚动，人心稍稍不安，琦玉劝大家速离赵城，镪甫也急欲到平阳，和第一次南下军队会合，所以立时发令，拔队向洪洞进发；不料到洪洞后，有一个极失望的军情，就是被民军一度占据平阳府，重新退让于敌人，所有军队，全退至平阳府北一镇店上，先前和民军外面联合的清军，皆翻脸不认帐了。④最痛心的，是前锋营长刘汉卿⑤君，击敌隘口，屡得胜利，某日独率一支队，进攻某山顶，而援队不至，遂陷于敌手，被杀！死状甚壮烈！是为第一次军中最大损失！且我更有特别伤感；因送君出发时，我亲身与君珍重告别，君曰："不下河东，誓不回首！"我曰："壮哉！"今竟中道损命，能不惨怀！

注释：

①张琦玉：即张瑞琦，字琦玉，是张家第四子。

②衡玉：指张瑞玑，字衡玉，山西赵城（今属山西洪洞）人。

③周君耀武：周俊杰，字耀武，山西夏县人。

④1911年11月19日起义军南路军第一次南下，从太原出发，士兵约有500余

人，分左右前后四队。12 月 3 日，南路军抵洪洞，童宝山部不战而降。娘子关失守，起义军退出太原。平阳的清巡防营便反水，重新占据平阳城，并杀死城内的起义军留守人员多人。所以景梅九在这里说："先前和民军外面联合的清军，皆翻脸不认帐了！"

⑤刘汉卿：字杰三，祖籍直隶定州。辛亥九月，晋军起义，刘汉卿率领士兵，破满城，据弹药库，守教堂，保护官钱局，功业卓著。12 月 14 日黎明，刘汉卿带南路军大部分兵士来到隘口前，亲自率队进攻。他命右队登山，左队继之。此时，刘汉卿已经得知娘子关兵败，太原不守的消息。刘汉卿指挥兵士进攻到半山坡时，忽然被飞弹击中右腿倒地。右队什长许作新，急率数人冲过来抢救，却被清兵击中倒地。刘汉卿在远处喊道：我已负伤不能行，你等速去，勿为我累。说完，卧在地上用枪向清兵射击，直到子弹打光，清兵这才蜂拥而至，将刘汉卿抓了起来。后来，谢有功将刘汉卿的首级割下，悬挂在闻喜县城内鼓楼示众。

两军合一　鲍参军

军驻洪洞关外，大家听得平阳失守，即开会商议办法，都说："如今只有使二军合一后，再作计较。"商定，我道："第一次南下诸人，我认识人很多，我同人去接他们去！"大家赞成。于次早我乘一轿车，向某镇店进发，中途见有数人迎来，我猜着是民军人，于是下车招至前面，果是第一次南下军中某君。我问他何往？他道："在前面听得省城民军南下，不明真相，所以前来侦察的！"我道："好了！你赶紧回去，对大家说我们通来了，带的兵不少，打算二兵合一，请他们把所有军队全数带到洪洞，为要！"说毕，某君自去，我由中途折回，报告镶甫诸人，等到天将晚的时候，前敌兵全数退回，将官同来司令部相见，商议，仍以镶甫为行军都督，使统全军；并请他会合两军，重申誓令，命兵士皆插血①为盟，人心一振。然后开军事会议，议攻平阳与否？我曰："平阳城坚，且我军初至，主客势分，攻之必不利，不如绕道至河津，打听秦军消息，能渡河与秦军联合固好；否则，乘机攻陷河东，亦上策也!"大家赞成。恐平阳镇截击我军,我曰:"我军虽新来,彼不知虚实,但听我军又增厚援[2],何敢攻我?"某君云:"有某与谢镇[3]有旧,不如写一书送去,说明我军目的,以免意外,为好!"我赞成此说,即提笔草一纸书,略云:"革命军目的,在攻取燕京,以定大局,我军将东出巩洛,与中原义军相会,明日即行开拔,请足下偃旗息鼓,勿自惊扰!我辈决不攻平阳也!"写毕,令某送去,正议进军计划,公孙[4]忽仓皇来告曰:"清军已入太原,现派大军南下,向某县扣兵车数十辆!"我不俟其语毕,即呵止之,曰:"断无此事!何得信这谣言?且即令有此事,我辈也应镇定,不必这样张皇,以扰军心!"这时声色俱厉,吴汇之[5]极力赞成我的议论,说:"梅九言是,越危险时,越要镇定才是!"公孙自认失言,也不提了。于是大家决定从容行军。最有趣是公孙受我一番枪白[6],和汇之诸人议军制,无法位置我,乃曰:"以梅九为总参谋或参军。"我闻之笑曰:"阮步兵又变鲍参军[7]了,我不作参军!"

注释:

①插血:歃血。

②厚援:丰厚的援助。

③谢镇:指谢有功(1840—1913),广东连山县人。谢有功在军队里勤练武艺。1884年的中法战争中,谢有功曾跟随刘永福与法军战斗,朝廷擢升他为提督军门。后来他在云南屡立战功,官至山西太原总兵,获清朝皇帝诰授"建威将军"。太原起义前,因陕西起义成功,谢有功赴风陵渡一带视察黄河防务。就在他返回来的时候,与刘汉卿所率的南路军相遇于隘口,在隘口战胜民军后,他返回平阳城内。

④公孙:为公孙长子。

⑤吴汇之:字子莫,四川人。

⑥枪白:即为"抢白",当面责备或讽刺。

⑦鲍参军:即鲍照(414—466),字明远,南朝宋著名诗人,曾经任过临海王刘子顼前军刑狱参军,故世称"鲍参军"。

博士斩关　龚定庵妙语偶得

也妙！第二天从平阳城外，整队通过，城上果然偃旗息鼓，静悄悄地若空城一般。转入某村，村人争出观看，也有惊讶的，也有指笑的，妇女们躲在门后边看，小孩儿乱跟着跑，没有怕惧。问村名，仿佛听说叫成功村？大家欢叫起来，大吉大利，此行必得赢得胜，这自然是从大人迷信地名来的。我此时已借得一匹老马骑着，颇形迟漫。吴汇之看见，道："梅九骑得是太上皇。"我心里忽然触起摄政王①来，自笑道："挟妓挟的摄政王，骑马骑的太上皇，也够阔的了！"从此这马便受了老吴太上皇的封号，许多人都称他为太上皇，笑话了！当时全队向襄陵进发，赶日落未接到前卫报告，大家便一直前进，到襄陵城外，听说城内无兵；但城门却紧闭不开，有呼开城的，里边也无人应声，大家急了，一天没吃饭，关外又没店房，天气又冷，在这站着，很不得法！便又主张攻城的。这时前队有一少年壮士，名张博士②，性情激烈，不耐烦，看城门下有缝，便脱衣伏体，匍匐而入，头已入足不能进，呼人从外脱去其裤，乃赤条条的爬进城门内，由城缝递进一把刀去，博士便举刀用力斩关，而城门开矣！我似乎听见城内放了两枪，这时也无暇理会这事情，大家一涌而入，直向县衙门奔进。那位县官，躲避不及，慌忙迎接大家入衙，我给他介绍箴甫道："这是我们行军都督！"又绍介岐山给他道："这是我们将官。"大家坐定。岐山便厉声责问他："为甚么不开城！"他觉得真要杀他似的，站在旁边，连忙说："我教他们拿钥匙去开城，这些混张东西们，他们误了时刻，不是兄弟不开城，兄弟是很欢迎大家的！"言未毕，岐山哼了一声又道："你要小心豫备一切！"他连忙道："是是！""你要笼些火来给各营送去！""是是！""你要速吩咐给各营送粮草！""是是！""你要怎么，你要怎么……""是是是！"我在旁边，但觉得好笑，心中想起在日本和仲虑共看《龚定庵③

词》有二句妙语道："便千万商量，千万依吩咐！"眼前真有此种现象，不过那是对付情人，这是对付革命党，太难为他了。我给他解了个围说："不要害怕，大家都是同胞，绝不忍伤害你！"

注释：

①摄政王：在此指桐花庄妓女董素仙。

②张博士：山西赵城人，他是 1910 年张煌去赵城所招的新兵。

③龚定庵（1792—1841）：即龚自珍，号定庵，清代思想家、文学家。

放囚快举　太平攻未下

襄陵知县忙乱了一阵，给大家豫备饭吃；这时就同学刘顾庵，已经从陕西还家，听说我们到了，他亲到县衙，见了我和岐山、润轩，通认得，很替那位知县解了这个围。知县听见顾庵说我们都是熟朋友，诸事好办，自然放心下来。我和顾庵又谈了一阵旧话，夜半听见一声枪响，疑又有赵城之变①，出门，才是一个学生的枪走了火；于是吩咐他们小心些，便睡去了！第二早晨起来，忽见井某仓皇入衙，大惊小怪地对我说："不得了哪！有人把狱门打开，囚犯都放出来了！"我听了，心里好笑！这先生连革命的意思，还没懂得，破狱放囚，是革命军打开各州府县城时，第一要做的事体，他反慌起来，我微笑："不要紧，我亲自看去！"我便和润轩、岐山一同到监狱，真是黑暗的地方！有几个囚犯，争的向外跑，足缭②还没有打断的哩！脸上都煤黑，一望如鬼，在那惨淡面上露出笑容来，见了大家就磕头；我们含笑挥之去！我对岐山说："此中如有健囚，愿从军者，必能致死力！"岐山首肯，教人去问，后来听说共有一两个愿相随的。我曾和岐山讲到监狱能完全撤废固好，不能，至少也要大改良一番；这般地狱式的监牢，不是人住的！岐山曾说："监狱改良，怕人都喜欢坐监，恐有囚满之患！"我说："人性极好自由，就是把监狱改成天堂。自由人，也不愿意到里面去！"岐山很以为然；因他曾被安邑知县龙璜，管押过多时③，虽是优待，也觉得不自在，所以我这话，还入得他耳朵里。在襄陵休息一天，向太平县进发，先到固城关上，那个镇店，倒很大，生意也不少，市面未因革命摇动，大家分头驻下。这时打听太平城有巡防队，生意人讲，还有一个大路，可以绕过太平，静庵极力主张绕行，岐山当时气壮，乃说动馔甫，自率一队攻取太平，王一山君愿同往。次早往攻，至晚方回，曰："城坚不易破！"一山曰："岐山真勇敢，可以率军！"此役虽未得手，而岐山之勇敢善战，为兵士欣服，为后来接统全军的张本，也不算无益之举。但听见一句笑话是："太平城当初李自城④都没攻下来，何况我们？"

注释：

①赵城之变：是指民军在赵城受到城内巡防营的抵抗，安邑刘长贵被打死一事。

②足缭：应为足镣。

③李岐山曾任安邑县政府堂房经承，经收钱粮。照例每年年终，县长要派员清查封库。李岐山平日挪用公款，不料春节，道署查账点库，发现账簿与现款不符，即以监守自盗罪名，把李岐山送安邑县政府看管严追。岐山在县的礼房扣押了半年，把挪款陆续归清，才取保开释。

④李自城：即李自成（1606—1645）。

端溪忆家　全掌快谈

太平未下，终从静庵计，绕道而行，和过平阳一般；所不同的，过平阳是从城跟绕，而城上悄寂无声影，过太平是距城五里有余，却远远听见太平城上的炮声不断，可笑已极！不知他目标何在？真所谓虚声恫喝①的意思！大家缓缓而行，绕过太平，到苏村打尖，适逢商集日，卖吃食的不少。都停车息马，吃喝了一顿，我问段端溪曰："还想家么？"
端溪说："昨天因太平不下，我倒有心回去；但既和大家同行，岂容舍
伴？今天自然是丝毫不想了！"因端溪家在襄陵，到襄陵时，他和顾
庵②商量，想回家去探望一遭，也是人情；因汉阁③到洪洞，归家养息
去了，李梅峰也没随来，所以端溪忽动了这个念头。惟岐山很爱端溪的
沉静有谋，且善谈论，当端溪向岐山提起这话时，岐山说："人人都有
家，如君要归家，大家可以从此解散了！"这两句厉害。顾庵在旁听见，
接着说："话说不到这那，端溪！你跟大家去罢！你家里事，有我照
应！"端溪更没话讲，说："如此甚好！我决心同大家前往。"记得岐山
还从怀里取出些散碎银子，托顾庵转致端溪家，所以我有这一问。端溪
和我交情尤密，山西大学同学中，端溪最少，而甚重感情；其回家念
头，不但是思妻，且是思兄。因其兄多病，故不放心。我尝题咏其弟兄
在太原话别像片，中有"久病怜兄瘦，怀归念弟单"两语，颇能道出
当时情态。端溪至感泣，并云："单字别生一解，最妙！"闲话少讲。
大家由苏村进至全掌镇，俗读掌为章诺反，音如酌上声。河东人读阳韵
字④，多归药韵，故有此变。初听不解为何字，及问明乃大笑曰："天
下事全归吾辈掌握中矣，更何愁？"岐山曰："我只望此军全入吾掌，
运用一番，以张我革命声威！"我说："莫性急！这容易办到；因镤甫
病衰，静庵素日和军队不接近，舍君其谁属？"这不是戏谈，当日实情
如此。在全掌寓卫姓家中，此地有高、卫两富家，卫姓招待甚好，且借
与军饷数百金，镤甫与约，革命后奉还。我却想均其产于众，特此时未
暇作这种事情。

注释：

①恫喝：现在写作恫吓。

②顾庵：即刘顾庵，是景梅九的朋友。

③汉阁：即陈玉麟，字汉阁，山西洪洞人。

④阳韵字：音韵学家根据古韵母的性质，把字音分成三类：韵尾是 b、g、d 的
叫入声；韵尾是 m、n、ng 的叫阳韵；入声和阳韵以外的叫阴韵。阳韵和阴韵的字
调各有平声、上声、去声三类。掌字音 zhǎng，韵尾是 ng，当属阳韵。

程李的比较观　怒骂奸绅

从全掌起程，半日到稷山城下，仍是闭门不纳。但城内无兵，于是场言攻城，请绅士城头答话。城内人怕起来，乃派人出城协商，最后商定，兵驻城外，军官驻城内；于是我和篯甫、岐山、静庵多人，并学生军皆得入城，把高等小学堂作了司令部，办事人员，分房驻定。我在堂长室内，看见些残余书藉，随手翻阅起来；因平生有书癖，时常手不释卷，每到友家，看见书藉，不论新旧及生熟，都要看看。自从退出太原，随军南下，和所有书藉，都疏远起来，足有半月，未过"看书瘾"，心中着实难过！所以一见这些残书，真像遇着久别的好友，怎能不欢然相对呢？可巧翻的一本国文，上载《史记》上论程不识、李广行军宽严不同的一节道：

> 广行无部伍行阵，就善水草屯舍上，人人自便，不击刁斗①以自卫，莫府省约，文书藉事；然亦远斥候未尝与害。程不识正部曲行伍营阵，击刁斗，士吏治军簿，至明军不得休息；然亦未尝遇害……是时汉边郡李广、程不识皆为名将，然匈奴（畏）李广之略，士卒亦多从李广，而苦程不识。

我看毕，戏谓润轩、翙之诸君说："我军现亦分两派：静庵拟整军严阵以待敌，似程；篯甫、岐山皆好野战，似李；惟李虽宽纵士卒，亦远斥候，此宜取法。我军所至，不可不先派前哨四处侦探，以防敌人袭营！"大家听了很以为然。因静庵毕业日本士官学校，以为行军布阵，皆应有一定法度，杨、李②崛起行伍中，只知"身先士卒，与士卒同甘苦"的要诀；其余法度，非所注意故也。是夜，某绅诬告润轩夺取知事羊裘，希图搅起同室操戈的恶剧。静庵误听，几欲责问润轩。我窥破此情，怒不可遏，大骂某绅狡猾，有意污毁我军名誉，非杀了这些东西不可！静庵闻此大悟，也就不往下问了。学生军，当时极愤怒，几要发作，去找某绅，我极力阻止；但向诸绅严逼助饷巨款，丝毫不准少欠，算办到了。

注释：

①刁斗：古代军中白天来烧饭，晚上用来敲击巡更的铜制用具。

②杨、李：杨，指杨彭龄。李，指李岐山。

龙门直渡　忆司马迁

自洪洞决定入河津，及到稷山曾探得巡防队，在绛州，河津无敌。于次早由稷山拔队，仍向豫定的地点河津进行。彼处绅士，欢迎民军入城，即据小学堂为司令部。当晚集议，静庵①提议整顿军旅，从新②组织。次日大家同到一讲堂内，商定办法。王乾三在黑版上，用粉笔写了几条，大家略加讨论，一一通过。某某司令，某某参谋，某某队官，皆定妥；仍推静庵为副都督，我为参谋长，公决，举我们和王一山诸人入秦，联合秦军立借子药，我们答应了。次早即偕数人西行，诸留守者，亲送我们到龙门③渡口；将入山时，行板桥上，直通禹王庙，桥下见百姓担挑河水的，络绎不绝，另是一番风味。禹王庙，建在龙门岸旁，气象崔巍，不似当年卑宫室的样子。从庙侧，望见黄河东去，龙门山屹立两岸，峭崖相对如门柱，石上有斧凿痕，想见凿龙门时的神工鬼斧，真令人惊叹不置！禹治洪水，以凿龙门为第一功；否则水不得由其道而行，必泛滥无已时，到此那得不徘徊延伫？问土人，曰："对岸为韩城境界，原有渡船来往。"问现有船否？曰："有！"问："有水手否?"曰："可以找去！"随即命人去找水手，一阵功夫，来了几个水手，推放一大舟于河岸，我们便一齐登舟，放舟中流。是时朔风凄紧，河内流细冰块，两岸有新雪，望之如画，幸遇顺风，欸乃一声④，直达彼岸。

回视送客者，渐远渐小，想惆怅欲归，大有易水送客的感慨罢！这时顾不得他们了，舍舟登岸后，人马备齐，各乘马沿岸而走。中途登一坡。闻坡上有祠，是司马迁庙。并云墓亦在其地，因思韩城本是古龙门地，太史公故里，或在此亦不定。但河津人，一定要说他是山西的龙门人。曾记北京三晋西馆有一副对联，上联云："吾乡素富史才，汉宋以来两司马。"即指司马迁和司马光说，可为一证。凡古来好人，后人都喜欢拉他作同乡，以为光宠；要是坏人，一定没人争这枯骨的所在地了。好人到底是当的，虽在当时吃点亏，如子长⑤受腐刑，却能以史才留名千古，使后人倾倒至此，也就罢了！这时我对一山⑥在路上说过的话，录之以志一时感想。

注释：

①静庵：指温寿泉。

②从新：应为"重新"。

③龙门：即山西省河津市城西北12公里的黄河峡谷中的龙门，今称禹门口。

④欸乃：行船船桨发出的声响。柳宗元《渔翁》有"欸乃一声山水绿"的诗句。

⑤子长：即司马迁，字子长。

⑥一山：指王一山。

路遇拳师　改咏卷耳末章

记得未到韩城，在某镇店中一宿，和一山快谈心事，说到陕西民军，多赤手空拳，执白刃以冒枪弹，但他们多会拳棒的，遇交手战，很得法。说时，指跟他来的那两位道："他们拳术很好，攻蒲城时，很出力。"说话中间，那店房掌柜来；我听他讲话像河东人，问他，他说是万泉人，我便和他拉同乡，他很喜欢。问我们往那里去，我把革命的情形告诉他，他说："我年纪大了，若年轻，定要同大家去的！我爱习拳棒，我的徒弟，投入革命去的很多。"我们才知他是拳师，同他讲起武术来，他还色飞眉舞，大有顾盼自雄的意思。记得他还举荐了一个人，同我们第二早起走了。走到韩城，看见那座城，正在四山里面；因想在四面山顶筑起炮台，固然可以御外军，若外军占领了四山，用大炮俯射此城，一定是全城粉碎，玉石俱焚。这种思想，自然是这革命时节，容易起的；若在平时，绝对没有这种思想。进城后，本处绅士请大家到公所茶饭，并道："昨日接到三原①司令部来文，说传闻有晋军西渡，教处处防御，才是大家到此，可见消息不通，易生误会。"我们请他们据实从速回复为是。又谈了些不要紧的话，我们便告辞走了，向郃阳进发，记不大清楚了。有一日，走到天晚，上一个长土坡，形势微陡些，俗名瞪眼坡。大家努力上登，正当冬月，朔风凄紧，十分凉冷，登至半坡，体热顿增，不觉汗流浃背，骑马的人，都早下了马，我听见有人喊道："马也出了汗哪！"忽然触动我的心思，想起国风卷耳的诗来，改了那末章三句，因高吟道："陟（zhì）彼坂矣，我马汗矣，我仆倦矣，云何叹矣！"②一山听了笑道："好！真能手！何减晋人风味！"

注释：

①三原：位于陕西关中平原中部。辛亥革命元老茹卓亭、于右任、赵世钰、邹子良均为三原人。

②"陟彼"四句：出自《诗经·周南·卷耳》，这里景梅九改动了几个字，也变了其意。

郃阳阅报　奇怪官衔

从韩城起身，向郃阳①进行。途中过一堡，远远望见，堡墙上站的人很多。静庵猜着是因在韩城听得那误传的晋军渡河谣言所致，吩咐马弁勒马缓行，勿卸负枪，以致墙头人惊恐，再惹起灵石城下的恶剧②来。大家听了静庵话，都缓缓从堡墙下进行，墙头人，看见我们来人不多，且不像军队和土匪的样子，也没惊扰。我们走到堡门口，我独自下了马，命阎虎臣跟我进堡。堡人看我单人进堡，自然让进来。里面生意不少，我托言马缰绳断，买了一条缰绳，藉着这个时候，无意中把山陕革命的情形说出来，表明我们来意，并说大清已倒，大家不要慌恐，安心做生理好了。说毕问明道路，没耽搁时间，便动身了。到郃阳有学界人认得我，欢迎大家到劝学所，问明来意，不错，也接到溃军渡河谣传，我在桌子上，忽然看见一张小报，拿过来一看，是陕西省城的报，记载民军胜利情形，并有宋伯鲁③一首五古，只记得几句，甚么："岭云飞千仞（此句不准），威凤亦高翔……两贤岂相厄，二日宁相防！"首两句指张云山④，和张翔初（名凤翙），后两句，是调和两人意见的意思，却暗寓着挑拨。我便笑问郃阳某君云："此诗影响恐不佳。"答曰："不错，两张因此诗，意见更闹得大了！"原来张云山是哥老会中人，勿幕曾和他联络，但未能达改良会党的宗旨。革命起，会党以张云山为首领，张乃自拟一官衔云："见官大一级，听调不听选，天下都招讨兵马大元帅。"⑤（传闻异词，首二句确有。）我说滑稽戏词中的"有为王出京来，比官还大，思一思想一想，王是朝廷"，便是"见官大一级"的意思。"宁教山头望廷尉，不教廷尉望山头"，便是"听调不听选"的心理。

注释：

①郃（hé）阳：地名，在陕西省。现作"合阳"，邻近山西。

②灵石城下的恶剧：指景梅九随南下军队到灵石城外，因温寿泉的马弁和城上人冲突，向城上开枪。灵石城内巡防队便集合队伍上城，向城下放枪，打伤安邑刘某，并有一弹从景梅九耳际飞过。

③宋伯鲁（1853—1932）：字芝栋，亦作子钝、芝洞、子栋，号芝田，晚年又号钝叟，清末西安府醴泉县（治今礼泉县）城内西街人。1885 年中举人，1886 年进士，任翰林院编修。1896 年补授都察院山东道监察御史，不久为掌山东道御史。在戊戌变法中，宋伯鲁一直是著名的维新人士。慈禧太后发动政变，以"滥保匪人、平素声名恶劣"的罪名，将宋"即行革职，永不叙用"。宋伯鲁得李岳瑞密

报，遂携眷逃至上海，剪去辫子，改穿西装，易姓为赵，改名体仁。一度避居日本，旋回上海，与康有为等维新派秘密联系。1902 年，宋伯鲁因生活困难，返回陕西，被捕入狱。伊犁将军长庚途经陕西，有心保护善类，遂约请宋伯鲁赴疆，寓其幕下数岁。

1914 年陆建章督陕，宋伯鲁避居北京，一度受北京政府邀请，出任参议院参议员之职。1922 年再回陕西，适逢陕西通志局成立，聘他为总纂，后改设通志馆，担任馆长，致力于《续修陕西通志》的编纂。1932 年病逝于西安。

④张云山（1877—1915）：字凤岗。陕西长安人。张早年在陶模军中就加入了哥老会。由于他的积极活动，1910 年初开"通统山"堂时，即吸收了 1000 多名哥弟，绝大多数是新军中的士兵。1911 年，参加陕西起义，起义成功后，张任兵马都督。后升允纠集大量甘军侵犯陕西，张云山急赴乾州守城。升允经月攻坚无所进展，便改炮火轰城为云梯攻城，又集中炮火猛轰北城门，张云山便组织炮火还击，最后将清军的炮兵阵地击毁。一直到 1912 年 3 月 8 日，张云山与马安良正式议和，西路战事结束。1912 年 3 月，袁世凯就任临时大总统后，以光复西安有功，授张云山陆军中将衔，补秦军第一镇统制职。1914 年夏秋间，给张云山以旅长兼陕北镇守使的名义，却又多方设置障碍，使其无法到任。此间，张云山延揽文人学士，搜集古董字画，哥老会哥弟习气渐消，学会了做官妙术，认陆建章为义父，结纳陆的左右，投其所好，有求必应。仅一年，陆等就将张云山从禁烟所刮得的财物掠夺一空。张云山愤恨咯血，一病不起，于 1915 年 6 月逝世。

⑤景梅九在本书中说，张（云山）乃自拟一官衔云："见官大一级，听调不听选，天下都招讨兵马大元帅。"可知此事另有其人，景梅九听到的传言张冠李戴了。

遇子文同渡　我的光光

在郃阳打听得勿幕率军渡河，将下河东①，心窃喜。乃急催马向朝邑进发。到朝邑遇见些旧朋友，才知勿幕和崧生、李仲山、严小泉等②……确已渡河。我便和一山、静庵分手，请静庵独到翔初处借子弹，我和虎臣同着秦军后队，齐至河上，遇见同志纪子文③，甚喜！他说："这队伍，全是勿幕部下，其中勇将很多，有一个绰号黑脊背④者，就在这队中。"乃对我指明那条好汉，看他正在那里支配一个渡船，我便和子文登了那个舟，又见黑脊背自己鼓掉（棹）撑船，船随掉（棹）动，气力真个不小！我看这队伍快枪很少，有些拿铡刀作兵器的。子文讲："陕军铡刀队，很有名，清军最怕他们。这一队还算枪多一点，其余更不齐整，但战斗力俱不弱！"虎臣听见这话，很有些羡慕意思。对我说："我看铡刀队就不错！"我心里说："执铡刀以冒枪弹，和张空拳冒白刃一样，不过勇气可嘉。绝不是常法！"渡河后，听见仲山守蒲州城；我和虎臣骑马进城，也没人问，便一直到蒲州大堂上，下马令人报名求见。仲山万不防备我能到这里，一听见说我来了，立时跳出来叫道："我的光光！（秦语惊喜词）你怎么能来呢？"我笑道："你们真胆大，连守备也没有！"仲山说："这里没敌人，我们军队，都扎在城外，我这里有几尊铜炮，中用的很！"我见仲山还是那样亢爽，便和他快谈了一阵，他对他们伴当说："梅九也扬的很。（秦语'扬的很'有沉重托大意。）譬如现在说有敌人已到大门口了，他还能够丝毫不惊动！"这自是知己语。但我那能当此。惟此时已听得勿幕下了河东，心里好生欢喜！更不能久留，告辞连夜的走去。

注释：

①1910 年 11 月 22 日，张士秀来到西安，见到了陕西大统领张凤翙（huì），陈述援晋之事。张凤翙下令派马步二营东渡黄河入晋攻打运城。后经李仲三、张钫推荐，陈树藩被陕西军政府任命为东路节度使，与井勿幕、陈树发、严飞龙等率军援晋，渡过黄河。

②严小泉等：崧生，即井岳秀，字崧生，陕西蒲城人，井勿幕的胞兄。李仲山，即李仲三，陕西潼关县寺角营村人，早年加入同盟会，联络朝邑刀侠严飞龙参加革命，为西安大雁塔滴血盟誓者之一。严小泉，即严飞龙（1884—1912），字子青，本名孝全。陕西朝邑县（今大荔县）西寺子村人。严飞龙 11 岁时进王振乾的娃娃剧团学戏。王振乾即著名关中"刀客"首领"王狮子"，收严飞龙为义子，并传授拳法刀艺。1910 年秋末，王振乾被官府杀害。陕西同盟会领袖井勿幕曾派李仲三联络严飞龙一起反清。1911 年 10 月 22 日，西安起义成功。严飞龙接受井勿幕的指令，东渡黄河，随同陈树藩、井勿幕等攻打山西运城。

③纪子文：即纪金福，字金书、子文，陕西富平县人。师范学生，后与同县纪

雨旸等组织"勤公社"于三原，其实为革命的秘密机关。1918年，纪子文参加胡景翼的靖国军，反对陈树藩与刘镇华。

④黑脊背：即王守身（1873—1927），关中刀客，外号黑脊背，陕西富平县曹村镇尚书村人。他祖辈务农，本人力大体粗，成年后赶上毛驴到北山驮炭，驴驮的还没有他背的多，人送外号黑脊背。1911年，他在井勿幕部下任队长，曾参加陕西民军援晋攻克运城，回陕后又赴西路与清军大战三水张洪源。又参加靖国军反袁逐陆（建章）的护国战争，屡建功勋。转战榆林时，病卒军署。

高唱满江红　勿幕年岁

同虎臣，乘马出蒲州，趁着月色而行，正是阴历十一月十四夜，将满的月轮，涌现空际，四野无人，万木疏冷，高咏岳武穆《满江红》词，至"三十功名尘与土，八千里路云和月"两句，中怀慷慨无限；因是年我正三十岁故。虎臣疑我发狂，问我唱甚么？我说："唱古人词耳。"虎臣说："我不懂，但觉的很有兴味！我们且计划明天到解州歇不歇？"我说："不要歇？直到运城好了！"虎臣家在解州，自然动思家的念头；但也有过门不入的气概。第二天午后到运城，我听说道台余㮣①已逃，勿幕在道署，便直到那里去寻他。他见我来，异常欢喜！给我绍介见了陈树藩②，并道："这是陕西灶君，你两人可拉同僚。"陈字伯生，是那时将官之一；其人短小精悍，我不知勿幕何以说他是灶君？大概因他不讲究外表的缘故罢？我和勿幕又说了些闲话，曾笑对他说："你快二十四岁了罢！"他说："你如何记得？"我说："项羽起兵之岁，周瑜统军之年，如何能忘记！"勿幕不觉大笑，又看见道署墙上，挂着一幅画，画的是几条鱼，上面题几句道："大鱼化鹏，小鱼饱鸷，依旧大江红树！"我笑道："大鱼是余诚格③，在湖南跑了；小鱼是余㮣，应教鸷吃了，怎么也跑了呢？呵！鸷变成'鹜'字了，鹜的十分快，所以说饱鹜，此词可作他爷儿们两人的谶语！"勿幕笑道："你真善附会！

休谈闲话，看灶奶去，我保护他在女学堂内哩！他很受了些惊恐！"我当下告辞便走。到了女学堂，看见玉青，玉青说："虎臣说你骑着牛来，我问为甚么连马都没有？他说你骑的马和牛一样。"我笑道："他们称他④作太上皇，自然牛的很！"

注释：

①余棨（zī）：有的资料称余棨（jié），安徽望江人，湖南巡抚余诚格之子，河东兵备兼盐道。1913年4月8日国会开幕，余棨为众议院议员。

②陈树藩（1885—1949）：字柏森（柏生），陕西安康人。1911年加入同盟会。1911年10月22日，参加西安起义。此后任陕西东路招讨使，驻同州，不久调任河东节度使。袁世凯死后，加入皖系。1916年7月，任陕西督军兼省长（1918年3月辞去省长）。1920年（民国9年）7月，直皖战争爆发，皖系败北。率部逃往汉中、四川。后在津、沪、杭等地当寓公，1949年11月2日，在杭州去世。

③余诚格（1856—1926）：字寿平，号至斋，又字去非，号愧庵，安徽望江县桃岭乡人。1889年中进士，1911年，任湖南巡抚。辛亥革命起，新军起义士兵要他作都督，换衣从后院溜走，乘轮船逃到上海。后曾任安徽旅沪同乡会会长。1926年，在安庆天台里带辦病逝。

④他：今作"它"，指景梅九骑的老马。

玉青革命失败谈

我在河东女学堂见玉青，说话中间，我底仲弟敬之也来了，手足相见，其欢可知。这时我却有一奇异观察，就是敬之比往日对待玉青，好的多了，并劝我就在女学堂住宿。因为这时女学堂早放假，上学还没有些日子哩！那里空房很多，住在里边，没有甚么不相宜，便答应了，自然没有功夫回安邑探视双亲。因秦军初到河东，和地面很有些接洽事情，匆幕既是甚么节度使的派头，我在运城，诸事自然好办的多，玉青也能帮着办些事情。却说当日，有许多朋友，听我来，纷纷顾谈，他们说杨篯甫已离河津①，岐山接统全军，改称五路招讨使，我很喜欢。整整忙乱了半天，好容易有了休息工夫，我才问玉青河东革命的详情，他说："说起来话长，当陕军未到之先，敬之一日来学堂，和我商量，说虞乡有几百民军，可以攻运城；但须我们作一个内应，我想以学堂为内应根据地！我说很好，现在学堂虽未放假，学生都回家了，只一个看门的在堂里，还有个女役，不要紧，就说你们来此和我商量给崇文②办亲事（娶媳意）。敬之得了我的同意，回家还禀明了双亲，双亲也许他做。"我听到这里，截住说："这是敬之错处，固然老人早已明白革命是应该做的，但毕竟有爱子的意思；若有阻碍，岂不误事？"玉青说："因他对老人家，说的很完善，所以才答应的。那一夜敬之，同着十余人，陆续到学堂，预备破城的兵器和破城后一切事情；不料等到半夜，城外还没动静，急忙命俗号飞腿的某人，从城角缒下，前去打探。可巧那一夜下雪很大，打探人回来说，今晚不成功了，他们因雪阻不肯来！敬之很不爽快。当侦探未回时，敬之每听见个响动，一定叫一声嫂嫂，你去后面看一看，又叫嫂嫂，你快预备白布条，预备甚么，甚么……我当时心里笑着说，敬之把一辈子的嫂嫂，一夜要教③完哩！本然这事体非同小可，城内还有些巡警兵，和巡防队，我们就只十几个人，想夺一关，作内应，'临事而惧'，是当然；但我那时胆子很大，前前后后，都由我一人跑腿，一听见外兵不来，自然也把兴头打回去了，我便对他们说，只好等机会再干罢！你们穿短衣能跳墙的，都到后院出去，穿长衣的，我明早送你们由大门出。敬之和三弟戊辰、郭光烈几个人穿长衣，全等到天明，我才送他们出走，幸而没人看见。但这时已经有点风声了，我还没注意，一心等他们约好了外兵再干。过了两天，毫没音信，忽一天早饭后，守门人来告我说：'道台④派队伍来搜学堂，请你出去！'我知道事情不妙，正在那里写信，一面便拿了枝铅笔和日记本，一面赶紧到学堂门口，看见来的队伍不少，但不好和他们答话，便问守门人道：'你方才报告甚么事情？'他说：'人家说奉了道台命令，到女学堂搜革命党来的。'外边军队便接着说：'我们奉了大人命令来，搜查革命党。'我才接着厉声道：'胡说！这是谁造的谣言！我们学堂，那里会有革命党！'那些兵便道：'你不教我们搜么？'我接着道：'你听清楚！不是不教搜，我这是女学堂，不能教你们随便进来，要搜，或三人，或五人，把名姓给我说清！'这时我已把日记本展开，手拿铅笔，作个要写他们姓名的样子，接着道：'我好写在日记本上，听你们进去搜。若搜出一点革命形迹，我万剐凌迟，愿甘承罪！若搜不出革命党来，坏了我学堂名誉，谁负责任！'一席话把那些兵丁，都说呆了，一个人也不敢答应，半晌才勒马回头，说：'咱们回禀大人，人家不教搜。'便一齐走了。我又骂了几句，说：'太混帐了！我还不答应小余哩！'一面说，一面回身，命守门人关了大门，然后到后面把那几卷白布烧了，刀枪都埋到操场里，这才放了心！"我听了他这一片话，只一句评语："你们真算侥幸！"

注释：

①南下民军于 12 月 27 日到达河津。景梅九和温寿泉到陕西后，据叶复元回忆：留在河津的太原起义军队伍极为复杂，有义勇军，有洪汉军，有霹雳军，有学生军，有陆军，有改编新军，兵士杂乱纷纭，毫无纪律。同盟会员并没有多少人，杂色人多，哥老会居其大半，于是争权夺利的有，任意横行的有，反革命的有，更有人图谋将叶复元等同盟会员捆缚起来献给当道者，幸好叶复元等人身边有一部分军队，这些战士无法回家，也不愿意离开叶复元，在一起可共保生命。杨彭龄（杨钱甫）则危险万分，无义之徒欲置杨彭龄于死地，将杨彭龄手枪抢去，又要杨彭龄的宝剑，叶复元看到后，不胜悲伤。于是半夜时分，叶复元带兵将杨彭龄送过韩城到陕西。叶复元（1877——1954），又名滋初，闻喜县人。1902 年，考入山西农林学堂，后留学日本岩仓铁路学校，并加入同盟会。太原光复后，他担任都督府参谋，兼任正太铁路运输司令。不久，以参谋身份随刘汉卿南路军南下。

②崇文是景梅九和前妻的儿子，时年 16 岁。

③教：通"叫"。全书多次出现，是当时的用法。

④道台：指余崇（jié），时任河东兵备兼盐道。后面提到的小余也指此人。

红灯照　陕军攻破运城实况

　　玉青谈过了革命失败事情，又说："有一个女学生，家贫，因而嫁了道署内一个差役。一天密到女学堂，连哭带说：'人家要害老师（河东称校长为老师）哩！听说有几个绅士报告，说老师是甚么革命党，会使妖法，剪成纸人纸马，吹口气，便成军队。那一天来搜学堂，老师没教人家搜，人家也怕老师有法术，不敢进去。现在一计不成，又生二计，人家说不准老师出城，等革命党到城下，再把老师绑在城头上，好退兵哩！不退兵，人家就要杀老师哩！老师！我句句说的是实话，你自己想法子才好！'我听了真好笑，差不多拿我当红灯照①看，又要教我唱《冀州城》②。我当下只对这女学生说：'你不用怕，他们不敢把我怎样的！'这学生走后，我一面提牌放了年假，一面命守门人雇一辆车，说去解州③，言明车价一串五百文，我知道人家不让我出城，命车夫赶到钟楼巷，我便下车，把原定车价给他，说我要到张家去探朋友，等车夫走了，我却转了个湾儿，到我平常永不去的一个女役家中，别人绝对猜不着的。在那里停了两天。这时听说小余④调来些毅军⑤进城；又听见陕军已入解州⑥，向运城进攻。第二早听人说，小余派兵，偷营去⑦，没多一阵工夫，便听见城外枪响。我命那女役登屋远望，我在房里听他在屋顶报告，说：'西城上兵很多呀！还有陆续上城的哩！呵呀！枪响的越利害了！怎么城上兵不向下面放枪呢？呵！城上兵乱动起来了！一齐向城下乱跑！城上兵没影了，呵呀！从外面爬上好些兵来了！越上越多，也向城下跑去了，还放枪呢！好像还有拿刀的！'我听见这话，知道陕军已进城，便教他下屋，我也出去，到门口瞧，看见些兵手提铡刀，刀刃溅血，很凶！那女役慌忙推我进门说：'老师，你是大脚，人家把你当旗人⑧杀了，怎好？'一句话提醒了我，才抽身退回去。"我听玉青说到这里，不觉笑道："小脚女人倒占了便宜！"

注释：

①红灯照：是义和团运动中的女性组织之一。

②《冀州城》：指京剧《冀州城》，又名《战冀州》。

③解州：地名。玉青的娘家就是解州的。

④小余：指余棨（jié）。

⑤毅军：指驻在河南的清军毅军。河南毅军应余棨（jié）的请求，前来运城支援他。

⑥指陈树藩为东路节度使，与井勿幕率陈树发、严飞龙、王飞虎三个标，于1911年12月27日渡过黄河入晋。

⑦小余派兵，偷营去：陕军于12月31日薄暮到达距运城10里地的赵村，余棨便派吴润晨等率盐捕、运安等营及河南援军百余名，夜袭秦军。

⑧旗人：即满洲人，是不裹脚的。

勿幕保护玉青　歪的太

玉青说完了，又告我陕军进城后，又有人告诉他，说带兵官，有姓井的姓陈的，他道："姓井的不是崧生定是勿幕！急便去找！"那时勿幕已派队把埠巷两头守住，不许闲人进去；因女学堂在埠巷。勿幕于月前曾密到河东一次，知道玉青办女学堂，所以进城，先保护埠巷；那知围了一个空。当时有人对勿幕讲："女学堂无人，阎校长藏在谁家？也没人知道！"勿幕才命他的兵，拿一支小旗子，沿门喊叫，女学堂校长算找到了，勿幕亲自到那女役家中，见了玉青，玉青说："你的兵样子太凶恶了，请你把我送到女学堂好了！"勿幕乃教玉青坐到轿车里面，勿幕坐在车辕上，护送玉青到学堂。守门的见了玉青，瞒怨道："怎么校长还诳我们说去解州去了？人家几次来找，我还给人家碰钉子，说我亲自雇的车到解州去了，怎么能说在学堂？人家说：'道台早吩咐守城的，阻挡校长，并没见校长出去。'我那时也说不清楚了！谁知……"玉青说："并不是瞒你，是怕人家把你们捉去，用严刑拷问，你们受刑不起，甚么都讲出来，于大家全没有好处！"玉青又道："我第二天，因怕家里人操心，所以乘了一匹马出城，到安邑探望两个老人家，又翻回头到解州，把那两位老人家，也安慰了一番，然后又回运城，天还早哩，足走了百里路，我骑的马，比你骑的牛，快的多了！"说完，他又想起一个笑话来，说："当我乘马出城时，守城门的陕西兵，问我做啥傢？我说有公事，他们要验看，我发怒道：你不配看我的公事，教出去我便出去，不教出去，我就翻①回头走哪！他们觉得不好惹，立刻放我出城，回头报告勿幕道：方才有个女人，乘马出城，歪的太！（秦语）我们要看人家公事，不教看，还发凶哩！勿幕第二天，把这话又告诉我说，他早猜着是我！"

注释：

①翻：即"返"。

骇杀告密绅士　为秋瑾报仇

　　和玉青谈了半夜话，才睡去。因长途的疲倦，自然是一场浓睡，直至次早九钟才醒。有人来说："勿幕同大家，发起在女学堂开会，商议以后办法。"我赞成，请大家午后齐到女学堂来，自然都是些要人了，河东绅士与陕西军官都与会。勿幕先到演坛上，说明开会宗旨，及秦晋军联合办法，然后请我报告晋军情形，并发表意见。我登坛从我入晋到石家庄运子药回关讲起，直至失败，说到吴绶卿被刺，及晋军弃太原时，悲愤填胸，痛哭不能仰少停收泪，说明此次南下宗旨，便是联合秦军，直攻北京，光复旧物的。秦军名复汉，旗帜显明，我们就通号复汉也可！说毕回坐，时有郭光烈君登坛报告玉青革命实况，及某绅士告密。说毕，陕将有陈树发①者，连问告密某绅士到会么？玉青连忙道："没来！"其实那位先生正在那里，面带死色，被玉青看见，到底是女人心肠软些，救了他一命。秦军首领，要求筹备军需，大家乃推我为军需局局长。我知道这是难题目，但不好推辞，便毅然担任起来；立刻招集些老朋友能干事的，齐来帮忙，借定盐务局地址。部署略定，听说岐山攻下绛州，枪杀巡防队统领陈正诗②！有人说陈某当日在南边，和鉴湖女侠秋瑾一案，很有关系，差不多是陈告密，且去捕杀秋瑾女士的。我说果然如此，岐山算替秋瑾报仇，真痛快！于是去见张实生③诸人，说我要到前敌去看岐山，如何进行。实生主张直趋韩候岭，截断敌军南下之道路，再反攻平阳；我以为这是纸上谈兵，不知实际上并无几许力量，如何能御敌？但不急攻平阳，我倒赞成。当时议论了一翻，大家仍教我前去，和岐山切实商酌办法。我便把军需局交代宋、杨诸人代理，辞别玉青，同几个护兵，向绛州进发。

注释：

①陈树发（1881—1937）：原名叙才，字雨亭，陕西紫阳县双河口安沟人。1897入清军后升军官。1911年，在西安随新军发动起义。陈树发在军政界任职近20年，以"治军严明有声，轻财好义，乐与士人交"著称。然杀戮过多，不少无辜被害。民国初陈树发率部驻汉阴时，身为标统却常穿袍、戴瓜皮帽；看皮影戏时，他也登台玩箪子，所以被人称为陈疯子。陈树发自幼性格粗犷，为人憨直，与同僚常不合睦。1937年11月26日夜，被匪徒杀害于家中，妾李氏、长子国安同罹难。

②陈正诗：太原起义前，陈政诗（本书称为陈正诗）任潞安协台兼前路巡防帮统。陕西军攻占运城后，陈政诗退守绛州（现在的新绛县），被李岐山率民军攻破，俘虏陈政诗。陈政诗率部还在牛杜镇将随同陕西起义军回来的李秀杀害，民愤极大。另外，周兴胜也说陈政诗是杀害秋瑾的刽子手。

原来秋瑾被捕后，本来是让周兴胜去杀秋瑾。周兴胜是驻浙江省的清兵小头目，和陈政诗在同一队。周兴胜对清兵随便捕杀革命者甚为不满，佯装喝醉了酒，似有晕倒之势，所以另派了陈政诗去杀害秋瑾。

李岐山在绛州设秋瑾灵堂，为烈士祭奠。将陈政诗押赴绛州城南门外的汾河滩上就地正法。

③张实生：即张士秀，字实生，山西临晋（今永济市）人，同盟会员。

冤家路窄　绛园梦影

我走绛州，从安邑路过，探望了父母一次，也没多讲甚么话，便匆匆别去。此时一味在革命上计算，那里能顾家庭？经闻喜，会见杨米裳，（仪村子）说闻喜县事，有他管理，可以放心，前敌有事，请函商一切好了！米裳疏狂自喜，于同人中无可意者，遇我尚能相降。在闻喜休息一晚，次日到绛州，渡汾水，见城上悬些首级，想有陈正诗的，使人掩目！我虽主张杀坏人，对此终不适意，以为大杀风景，所以见了岐山，劝他把那些枭首去了。岐山见我来，自然欢喜，并云："你猜此间知州是谁？正是前安邑知县龙璜①！我破城后，他见了我很惊恐，叩头乞恕，我一笑饶了他的狗命。他还说他那时就看我要发迹，可笑！"我说："真是冤家路窄，偏遇在你手，这也算快意恩仇。其实你自己仇小，秋瑾女士的仇大，即此一节，同党人要赏你首功一件！"他知道我说的是陈某，曰："陈某很强劲，我亲自监斩的；还有许多投降的，我都收服了，编成卫队！"说话中间，龙璜来，见我一笑，没话讲，我但问岐山进军事。他说："已发出全队，去攻平阳！"我说："平阳不比绛州，还得你亲去，我也去，不过我主张缓攻，这已无及，我们到那里再讲！"岐山说："不要忙，我看革命快收尾哪！再痛痛快快地打几仗了事，成败不必管他！既到这里，可以到绛园一游。"绛州衙门后的花园，很有名的，我便同岐山去看了一遍；果然曲池回廊，茅亭竹榭，饶有诗趣，可惜这时是冬天，花木凋悴，惟余竹影！墙上有名人碑帖，很有价值。又有一篇《园记》最好，可惜没工夫去记他，回想起来，几如梦幻！我对岐山说："官吏在此地的，倒享了些清福，我们风尘奔劳，怕无福消受此间风月了!"岐山点头微笑说:"把绛州让你好了!"我说:"不要! 我要上前敌去!"

注释:

　　①龙璜:时任安邑知县。他聘请景梅九当教育会会长。此后,龙璜发签要逮捕郭润轩,连三利用当警政的条件预先得知,便把消息告诉景梅九,景梅九和李岐山将郭润轩送出城去了陕西。1911 年,龙璜升任绛州知州,太原光复后,龙璜持骑墙观望态度。一方面听任军政府的布告在城内坊门口等处张贴,一方面在暗地密谋加害策应革命的人士。1911 年 11 月,李岐山率军光复绛州,龙璜逃至天主堂躲藏,被民军搜捕押至议事局审问。因其刚从安邑提升到任,时间不长,民愤不大,且表面执行晋军政府命令,从宽发落。

秀才办粮台　忆刘白堕

　　第二天同岐山,率领余队,向平阳进发,路过太平,和前次大不相同了。①诸绅士听见我们来,郊近十里,一直接进城去,大家俱到公所,说起上次攻太平情形,以为笑乐。在那里吃了午饭,便起身到襄陵,旧知县尚在;仍由顾庵②招待一切,端溪③也在这里。在县衙会议,听说平阳府未攻下,敌人守城甚严,岐山奋然曰:"非亲攻此城不可!"乃留我在襄陵,豫备饷糈④,我请顾庵帮忙,向各处征收米粮;幸亏是年丰收,不缺食料,每日由四外源源而来,足够数万兵之用。此时军队只有干粮,便踊跃从事,银钱全没用处。但我立了一个章程,领取粮饷,草料,以及一切油盐杂物,必要经我批准,为防备乱用。头两天有点忙,后来便惯熟了,几若行所无事。一天忽然想起一首谐诗来,因随手写出,诗云:

　　　　琴棋书画诗酒花,当年件件不离他;而今七事都更改,米面油盐酱醋茶。

笑对端溪说:"此诗可咏秀才办粮台!"端溪也笑了,说:"你倒有这些闲思想,我想你久不见书藉,怕闷的慌,明日给你找些书来看看!"我笑道:"也好!将来可以于本传上叙一笔,虽在军中手不释卷了!"话虽如此,端溪也没找到甚么书藉,只借到一部《襄陵县志》,这自然是应该看的了。我随手翻了一遍,别的倒没注意,单看见了酿酒的刘白堕,所谓不畏张弓拔刀,但畏白堕春醪,是也。乃得"此地已无刘白堕,何人沽酒醉狂奴!"句。一日友人送我一支七星宝剑,长二尺余,古色斑斓,似有血痕;剑鞘亦现古色,我想起从前和五公山人⑤的诗律中"无人仗剑誓戎车"一句。又想起勿幕携剑,即悬此剑于腰间,以践素志,实是未能免俗。

注释:

①前文提到,李岐山率南下晋军攻打太平县的巡防队,打了一天也没有打下下来。

②顾庵:即刘顾庵,是景梅九等人的朋友。

③端溪:即段砚田,字端溪,山西襄汾县人。

④糈:音 xǔ。粮食。

⑤五公山人:即王余佑,号五公山人,明末清初人。

拔城队之发起　真吾儿也

岐山自率队攻平阳,焚东关,鼓勇先进,敌炮火太盛,不得近,乃令围之,屯兵尧庙①。我曾一度和端溪到前敌,探望岐山、翊之、耀武②诸人。只听平阳城上大炮隆隆不断,心里好笑,并无人攻城,放空炮作甚么?我对岐山说:"须募敢死士,作为拔城队!"岐山曰:"已组成，当再一试，此城过坚，且敌命百姓守城，我不忍击之。今惟欲其坐围，君仍与端溪返襄陵，预备一切需用，并编制续招的兵士！"我和端溪，当日返襄陵，已有人招得新兵数千人，衣服褴褛若乞儿，我心里很惊呀③说："那里来的这些贫民！"随即命人编练，先使他们换服装。此时岐山招旧友王丹青④来，丹青见此，大不以为然，说："招这些讨吃的来做甚么？"其实革命时代，随时募兵，这种情形，是必不可免的，所以各省民军，都有这样情形。陕军破运城，据一当铺，分取衣服，穿妇人衣的很多，令人想见汉赤眉军。此时只论精神，不论形式，我赞成岐山多招人，以壮声势；只是一件，就令服装整齐，也是空手队，因为革命军最缺乏的是军器。先是李阁臣君南下，招集夏县、曲沃一带会党；最著者，为钟仁义，王进魁⑤。钟见我于襄陵，大有儒者气象，不类江湖派，而坚强有骨气，能得人死心；乡里服其侠义，皆乐道之，是郭解⑥之流也，我命见岐山。王进魁为人粗豪，一望知为好汉派。阁臣领他到襄陵见我，共计所部，不上百人；然皆敢死的勇士，倒还有些军器。崇友⑦儿亦在此队中，是年十岁余，背一短枪，穿十三太保⑧军服，能驰马临敌，我见之大喜曰："真吾儿也！"编于拔城队中。一夕誓师，与岐山约，合攻平阳，士气百倍，及渡河，岐山忽命人传令，曰："可缓攻！"我心里好不快活！但岐山既不主急攻，此一队绝不济事；且军依令转，大家听见此令，都主张归襄陵再作计划。然我以此举为"攻平阳不下"之兆！

注释：

①屯兵尧庙：1912 年 1 月 16 日，李岐山下命起义军全力攻城，命令吴养渭率领许多章、丁千永、郝席宾率部攻东门，韩升泉、钟仁义率队攻南门，靳殿华率队攻城西南，陈绍先率卫钟俊等部攻南门。吴养渭率部攻至城下，堆柴欲焚东门，忽然后面的接应部队退走了，自己也只好率部后退，伤亡 40 余人。李岐山又亲自督战来攻东关，也没有攻下，到傍晚时，起义军退至尧庙安营驻扎。

②翔之、耀武：翔之，即张起凤，字翔（hui）之。耀武，即周俊杰，字耀武。

③惊呀：现在写作惊讶。

④王丹青：又名攀桂，山西安邑县（今运城）乔阳村人，清拔贡。同景梅九、李岐山、裴子清为好友。辛亥革命前就加入同盟会。民国后，曾任河南省柘城县知

事、国民党安邑县参议会副会长。新中国成立后，任山西省文史馆馆员、政协安邑县第一届委员会常委等职。1960 年去世。

⑤钟仁仪、王进魁：钟仁义，山西侯马人，哥老会头领。1911 年，钟仁义领民军活动在绛州一带，屡获胜利，扩军至 2000 人。娘子关兵败后，钟仁义率洪汉军 3000 来到河津，接受民军整编。之后，钟仁义随李岐山攻打平阳城。王进魁，生平不详。

⑥郭解：字翁伯，西汉时期游侠。见《史记·游侠列传》。

⑦崇友：本书中有时写作崇文，有时写作崇友。他是景梅九的儿子，时年 16 岁。

⑧十三太保：指五代后唐时晋王李克用手下十三个能征善战的儿子，都获得太保衔。

革命中一段韵话

提起军器来，却想起一段韵话，在千军万马中，忽夹写一篇柔情文字，是中国小说家的惯技，我乃于无意中得之。可惜的是要写的人物，还在世上，不便将真名姓露出，伤坏人家的体面，只好藏头露尾，大概记出，阅者莫怪！一天正在公事房中闷坐，筹思攻城计划，有人来报，说："有逃官家眷，暗携军器，隐藏某官僚家；逃官是旗人，其眷属带有家人某，曾密送军械于某处，请捕来考问便知！"我一听旗人逃官，这里边很有文章，种族主义且放过；但这个"官"字，在革命党手下，是放不过去的。既有军械，恐尚带些资财——刮来的地皮——都应取来"充公"。（充公二字甚好，克鲁泡特金讲的"收用，"就是把大家做成的物品，拿出来大家用，和充公略同。但现在官府的充公，全是充私了。）立刻密派了几个壮士，前去逮捕逃官家小，前来听讯。（大有些官派，好笑！）壮士偕同报密人，奉命前去，不到半天，把所谓官眷全提到了。我吩咐带到衙门口旁边官厅内，待我亲自去问，一面吩咐下去，一面悬了那口七星宝剑在腰里，大模大样，到前面官厅内西房，进门瞧见一个年纪大的妇人，面无人色的躲在坑①角，一个年轻妇女，虽面带凄惨，衣裳褴褛，而饶有丰姿，一望知为教坊②中人。最有趣有两个天真烂漫年七岁的孩童，丝毫不知畏惧，手拿香火头，烧纸片作小孔，蹦着玩耍，向我嬉笑，面目很齐整。我心里道："这两个孩子，总算有造化；若遇见讲狭义种族主义的，怕早被杀了！"又爱他们大无畏的天真，比一切怕革命党的官僚强的多。我开口问他们从那里来？有个家人甚精明的样子，向我请了一个安，禀道："我们从陕西过来，这是我的大太太（指坑角妇人），这是我的姨太太（指着年轻妇人），这是我的两个少爷！"我看他有在颠沛中不忘主仆礼节情形，知道是内家。接着问他们携带军器的话，他回道："没有携带甚么，出潼关时，虽有几根快枪，路过运城，因乱逃走，把那几支枪，全遗失了！"我道："你要说实话，有军器快些交出，若有隐藏，你一人吃罪不起呵！"他慌忙道："大人！委实没有！"我看见他们的情形，知道是误传；但不好立刻发放。却对这位姨太太，起了些好奇心，意思要从他身旁，得些特别消息，并问明他的来历，试试我的眼光如何！别的野心，敢对大家讲一句："没有！"形迹上未免有些可疑；然一念于三军之行，有桑中之喜③的故事，自己绝不肯失足步，着同志耻笑。可笑是当时老着脸儿，按着剑，对那位姨太太道："来！跟我到对面房屋中，我问你话！"那家人不惟不阻挡，且从旁逼着说："你跟大人去好哪！不要怕！"我心里笑道："这小子好坏，他要用姨太太解围；那知道我早不计算他们的事嘘！"于是我领着这位姨太太，到对面房中，开口便问道："你从前在北京甚么班子里？"这姨太太不嫌唐突，面上少微一红，便道："在桐花庄！"呵呀！桐花庄！这是庚戌④腊月我在北京游勾栏的发足地点，连那个特别容易记忆的电话号头——南局四百八十四（拿南朝四百八十寺⑤射他）都存在心里。况且我的摄政王——董素仙发祥于此，提起来那能不使人感慨呢？又问了他的名字，年纪，出院的年月，却不合，奚落了人家一句道："当了两年阔太太，也罢了！"坏了！把这位先生⑥说哭了！我连忙安慰道："人生苦乐，原无一定，何用伤心？你放心，我给你们安置个好地方，事定后，好送你们回去，见你们主人！"
他谢了我一谢，我只和他一握手告别，甚么话，再莫问他们了。

—————————

注释：

①坑：似应为"炕"。

②教坊：中国古代乐舞机构。

③桑中之喜：指男女不依礼法的结合。

④庚戌：在此即指1910年。

⑤南朝四百八十寺：唐朝杜牧诗句："南朝四百八十寺，多少楼台烟雨中。"盖言南朝寺庙之多。

⑥此处称姨太太为先生。

体亭雪战死　赞乞儿

　　大家看到这里，一定要"替古人担忧"，所以不能不交代明白，第二天，顾庵①找我说他们老爷和他认识，请把他们交付他去安置，我自然答应，面子上还要说两句排场话："他们是要犯，应该送到运城去，老哥讲情，暂且饶恕他们，由你带去好了！"顾庵把他们安置到友家，以后的事情，我再莫过问。因平阳未下，每日为前敌筹谋，听说子药不足，我亲自到尧庙见岐山，说："闻军中子药不足，怎能应敌？我要到陕西借些子药回来，再到河东招些劲伍来帮你！"岐山赞成。那时营长韩体亭，是一员勇将，我很敬服他。临走告别时，岐山说："没有多的盘费给你！"我笑道："到陕西，通是熟人，还带甚么盘费？一两银子也不要带，我到河东，自有法！"体亭说："子药是军中第二生命，请注意！"我说："记下了！"当时偕同几个兵，骑了一匹好马，离了平阳府，连夜向运城进发。途中遇一场雨雪，在马上指点眼前风物，和护兵谈些雪的故典，自然提到狄青②雪夜破昆仑的事，说要趁这场雪打平

298

阳，或可得手，那知适得其反！后来听说平阳谢镇③派兵乘雪出城袭营，韩体亭④奋勇迎击，城兵退却；但体亭亦中弹身亡，又失一大将，极可痛惜！正是我傺平阳那一天。此事亦因岐山率兵向韩侯岭御敌⑤，留守人未加防范所致。此是后话，暂且不表。一日天明登程，见路旁早有几个乞儿，跪在那里，喊叫："行善的老爷！发财！"我戏对护兵说："中国亡不了哪！你们看讨吃的，都这样勤勤！天不明就出来在这里要饭！"说的护兵笑起来；其实因为河东盐车夜行，他们习惯早起等候，并不是为等我们。可怜这些乞儿，全是残缺人，应该受社会公养，不应该教他们路乞，我反笑他们，真罪过！

注释：

①顾庵：指刘顾庵，景梅九等人的朋友。

②狄青（1008—1057）：字汉臣，北宋汾州西河（今山西汾阳市）人。北宋名将。

③谢镇：即谢有功。时任太原镇总兵兼前路巡防统领。

④韩体亭：当指韩升泉，字醴（lǐ）亭。（体的繁体是體，与醴相近，可能是写错或印错了。）内蒙古萨拉齐厅人，后投身军界，历充归化厅警兵、巡防队护兵和省城陆军正兵。太原起义后，晋升为管带。1月25日，平阳防守的谢有功部下童宝山率部从东门绕出来，袭击驻扎在尧庙的起义军一营，韩升泉见清兵人多，率众迎击，突然右腿上一阵疼痛，低头一看，是清兵的飞弹打中腿部，他躺在地上仍指挥兵士射击。打退清兵，韩升泉已经处在弥留之际，卒年32岁。

⑤岐山率兵向韩侯岭御敌：1912年1月20日，哨兵来报，说三镇清兵从娘子关打进来，就要到韩侯岭了，李岐山急忙派标统吴养渭（有资料认为吴养渭就是四川人吴汇之，见前注）率管带谢得元、丁千永、许多章等部前往防御。

勿幕班师的动机　阎景相遇

回到运城，正遇见一件难解决的事情，就是虎臣在解州用我名义招

兵，半月招集七八百人，实生派张士达去接营长，兵士不服，驱逐士
达，坠马逃归运城，见实生说虎臣好多坏话，实生听我回运，请我商量
这件事，并云："你的人乱闹，借你名义招兵，又把我派去的营长打回
来了，现在领兵不知去向，你怎么办法？"我说："虎臣既假我名义招
兵，我不能不担任一分沉重，我自然能找他回来，听候发落！"实生以
我的话为满足。我告别了他，去见勿幕，勿幕曰："潼关战事愈急，我
要班师回秦！"正说话时，参谋某君，忽张皇来对勿幕说："东兵①已渡
河，我们不能久留此地！"我心里笑道，这又是第二公孙！便对勿幕说：
"不要着慌，要班师，商议好再说！"勿幕悄告我说："客兵②久扰河东，
我心不安，乘此机会，全数退出，可免许多交涉。"我很承认勿幕这几
句话；但说了一句，以后再见罢！我当时返回女学堂，见玉青，说实生
要我截回虎臣，我连夜要走。玉青很瞒怨虎臣，我劝了他几句，说：
"不要紧，虎臣就是回来，实生也不能怎么样的！"吃了晚饭，便同两
个护兵，乘马趁月色出城，向猗氏方面进行。路过一村中，到一个窝铺
内歇足，窝铺内边有两个村夫向火，他们是村中冬夜更夫，我和他们坐
在一处谈话，很觉得亲和，随便问了他们一句："你们莫听说，有军队
从这里过去么？"一个说："有的！听人说是有个阎大人，率兵到万泉
去了！你们和他认识么？"我说："不错，是要赶他一同走的。"一个
说："怕离此还不远，你们要赶，还能赶得上！"我听了很喜欢，立时
呼护兵备马，又踏着月色走了。到第二早晨，又过几个村庄，越打听越
近了，最近有人指与我们道："就在前边阎景村驻扎！"我心里说："妙
极！阎和景相会阎景村，真是预定的！"催马到阎景村，虎臣已晓得了，
连忙排起队伍来，分向道旁成列站定，我在马上看见那些兵士，都是雄
纠纠气昂昂的，有的举枪的，有的执长柄铡刀的。心里说："这是在河
边羡慕铡刀队的结果！③"虎臣亲到马首，举刀致敬，一直引我到一学
堂门首下马，入内，坐定。怒责虎臣曰："私招兵，逐营长，作事这样
荒唐，还成么？即日将队伍编好，同我回运城领罪！"虎臣唯唯，辩别
并无驱逐张士达情事，张自己不敢接收队伍；并道他意思领兵到平阳助
阵，有人说我到运城，所以在此驻扎，派人去打听，刚才有人报告说我

来了，他赶紧迎接。我的气早消了，便对虎臣说："陕西要班师回秦，河防空虚，此队可以接防，明天回去，有我作主，不要紧！"说毕，我又带护兵，乘马回运，入城已经初更，我便没去见实生，在女学堂休息了。

_____

注释：

①东兵：指河南清军。因其在运城东面，故称东兵。

②客兵：是指来山西运城帮助革命的秦军。

③这是在河边羡慕铡刀队的结果：指本书描述景梅九和阎虎臣在河边看到秦军的铡刀队，阎虎臣羡慕地说："我看铡刀队就不错！"

老母的镇定　叱骑兵

第二早起，有人报道："胡司令（子毅）①张观察（实生）②全跑了！"我连日鞍马劳困，正在浓睡的时候，初听见报告，也没理会，等第二次报告到，玉青才唤我起来，说："润轩来了，说他们当真都退出去了，风闻东兵已渡河③，我们不能不移动了！"我道："又和太原一样④，全是跑将，那里有这样急事？"当时润轩病了，我知道他走不动，乃命玉青载润轩到解州去，我乘马出城到安邑，使人打探，并无确实消息，有劝老父躲避村中去，老母独镇定，便道："城中人向乡村逃，乡村人又向城里逃，逃来逃去，独乱人心，一动不如一静，我便不走！"我这时知道敌兵未渡河，一面差人去叫虎臣，一面听得岐山败下来，急欲到前敌看他去；乃偕数骑北上，到闻喜，路上遇见些解散的兵，都道敌人已入平阳，我军退下。⑤及到闻喜，在关外店房，遇见静庵、利臣诸人。我便假造了一种安人心的话，对他们说："河东安静如常，实生误信谣言逃去，利臣可急归主持一切，第三镇兵南下，是和民军议和来的，我到平阳一行。"大家赞成，我便向绛州进行。走到一个山洼，看见好多骑兵在那里休息，有个队官姓冯认识我，连忙请我下马，我下马开口便问他："岐山在那里？"他道："听说还在蒙城、史村一带。"我瞋目叱之曰："岐山尚在前敌，你们为甚么跑得这样快？这算是马队的长处么？人家第三镇来和我们讲和的，你们怕甚么？好好跟我翻回去，见岐山再说！"他们听我一说，定了主意，同我齐到绛州。绛州知州杨某见我，也拿敌军来议和的话安定商民，和我主张一致。我很赞了他几句，立刻又向史村进行，这时只惦记一个岐山。

注释：

①胡司令：即胡足刚，字子毅。

②张观察：即张士秀，字实生。

③东兵已渡河：指平陆县传来消息，说河南毅军渡过茅津渡口，分两路攻占平陆，县官诸葛焘弃城逃走。毅军在县城内大肆抢掠，奸淫妇女，横行无忌。

④又和太原一样：指娘子关失守后，阎锡山等从太原逃走，现在张士秀等听到风声也从运城跑了，所以说一样。

⑤"我军退下"句：1912年1月4日，意大利公使函告袁世凯内阁说："太原有匪徒千人，正攻藩署，将焚烧教堂教士，请派兵速救。"袁世凯借口太原仇教与外交有关，违背停战和约，派卢永祥率兵到太原。1月6日，卢永祥进占太原，又率清军南下，攻占韩侯岭。包围平阳城的起义军首领温寿泉、李岐山、台寿民等都说敌强我弱，起义军不如暂退，保存部队，然后再作北伐之计。大家商议既定，便解了平阳城之围。2月3日，卢永祥率清军进入平阳城，依然到处奸淫掳掠，城周围30里无不深受其害。

弱示之强　私访端溪

到蒙城，于某毡房见岐山。岐山甚喜曰："他人皆舍我去，梅九独来，交情自有真也！"我笑曰："马队乘马，所以跑的快，我把他们全截回来了!"岐山曰:"我整军退下,敌不敢轻追,霍山一战,曾毙敌营长一名,后敌从四面来,我军始退。战时吴汇之奋勇当先,一弹来弹落其帽,尤屹立不动,兵气因而不馁;李阁臣所乘马中八枪,仅以身免,皆不弱;惟惜体亭①不备,死在尧庙,是为大损失!昨日敌派侦探到此,被我兵捕获,我即命斩决!"我赞道:"此兵法所谓'弱示之强',很是!但我昨在绛州,得阅最近《国风日报》,知道清帝,已决意退位,共和不日告成,敌来必不再逼我了!"岐山闻此消息,甚喜!和我同至史村前街一行。此时温静庵亦来。我听得平阳新来敌军,在关外抢劫村庄,很是不平!又想起端溪家离此间不远,不识他在家否?于是同着护兵二人,携枪乘马,瞒着岐山,私向郊外去寻,一直找到端溪村里,村中人看见我们来,很慌!后来听我们讲话,是本处人;我又下了马,便有几个人,到我跟前来,我问端溪家在何处?说我是他的好朋友,大家才领我到端溪家,端溪已避居他处,家中无人,只留一仆守家。我只留了一张纸条,说大局不久即定,见信速到河东,协商一切!我又问:"平阳新来队伍,有抢劫村庄的事情么?"他们说:"有的,昨天就在附近的某村抢了好几家,大车小辆,向平阳城东关运去了,都是红帽缘的兵!"

我才知人言不假。便道:"大家不要慌,他们定不敢再抢。"说毕,便上马回史村,对岐山说明所闻见的事,岐山说:"你真胆大!这些贼兵,听说把赵城抢干净了!②"我说:"非除灭这些东西不可!"

注释:

①体亭:韩升泉,字醴(lǐ)亭。

②1912年1月19日,卢永祥率三镇兵从霍州进攻赵城,沿路受到民军的4次抵抗。卢永祥部攻到赵城城下时,守城民军顽强抵抗3个小时,终因寡不敌众,赵城陷落。清军入城,所到之处,烧杀抢掠,无恶不作,赵城陷入一片火海之中。太原起义时,赵城人张煌率兵杀死山西巡抚陆钟琦,所以这次清兵攻入山西后,尤以张煌故里赵城受害最甚。

史村题壁　曲沃城头之感慨

我当打听第三镇兵的统兵官，姓卢名永祥[①]，字子嘉，是山东人。因拟一封书，给他，大意是说："顾亭林[②]曾赋满人入关之暴虐，有云：'四人郊圻蹂齐鲁，破邑屠城不可数！'足下鲁人也，祖宗必受满人屠杀，今乃不思报复旧耻，乃以满人之待齐鲁者待三晋，所至命兵士抢掠人民，形同盗寇，诚为足下一羞之！"曾命某寄卢，某未敢呈。过一日，京师宣布共和，卢始送情于民军，并约联为一气，各守境界。我听了此信，并不以他们联军为意；但欢喜政治革命成功，改为民主，人民思想，定有一番进境，即成一律云：

> 国体忽传成共主，江山从此属中华；五千年史开新例，四百兆人忆故家。哲士魂萦平等梦，英雄血灌自由花；睡狮一吼今方醒，独立昆仑望正赊。

虽没意思，却写出当时快感来。便写在史村店壁上，作一纪念。然后和岐山商量回河东，此时已听得阎虎臣，率兵入河东，又招实生反[③]运城。清兵未敢渡河[④]，心中一宽。同着阎臣，到曲沃一游，曲沃此时县官唐某已逃，岐山派阎作栋接任，尚未到，所以我到了那里，只有曲沃绅士招待。我也没到衙门去，独和数人登城四望，想起春秋晋公子往事[⑤]，为之感慨无限！又对阎臣说："古今霸业，都成尘土，且和百姓毫无关系；你看我们革命以来，到处奔忙，百姓安堵，莫名其妙，他们看我们像疯狂一般。再说到各处县官，逃走的很多，百姓也没见有甚么纷乱，要这些官有甚用处？可见无政府是能做到的！"阎臣听"无政府"三字和卫道卿[⑥]一样，态度都有些惊疑，反问了一句，我只答应道："不要强权，不要官，便是无政府，改日再给你细讲罢！"这是政治革命时期中，第三次提到"主义。"

注释：

①姓卢名永祥：卢永祥（1867—1933），字子嘉，山东省济阳县人。1911 年 10 月，卢永祥在曹锟的第三镇新军中任统领（旅长），他随曹锟进入山西镇压起义军。在晋南一带烧杀抢掠，被擢升为山西省军务会办。不久，清帝退位，袁世凯窃取了中华民国大总统职位，卢永祥又被擢升为新军第二十镇统制，并被授予中将军衔。1917 年，晋升为淞沪护军使。1925 年 8 月，卢永祥因受奉系军阀排挤辞职，隐居天津。1933 年，卢永祥在天津病逝。

②顾亭林：即顾炎武（1613—1682），苏州府昆山县（今江苏苏州昆山）人，本名继坤，改名绛，又改名炎武，字宁人，学者尊为亭林先生。是明末清初著名的思想家、史学家、语言学家。

③反：现在写作"返"。

④1912 年 1 月 30 日河南清兵渡过黄河，攻占平陆，大肆掳掠而去。

⑤春秋晋公子往事：此处应指晋公子重耳被迫逃亡列国，并返晋国建立霸业之事。

⑥卫道卿：即卫鸿志，字道卿。

台林一是何官　共和告成

共和宣布，清师与民军休战；并送子药若干于河东，表示成了一家的意思。我和岐山同归运城，报告清皇退位①，民国成立，南北一家，五族共治，实生即据此出了一张告白，以安人心，百姓也不知甚么是共和是民国；但听说不打战了，真是喜欢到万分。这时有一件可笑的事，就是我到安邑，遇见几个村夫，都迎着我道："听说天下太平，全是你的功劳，所以大家推你作'代理一'，'代理一'是甚么大官？"这句话把我蒙住了，我心里说，怕是要推我作一代表，以讹传讹成了代理一。我便笑答说："代理一是甚么？我不知道。"一个人说："告示都出来了，你老官衔是台林一，不是代理一！"哈哈！我明白了！原来实生告示只说据台君林逸②和我的报告，台君名守民，时充温静庵参谋，江苏人，河东人不认识他，所以听见人讲据台林逸景梅九报告，把台林逸三字当作我的官衔了，又音转为代理一，你说可笑不可笑？这也是因为革命时，有些随便的官名，甚么招讨使哪，大统领哪，节度使哪，运粮都督哪……好些不经见的玩意，把一般人弄糊涂了，所以才有好些笑话出来。却说我到运城，即往女学堂，见玉青，实生和子毅诸人，也同时到女学堂看我，我对大家宣言道："我们乱七八遭闹了半年，才闹出这'共和告成'四个字来，也算有了结束，破坏已毕，建设开始，后边戏还长哩！"玉青说："这叫'完了辛苦，成了盼望'，不能不恭贺一番！"我笑玉青还未忘福音，便道："辛苦还没完哩！我恐怕陕西民军，还不知道这种消息，我们须去报告他们才好！"大家很赞成我的话。

注释：

①清皇退位：1912 年 2 月 12 日，清廷宣读了宣统皇帝退位诏书。清朝 268 年的历史宣告终结。民国南北统一，全国遍悬五色旗。

②台君林逸：是指台寿民（1887—），字林逸，安徽合肥（一说是安徽霍邱）人（此处景梅九说他是江苏人，恐怕是弄错了），同盟会员。阎锡山就任山西都督后，台寿民任第四团团长。20 世纪 20 年代，台寿民曾任山西督军府参谋主任，1925 年离开山西。抗战初期台寿民曾任阎锡山驻南京的军事代表。

夜话虎臣守城始末　玉青中煤气

我发起到陕西，报告和平消息，阁臣和刘育清都愿意去，玉青也要去，我说："你去，须改扮男装，路上好行动点。"玉青说："那容易！"于是裹起幞头①，穿着长衣，登着皮靴，倒也像个男子，捡了两匹好马，两人分骑上，偕同阁臣、育清还有那台林逸，带着几骑护兵，一齐起程，行至蒲州，玉青领大家到福音堂去歇。这时瑞典牧师和教友全逃避了，只留一个老李看门。当时天气尚冷，我命老李多买了些木炭，笼了一盆火，霎时将冷屋烤热，炕炉中也添了火，大家围火夜话，说起，虎臣由我从阎井（井景同音，所以误为阎景，后来才知道错拟）截回，第二天，旁晚到运城东关，那些奴才绅士们，误以为清兵到了，都靴帽袍褂，穿戴整齐，前去接迎，及到跟前，看见铡刀队，纷纷逃窜，把顶帽全扔到城壕里边去，真可笑！虎臣当时传令，命兵士进城，有些不肯的，虎臣怒拔腰刀，一声呵道："有不随我进城，退一步者斩！"兵士乃鼓勇进城，城内有土匪多名，假冒陕军名号，向虎臣要求一万元，虎臣不允，吩咐兵据守四城，当时道署火起，匪拟乘虎臣兵救火之际，大肆抢掠，虎臣窥破，传令城上各营，万勿移动；但命百姓救火，自率一队击走土匪出城，翌日请利臣入城，主持一切，并给玉青送信。就是实生归来，叫城，城兵以无阎大人命令不敢开答应，等了半天，虎臣才亲身出迎，实生还想责备虎臣，被利臣、翔之，把他弃城的罪举出来，请公判，实生才没话。阎臣说："虎臣来的真巧，当时清兵有一队渡河，听人说阎大人率兵到运城，以为是严小泉[②]（秦军名将），又翻回来了，他们大惊，于是又回身渡过河去。但那时他们即打到运城，也要被虎臣打回去，因虎臣所率的兵，气甚盛；且有主客的分别，定是胜仗无疑！"大家说毕，又谈了些闲话，才休息去。玉青睡到半夜，忽然叫道："我不得活哪！"把我从睡梦中惊起，便叫道："玉青你胡说甚么？……"他仍然说："我不得活哪！我不得活哪！"我只当中了甚么邪气，看他样子很糊涂，天未明，没法子想，等了好半天，玉青才说出一句清楚话来，道："我怕中了煤气了罢！"一句话，提醒了我。这时天色已亮，我连忙拖他起来，出户到院里，吸些空气，解一解煤气毒。又呼护兵，取些凉水来，却闹了一个笑话。那位护兵先生，自作聪明，说："清早起来，那里有卖凉粉的？呵，怕错了罢！要吃蒲州城里甑糕哩?"（此地糯米甑糕最有名。）于是跑到大街，买了一盘甑糕回来，我很奇怪，发怒道："谁叫你买甑糕！"他说："早晨没凉粉呀！"我止不住笑起来，却瞋道："是要凉水，不是要凉粉！"他却疑惑道："要凉水做甚么？"我说："不要哪，去罢！"因为我那时等不着他拿水来，亲自到厨房舀了一碗凉水，给玉青一喷一醒地，把煤气已解除了，还要凉水做甚么？那位护兵先生，到底没名其妙③，对旁人说："咱这大人，素来不发脾气，今天又要凉水，又不要，弄了我一身汗，真难伺候！"

注释：

①幞（fú）头：古代男子用的一种头巾。

②严小泉：即严飞龙，字子青，陕西朝邑县（今大荔县）西寺子村人。

③没名其妙：现在写作"莫名其妙"。

大清关遇险　半渡而击

次早，大家向大清关进发，车马络绎道途，颇有点声势，及到河口唤渡，弄了一艘大盐船，人和车马共载，截满川碎冰，西渡黄河，离对岸不远，忽见有大队兵马，奔腾向河岸来，阁臣说："这是谁报告说咱们来了？教人家派队欢迎，很对不起！"我也说："是的，你看那旗帜飘扬，人马整齐，很像迎接贵客的情形！"台林一①君说："不像，不像，你看他们神色张皇，如同临敌一般，怎能说是欢迎？"不错，来的那些队伍，到河岸散布开，执枪瞄准，有"跪倒豫备放！"的样子，我心里说："坏了，于兵法这叫做半渡而击，危险的狠，大家都要葬鱼腹了！这才死的糊涂哩！"有些人慌忙向船底藏躲，我立即制止道："休藏，若他们真打起来，藏到河里都没用，大家只要静静的，站在船头，他们自然看出不是敌人来！"一面说，一面招呼了一只小船来，我对阁臣说："咱两个乘小船上岸，和他们讲个明白才好！"阁臣道："是！"两人遂上了小船，向岸摆动，一面向岸上队伍招呼道："是自家人，莫误会！"他们看见两个人近岸，自然不肯乱开枪，一直等到我们上了岸，才有一个兵执枪对着我心口呵道："做甚么来的！"我微微一笑，道：

"笑话,我们是一家人,你这是干甚么?……"阁臣道:"这是景梅九先生,和你们井大人、严大人都相好,来报军情的!"有一个听了这话,连忙到我跟前鞠了一躬,殷勤问道:"你就是梅九先生么?我们失认了,得罪!"我说:"不要紧!"他一面对军队说明白,我们是晋军代表,赶紧收队回城,一面请把大船靠近河岸,教同行人马,一齐登陆,他便领我们进朝邑,一路上见许多百姓乘车逃向乡村,状甚狼狈,很可笑!

注释:

①台林一:应为台林逸,即台寿民,字林逸。

忧乐顿易　白面将军

到了朝邑县,有绅士迎大家到一所院中,有一姓刘的,是临时知事,来见我,开口道:"前一刻工夫,有探报,说东兵派马队数十骑渡河,大家慌了,一面派兵,一面计划守城,不防备才是自家人,教百姓枉受了些虚惊!"我接着说:"怪道,我们刚才看见许多车辆出城,好像避难似的,真对不起!"他又问南北和战消息,我对他说:"共和已告成,南北停战,我怕秦中消息不灵,所以特来送信,并探望老友。"他听了很欢喜,便道:"几乎错把喜信当凶信,霎时间忧乐变化如此,也是奇事,好极了,百姓可以安生了。"我问此地带兵官是谁,他说是严飞龙(即小泉,河东误严为阎,和误井为景同)之弟严锡龙,正说话中间,严打发人来,执红纸大名片,正是严锡龙三字,请大家到司令部吃饭。我同玉青、阁臣、林一全去,原来是小学堂地址。大家见面,说了些客气话,我说:"我同勿幕、小泉,都是老友,全是一家人,不要客气。"又问小泉何往?他说:"常听人讲到先生,总没见过面,此间军队,全属勿幕部下,小泉兄向潼关迎敌去了!"我又夸赞他们弟兄的侠勇,又谈到小泉在河东的威德,严君喜甚,劝酒请菜,大家吃起来，把共和告成的话，也说了个大概。严君曰："我还想痛痛快快打几战，已经议和，就不讲了！"我甚喜他的爽直。饭毕，又谈了一阵，说我们还要到华阴去，调停战事，告辞便走，到门口上马时，听见有人问："马上白面将军是何人？"不知谁答应了一句，说："姓阎，刚才介绍过的！"便有人道："怕就是阎都督罢！"玉青也听见了，回来对我讲，并道："几乎教我笑出来，这里人眼太拙了！"我道："莫怪人家眼拙，木兰从军，谁知是女郎？"

同官遇旧　忍耐等候

第二天，到同官（同官和潼关音相似，土人叫做北同官。）城内有坐①盐店，友人张东生在里面主事，见大家来了，很欢迎。阁臣告他，我们盘费不足，他慨然答应筹备，先预备饭教大家吃。我打听潼关消息，他说："前两天，还有一次恶战，互有胜负。现在潼关仍归毅军占领，陕军驻扎华阴，张襄初亲临前敌，陈伯生、张伯英②也在此地，勿幕统军到醴泉方面，抵抗甘军，也有一场恶战，严小泉有阵亡消息，可惜失一员猛将！"我问他知道共和告成消息么？答不知，我道："我还得走一遭，对大家说知，能以速免战祸才好！"东生说："不忙，在此间休息半天再走！"玉青打听得此地有一福音堂③，内有一薛牧师，是蒲州人；他在蒲州教会读书时，认得他，所以想见他一面。我便同玉青、刘某俱到那福音堂，问守门的"薛牧师可在？"答应"在哩！请进去！"到里边看见一位老先生，在一张方桌旁边坐定，桌面上放几本《圣经》（新旧约全书）。见我们来，连忙让坐，却像不认识的样子。玉青笑说："牧师，不认得我了么？"一面说，一面卸去风帽，露出女装，那牧师才恍然大悟说："你是阎大姑娘！这样装束起来，我不敢认了，你父亲好罢!"又指着我道:"这位是景先生吧!"我点头,玉青谢问。转询老先生平安,并问他今年回家否?他说:"我不能回去,因为外国牧师都走了,把一切东西交我看管,其余的教友,都回家过年去了,我怎么能走的开唉?……唉!前天接家信,说我那女儿要出嫁,非我回家不能过门,我又不能回家,你们要回去过蒲州,给我家带一句口信,对我那女儿说,我暂时回不得家,教他忍耐等候!"忍耐等候四字,把大家说的想笑不敢笑,老先生却很斟重的了又讲一次,刘某出门,对我们说:"我们对于共和,怕不能忍耐等候吧!"

注释:

①坐:现在写作"座"。

②张襄初,指张凤翙。陈伯生,即陈树藩,字柏森(柏生)。张伯英,即张钫(1886—1966),字伯英,号友石,河南新安铁门镇人,加入中国同盟会。1909 年春毕业后入军旅,成为陕西新军中主要领导,1911 年武昌起义爆发后任秦陇复汉军东路征讨大都督。中华民国成立后,任陕军第二镇统制、师长,参加护国运动,后回到故里,后任国民党第 20 路军总指挥兼河南代理主席。抗日战争爆发,任第一战区预备总指挥,民事参议院副院长、院长;解放战争后期任鄂豫陕绥靖区主任,后毅然弃暗投明,任全国政协委员,1966 年病逝。

③福音堂:基督教堂。

秦川赛马　小小波澜

　　从同官起身,渡渭水,向东,将至华阴,却有一片平原,正好走马;我乃纵辔一鞭乘马(自然不是那匹太上皇)。马向前飞奔,我在马上,非常快活。那马也望着鞭影即走,不须再加鞭策。正走的逸兴遄飞①的,忽然后面一骑追来,好快呀!正掠我的马身,飞也似的过去,不是别人,正是玉青。我自然不肯让他先行,加鞭追上,到两马并驾齐驱的时节，却见玉青的马，好像站在我的马旁不动。（正是现在相对论说的两物同向并行，速度相等，互若不动的道理。）我又紧加一鞭赶过去，玉青也紧加一鞭赶上来，两个人居然是在郊外赛马，同行的人，看见这般光景，都喝了一声彩，哄笑起来。我才缓缓收缰，对玉青说："算了罢！又是不②抢头彩，徒费马力做甚么？我知道你能乘马就是了！"玉青说："我也不是和你赛马，只试一试这马的快慢罢了！"走到华阴庙，打听翔初③驻军华阴县城内，乃从城外树林穿过，在马上看见树梢挂着许多人头，想起《说文》的枭字和臬字来，觉得很不雅观，猜这不是敌人头，便是满人头，或是不法的兵士头，没工夫研究他，大家同入城，寻到衙门，见了襄初，伯英也在座，他们让我和玉青坐下，我介绍玉青给他们，他们很像惊异的样子，谈了好些话。这时"共和告成"的消息，他们也知道了，正和毅军，讲和休战。毅军将领在潼关，请他们会议，我说："一定请毅军退出才好；听说醴泉有战事，近况如何？"襄初说："醴泉那一边真是劲敌，这一边不算甚么，这面讲和，我即刻便要回去备战；因为升允④这个老儿，他不管共和不共和，定要和我们打的。"我很赞成襄初议论。当时在司令部吃过饭，天色已晚，他命人给我们找了一所房院。这时城中兵满，几无容身之地，勉勉强强的容下我们十几个人，都在那破坑⑤烂席上，铺起褥被来，睡了一夜；鞍马劳困，梦入浓团，几不知身在万马军中。次早不辞而行，又经华阴庙，玉青道："在这里过了几次，未登三圣母⑥楼，今天登楼一望，何如？"大家听了都赞成，一齐下马入庙，看见许多古柏，古碑，还有老子系牛的树根，苍老可玩。一直到后面，径登三层楼上，对面正是华岳三峰，削成而四方，遥望仙人掌，印石如画，心神为之一爽。玉青因上楼出汗，卸却风帽，被人看见，惹出个小小波澜来。当我们下楼出庙，乘马南行，里许，忽后有数骑追来，大声喝道："慢走！"我连忙勒住马，回头一看，是几个当兵的骑在马上，已到跟前，问我们做甚么？我道："我和你们大统领（张襄初称大统领）相好，前来探望他来的。"问："有公文否？"我瞋怒道："看朋友要甚公文？"他们道："不是这样讲，适才有人报道，你们带着满洲妇人！"护兵某未等他讲完，便道：

"休胡说！这是我太太！"他们道："这样乱世，还带家眷么？回去见我大人再讲！"我乃大发起怒气的说："胡道！甚么乱世，共和告成，南北停战，你们还不知道么？岂有此理？把你大人叫来见我！"他们见我一发怒，知道错了，赶紧回话，并护送了一程。

注释：

①逸兴遄飞：出自唐王勃《滕王阁序》："遥襟俯畅，逸兴遄飞。"

②又是不："又不是"之误。

③翔初：即张凤翙（huì），字翔初，有时称为襄初。

④升允：此人坚决反对南北和议。1912 年 2 月 12 日，清帝退位，升允愈加仇视革命，疯狂进攻陕西民军。

⑤坑：应为"炕"。

⑥三圣母：又称三圣公主、华岳三娘娘、华岳圣母，是中国古代神话《宝莲灯》等传说中的仙女。

吊桥遇旧　渭水寒风感兴

当时走到一个小镇上，张襄初①亦乘马来，带着几个护兵，他是骑兵出身，所以能骑无鞍马，上下自如，好像不知有马的样子。他对我讲："潼关数得数失，我来便胜敌，这次若不议和，我又定要打胜仗！"说时，指顾河山间，布置的军队，意气甚盛，我很羡慕他的马术，又夸讲秦军善战，名著全国，将来在革命战史上，当独占一席。又说了些闲话，即往前走，曾遇见伯生诸人，从潼关会议回来，说："毅军必退！"我没和他多讲话，一行至吊桥，却遇见清军一排人在那里，占据一家铺户，有个连长，说他姓殷，一脸麻子，见了大家很客气，说："现在都是一家人了，回想前日打仗，很无味了！"我喜欢他爽直，和他谈起山西革命来，他说："我先在第六镇，记得在石家庄还见过大人，②以后第六镇又开到这里，我也跟来了！"我说："不要客气，我很记念六镇兵，不知他们却到了此地！"说时，很有些感慨！阁臣说："潼关方面，我们可以不去了！仍绕道大清关回河东为是。"我说："我们过潼关，没有可办的事，还要费许多周折应酬，不如绕道。"于是大家折回向渭河进发，及到河边，寒风四起，我们到一船户厨房避风，船户妇人，见大家有些恐怕，玉青安慰了他几句。大家饿了，时正阴历年底，船户蒸馍献神，我们把人家的馍瓜分了，给了人家一个小元宝，船户欢喜不尽。阁臣笑说："这真是回宫降吉祥③！"我望见渭水东流，风催浪起，回忆来时渡渭后赛马情状，得"华阴西去萧萧马，渭水东来簌簌风"两句，颇能写出当时往来气势和兴致。

注释：

①张襄初：指张凤翙（huì）。

②指景梅九因吴禄贞被刺后到石家庄一事。当时吴禄贞所率的军队就是清新军第六镇。

③回宫降吉祥：依照汉族的传统风俗，阴历腊月二十三日，叫做"小年"。到这一天人们都要在灶屋（厨房）的锅台附近墙壁上供奉灶王爷、灶王奶奶，并在此墙上贴小幅对联："上天言好事，回宫降静年。"这里把梅九和玉青比做灶爷灶奶。

几随波浪去　游秦失败

渡渭水后，直趋大清关。因连日寒风，冰块满河，呼来一只大船，截冰东渡；因避冰洲，绕行河右，中流水急，有席大冰块，直打船头，船将随流向右急转直下。好一个船长，（俗名船户头）指挥各船夫，努力扳棹，自己举锚，连抛三下，船始回头，逆流而左，直趋对岸。这时几疑他是神人，他的身体本然高大，力量也不小；若不是他一人回流之力，不知大家随波逐流，要到甚么地方了！黄河不比长江，有时因急流下转，远远数百里之外，才能近岸，所以河东人视黄河为畏途，有"一辈子不过河，不见官，便是活神仙"的谚语。怕河和怕官等，可见官和河，都是危险东西了！闲话少讲。我当时很夸讲这位船长几句，他只微笑，似不承认，好像说，这是他的应尽能力，不要奖励。那这看来，《梦游理想乡》的小说中，写一人入梦，乘舟达彼岸，拿钱给船夫，船夫大笑说："我尽我的能力驾船，要钱作甚？"这样时代，是容易出现，可惜这次革命，只做了个虚稍，此后当更努力于社会革命。我对玉青讲过，虽不十分彻底，也说甚么不要钱才好，可见人有同心了。过河到蒲州，遇韩拱北[①]，他守风凌渡，正对潼关，和敌隔岸对垒，很受了些辛苦。我约他到河东，解决后事，他答应了。我们返河东，玉青因受风寒，发烧，不能乘马，共坐一轿车，到解州，在他家将他的病看好，才回运城。见了大家，自说游秦失败：第一是未能见勿幕；第二是几经危险，结果只是使秦人知潼关真不是敌人，可以专心对付西面，和那升允对抗一事，算办到了；其余全无意识，可笑！也算是"天下无事，庸人自扰"！

注释：

①韩拱北：即韩仰斗，字拱北，山西永济人。同盟会员。辛亥革命时，曾领导永济起义，被任命为代理蒲州民团总团长，防守河口。

不要位置　大受严训

返到河东，和同人商议结局事体。最好办的，是岐山乘平阳收军的时节，以每人百文铜钱，解散了数千兵士，所剩不过一旅多人。当时有人提议全行解散的，我戏对实生诸人说："现在还不到鸟尽弓藏，兔死狗煮，杀功臣，解兵权的时节，岐山对革命出了死力，不能下毒手对待他！"虽是戏言，却出以严厉态度。翔之说："大家好好商量，不必动气！"于是议定仍以温静庵为副都督，以实生为观察使，以岐山为旅长，以豹卿①为团长，我面上渐形和悦。翔之说："说到梅九意思上了，事情好解决哪！"我便请岐山认可，岐山说："就是没法位置梅九！"我笑道："我甚么位置都不要，休替我操心！"但那时暗地里却有了派别；最可笑的，硬指某某诸营长为"梅派"。我连影儿也不知道，真是怪事！可见政治这种东西，断惹不得，你就想作一个大公无私的人，人家也不让你呵！我对于这些全不计较，他们推我的兄弟敬之为潞盐官运局总办，以为酬劳。敬之清介自持，我很放心，也没加可否；因为另有一般作事的人助理他。我虽不占位置，人自然算到革命有功的分子数内。我因之也有点骄态，在运城作了好些放肆的事情，家父听了此话，大不以为然，来信严加教训，大略说："革命本无功可言，即云有功，亦在死者，奈何自矜？汝与汝妻，从此均须收敛！"我读了很是惭愧！大悔在会馆辱骂郭宝臣一段故事！不能不对大家忏悔一番，且容我缓一口气，再讲罢！

注释：

①豹卿：即景蔚文（1883—1918），字豹卿，猗氏（今临猗县）王寮村人。在日本，由中山先生主盟，加入同盟会。

庆祝共和　大骂郭宝臣

共和告成，战争一息，大家兴高采烈的，要庆祝一番。适逢着阴历正月，人民都安闲无事，藉着游乐，偿他们一年的辛苦；自然是热闹中更加热闹。于是发起在运城西门外会馆唱戏，把河东的有名的角色全调来了。蒲州梆子腔，本来很有价值，成套的大本戏，有在通都大邑，看不到的。那时郭宝臣，适由京回里，他是猗氏人，在北京唱戏多年，人推为秦腔泰斗。那年选剧界八杰，他独占一位，评者拟之龙门史调；其声宏朗苍凉，有黄河远上的派头。《国风日报》，称赞他到十分了。因他父亲叫老元元红，所以称他为小元元红。有说他不及其父的，也有说他比其父强的，这且不管；但他的技艺，总算是超越寻常的了。所以北京老听戏者，以郭比皮簧派中谭鑫培（小叫天），尚谓《空城计》《火烧连营》诸剧，谭远不及郭。有不喜秦腔的人，一听郭唱，没有不移情满意的。真不愧剧中一杰！况他为人极孝，且性慈善，同辈中皆极推重；忽然在河东得遇着他，心里自然高兴，所以早早的便偕同几个友人，到那会馆里去看。就在台的正面，占定一张桌子。戏已经开了，李天五在台上招待郭，商定唱《杀院》。自然是好戏，只等他出场。天五忽然报告说，郭不唱了，要演说。我听大发瞋怒，想他受西后的宠爱，出入宫禁，有了官架子了，大家请他唱戏，他都不喜欢，却要演说，想到这里，我猛然拍桌大呵道："他演说甚么？他是甚么东西？他配演说，教我们听！"不好了！我这一动怒，把那些小兄弟们，都激起来，几乎要登台去杀郭。天五连忙辩护，说他是要讲戏，不是演说别的。有人拉我说："实生叫你！"我正感怒未息，给了那人一个无趣，以后他们请玉青来，我的气已消了，反在那里按小兄弟们的怒。玉青乘机替我收了场，并教郭第二天非唱不可。因当时郭吓的跑了，对人说："听人说灶爷没脾气，脾气还不小哩！"到了第二天，他同百顺（有名青衣）唱了一回《三疑计》，我自然给他叫了几个好；其实他的调高，丝弦跟不上，差不多是干唱；但宏朗之音，自使人意满。

吓杀乔漪亭　斩字下添了个日字

革命时，纯注意破坏，并没想到建设上；且连破坏也不算破坏到底，自然没有甚么成绩可说。但是对于形式上的平等自爱，大家少微注意了一点。如提倡革除老爷、大人、太太等名号，撤去官吏出门的仪仗——伞扇，且议决不许坐轿，因用人抬人为非人道，这是近于社会主义的。革去班房胥吏，提倡改良刑律，这是张、李①亲身受过的野蛮黑暗的牢狱苦处，所以提到了。请邵竹青②出来，担任这事体。竹青本是同盟会员，革命时，却因在河南路上遇土匪，被刀斫伤了两足，在家养病，不能和大家共事。共和告成，大家请他出来，他勉强抱病来运③，对司法事业，很有建白。但我们因为一时的高兴，往往恣肆不法，而实生也有轻用权力的地方，这是革命时代易生的弊端。想起来很觉的有些愧色！举一个例讲：当时曲沃有乔君漪亭者，因在侯马镇电报局，做过几天事，有人荐于实生。实生特电召之来，见了两面，把人家搁起来，不理会了。乔君一天送了一封信给实生，责备他失信于人，语涉激烈。实生大怒，当夜使人捕乔来，要诬以造谣生事的罪名，处以死刑。时有乔君同乡王老头闻信，半夜打女学堂门，很急迫。我知道一定有甚么凶事，命玉青开门问明。我方染病，不可以风，乃对玉青曰："你快替我走一遭，救乔一命好了！"玉青连忙乘轿车前去。等了一阵，玉青回来报告说："真危险！我出门王老头催车夫快赶，赶到察院门前即见多人拥出乔君，背手反缚，插一白旗，便是押斩情形。我也急，和唱戏一样，在车辕口用手招呼道，刀下留人！刀下留人！那些人才停住不走。我下了轿车，即命将乔押回，慌忙走入察院署内，遇见豹卿，豹卿问我，你来此做甚？我反问道，你来此做甚？他说，我们来开会议事。我说，我来参观，我说着便走进房中，实生、翙之俱在那里。实生看见我带乔君回来，瞋问怎么押回来了？我道，我教押回来的，梅九讲，不能随便杀人，他家有老母少妇孤儿，杀一人便是杀他全家。实生说，这些坏人不杀，总要捣乱的。我说，咱们的四儿（实生子）也不小了，杀人之子，人亦杀我子，积点阴德好了！实生听了这两句话，似乎动意，说，改成永远监禁罢！我说，永远监禁还不如杀了好！实生说十五年监禁。明天见梅九再说。我说十五天监禁，可以的。实生没听清楚，答应下来了。明天见你，咱们定说是十五天好了。"我很喜欢玉青能办事。第二天实生果来见我，问饶恕乔某是我的意思不是？我说，自然是我的意思。实生说："已经改判十五年监禁。"玉青插口说："是十五天监禁，你答应了的。"实生笑说："灶奶当面说谎，谁说十五天？"玉青却郑重其辞道："明明十五天，咱叫乔某来，当面问！"我又从旁替乔解释了几句。实生没法，允十五天开释。乔君开释后，急忙还家，连玉青都没敢见。这是实生未出走以前的事。直至共和告成，乔君才到运城见我和玉青，谢救命之恩。并云："当开释的那一天，我还吃了一大惊，几乎吓死！"我说："开释还有甚么可怕的事？"他说："当时实生叫我到公事房中，我看他亲自正在那里写条子，提起笔来，向纸条上写了五个字：乔漪亭着斩！这斩字刚写毕，把我魂魄都吓走了，几乎要失声。幸亏实生没看见我的吃惊情形，他不住笔在斩下添了一个日字，成'暂'字，我的魂魄才转回来。他接续写成一句，着暂行开释，我心里谢天谢地，知道死不了哪！出署后，听人说我的老母，听得我的凶信，惊痛欲死，所以我赶紧回家。连你们都没拜谢！"我道："不要谢了，总算你有命；若灶奶迟去一刻，恐怕已成刀头鬼，不能说不危险！"说起这事来，真是革命污点；且最可恨的是那时革命派人，也有利用"刑乱世用重典"这一句废话，乱杀无辜的事情，却对于民贼的官吏，全放松一步，实在是颠到错乱，罪过不小！

注释：

①张、李：张，指张士秀（字实生）。李，指李岐山。两人之前都坐过牢。

②邵竹青：后任省高等法院院长，与刘盥训、李亮工过从甚密。

③运：指运城。

病了　生日死日

我当时，注意到妇女解放的问题。命长女清贤（时年十二）习乘马，玉青妹卓漪，比清贤年岁稍长，都没有寻常女子的态度，也喜乘马，为河东妇女界破天荒的开放。一面即积极提倡天足，曾和岐山商议，从女子教育上，作根本工夫。岐山在乡间，毁了些大仙（狐仙）等淫祠，改办学校，颇受俗人反对；也有些过火处。因村庙有时可作人民聚会，及过客休息的地方，不能一概全毁。我正要劝岐山，分别办理，一日忽受风寒，发热昏迷，不醒人事，病下了！回想当革命时，星夜奔走，也未曾为风寒所侵，且自觉得精神无限；一旦革命告了个小小结束。精神一松懈，即蒙外感，几乎不起，始信安逸能坏人筋骨！玉青大慌起来，一面请医生调治，一面派人伺候，我每日只觉得疲倦不堪，昏昏欲睡，把女学堂作了我的病室。有几个小女孩（十四五岁的），帮着玉青看护我，都是玉青的学生兼义女，自然听玉青吩咐，不敢躲懒。过了几天，我觉得病症毫无起色，一天玉青忽对我说："梅九！明天是你的生日，你知道么？"不错，阴历正月二十六日，我这时却有点清楚，忽然想起一件事情来，笑对玉青说："生日！怕是死日吧！"玉青惊询何故？我道："老人家（指父亲）尝说，怕我过不了三十岁，明天是三十一初度，如何过得去？"说着自己觉得心灰意懒，不能再往下讲。玉青说："不要瞎想，大家都要给你上寿哩！"上寿，笑话！三十岁是甚么寿？我心里很不高兴；但是连一句反抗的话，也怕说了！心里只记着老人家那一句话，等死！

做了一回腐败事
打灶是骂题文章

说也奇怪，第二天过生日，我自己觉得病有转机似的，居然想吃些面食。那几个小女孩，自然欢喜，对玉青说："我爸要吃面哩！病要好了！"但是我还觉得疲倦，不想见客。那天来的男女客不少，把女学堂要挤满，大家嚷嚷着给灶爷过寿；真是乱来，叫了一班唱戏的，在后院锣鼓梆弦，唱起来了。这时"生米煮成了熟饭，"我也没法反对，由他们张罗铺排去，但心里终觉不安。玉青跑前跑后，忙个不了，还喜欢地对我说："虎臣送了一桌菜来了，我又订了几桌菜，不防备惊动了这些人！"又问我："刚才吃了面怎么样？"我说："吃了半碗，觉得有点精神似的！"又笑道："这么样一染禳（河东迷信鬼神，遇病或办此喜事，叫染禳。禳字是不错的，染字或是由双声带过来，如悉蟀的悉，黾勉的黾，也不一定，待考）或者真有些效验，能把这三十岁撞过去，也说不定！"但当时心里也自己笑自己贪生怕死，总觉还有些事要办的，这革命不算完场。却说那天朋友来的，我虽没见面。知道他们是趁火赶热的主义，在这里乱闹一场罢了。不防备从陕西过来几位同志，一个是直隶刘君，我记得他是陆军大学出身，曾到太原对军事有所建议，后来听说走了陕西，没有下落，所以听说他来，连忙破例，请他进病室，勉强抬身，和他谈话。他说他还要入陆军大学，并谓袁世凯不是真心倾向共和，大家事情还多哩！我对他说："满清几百年的根基，我们已经打倒了他，袁氏有甚么利害？他要乱来，我们还是革命！"刘君颇以我话为然。他却不客气，问我道："听说今日你祝寿，你怎么还做这腐败事体？"这一句把我问哑了！我只微笑道："我病了，大家随便闹着玩的，祝甚么寿，差不多是活受哩！"刘君他急欲回保定，没停留，便走了。

到晚间，实生来，自拉自唱了一回梆子腔，还有弹三线子的，唱了一回《打灶》。我笑对人说："一回《打灶》，把今天喜庆一笔勾消，太得骂题了罢！"

辞家北上　广胜寺感怀

这时阎伯川已回省，利臣充了省议会副议长，有电召我入太原。我偕同数十人前往，到家拜别了父母。玉青被翙之留住，同他续办女学堂，不能偕行。姚太素携眷（便是玉青的女弟子），和我一路。走到赵城，张博士君邀至其家，并谓离他家不远，有个名胜地方，叫做广胜寺，可以游玩。我狠赞成他的话，便和同人，驾车乘马，到那边去。这时正是二月春和天气，郊外生机满目，心中非常畅快。寺在一个土山上，山下有一分水亭，石桥分七洞，三洞一大股，四洞一大股，分流至赵城、洪洞；看碑文，知道两县人民，因争水曾相讼斗，后来才商定三四股的分开。我想这是不共产的弊病；若大家把田地化为共有，都成了一家人，自然不至于纷争。乘马登山，直到上头，寺中地方虽不大，却有一座琉璃宝塔，玲珑可观。塔高共十三层，每层八面俱有琉璃花草人物，异常生动，为生平所未睹的美观，不觉赞扬一句："好！"塔上人物，有堕地的，有被人偷去的，都不甚完全。寺后有几座土穴，博士说："从前同志多人，曾在此处聚会，还有在此间住过的。"颇使我想起长安城外雁塔密议的往事，很动了一番感慨。对此踌躇，独徘徊松树下面，不忍遽行。却看见了个牧羊小童，和群羊逍遥山坡，不知他对着我们这般行人，又作何想念？但他的笑容，已经同着春风，惠赐于我了，所以我回到张君家中，做成一首诗，纪念此游。题《游广胜寺感怀》，诗云：

远郊日暖暖，近郊草离离；驱车出门去，蹂躅霍山陲；洞鸣林逾静，道险马能迟！（太素看到此句，说好个能迟！这时我的心事，不愿猛进于仕途，知道前路危险，只好迟迟吾行，有避祸意，却早被太素窥破。）——忘两句——松声闻飒沓，塔影落差池；此意谁能会，只有牧羊儿！

看灵石　祁家遇女丈夫

　　路过霍州，阁臣说他的战马，曾中八枪未死，还托人养在此间。此马尚识故主，看见他来，昂首奋鬣，若欲跳跃的样；可惜被伤过重，未能恢复原状，只作一个老马养着罢了！经霍山中某店房，见有供某营营长的木牌位，阁臣说：“就是第一战打死了的敌军营长！”[①]过灵石[②]至李耕斋家中一谈；说起从前灵石城下的危险，耕斋说：“那时只怕你们受伤，很对不起！我竟无力阻止他们！”我又说了几句闲话，却想灵石县的怪石来，说：“在灵石过了好多次，总没见那块石头，今日定要看一看。”耕斋即领大家去看，在城外一座庙里。那块石头，有一人多高，很奇古；非石非铁，一定是陨星。据碑文，说是汉武帝时，从汾河里发见此石，移于此地，改县为灵石，就是因此，也算是一件古董品。英雄奇遇处，仍未暇往观，便起身走了。一路经过介休、平遥，都没有特别事可记；及至祁县，渠家[③]差人请大家到他宅中吃饭，自然是资本家的派头。但请我们的这一位，却是读书人，山西所谓太原府十县，为前清票号出产地，商人很多，有二百余年的老财主。他们的房院，修盖的最伟大最坚固；惟多积藏金银于地下，成了不动产。在平阳府则以洪洞刘家为第一户，相传第三镇兵过洪洞时，因为他们是洪洞大槐树下人（此事未详考，但直隶、山东人的家谱上，常注这一句话，一定有来历的）未曾抢劫[④]。但听见刘家财富，到其家掘地一看，见银销融成巨块，推移不动，真所谓银成没奈何，只得空手回去！惜过洪洞时，到刘家未问此事！今到渠家看见院屋，和刘宅差不多，才想起来。吃饭后，渠君唤出他家请的教师，和大家见面。这教师有个女儿，十六岁，也学下一身武艺，对着大家，在灯月下打了一回拳，还不错。只这位教师，江湖气太重，当时跟我的护兵，有几个拳术家，几乎要和他比武。崇友⑤儿素喜拳棒，也跃跃欲试，我全压抑住，给了那女子几两银子，因为我正提倡女子解放，对于无脂粉气的女子，自然是另眼看待。

注释：

①1912 年 1 月 27 日，清军已经全部越过了韩侯岭。次日即向民军的逍遥岭阵地猛扑。起义军沉着应战，击毙清军管带一名。此处的营长就是这位清军管带。而阎臣的坐骑身中八枪。

②过灵石：景梅九等人从太原南下时，路过灵石，灵石城内的巡防队向城下放枪，安邑刘某被枪击中，有一弹从景梅九的耳际飞过。

③渠家：当是祁县渠本翘家。

④未曾抢劫：1912 年 2 月 2 日，卢永祥率三镇兵抵洪洞，卢永祥仍然下令，"半天不点名"，暗示士兵仍可恣意抢掠。然清军士卒来到洪洞大槐树下都驻足不前，纷纷下马跪拜。原来卢永祥的军士多为冀、鲁、豫籍，相互传言："洪洞乃吾祖籍，再胡闹就愧对祖宗了。"便不在洪洞烧杀抢劫了。

⑤崇友：指崇文。

痛哭弼臣　稽勋局局长

到了太原，张老衡先同几个人来见我。我想起他给卢永祥铸的铁像①来，说："你把老卢挽苦透了，顽铁也真冤！"老衡说："还有人替他运动取消的，我没答应。现在对于老丁②去思碑，又要作一篇文字；去字上添一撇，成了丢字，结曰：呜呼！可以丢矣！"没等他说完，我便道："有趣极了！我要看看！"他知道我才来很忙，没多坐就走了。

我休息半天，第二天去见阎伯川，先遇见赵次陇③先生。我想起王弼臣④来，他在怀仁秀女村战死，是一个最热烈男子，和我最投契。记得向怀仁去时，路过太原，听得续西峰君已绕过雁门，他急思北行，伯川要给他名义，他说："我们但革命，要名义作甚！"遂掉头不顾而去！那一幅慷慨面容，永远印在我的脑里。如今回到太原，诸人全在，只不能见这一个好朋友，不由的一阵心酸，落下泪来！次陇问故，我说："我们都没有死，独死了弼臣，因何不恸？……"次陇也为之感叹不置。见了伯川，谈别后情况，又提到湖北王家驹⑤君，和孔文掀征北，死于刀石村，很是可惜！又说到刘越西、何叙甫两位，听人言，他们尚在，自然欢喜。此时翼若为督署秘书长，事情很繁。他要独立办事，我说大家可以再议。于是过了两天，把翼若调为司法筹备处处长，老衡充财政厅长。我举荐仇燕天给他作科长，很得力。南佩兰充巡警道；大家要替我筹位置，我不要，且笑谓佩兰曰："无政府党作了道台⑥，也算奇事！"佩兰只说道："我们不算作官！"过了几天，有人说各省设立稽勋局，此事只有我相宜，于是推定我为山西稽勋局局长。我自以为这不是实官，且藉此可以表扬已死的同志，所以答应了。本着严父教训"革命本无功，有功亦在死者"的话，专门调查死难的人；把未死的人，全没注意。曾作了一篇宣言，重北轻南⑦，惹了一些反响。其实我是出于无心的，老衡却有一绝曰：

入门下马气如虹，酒肆茶楼说战功；娘子关前失败后，风尘到处是英雄。

可谓骂倒一切，能使当时争功者，汗颜无地！

注释：

①铁像：张瑞玑（文中称老衡、张老衡）为卢永祥铸铁像一个，跪状，高1.4米，宽0.9米，两手各捧一元宝。左肩镌：第五混成协协统；右肩镌：山东著名之盗贼；腹镌：卢贼永祥。铁像长跪于赵城南门内瓮城西侧通衢，背镌《卢永祥铁像铭》：

汉族之贼，清朝之奴；厥名永祥，其姓曰卢。

山东巨盗，袁氏走狗；贪货好色，无赖游手。

岁在辛亥，扰我赵城；率贼二千，焚掠纵横。

太平以北，韩岭以南；仓无剩米，笥无遗缣。

卢贼喜跃，满载饱装；民苦欲死，贼已远扬。

未燃贼脐，未枭贼头；铸像道旁，万古同仇。

镌字在痛，不磨不灭；唾骂千秋，冤哉顽铁。

张瑞玑另写有《卢永祥铁像歌》长诗一首，痛斥卢的残暴罪行。卢永祥铁像一直跪了六七年。尽管卢永祥曾屡请销毁，但赵城人就是不许。直到段祺瑞执政时，卢永祥成了皖系中坚，位至浙江督军。阎锡山当时投靠段祺瑞，这才暗暗让赵城县知事，借修路运石之机，将铁像撞倒摧毁。

②老丁：指丁宝铨。

③赵次陇：即赵戴文。

④王弼臣：即王建基、又号璧臣。阎锡山、赵戴文均是山西五台县人，所以景梅九看见赵戴文，就想起王建基了。1911 年辛亥革命后，太原起义成功。10 月 16 日王建基从运城星夜回到太原，听说敢死队 200 人，已分道北发，出师数日。王建基不过夜就出发。王建基援大同心切，于 24 日抵秀女村。遭遇清军，王建基与敌展开激战。战到下午四时许，弹药已尽，士卒饥疲，逃亡略尽。敌军见只留王建基一人，便不打枪，一轰而上，步步进逼，王中弹，失枪倒地。敌飞骑手来擒，将近其身，建基猛起，拔佩刀，迎刺敌人，刺中敌兵腹部。建基夺过敌人马匹，正要上马，手腕又中一弹，手颤抖松缰，马逃脱，敌军一涌而上，王建基身负重伤，仍力疾奋战，前额受刃，自头至脚，血流遍身。王建基持刀乱砍，最后倒地牺牲。时年 29 岁。王建基牺牲后，张士秀、李岐山提议，在运城南门外为他建立了烈士祠。张士秀还写了一篇催人泪下的祭记。

⑤王家驹：阎锡山在娘子关兵败后，率军北伐包头。晋军统领王家驹率队与清军相遇于（今内蒙古）刀石村边，猝然遭击。王家驹战死，南京临时民国政府曾下令褒扬。临时大总统孙文令陆军部准给王家驹恤金并附祀忠烈祠。

⑥无政府党作了道台：是指南桂馨是无政府党人，做了山西省巡警道。

⑦重北轻南：是指注重了晋北的人物，而看轻了晋南的人。

重来燕市　小杜责言

一个稽勋局，把我携带的一行人等，全安置到里面去了。又拉了一个李小峰，作总务科科长，李耕斋作总编辑，我便一切事不管。但立了一个大主义，派了几个调查员，周耀武君，李阁臣①君，都担了调查责任。部署略定，我到北京走了一趟，自然是为看《国风》旧友。《国风》为北方革命元勋，那时各方都有大款接济，已经由南柳巷迁徙到顺治门大街了。我便到那里会见了子青、连三、楚香诸人②，喜跃欲狂，都说一句："还没有死！"我因一时的感触，提起笔来，作了一篇《重来燕市之感》，起以"幻耶？真耶？其信然耶？其梦耶"的惊喜感叹词句。中间叙革命之经过，以及北京报纸言论之变迁，有"帝国日报削去帝号，保皇党人提倡共和"诸语；并悼惟一知己的《刍言小报》之短折（此报在辛亥年，屡指摘本报为革命党机关，挑眼挑的很在行，常戏呼为知己。自是皇派机关，不能存在于民国了），且哭直隶王虎臣③（投稿员）、山东王赓雅④（发行人）之死难，是一篇悲喜交感的文字。这时景太昭已由南京归来（因南京政府解散，临时阁员俱北上，太昭曾充教育次长），也在报馆，相见极喜，并道其鼓吹《国风》的手腕，对他说我在河东曾接到他一封信，赞扬我和玉青赛马情形，甚么"灶爷骑马前边走，灶奶骑马后边追"！不如我的华阴西走萧萧马一联雅致，相与大笑绝倒。他又笑说见了崇文，可谓："有马白颠！"（文儿额发有白毛一块。）公孙长子亦见崇文，却对我说："君家白额虎，我看见了！"我比较两个批语，真有趣！因公孙猛气如虎，便想起白额虎来，而太昭天马行空，便想到白颠马⑤，所谓主观的客观。又见阁臣，说仲伏从东三省到京，很是欢喜，即与见面，他笑责我道："听说你认好多干女，真是'子女玉帛⑥'的派头！"我笑说："子女则有之，玉帛则未也；无政府党不至爱钱！"他说："无政府党，早不要咱们了！"我对此很有愧色！

___

注释：

①李阁臣：即李耕斋，灵石人。

②子青、连三、楚香诸人：子青，即裴子清，山西安邑县（今运城市）人。连三，即苏至元，字连三，号洁僧，山西河津通化镇（现属万荣县）人。以上二人均为景梅九的同乡。楚香，即白逾桓，字楚香。

③王虎臣（1881—1911）：河北赵县人。1910 年加入同盟会。赴丰镇联络小状元张占魁等农民领袖起义，被奉为军师。1911 年 12 月 10 日，张占魁、王虎臣等策动丰镇起义，攻入丰镇县署衙门。不料与 200 多清军马步兵相遇，因寡不敌众而被俘，当天被杀害。

④王赓雅：《国风日报》的发行兼编辑。本书又说："王赓雅君，山东人，信耶教，很是老成。在馆任发行名义；其实主笔校对事全干。"

⑤白颠马：指额头有白色毛的马。

⑥子女玉帛：泛指财物、美女。先秦左丘明《左传·僖工二十三年》："子女玉帛，则君有之；羽毛齿革，则君地生焉。"

厌弃政治 捣乱党

记得袁世凯作大总统，宣誓中有"荡除专制之瑕秽，发扬共和之精神"两语。我以为革命后，报纸之责任，就在这两句上边，所以当时对于各报言论，加以指摘。有某报记者，称大总统为元首；我以元首这个名辞，是对君主惯用了的，可以不必用他，单称总统就好了。于是打起笔墨官司来，他有来言，我又去语，闹了几天，我同仲伏回太原，楚香①接着打下去，算赢了。但这不过是国际上惯用名词，本不要紧，却因那时心里不容专制君主的影儿存在，所以和人家打起架来。又见保皇机关报纸，提倡"革命党只能破坏，不能建设"的言论，豫备独揽政权，便对于民党政治家加以攻击，极力称赞汪精卫不作官吏的宣言。我窥破奴才们的用意，便作一个短评，说："政治本是一桩恶浊东西，我们民党人，大可以洁身而去，与精卫等远瞩高蹈，超然物外，让一般奴才混帐去，也好！"虽是愤激的话，却也从无政府主义来的。那时曾听人说，无政府主义者，在上海立道德会，有六不条约，有甚么"不食肉，不赌博，不吸烟，不纳妾，不作官，不作议员"的话，我也记不清楚。我对仲伏说："这几个消极条件，只有不作官，不作议员两条有

'无政府党的精神'。因为社会主义，还不反对议会政策。听说稚辉②、
溥泉都在里边，一定有道理。但我却不愿受此约束，作精神赞助罢了！"
仲伏说："听说还有个刘师复③，主张无政府很激烈，不让咱们革命时
代的热度。将来许能提倡起来，我们乘这机会也宣传些，然后再豫备从
西北切实下手。"我当时却说了两句该打的话，就是："无政府主义，
有人提倡，我们就不必去加热闹，还是干实在的罢！"虽然说干实在的，
并没个下手处，乃轻轻地先卸却宣传责任，岂不该打？后来知道打算的
错了，所以和仲伏在太原办起《山西民报》来，时时说些社会革命的
道理；因为没人注意，便懒说了。乃拟作了一篇《捣乱党》小说，专
写政治黑幕，想教一般人厌倦政治生涯，转而作彻底改革的事情；不知
者以为我怕反对党捣乱了共和，才创造此篇（纯用书翰体），其实还有
深意呵！

注释：

　　①楚香：即白逾桓，字楚香。

　　②稚辉：应为吴稚晖（1865—1953），原名眺，字稚晖。出生在江苏武进的雪
堰桥一带。1902年加入上海爱国学社，曾参与《苏报》工作。1905年在法国参加
中国同盟会，出版《新世纪》报，鼓吹无政府主义。1924年起，任国民党中央监
察委员、国民政府委员等职。1927年支持蒋介石反共清党活动，1953年卒于台湾。

　　③刘师复（1884—1915）：广东香山（现中山市）人。原名刘绍彬，参加革命
后改名为思复、师复，号子麟，曾用丹水、廖士、净慧居士等笔名。1904年赴日本
留学，次年加入孙中山领导的同盟会。精心钻研无政府主义者的著作，1909年他
获释后即赴香港参加反清运动。1911在广州创建晦鸣学社，宣传无政府主义和世
界语。刘师复与外国世界语者有较多的联系，著名人物柴门霍夫、克鲁泡特金、格
拉佛、高德曼、山鹿泰治等均与其通信。1915年，刘师复在上海患肺病。3月27
日离世。

文章欠不通　大觉哈哈

　　《捣乱党》的小说，自然是揭破捣乱派的黑幕，教人人明白捣乱的

情况和手腕，都对人欲施行捣乱而不得。如著《骗术奇谈》的人，不是教人学骗，是使人都明白了骗术，便不至于受骗；如奸商不欺内行，不是不想欺，是欺他不得。天下皆知欺之为欺，斯不欺矣，天下皆知捣乱之为捣乱，斯不捣乱矣。这是我作《捣乱党》小说的宗旨，曾对大家解释过。但每天描写捣乱的情事，有时把自己脑髓系都捣乱了。这时有一家小报馆，上边好有些不通文字，我拿他对仲伏说："这些文字，可以作《捣乱党》材料。现在我写到捣乱党发宣言书了，我便要用他的笔法，甚么'倘或，偶尔，一旦，仓卒之间，遇着，假令，设若，如果，若使之事……'云云，叠架起来，岂不甚妙？"仲伏说："好罢，你试作一篇！"我又问荆大觉君，征求了些接头的虚字，如于是，然而，若夫，且夫，夫如是，犹之乎，总之，然则，何则……等等，弄了一大片，便作成一篇宣言，教仲伏瞧。仲伏看了大笑说："好是好，只欠'不通'些！"这话很妙，因正经文字怕'欠通'，而捣乱文字，却怕'欠不通'，所以《水浒传》上"难说难言"那一句不通话，金圣叹很加叹赏。我虽拟作不通的文字，而仍不免有通处，且断续中间，狠有些似不通而通的妙语。我因对仲伏说："我能画鬼，不能画屎；鬼虽古怪，尚有奇趣，看罗两峰①的《鬼趣图》，反使人起美感；若画屎，便使人掩鼻不及了。彼报之文屎也，我所拟之文鬼也，我们可以骇人目，不可以臭人鼻，这和卫生很有关系，你说兑不兑？"仲伏拍手道："好！"我要补注荆大觉的来历了：大觉当《国风》危迫时，每日聋瞆不闻外警，我已经叙过了。革命告成后，他不聋了，却因脾气古怪，和旁人合不来，所以我请他到《山西民报》里边作总编辑，纯尽义务；又给他弄了个《公报》编辑名目，每月支几个钱，维持生活；好在他并不计较这些，很安心的住在报馆。但他有一样毛病，白昼睡一天，到电灯一亮，他醒来了，一个人坐在编辑室，编阅交换来的报，每遇奇闻，便独自个哈哈大笑起来，也是怪物！

注释：

①罗两峰（1733—1799）：即罗聘，字遯夫，号两峰，江苏扬州人，一作安徽歙县人。清代著名画家，扬州八怪之一。金农入室弟子。善画鬼趣图，讽刺当时社会的丑态。

八十八扯　勋位

《山西民报》，虽是一隅的民党言论机关，而鼓吹真理，主持正义，亦颇能邀一时读者的欣感。又对于所谓大人先生的过举，特肆攻击，毫不客气，如张振武①、方维被杀一案，舆论哗然，都以为黎元洪氏主谋，于是作《黎元洪八十八扯》，以为讽刺。头一折，记得有几句道白，唱句中有："可恨张、方太不贤，不该在报上胡多言；显他英雄灭却俺，元洪岂容这一端？叫一声秘书没待慢，快把张、方罪状编；大罪状编上千千万，小罪状编上万万千；执事官儿快打电，管教他二人丧黄泉！"这还不要紧。第二折，更有几句不好听的唱句，便是："张振武，大烈性，强逼咱家反大清……都督官儿中何用？一无有红顶二无有花翎；糊里糊涂大局定，共和政体又告成②。（当时小杜和翼若，看到这两句，非常赞好。说糊里糊涂大局定，不但是某一人莫名其妙，就是我们民党人，也有此感，总算你描写得出来。）众百姓举咱作副总统，他言说就是第二个朝廷（这两句也笑人，俗呼天子为朝廷）……"还有好几折，我都不记忆。听说黎氏还电责山西巡警道，意思教干涉报馆；那时佩兰③尚未交卸，那里把这些阔人看在眼里？直接反抗回去了。最可笑有个人，到山西来，自谓奉了黎氏密命，对我要求不再因此事攻击黎氏，黎氏当给我请勋位。呵，勋位！真怕人！我当时忙对那人讲："勋位！比骂人还利害的多！我们这样地交换好了，他不给我请勋位，我也再不骂他。"奇怪！到后来，他依然给我请勋位，牵连好多少良民，溥泉、稚辉，都在内。他们在报上，把不受勋位的理由，讲出来，并有些挽苦话。我莫理这事，怕的是在报上再露一回姓字故。幸亏他请勋位时，正值老袁忌恨民党，所以全没有发表出来，可以讲我是幸而免了！

注释：

①张振武（1877—1912）：湖北罗田人，原名尧鑫，字春山，更名竹山，1905年入同盟会，任湖北革命机关之责。参加武昌起义，在后来保卫武汉的战斗中，张振武多次面斥都督黎元洪的妥协行为。是武昌起义首义者之一，和孙武、蒋翊武并称辛亥三武。1912年8月13日，黎元洪密电袁世凯，以张"勾结土匪，破坏共和"等罪名，请袁将其处死。

②糊里糊涂大局定，共和政体又告成：10月10日，武昌起义后，起义军群龙无首，这才推举黎元洪任都督。当时黎元洪还说："你为什么要革命？这是全家诛戮的事！"

③佩兰：即南桂馨，字佩兰，见前注。时任山西省巡警道。后来南桂馨将巡警道一职让给续西峰，此处写的是他未卸任之前的事。

吴绶卿追悼会　《国风》价值

是年春，曾为吴绶卿开一追悼会；凡战死于革命一役的，都在追悼之列。那一天绶卿夫人，偕子女俱来，丧服哭拜灵前，与祭的无不洒泪！观礼的不下万人，也算是盛会了。当时有数百幅挽联，中间很有些出色的；惟刘越西君大笔直书："出师未捷身先死，常使英雄泪满襟！"两成句，以为挽辞，最合题，而且感人。我的挽联，以"伯仲之间见华拿，指挥若定失彭韩"为柱脚，全辞已忘。挽弼臣有"平生肝胆映人，公真健者"语，颇能道出故人热烈。是岁作过挽联很多，都不记忆。惟小峰有一天为我言贾君英①，字国华者，为同志中热血男子，惜已死，请作一挽联。我就贾君姓字一想，即挥笔写道："热血铸成中华民国，永传不朽姓贾名英。"小峰说："太现成了！"我说："别人还套用不上哩！"闲话少说。当吴绶卿追悼会后，颇忆晋南北旧友，同人已南召温静庵回省，仍处以副都督名义，后命充军政司司长，不受；又北请续西峰来省，佩兰以巡警道让之。是时有同志段亚夫②，曾因炸弹案，逃至太原，说伯川，创办了一个精武社，招致许多拳师，演习武术。小儿崇友，送入此社。弓君富魁字海亭③者，从续君入太原，亲到此社，把玩德国造的铁炸弹，若嗜古家之摩挲古器状，不忍释手。亚夫常告我以为笑乐，是海亭的英雄本色处。海亭曾到《山西民报》社见我，实一雄伟丈夫，不异所闻。西峰虽作巡警道，懒于应酬。我曾为《国风日报》事，对他讲款项不足。西峰讲的好："《国风》是西北革命精魄，大家应该维持，民党犹当扶助他才是！"我常说："《国风》价值，由西峰品题而定。"最可怪，是民党对《国风》冷落，我仍然求助于老友李协和与西峰诸人，蒙他们的维持力很大，居然自办起一个印刷厂来。买了一副德国印字机，价值五千元，阔极了！其实并未筹下牢固根基，这便是民党唯一弱点，所以北京到后来，连一家民党报都没存住。虽说是受袁氏催拆，而自己根基不固，也算一种原因；若有根基，万不至于一蹶几不振，非另待机会，不能恢复言论机关，此是后话。然当时党人，也有贪多不专的毛病，北京《国风》根基未固，又在天津办了个分馆，这是我们自己的不是。

注释：

①贾君英：即贾英，字国华，山西崞县（今原平市）神山村（一说是施家野庄）人。贾英北平政法大学毕业，1911年太原起义时，他任太原警察局第一区区长，后参加敢死队北伐。12月11日，与王建基等率部抵怀仁，激战中，贾英头部中数弹，回顾乘马，已为护兵乘之而逃，另一护兵见之，即负之而行。行里余，贾英谓护兵曰："生，敌兵且至，曷弃我前逃。"护兵亦见后有敌兵，乃涕泣而别，贾英遂死。

②段亚夫：老同盟会员。

③弓君富魁字海亭（1879—1938）：即弓富魁，山西省崞县（现原平市）太平街小北关人。生性豪爽，侠肝义胆，好打抱不平，为人慷慨仗义，广交朋友，年轻时因其从小习武练就一身的武功，1906年，续西峰介绍弓富魁参加了同盟会。1911年，阎锡山委任续桐溪为忻代宁公团团长，弓富魁任公团统带。11月28日，挥师向北，于12月5日进入大同，旋被清军包围。1912年初，公团撤出大同，1912年10月阎锡山委任续桐溪为山西巡警道，弓富魁任都督府顾问。1913年秋，弓辞职回乡。1914年秋，他受续桐溪之邀，去陕西参加华山聚义。弓富魁后来加入胡景翼部，参加了北京政变。1938年3月在西安病逝。

夏期讲演会　社会主义概说

　　暑假中，有人发起夏期讲演会，约省城所谓"学人"担任讲演。这也算山西教育界破天荒的事件。那时，解子仁①君为教育司司长，极力主持，并派员招待，以山西大学大公堂为讲演所。时谷芙堂老先生为民政长，大家约他讲演，老先生答应讲《孟子》；又约张老衡，老衡答应讲《老子》；回头来约我，我不防备约到我这里来。但忽然触起一件心事，便答应讲演《社会主义》；还有别人讲演，我不记得了。我听老衡讲《老子》，到"和其光，同其尘"②两句，他说："人都把这两句说成老子圆滑应世了，大不然；这是老子要将光明幸福，使大家共享，便是'和其光'；要将尘污祸患，使大家同受，便是'同其尘'。挑明讲，就是天下一家，有福同享，有祸同受，不能教社会上，有甲光乙尘，此富彼贫的光景。"我听了很惊讶，他从那里得来的"共产"学说。隔天，又听芙师讲《孟子》。老先生挑出《牛山》章，和《养气》章并讲，握得几个要点，尽情发挥，辩才无碍，庄谐并出，听者忘倦。又于其间指授解经门径，如"以史解经，不如以经解经，以群经解一经，不如以本经解本经；推而至于字句原意，如日夜之所息的'息'字，有休息和生息两意，但休而不生，平旦之气何来"等妙谛。又讲《养气》章至尾，提出："'公孙丑敢问其所以异？'③翻过来却问：'然则有同欤？'④真是奇问！譬如现在各政党，甚么统一党，国民党，共和党，各有政纲，是其所以异；然也有个同一之点，就是'以国家为前提'。"说得人都笑起来，奚落各政党，不露迹痕。我曾略记先生讲演大意于《山西民报》。第二天开茶话会于劝业场，当面就正，芙师笑对人说："没有错，昨天为梅九来听，特别卖了点气力；但这还是谭鑫培，若是汪大头⑤，便不肯出台了！"把大家又说得哄笑一阵。我讲"社会主义"，一半是在东京听来的，一半取材于靳克天⑥从日本携来几本社会主义的书，编成一篇"社会主义概说"，一直讲到无政府主义，自然是归结无政府共产方面。原文如左：

（1）总论

社会主义，虽发生阐著于近世，而以吾人眼光观之，则自有人类以来，即有此等主义潜孕其间。盖自由平等博爱，实宇宙自然之大法，而辙古辙今，颠仆不破之真理也。无如人类智识进化，道德退化，时违叛三大真理，于焉强凌弱，众暴寡，智欺愚，而后发生尊卑，贵贱，贫富种种阶级制度，以酿成世界无数革命流血之惨剧！试展近代东西历史观之，尤足证明吾人所言之不谬。自法兰西大革命起，以至吾国此次大革命止，细究其因缘，无非起于种族上，政治上，经济上诸类之阶级冲突，显言之，即社会上不自由，不平等，不博爱之自然发生之现象也。

法自革命以后，人民稍得政治上，法律上之自由平等，乃进而于经济上求生存竞争之自由平等；惟一时博爱之精神，未能普遍于社会，其中点者，遂利用平等自由之制，于经济方面增进富力，愚者竞争失败，陷于贫困不堪之境界。由是贫富日形悬隔，人民于政治上获得自由平等，复于经济上失去自由平等，有识者忧之，乃唱导社会主义，意在铲除人间阶级制度，欲以博爱精神，拥护自由平等之大法也。论者有谓社会主义为法国政治革命之副产物，洵非诳语。

曩者，吾国革命家，树民族，民权，民生之标帜，以号召国民，使之趋向于其下。所谓民生主义，即社会主义也。迄于今日，五族共和，胡越一家，四民平等，民族民权两问题，似已达到目的矣，而民生主义，仅露端倪；未形发展者，其原因有二：其一，因中国生产事业未发达，贫富悬隔，不如欧美各国之甚；其二，因中国学者，多留心于政治改革方面，而于社会经济方面，多不注意故也。

鄙人对于社会主义，本门外汉，不足发挥其精髓，仅能就所知大略，讲演一番，以供诸君研究此项主义之资料而已。至于使社会主义不为此次革命副产物，则在政府能利用社会政策为之早计也。（按此尚有许多周旋话，讲演时，却全略了去，用极纯正的主张，讲说一切，较这底稿，要长三分之二。总论费一点钟，以下各篇皆然；且我故意择最后钟点，为延长讲演计，狠得法。）

（2）社会主义之起原

自社会主义，注重于经济方面，而论者遂推本于十八世纪产业之变动，亦略其一面之真理者也。盖十八世纪产业之革命，实有足以左右全球之势；而德之蒸汽机关，影响及于产业界者尤钜，其结果，资本家多利用新发明之机器，从事产业之扩张，日以增进富力为事，设大工厂，立大公司，垄断一切交通机关，运输机关，以活动其经济势力，而令无数之劳动平民，蜷伏呻吟于资本制度之下，其悲惨状况，有甚于古代农奴及近世黑奴者，何自由平等之与有耶？加以一般崇拜资本之奴学者，设为种种学说，为资本家作辩护，甚且目为神圣不可侵犯，其思想卑陋，不值一嚎！故社会主义，亦多注重于资本之研究；其说法生于十八世纪之末，而倡明于十九世纪之中叶。最著名者，为马克斯氏《资本论》，社会党人奉为圣书，且推其人为社会主义之路德。社会主义，由理论变为事实之运动，亦开始于马克斯氏。一八四七年，公布于世界之《共产党宣言书》，诚社会主义集会结社之发端也。由是社会革命之风潮，渐普遍于欧美，其势颇盛，继乃波及日本，今且欲渡中国矣。推其本原，则社会主义，起原于贫富之悬隔，贫富之悬隔，起原于资本之专利，资本家之专利，又起原于产业之革命，是产业革命，为社会主义之间接原因，不得谓为直接原因也。如当时欧美资本家，不垄断诸先哲发明之机器，而公其厚利于社会，则贫富阶级，自不至于悬殊过甚，如是而社会主义，虽不发生可也；故社会主义之直接原因，终起于社会道德之不进化。所谓无博爱精神，而遂违反自由平等之大法也。非然者，则奉社会主义者，将倒行逆施，归罪于产业之革命，而以破坏诸文明机关为事，殊与进化学说，多所抵格，此吾人之不得不注意者也。

(3) 社会主义之进步

近世之社会主义者，多溯原于法兰西：一因法人富于革命经验，一因法人富于高尚理想也。法国政治革命后，拿破仑重行帝制，蹂躏民权，虽其后放流荒岛，而王政未除，于是有复古时代之黑暗社会，现种种破裂之怪象；经济界之不平，尤其甚焉者也。社会主义创始者，乃应时挺生于法土，最著名者为圣西门，弗利耶。

圣西门，生于一七六〇年，家本贵族，幼抱异志，十九岁时，曾渡美助独立之战争，成功后，飘然归故里，年二十三岁耳。复为法国军人，旋辞去，专致力于学问一途，阴察社会之疾苦，有救世志，精勤自励，远过常人，自弃其爵位，而投身于平民之中，尝为政府陷于狱，凡十一日；于狱中研究改良社会之策，颇有心得。出狱后，又精研哲学十余年，乃发明无限真理，破产为学，穷困几欲自杀！然自一八〇三年至一八二五年，二十二年之间，不屈不挠，唱导社会主义，坚苦卓绝，得未曾有！尝著一书曰《职业制度》，略谓："现社会之组织，曰怠，曰骄，曰穷，悖逆大道，此后必有一新社会出现，劳逸应度，报酬适宜。"又著《新耶稣教》，以阐明四海同胞之真理。其社会主义大纲，约有六端：（一）欲得学术技艺工业超群之人，组织政府；（二）组织团体，互相扶助；（三）增进智识，研究智力之应用；（四）废除阶级，量功为报；（五）罢止财产世袭，遗产归公；（六）提倡国家教育，助长事业。其徒亦颇众多，有野列兹，独成宗教一派，其运动终于失败；然圣西门之学说，至今尚传播于法国社会也。

弗利耶生于一七七二年，为富家子，五岁丧父，遗十万佛郎之财产，尝为市商，后独立经营，归于失败，遂至丧产。尝从军，受长官知遇，旋因病辞去，再营商业，傍研性理，尤嗜物理学。氏最富于理想，勤于著术，行于世者，一为《四种运动原则》（一八〇八），说明动物社会无机物质四界之法则。二为《世界调和原理》，叙宇宙始末之状况，涉于空想。三为《工业及社会上新世界》（一八二九），议论稍近于实际；然其发明性情引力之说，实为精审。其说性情作用，分三种：一娱乐，二群聚，三社会。由是三者，又分为十二种情：由娱乐生者，为视欲，听欲，感欲，味欲，嗅欲；由群聚生者，为恋爱，亲族，名誉，交友；由社会生者，为变化，竞争，社交。又细别为八百十种之多。其意谓欲社会之调和，必先整顿其秩序，以改造社会，以求适合各种之性情。于是有共同家屋之计划，亦未能实行；然而共产学说，实发生于此。论者，推圣西门与弗利耶为法国社会主义二大明星，良非夸语。就历史论，亦可称为理想的社会主义也。

（4）社会主义之进步

自圣西门，弗利耶之徒，对于社会种种运动，既归失败之后，有路易布郎者，复提倡以国家之力，改造当时争竞之制度；然其计划，亦随一八四〇年革命之漩涡俱去。直至一八六〇年之顷，社会主义，一时颇现沉静之态度。一八六〇年法人某记者，曾于《政治学》全书中，著"社会主义论"一篇，末附数语，略谓"社会主义，既已死灭；然就历史研究论，尚不失为最趣之问题，则予之著此论也，或不为无益"云云。而德国新闻纸则谓："社会主义，在德绝无立足之地；盖是等主义，只能投彼轻佻法人之心，而不足动我富于忍耐性德人之念也。"孰意此等议论未终，而德国社会主义倡首者，拉萨尔之名，已轰传欧洲各国矣！

拉萨尔一八二五年，生于犹太人之家，及长，气概俊逸，顾盼生姿，与诗人哈侬来最善，为当时有名雄辩家，声望隆隆，压倒一世。洪波尔特称为麒麟儿，铁血宰相卑士麦，亦为倾心也。唱国家社会主义，受一般士女之欢迎。为德国全国劳动协会会长。时挥灵笔，奋妙舌叫绝革命，自一八六二年至一八六四年之间，为社会主义勇斗至死，亦伟矣哉！乃拉萨尔盖棺后，杯土未干，德人已冷评其所抱国家社会政策，为御用社会主义；于是马克斯氏一派，乃蹶然继兴，为社会主义创造新福音，即所谓《资本论》也。

马克斯氏生于一八一八年，父为政治大家，氏长入伯林大学，深服黑格尔学说。后为新闻记者，奋其雄笔，攻击政府，遂至停刊。乃远游巴黎，从事经济研究，后与英格尔斯相善，共组共产党于英之伦敦，发表《共产党宣书言》。《资本论》为一代大著作，阅十年乃成。书刊于一八八二年，没世之后，其中最足倾动一世人心者，为"剩余价值说"。其说遂为资本家与劳动者争竞之本位，故论者谓氏《资本论》之价值，遥在达尔文《进化论》之上。虽近世社会主义之新理想家，日有所发明，而氏学说犹不失为主脑；故吾人论社会主义，不得不以氏为首途也。

与马克斯同时，有巴枯宁者，生于俄之贵族，因革命流亡于欧洲，遇马克斯，议论不合，独喜蒲鲁东之无政府主义。唱自由自治学说，为《国家与上帝》一篇，推倒政法与宗教。于经济学说，主共产；但因马克斯氏用共产名义，遂氏改用集产名义，实乃互相颠倒。惟氏之踪迹所至，必起革命，即敌党亦佩服其过人之精魄。曾由西伯利亚脱狱，经日本而游美，后没于法；而社会主义，至氏始现一奇异之进步。

(5) 社会主义之极端

巴枯宁后，无政府党，有克鲁泡特金者，本俄国贵族，袭公爵，目睹贵贱之不平，遂认社会革命为必要。俄皇专制，达于极端，氏乃主张破坏一切，以达无政府之目的。一八七二年，由西伯利亚归俄京，精研地理学，一八七二年，遇巴枯宁于白耳义，共议设无政府党，复归俄，从事革命运动，为政府捕囚，以病移入陆军病院，乃遁至英。一八七七年，又赴瑞士，著"革命文"一纸，震惊欧土。又游法兰西不合，终归英伦，创立无政府党机关报，命名曰《自由》，至今尚存。氏之著术最夥，行于世者，为《面包略取》，《谋反者之话》，《新时代》，《牢狱》，《无政府之道德》，《谋反之精神》数种。氏之主张，最为激烈，以暗杀为正当手段，尝有言："暗杀者，社会主义之结果也！"最近总同盟罢工学说，亦为氏所主持。

　　同盟罢工，本社会革命唯一之利器，其种类甚多，而以总同盟罢工为最伟大。近德、法、英、美各国，已屡见诸实行，其势足以使世界大政治家恐怖，大资本家战栗也。推厥起原，在于近世之奉社会主义者，取议会政策，其结果虽得议会之多数，而无大补益于劳动团体，且其策行之法甚迂远，于是乃主张总同盟罢工，不用丝毫暴力，仅一纸令下，使全市或全国劳动者相率休职，归家高卧，不出数日，已足陷没资本家之城垒。论者亦名此等主义，为"直接行动"，即反对议会间接行动之结果也。

　　方今百尺竿头，更进一步，唱国际总同盟罢工，以爱国心，唤起世界劳动者为一致之行动，绝非难事。法兰西女杰梭尔古夫人，尝宣言国际运输业者之同盟，现今已达四十团体之组合，会员遍十八国，共一百万人，一度由本部下命令，二十四时间内，可使一齐罢业，可见其势力之浩大矣！气吞宇内之德帝，唱黄祸说以耸动欧美政治家之耳目者，近则唱赤祸说，而有萧墙之忧患矣。识者谓现在欧洲，所谓文明国家之大问题，不在政治，不在军队，而在社会问题，良非虚语。独是总同盟罢工，恒失其常调，迫中立劳动者，加入交战团。以薄资本家之坚壁，颇招世人之反对；然亦无可奈何事也。今葡萄牙之新宪法，明订除官吏外，人民皆有罢工之权利，各国虽无承认之条文，而亦不能为绝对之防御。此同盟罢工之声，所以每日不绝于吾人之耳也，亦可以窥见文明国家内幕之惨淡矣。

　　英，德，法，美各国之政府，汲汲于工厂改良，限制资本，优待劳动，保障职业，奖励慈善等问题，在社会主义家视之，不过姑息弥缝之政策，绝不认为根本之解决。美前大统领罗斯夫氏，欲以法律之力，抑制"托拉斯主义"，曾招社会党人之非笑；谓其威权甚微弱，不足以损资本家毫末，且不及一度总同盟罢工之伟力也。在法国则同盟罢工主义，渐及于军界，故非军队主义之运动，颇形激烈，亦著效力。法政治家，动以非爱国者，痛骂社会主义党人，是独招社会党人之冷笑而已。盖极端社会主义者，以世间一家为理想，何尝置国家芥蒂于胸中耶？无政府主义者之言曰："国家者，聚一国中少数野心家，制定收租条例，以诈取金钱于多数人民，以图扰乱世界和平而已！"其语虽近于激烈，然亦足为帝国主义之恶魔痛下砭针矣。

俄国有托尔斯太者，恶欧美之假文明，尝致书中国人，主张重农学派，谓："欧美文明，为自灭之道！"唱个人无政府学说，著有《人道主义》，《和平与战争》，《俄国革命之真意》等书；皆发明政治之罪恶，反对英美工商主义。尝推论英国工厂将遍全国，聚多数农人于工厂，皆弃其本业，所产谷物，不足供给其人民之生活，则以种种不正当之手段，对于亚西亚，亚非利加诸国，每年输入鸦片，酒精，奢移（侈）品，及害人之武器等，以交易食物。否则以兵力强夺诸弱国之土地财产，以供其吞咽；列强且群相仿效，诚不知何所底止云！

氏于日俄战役，唱"非战论"，亦消极无政府主义之健者也。附志于此，以供诸君之研究焉。

(6) 结论

吾人就社会主义原起，推至于极端，既已说其概略矣；而其深奥之学理，完备之组织，则非今日所能尽述也。要其归结，在进求世界之真正和平，满足社会之真正幸福，理想之高尚，主义之纯洁，无过于者。世人每与宗教家，相提并论者，盖奉行社会主义之人，往往坚苦卓绝，不顾俗子之非笑，其精神有似乎宗教家。而两者之异点，在宗教有迷信，有仪式，而社会主义，无有也；且宗教家希望极乐园在天空，而社会主义者，则欲创造理想国于地上也；宗教家之目的，在不可知之来世，而社会主义家之实行，则在目睹之现代也。然而政治界，经济界上，有帝王总统与平民，资本家与劳动者阶级横亘欧亚，皆足为平等自由之障碍。社会主义家，乃欲一扫而空之，吾人虽知其难行，而不能不服其魄力也。

中国古代是种学说，颇为彰著，孔子《礼运》之言，尤近于极端。所谓："大道之行也，天下为公，选贤与能，讲信修睦。故人不独亲其亲，不独子其子，使老有所终，壮有所用，幼有所长，矜寡孤独废疾者皆有所养，男有分，女有归。货恶其弃于地也，不必藏于己；力恶其不出于身也，不必为己。是故谋闭而不兴，盗窃乱贼而不作，故外户而不闭，是谓大同。"云云是也。许行所谓："古之贤者，与民并耕而食，饔飧而治，无仓廪府库者。"亦极端之论，其他如墨子之《非攻》，老子之《辟圣》，庄子之《齐物》，张子之《西铭》，其说多与西哲符合，东海西海，心同理同，洵不诬矣。

近世在西欧，则瑞士、法兰西多见诸实行，而东亚则"太平天国"，流球岛，亦有实例可寻；世人不察，乃目为邪说，惊为怪谭，见骆驼，谓马背肿，殊可哂也！至于社会主义之实行，或在最近之将来，或在最远之将来，吾人诚不能豫测。哲学家之言曰："过去黄金也，现在瓦砾也，将来金刚石也。"叶马逊氏，亦谓："金刚石假数千万年而后化成。"老子，亦曰："大器晚成，殆谓是欤？"虽然世界方以生存竞争为真理，弱肉强食，惨无人理，设再无奉行社会主义者维持其间，以导衍帝国主义之怪魔，世界于和平恺悌之途径，则不出百年，人类或几乎息矣！急起图之，是全世界生人之责任也！

当时听讲的，倒有好些人，我没注意，谁能够作同志；但有宣传无联络，这是当时大错误处。别人也没大批评，倒是阎伯川在一个讲演会上对众人说："梅九讲的社会主义，是亡国主义！"我对人说："伯川还懂得些，社会主义，本然是无国家，无政治，无法律，无宗教，无家庭，岂但没有甚么国？……"我所讲的，不过主义者的略末，以及学说的分派，自己没加入主见；惟对自由，平等，博爱的分析，稍有特别说到处。我说不自由，因于不平等。如富欺贫，贫者不自由，贵凌贱，贱者不自由，长压幼，幼者不自由；而不平等，因于不博爱，富不爱贫，故欺贫，贵不爱贱，故凌贱，长不爱幼，乃压幼；若博爱，便无富，无贫，无贵，无贱，无长，无幼，全立于平等地位上，各尽其"人"的天职，互相亲爱，平等自由的真际，立时可见了。有人反问我说："无富贵贫贱，是能够的，还能无长幼么？"我说："孔子说的'以吾一日长乎尔，毋吾以也'便是无长幼说法。所谓听到曾晳⑦讲到'冠者五六人，童子六七人，浴乎沂，风乎舞雩，咏而归'，那一种无长无幼，同浴春化的光景——无政府时代的人类状况——自然赞道：'吾与点也。'非无长幼之年，乃无长幼之节耳。"闻者乃悟。这是我当时得意的言论，也算是接续主义的一个线牵。

注释：

①解子仁（1875—1920）：即解荣辂（lù），字芷仞、子仁。1904 年，派往日本留学，参加了同盟会。他从日本回国后，1906 年 8 月至 1909 年 9 月，为山西大学堂第六任监督。太原起义后，任山西军政府教育司司长、民国教育司司长、榆林道尹、北洋政府参议和冯玉祥国民军参议等职。

②和其光，同其尘：语出《老子·第五篇道章》。

③"公孙丑敢问其所以异？"：公孙丑说："请问孔子和他们不同的地方。"

④"然则有同欤？"：公孙丑问："那么他们有共同之处吗？"

⑤汪大头：即汪桂芬（1860—1906），京剧老生演员。名谦，字艳秋，号美仙，又号叔坪，又号晏亭，小名惠成，绰号汪大头。原籍安徽安庆府潜山县（一说湖北汉阳府汉川县）。汪桂芬由于生活窘困，身体每况愈下，年仅 46 余岁就英年早逝了。

⑥靳克天：即靳巩（生卒年不详），字克天、克田、环古，号古公、天老。山西汾阳人。清末官费留学日本东京警察学校，日本早稻田大学毕业，民国四年（1915）任山西警察厅厅长。新中国成立后入上海文史馆，善收藏。

⑦曾晳：即曾点，字晳。春秋时期鲁国南武城（今平邑县魏庄乡南武城村）人。系儒家一代传人"宗圣"曾参之父。

陈心女士　思高身长之创说

说起讲演来，还有特别可纪念的事情。那时正提倡社会主义，对于男女平等问题，也很注意；可惜太原妇女，有智识的太少，真是无从说起！忽一天听人说，由北京来了几个女子，其中有一个名陈心的，年纪不过十六七岁，谈锋甚利，态度尤其落落大方，无寻常女子气；到处演说女权，惊动人不少。我因对仲伏商量，乘此提出妇女问题。李阁臣君，听得"妇女问题"四字，以为很新鲜，不知世界各国人士，讨论多年了。中国人听过这名辞的还很少，阁臣尚如此，他人可知。于是和陈心女士见面，果如人言，因约在劝业场讲演，我帮助说几句话。女士颇嗔太原人浅薄，好像没见过女子似的，走到那里，便有许多人跟尾着，指顾评论，真乃可笑可怜！我说这也不能纯怨他们，因为从来女子，总是躲在所谓深闺里，不肯见生人；今女士忽露面于广众之前，大声疾呼，高唱女权，怎能不骇怪呢？所以那一天，陈女士讲演后，我即就妇女解放，说了几句；要紧处，就是说："妇女几千年，在家庭监狱里，活受罪！现在我们第一要务，就是打开这无数狱门，放一般囚犯式的妇女出来，和男子立在一条地面线上，共通担任改良社会的责任。"至于自由恋爱的问题，还莫提到，最重的，是先提高女子知识，因此又在报上，发表了一篇《思高身长说》。思高身长，自是创语，确从"德润身"句化来。意思是说："思想如高，则身量自然长起来，身不满七尺，心雄万夫，便是这样说法。因为妇女思想卑下，所以柔声下气，伏首事人，自觉比男子低一头，如欲男女平等，非使两方思想平等不可！"我这时已经创办起一个"太原第一女工厂"，以为女子职业独立计。但那时知此意的很少，各方没有大帮助，总算是办起来了，请了几个女教员，买了十几架缝纫机。陈心女士，曾到厂内谈话，到工厂利益分配，我说出从前社会主义者，劳力五，才力四，资本家三的分配法。在金钱未废除时代，这样分配，可说是尊重劳动。女士只一笑，不知他是笑办不到，还是笑我好说社会主义？如今还疑惑在！

欢迎中山入晋　挂羊误画羊

这一年，中山曾到太原一次，自然是同盟会极盛时代。未到以先，同志推我到石家庄去欢迎。太昭，溥泉，平刚①，程韵荪②，丁季衡，程仲渔③诸人，全跟着来了。我在火车上见了中山，多年不见，觉得生疏了。于是一同改乘正太狭轨铁道的列车，向太原进发。这时候中山正计划全国铁道，很注意这条道路的建筑，坐在最后一辆头等车上，细看路线④。我和溥泉谈到民政长谷芙塘先生的政治文学，他很惊异。及到太原，接迎的人，不用问，是很多的。男女学生及市民，排立道旁，鹄立等候，差不多望眼欲穿的样子。当时中山坐的马车太快了，许多人没看清楚，很觉失望。到第二天，中山亲到海子边劝业场楼上，凭栏演说，万人欢仰，才算满足了崇拜伟人的欲望。各界都致欢迎词，独某机关人的欢迎词内，有两句好笑的话，就是："一生不愿作高官，但愿一识孙逸仙！"真使人胡卢⑤不置！中山又到各学校演说，很称赞山西同志的革命精神；因山西起义，早于广东故⑥。又提倡以平定煤，铸太行铁，将来可操全国实业界的牛耳。又到同盟会山西分部，游览照像，以为纪念。整整热闹了两天，临行时，在太原车站上，鸣炮致敬，如待大总统礼。我又送中山到石家庄，并拿所记演说稿求改正，中山亲笔改正几处，回来登在《山西民报》上面。两天没管报纸，我的《捣乱党》小说，被仲伏接续了两篇，把《捣乱党》小说，都捣乱了，也是趣话。最歉怀的是忙乱中，未能招待老友韵荪和季衡！我但给韵荪说清和园的"头脑"⑦，是傅青主的遗传食品，可以领略一下；因为韵荪最爱青主为人。这却弄出一个笑话来，后来听季衡对我说："韵荪约我找清和园，说梅九告诉我门口画许多羊；于是两人在那道街中，找来找去，总不见画羊，以后见一家门口挂许多羊，冒然进去一问，有'头脑'，才觉悟是把'挂'字，听作'画'字了。最可笑我早说怕是那一家，他总道梅九讲的有画羊。"

注释：

①平刚（1878—1951）：字少璜，贵州贵阳青岩镇歪脚村人。1905，赴日本学习法律，加入同盟会，担任干事。贵州辛亥革命胜利后，平刚被选为全国"国民会议"代表，离黔赴上海开会。1912 年元旦，中华民国临时政府正式成立，孙中山就任临时大总统，平刚就任众议院秘书长。袁世凯篡夺政权后，孙中山在广州设大元帅府时，他任大元帅府秘书。1951 年底，平刚在贵阳病逝，终年 73 岁。

②程韵荪：即程家柽（chēng），字韵荪。

③程仲渔：本名程克，字仲渔，河南开封人。

④山西各界纷纷电邀孙中山赴晋视察，国民党山西支部并派代表谷思慎、梁上栋来京迎迓。1912 年 9 月 17 日，孙中山乘专车由北京到太原，李成林率部队随景梅九等赴石家庄迎接。孙中山在正太路车中，曾询梁上栋曰："你是学工程的，你对于正太路用窄轨有何意见？"梁上栋答："除非万不得已，仍以用标准轨为宜。"孙中山乃对梁上栋说明其 10 年内建筑 20 万里铁路之计划。

⑤胡卢：笑的样子。

⑥18 日孙中山抵太原。19 日上午，山西军政界在山西大学礼堂开会欢迎孙中山，孙中山在欢迎会上的讲话说："去岁武昌起义，不半载竟告成功，此实山西之力，阎君百川（阎锡山字百川）之功，不惟山西人民感戴阎君，即十八行省亦当致谢。何也？广东为革命之原初省份，然屡次失败，满清政府防卫甚严重，不能稍有施展，其他可想而知。使非山西起义，断绝南北交通，天下事未可知也。"

⑦清和园的"头脑"：老字号饭馆清和元以卖"头脑"闻名。"吃清和元头脑"，这句话包含着吃清（朝）和元（朝）的头脑之意。

玉青来　四时之气

八月十五，玉青携着小女清秀来到太原，赶了个团圆节。还是旧习惯利害，我见玉青因病稍瘦了好些；秀儿时方十一岁，仍然那样伶俐，我引着几个义女，和他玩耍，他不说话，见人单是一痴笑，所以大家都欢喜他。这时女工厂已办成，姚君纪华管理一切，罗女士，陆女士，李女士（大家呼为三嫂），袁女士，充女教员。招了二十几个女生，意思在妇女解放，所以不设重重防范及限制。形迹间未免过于放荡些，颇招一般俗人非笑；幸这几个女士，都落落大方，无世间妇女羞面见人的态状。而陆女士，尤能文，且抱着自由恋爱主义，不能自制，竟和某君密订婚约。我嘱咐姚君等人，对于这一对自由男女，应加以特别敬意，不得少露讥笑意。大家倒能真意的原谅他们，他们对大家也不躲闪，真不容易！随后从上海聘来绣花教员周女士和体操教员陶女士。陶女士名斌，老友佩三先生女公子；佩三虽是浙江人，在山西农校作教员多年，颇为同人爱敬，又和我为特别相知。这年到太原，听说我办女工厂，极力帮助，周教员是他举荐。老友陈汉阁[1]，出身农校，和佩三亦很投契，深知佩三女公子的聪明才力。高人数等，劝我同时招致到太原，同人和学生，都很欢迎。陶斌以我为其父执，视之犹父，予亦视之犹女，时才十五岁，然已无儿童形态，举动似老成人，且气度和蔼如春。我尝对友人说："女工厂虽狭小，而四时之气皆备；陶如春，陆如夏，李如秋，袁如冬。"因陆奔放，李清瘦，袁冷落，故人皆以为定评。我颇思用此说品题一时之男女，惧人有所误会，不果。这虽是时代限人，我也太弱了；并因我定例太细，大别为"春之春，春之夏，春之秋，春之冬；夏之春，夏之夏，夏之秋，夏之冬；秋之春，秋之夏，秋之秋，秋之冬；冬之春，冬之夏，冬之秋，冬之冬。"而以兼备诸气为完人，偏偏各气者为奇人，不形诸气者为至人，乱形诸气者为常人，又细别之为无数差别，简直要写到《捣乱党》小说中了。怎么能成功？录此以警戒妄用心思的同人。

注释：

　①陈汉阁：陈玉麟，字汉阁。

新剧团　怕老婆

灶奶——玉青——一来，自有许多人来问他河东女学堂革命一案。玉青虽因久病不似从前健爽，但提起往事来，尚色飞眉舞，慷慨而谭；他在妇女交际界上，还不失为一特别人。老衡时主财政，最怕玉青寻他的麻烦；因为玉青见他，不是荐人，便是要钱（为报馆，稽勋局，女工厂三处经费），绝没有空跑的。凡熟朋友地方，常有玉青足迹。最爱看戏，时续君西峰，组织一戏园，意在改良戏曲；我想提倡新剧，曾和朋友，弄了个新剧团，奈注意此事者太少！我自家对于戏剧，又是个外行，所以没有大成功。西峰的戏园中，能唱彭烈士家珍①，炸良弼的一本戏，我和玉青看过几回；这本戏怕是刘任秋编的，里面写出《国风日报》，和彭烈士关系的事（那颗炸弹，在报馆藏过，彭烈士和《国风》同人都有来往），自然新鲜；而精彩处也不少。惟是新旧合演，尚未到恰好程度，但也就不容易了。西峰知道玉青爱看戏，吩咐戏园，给他留下特别座位。另外更有一戏园，我和玉青也看过几回。有一天唱《打灶》，我两人在正楼上，到台上的灶爷出来时，楼下坐客，一齐回首看楼上，满场轰笑起来。玉青笑说："这戏里边没有我！"我也笑说："这是编戏的错处了！"玉青说："这却错的好；若不错，岂不连灶奶都打起来？"呵呵！玉青怕打！叙到这里，我想起玉青打小儿崇友的事；友儿时不过十二岁，在精武社上课，好乱用钱买东西，被玉青知道了，一天我不在家，玉青把友儿呼来，责打了几下，却把一个义女，惊骇地也跪倒给友儿求情，唱了一回《大娘教子》。我听说了，从报馆回来，戏责玉青说："你太利害了，几乎把我儿打死，女吓（山西人读呼夏反，音如瞎，去声。）死！"玉青说："你不知道，还有一个笑话哩！友儿回到精武社，他先生问他，你怕你娘么？他说：'咳！我怕！连我爸爸都怕！'是刚才亚夫来对我说的。"我笑说："坏了！这一下子，把灶爷怕老婆的名，扬出去了！"

注释：

①彭烈士家珍（1887—1912）：彭家珍，字席儒，四川金堂人。与同乡武备生多人同时在日本秘密参加同盟会。武昌起义后，以良弼为首的满洲贵族组织宗社党誓与人民为敌，顽抗到底。1912 年 1 月 24 日晚，彭家珍到良弼红罗厂新宅，良弼归来。他下车先堵在良宅大门外，即自报崇恭求见。良弼闻声伸腿下车，见来人身材不如崇恭高大，惊呼"不好"！彭家珍随手掷出炸弹一枚，把良弼炸成重伤，不幸的是，一块弹片从下马石回弹进彭家珍的后脑，他当场牺牲。两天后良弼也因伤重而死。据传，良弼临死前哀叹："杀我者，好英雄也，真知我也。""我死，清廷也随之亡也。"彭家珍的父亲被北洋政府聘为总统府顾问。1953 年，彭家珍被新中国中央人民政府追赠为"革命牺牲军人"。

零碎事件　革命纪念

这一年，很有些零碎可纪念的事情，也记不清楚了。仿那篇《捣乱党》的写法，乱记一些如左：

张博士打倒丁宝铨的丢思碑①（后张君因此受祸，故当纪念），我和仲伏、子毅、太素②，在那倒碑旁，照了一张短服旅行野坐的像片，我曾填了一首《浪淘沙》词，题他，实在是笑话！上阕结以"破袜芒鞋何处去？为国奔忙"！下阕结以"南北东西谁管得？四个流氓"！标曰："东西南北之人也。"

有青年曰赵铸之，和仲伏认识，呼以四弟，很热烈。他到太原，遇见红帷轿车便要打。我借杨篯甫③的轿车，却是红帷，我怕这小兄弟，真在路上把我拉下来，故意的不坐他，大家以为笑谈；大觉④听见了，却说："唯梅九，可以坐红帷轿车！"我不知他又是甚么道理？

十月十日，曾开一游行庆祝会，颇表示人民的狂热。但我那时已窥破袁世凯野心，所以夜间在劝业场楼上演说，略谓："中华民国，产生了个共和孩儿，自然是一件喜事，应该祝贺；但现在很有阴谋家，将不利于孺子；这还没既作产婆，又当保姆的革命党，和革命军人，好好的保护他，养育他才是！"楼下欢呼，刘越西君用其雷吼狮子声，三呼中华民国万岁！共和万岁！楼下数万人同声响应，震地惊天的喊起来，真是盛事。我却特别另有一桩纪念事，就是我同玉青携带秀女坐车，随大家游行到都督署门前，遇见同志杨麻子⑤，很喜欢；因为晋民军中，能和死友王弼臣比肩的，只有他。他带一朵电灯花，赠与了秀女，秀女很欢谢。（次年杨君⑥死，我很伤感；而电花已灭息，秀女⑦亦夭；又弼臣死于秀女村，我因以此女，永记两友。）

注释：

①丢思碑：应该为"去思碑"的戏称。

②子毅、太素：子毅，指胡足刚，字子毅。太素，即姚太素。

③杨钱甫：即杨彭龄，字钱甫。

④大觉：即荆大觉。

⑤杨麻子：即杨沛霖，字芳圃，外号杨麻子，山西霍县上靳安村人。经赵戴文介绍，参加了同盟会，1911年太原起义时，他打开城门，放起义军进城，后任敢死队队长驰援大同，与清军激战于秀女村。兵败后，杨沛霖由怀仁赴保德与阎锡山部会师，参加了包头附近的刀什尔村的战斗。

⑥杨君：即杨沛霖。

⑦秀女：即景梅九次女清秀，后夭折。

堕马　缝合伤口

有一天，乘马到同盟会，和大家谈话完，听人说玉青到松鹤园（就是西峰组织的）看戏；今天戏不错，我便偕同全某，一齐乘马，向松鹤园去。从一个夹道中通过，中有几个紧转湾，马跑的太快了，刚转一湾时，觉右腿要触着一角墙，必然要受重伤，连忙将身子向左一倾，不好！跌下马来了！脑筋只一震，便不省人事，也不觉痛楚。那时全某着慌，将我背起来，行到街上，我少微醒过来了，心里但觉好笑，尚不知痛。背到民报馆，我心里知道是坠马伤脑，便想起齐召南的事；若是脑子跌出来，另用甚么动物脑髓来补，便坏了！又想脑髓一定没有跌出，若是出来，那能够想？试再想昨天事，呵！是了！昨天给《山西民报》，作了一篇论文，题目"俄罗斯革命近状"，曾叙到虚无党革命历史。心里又笑说："没得革俄国命，反革了自己命啰！"他们用甚么烟叶，撮到我的头上，为止血，我才知脑盖受巨创；但还不觉痛，一直送到一个教会医院里，我才觉得痛起来。这时玉青以及许多朋友都来医院瞧我，几乎把人家看病室挤破。有个医生，似乎恼这些人，又没法排出，只注意看我头上，说："非洗净，用铜线缝合不可。"这时只得由他，他却用剃刀剃伤口的头发，真奇痛攒心！我只咬著牙忍受下去，一声也不哼！自是装劲汉！却令旁观看的人，看的痛愤起来，差不多要打那医生。我说："不要紧！大家莫怕！"一时他洗净伤口，用铜线缝起来；缝时尚不大痛苦，缝完了，用叶①棉花一盖，又用绷带包起来，痛疼止了好些，再回到自己寓中将养，约医生每日到宅中，换绷带，看伤状，医生说："半月就好了！"一时惊动了许多人，前来看我，竹青②曾说："他颈瘤割破亦缝合，观沧③坠沟颐下裂伤亦缝合，后到取铜线时，有些痛。"我便不想早取铜线。过了半月，医生来割取铜线，毫不觉痛，可知头皮结实了。（曾作《坠马记》，详叙始末，文载《山西民报》。）

注释：

①叶：应为"药"。

②竹青：即邵竹青。

③观沧：即狄楼海，字观沧。

衣食住行　置身局外

堕后伤脑后，把《山西民报》，完全交与大觉去办。这时仲伏已经被协和邀到江西去了。不久他从江西来了一封信，说："协和狠想见老朋友，商议些特别要务，你能同灶奶南游一次，广广见闻也好！"我同玉青说了，又和阁臣研究了一回；阁臣也没特别事故，愿意相随去一遭。我们于是离了太原，先到北京，报上把携眷来京，登作携眷革命，登时传为笑谭。大家"言笑宴宴"地快活了几天。这时候袁氏对于民党，已露出些排除的恶意。但因民党占据天下之半，未敢轻下手，借军民分治题目，向民党所据有的省分，乱放民政长。江西放了个姓汪的[①]，协和虽没拒绝，但不满意。过了几天，协和打来一电，请我速到南昌。我当时即筹定盘费，偕玉青、阁臣一齐南下，乘京汉火车，天气晴和，心中甚爽，在火车中，和阁臣谈起社会主义来，说："将来社会问题第一要解决的，就是经济问题。人生衣食住三要素，现在俱用金钱可以自由得到，且分出等等不平的现象；譬如同一个人，有钱的，好吃，好穿，住的是高楼大厦；没钱的，粗衣粗食，住的又是茅屋草舍；还有我们现坐的这火车，也分头二三等车，头等车，铺垫房饭都特别好，二等次之，三等又次之，这也是拿钱作分别，有钱的屁股就怕冷板，没钱的就不怕么？实在没道理！且没钱连上来都不能，应了'无钱寸步难行'那句话了。所以我于三要素外，再添一样'行'才满足；因舟车不能叫做住的东西，衣食住行，四者满足，便是幸福。若要人人平等享受此四种要素，先要废除金钱，实行无政府共产！"阁臣听的狠有兴趣，极力赞成。车行过黄河，天落雨，及到汉口降雪，一日之间，气候三变，因戏占一绝云：

风起云扬海内平，北胡南越任君行；飞车直下三千里，那管人间雪雨晴！

大有置身时局变化之外的意思。阁臣颇会意赞曰："好!"

注释:

①姓汪的：即汪瑞闿（1873—1941），字颉荀，江苏盱眙县人。

湖口朝吟 江西马似驴

此时一心向南昌，到汉口，也没工夫去考查冯国璋①火烧汉口街市的遗迹②，也没工夫再登黄鹤楼遗迹，便改乘江轮，直到九江，望见庐山，好似初见面的好友，不言共喻。宿一晚，次早，即换小轮，向南昌进发。一日夜始到湖口，天将明，我一人悄出船舱，仰观鱼鳞云片，层布晨空，微风拂水成纹，波浪不兴。最好看的是江中有数峰，青霭逼目，意态沉默，口占一绝云：

日出云初破，风轻浪欲平；数峰湖上立，无语看人行!

将近南昌，挽舟逆上，大费人力。予时闲问舟人，李都督好否?曰："好都督，能办事，鸦片都禁完了，并没费事! 把土匪也打的一干二净!"我很叹协和有本事。及到南昌城外，停舟登岸，街道窄小，泥水径滑，我送一信到城里，对协和说，我同玉青、阁臣到此，不多时，派来护兵二名，牵马两匹。阁臣一看，大笑起来，曰："南船北马，一点也不错! 大哥! 你看这马不像驴么?"我心里想到"果下马③"，只说了一句："马太小了!"护兵欲劝阁臣上马，阁臣更笑起来，说："牵去罢，我们怕骑死了他们。"于是呼了三乘轿，护兵骑马引导我们至电灯公司。此公司在百花洲上，为南昌城中，第一名胜之地。时姚维藩④君，充协和的参谋长，住在这公司里，所以安置我们到那里去住。革命后，尚未见姚君，乃在此间相晤，其乐可知! 仲伏也来了，异常高兴。笑谭了一阵，约明日再去见协和。仲伏说："协和有病，现请来了日本医生一名，并日本看护妇两名，给他割鼻子，就在都督署里边。但他神气还和在东京时一样爽快，见面就知道了！"

注释：

①冯国璋（1859—1919）：字华甫，河北河间县西诗经村人。袁世凯死后，黎元洪继任大总统，经过国会补选冯为副总统，在南京办公。后黎元洪与段祺瑞府院之争，引发张勋复辟，为段祺瑞所镇压。黎元洪辞职，冯国璋进京任代理总统。

②火烧汉口街市的遗迹：武昌起义后，由冯国璋接替荫昌第一军军统职务，攻打汉口和汉阳起义新军。攻陷汉口后，冯国璋又指挥北洋军攻占了汉阳。

③果下马：是矮小的马匹。《罗定志》载，"果下马，出德庆之泷水者""乘之可于果树下行""有种马中偶然产之，不可多得，故其价甚贵"。

④姚维藩：均指姚以价，字维藩，山西河津人。娘子关失守后，姚以价去天津、武汉，旋到北京府任晋威将军。袁世凯深知姚以价与李烈钧有旧，派他赴赣勾李，姚以价却被李烈钧任为参谋总长。李烈钧服从孙中山意旨，在赣发动二次革命。后迫于形势，姚辗转赴滇，参与蔡锷发动的护国战争，任川陕派遣军支队司令，兴师讨袁。

西北垦植的提议　听了一个笑话

次日见协和，由仲伏引导，自然免却传达手续（生平最怕上衙门拜见人就为此），一直到里边。协和异常欢迎，仍呼之曰"奥而梭"①，谭了半天，他提到中山来南昌，曾举行阅兵式礼②，先生狠高兴，他也对兵士演说了一番，说毕更自笑道："我的演说，狠有进步！"我便笑道："还想做雄辩家么？"又提袁氏不怀好意，协和大激越，说："姓汪的③，我已拒绝了，面子上并不得罪他，我想移都督署于九江，以便控制长江上游！"仲伏赞之。我说出免不了二次革命话来，因道："将来再举革命，仍要南响北应，才能成功。我和仲伏计划，筹一笔大款，向西北开垦，暗寓兵制于其中，名曰护田队；若练成劲旅，可以直拊北京之背，是为要著，别的人全靠不住！”协和问须款若干？我答曰：“非百万不办！”（其实百万还少，未肯多说，不欲徒苦江西。）协和说：“百万也不难，我给筹措就是了！”我说：“若力不足，可以求广东担任一半。”协和说：“好！我可以给汉民④打电报，由你们拟稿。”我把此事，推给仲伏了；于是告辞，协和约在署中吃晚饭，我答应了，向晚重来。记得请客甚多，系洋餐式，我坐在主位旁。同席有绅士某，在席上说了一个笑话，讲：“上海有人拾舍弃的半截卷烟，另制造成一番，变成原形，装在匣里；匣子也是拾的，也有向人乞求来的，做成了，居然同原烟卷一般无二，现在已经大发财了！”我听了狠奇怪，这算什么经济学？我也没说甚么话；但偶然提到同盟会，在北方近状，以及袁氏野心。协和暗中以足阻止，我明白了！有非同志在桌面上，便截然而止，变了话头，随即收住。席毕，协和说：“此间异党人甚多，他们中间有些有声望的，不能不联络他们。”我说：“是的！我昨日看见一张报纸，像是异党机关，对我们的事，狠不满；我们自己也要办份报才好！”协和说：“我有此计划，这里人才太少，将来我想筹一笔巨款，教大家去上海办个大报。”我讲：“那更好了！”

注释：

①奥而梭：英文“Also”，译成中国话叫做“也是”。是景梅九在日本留学时给李烈钧起的外号。

②1912 年，时局动荡，袁世凯坐上了总统的宝座。这一年，孙中山以“大总统特授筹划全国铁路全权”的名义到南昌，想将南昌建设成讨袁大本营。孙中山来到南昌的第四天，也就是 1912 年 10 月 28 日，受时任江西都督李烈钧的邀请，在顺化门大校场举行了南昌历史上首次大阅兵。

③姓汪的：指汪瑞闿。

④汉民：即胡汉民。

滕王阁百花洲偏车之覆

到南昌，自然想到滕王阁。一日邀仲伏同去。阁在城外一角，大非昔比；惟"画栋朝飞南浦云，珠帘暮卷西山雨"两句中的南浦西山，依然在望，和黄鹤楼上所凭望的汉阳树，鹦鹉洲，都将眼前风景写尽，所以不能再继。秋水长天，落霞孤鹜，尤次一着，因尚可以移用于他处故。阁前为停船场，江水横其前，场中立牌坊，扁额上有"棨戟遥临"四字。用王赋中都督阎公之雅望联中语。我曾戏谓若阎伯川来此，便恰合。归到百花洲与玉青谈及，玉青曰："安见不是欢迎我？"我因想起朝邑故事^①来，为之大笑！再说百花洲，是宋南渡后，训练水师的地方。一日早起，忽见满天云飞，烟景迷离，依槛四望，凄然欲绝。洲上有渔舟一艇，依稀可认，乃因占一绝云：

> 风满高楼雪满湖，百花洲上客心孤；宋时兵舰今安在，冷落江南旧钓徒！

次日天晴，踏洲边板桥雪而过，访同盟会地址；虽有人招待，而非重要会员，即觉兴尽而返。久不闻乐，仲伏云："距此不远，有一戏园，盍往观乎？"街上泥滑滑，行路难，有单轮直梁车，每边可坐一人；因谓仲伏曰："何不一尝此小车风味？"仲伏应之，因共乘一车，一左一右，推车问明目的地，即向前推行，也颇平稳。片刻间，已到戏园门，我便一跃下车，哈哈！坏了！车失平衡，翻倒仲伏于地上，仲伏笑起，嗔曰："你简直开玩笑，若被照到电影里，真是滑稽大王了！"呵！原来两人乘这车，定要同时并坐与并下，无意中又得了一种智识，可曰："偏车之覆！"至夜间入市，人人手执火把，以照路径，我因掉文曰："古人秉烛夜游，良有以也。"因北方无此俗，转觉新奇。

①朝邑故事：共和告成，南北停战，景梅九怕陕西消息不灵，特地到陕西去送信，玉青扮男装同去，在朝邑县，有人把玉青认做阎锡山，所以此处玉青曰："安见不是欢迎我？"且，玉青也姓阎。

山东汾酒　景德磁

　　南昌街道窄小，不能容大车，和汉口，南京全一样。（现汉口、南京已开辟马路，而旧街仍有存者。）协和有拆城辟马路之意，因九江到南昌的铁路，快要修成，南昌必变为一个繁华市场，决不能不改旧观。我和仲伏，阁臣，有一天游街，实在气闷不过，说："非全烧了不可！"说话中间，看见一家酒店的墙壁上，写下四个斗方大字，就是——"山东汾酒"。怪怪！汾酒怎能跑到山东去？大概是假冒招牌，他听见有一种汾酒，记不清是山东、山西，随便把山东的帽子给戴上了；或者是把汾酒当作一种通用名词。于是从山东来的烧酒，拿汾酒粉饰起来，也未可知。因为北方呼绍兴酒为绍兴，凡于本地酿成之类似绍兴酒，即呼之曰本地绍兴；或简称之曰本绍，同一可笑事。（后来到广东，有汉口汾酒，即在汉口酿成者，乃知山东汾酒，亦是此类。）当时也没工夫去详细考查。最可惜的，就是对于江西景德磁器，全没注意，曾同玉青到协和自己病室中，见了好些磁器，协和有心赠与我些顶上磁瓶，我说："不要！"心里想到包拯在端溪作官，临行不携一砚的事，欲以此"鸣高"。其实那时虽携带几种异品以供清玩，也不要紧，未免太拘滞了！然也因我对于古董品是外行，不能判别真伪，自觉的无甚兴趣，故甘心一物不取。却曾想到南京博览会的看过的康熙磁器，因和协和室中各器比较，似乎差的多。仲伏略知一二，但也不甚爱惜。惟江西人家所用磁器，自多上品，人几忘其贵重。尝到饭馆，看所用盘碗，多上品磁，皆他处罕见之物，因悟《考工记》"胡无弓也非无弓，夫人而能为弓也"①诸句，真经验语，可以说："江西无磁；非无磁也，夫人而能有磁也。"又江西饭馆，盘大能盖桌，叫几盘菜，桌上便容不下，可见江西人对磁，不但"夸多"，而且"夸大"，也算添了一种阅历！

注释：

①引文出自《周礼·冬官·考工记第六》："……胡之无弓车也，非无弓车也，夫人而能为弓车也。"考工记，《周礼》中的一篇。书中保留有先秦大量的手工业生产技术、工艺美术资料，记载了一系列的生产管理和营建制度。

别南昌 九江行两恶音

仲伏拟就垦植筹款电，协和照发，并云："已筹得四十万元，即寄上海存于某银行，听兑取。"我喜此行目的已达，即告辞。协和曰："与我觅一好秘书，现在一切电报，须我亲笔改过，始能发，已习惯，因不觉苦，究不如得一助手为佳！"予应之。归公司，与维藩话别。二十日的相聚，临歧不禁依依；因维藩夫妻，皆好客自喜，曾为种种娱乐，以散旅愁，不能尽述也。况又偕仲伏俱去，维藩亦动寂寞之感。江舟豫备已好，就同玉青、仲伏、阁臣，于某晨登舟，别南昌，得一律曰：

鸿都犹在望，惜别且停桡；南浦云欲散，西山雪未消。长天明远水，孤鹜弄轻潮；惯作他乡客，扁舟兴自豪！

南浦一联，尚属实况，这时心中，自有一片逸兴，故虽惜别，亦无甚苦愁。而南昌街道窄迫，游怀莫展，亦一原因，故戏谓仲伏曰："设此地无协和，谁能郁郁久居乎？"是时水波不兴，顺流而下，越日即到九江。仲伏指庐山谓予曰："此中大有佳境，吾曾游览一过，觉非笔墨能描写；且气象万千，写亦写不尽也，可惜无暇再游！"时在某旅馆后楼上，正望见庐山一面。是日又遇某友人携一十岁少年，自庐山归来，与谈山景，历历如目睹，实一佳童。又纵谈古今，说宋江奸诈，我曾故意挫之；因等候江船无事，偶到阅报社，其中有《山西民报》，展阅之下，得一哀音，便是——"杨芳圃君（麻子）死于剿匪之役"①是也。不禁悲慨无限！谓仲伏曰："此君死，吾党失一健将！"仲伏又翻阅他报，发见河东岐山拘系南君佩兰事②，谓将有性命忧。我因大痛，谓阁臣曰："岐山竟胡闹至此，怕不是他的意思吧！杀佩兰还了得么？"因急拟一电曰：

　　岐山鉴：如杀佩兰，永勿与吾相见！

　　命阁臣即时发出，此时恨无双翅飞回河东救故人也！

注释：

　　①杨芳圃君死于剿匪之役：杨芳圃：即杨沛霖，字芳圃。陈采彰于 1912 年 8 月 22 日黎明，利用浮山新旧知县交替的机会，发动起义，建立"洪汉军"。杨沛霖闻报，率 20 余人轻装出发，误入陈采彰诱导之山沟，遭陈采彰预伏的榆木炮轰击，杨沛霖毙命。

　　②河东岐山拘系南君佩兰事：1912 年，河东"军政分府"的李岐山、张士秀因与阎锡山不睦，为求自立，设立河东兴业银行，后改称兴业钱局，在经济上取得主动权。阎锡山知道晋南河东地区历来富庶，借口统一财政，接连派员向张士秀、李岐山施加压力。阎锡山呈请袁世凯批准，设立河东筹饷局，改巡警道南桂馨（南佩兰）为筹饷局长。南桂馨到运城后，即命令各县钱粮地丁一律直接解局，以控制财权。阎锡山抢先下令撤免李岐山，而代以孔繁蔚。12 月 27 日，张、李等人忍无可忍，将南桂馨拘捕严讯，并于当天致电袁世凯，揭露南"煽乱酿变"，要求从速查办军政司司长黄国梁。这就是当时人们所称的"河东案事件"。

失却了手表　沉橘掷烟

　　从九江登江轮时，弄了一个笑话，就是上轮后，忽觉体温，要脱外套，即有一个茶房，替我来脱；我当时手中还有个银表，也同时递到那个茶房手里，转眼间茶房不见了，我也没留心是怎么样个人，回头大家点东西，仲伏问手表，我才想起来，是亲手给了旁人，笑说："教人家拿去了！"问："甚么人？"我自然说不知道。阁臣又问毡子，仲伏笑说："不用问了，你问他，他一定说还有毡子么？"这东西混帐！我能糊涂到这步田地？但也差不多，我真不知有毡子，还是玉青救了急，说："毡子在这里来，别的东西全没失！"我心里说："甚么失不失，还不是世上的物，被世上人随便拿来拿去么？和这些糊涂人，说甚么？"江轮甚稳，几不觉动，心里反闷起来，因为有停舟江心的感觉；若不看窗外岸移，决不知脚下舟行。经过小孤山①，想起彭郎夺小姑的故事，乃是江心一秀丽孤岛，异常爽目；其上似有一小庙，却看不见山径。仲伏偶有所感，把在江西买来的一篓南丰橘子，取出一个来，向江心抛去，呵！是浮李沉瓜的心理嘘！也颇有趣。他跟着又抛了几个，我虽然觉得有趣，但不敌爱橘的味觉，便不高兴了！这要想个报复法子，好了！他买下一大盒纸烟，这卷烟咱家是不爱吸的，便取出一小匣来，向江心抛去，也飘飘荡荡的和橘子流转江面一样好看。抛到三匣，仲伏受不住了！说："算了罢！橘子还剩下半篓哩！"他真明白，我便住手；却取剩下橘子吃，他们也取剩下的烟卷，吹起来了！这自然是狂妄举动，要不得！船到南京上岸，只在旅馆小停片刻，搭午间出发的沪宁火车，向上海进行，自然又听见："南京炒鸡蛋，五香豆腐干"的叫卖声了。车中无别事，只遇见一农夫，两腿湿疮，问之，是插秧踏水得来的，不禁叹"平民之苦"，便有怜心无憎心！

注释：

①小孤山：在长江北岸，又名"小姑山"，与长江南岸的"大孤山"（又名"大姑山"）边的"彭郎矶"隔江相望。

女流氓　小杜和扬州

车到上海，已经天晚。仲伏和我是到过此地的，不用说，在火车站上，茫茫然不知何往的情形，是没有的了！大家出了车站，叫了四辆东洋车（上海叫黄包车），也没讲价，直命他们到四马路去。上海是不夜城，街上电灯辉煌，如同白昼。玉青在车上看见，自然有点希罕惊异的样子；阁臣也狠喜欢。车到四马路龙升旅馆门前下车（这旅馆是仲伏住过的，所以叫车拉在那里），检定一间大屋，同住在里边。第二天早起，便有几个女流氓，到房里来，向玉青劝捐，也不知假借的是什么名义。玉青初出门，那里经验过这些事体（其实我也没甚经验），见人家要求的也不多，拿出一圆钱来给了人家，还写了个收条，玉青自己填了名字在上面，仲伏只是笑；因为他明白此中诈伪，也不好意思说出，等人家去了，才说出那些都是女骗子，再不要上当！玉青还不大相信，这也罢了。阁臣是个爽直疏放的人，到上海因为地生，不敢胡行乱走，一心要寻个伴当；忽然想起何子奇①在此地，因到《民立报》馆，见了于君右任，邵君仲辉②（时改号力子，完全变了民党）快谭往事，托他们在报上登了一个寻人启事，自己怕露真名，写了一个暗号。井勿幕君先看见了，他便晓得是我们，于是到旅馆来访，真是喜出往外③！谈了好些话，他说："我现在在此地学德文，豫备到德国去，字也长进了！"他毫不客气，自夸了几句；问仲伏有何长进？我笑说："他只学会了《扬州曲》。"我有诗为证，云：

小杜风流近若何，当筵红粉自情多；无端学得扬州曲④，处处

逢人处处歌！

勿幕道："小杜总离不了扬州，记得陈汉园⑤曾赠仲伏一绝，结云：'小杜有情能爱国，最伤心处是扬州。'暗用扬州十日记，甚妙！这番却大不相同了！"

①何子奇：梅九等人的朋友，曾在东京介绍张襄初加入同盟会。

②邵君仲辉：即邵力子（1882—1967），初名景奎，又名凤寿，字仲辉，笔名力子，绍兴陶堰邵家湊人。1906 年 10 月，邵力子留学日本，加入同盟会。1907 年春回国，与于右任等一起创办《神州日报》，宣传反清思想。邵力子历任国民党中央政治会议委员，陆海空总司令部秘书长，甘肃省政府、陕西省政府主席等职。任职期间，主张停止内战，坚持国共合作，呼吁团结抗日，并为此奔波出力。新中国成立后，留驻大陆，任多届全国人大常委、民革中央常委。

③喜出往外：现在写作"喜出望外"。

④扬州曲：扬州清曲始于元，成于明，盛于清，又称广陵清曲、扬州小曲、扬州小唱等，有六百多年历史。

⑤陈汉园：即陈家鼎，字汉元，本书写作汉园。

杭州行　西湖腊月

"沪杭铁路成了，可以到西湖一游。"这是仲伏提议的，大家赞成。于是四人同去，坐在那新净车中，心神一爽。到杭州住在旅馆，旅馆知道是游西湖的，冬天客人不多，招待的非常殷勤，让出一间优等房间，家具床褥，一切具足。我曾对仲伏、阁臣、玉青说："将来旅行，甚么行李，都可以不带；因为到处全要变成这种旅馆一般，连钱也不要带呵！"仲伏明白，说："还早哩！"旅馆的茶房，问明知我们是初来此地，说他负引导全责。第二日出了涌金门①，便看见汪洋一片湖水；湖上山色苍翠，的是名景，雇了一只小艇，直向湖心亭。仲伏说："人言西湖是香灰底，试搅一搅看！"从舟子借桡只一挑，香灰便飘上来了。原来西湖是人为的，本不甚深，越人信鬼，焚香于湖上者，率弃其灰于湖中，久之遂灰满湖底；也可以想见香火之盛。湖心亭，有九曲桥，颇雅致，亭外荷花只余枯茎如刺，丛立水面；又有所谓三坛印月，在亭外，遥望白堤，疏柳枝叉撑空，曾戏改古诗[2]云：

> 毕竟西湖腊月中，风光不与四时同。撑风疏柳枝枝白，映日残荷茎茎红！

我也没对他们说，曾听勿幕讲，此亭中有一叠字联，云：

> 翠翠红红处处莺莺燕燕，风风雨雨年年暮暮朝朝。

下联特胜，寻之果有。亭中有卖西湖藕粉者，一圆钱可购十匣。想起"千里送鹅毛，礼轻人意重"的俗谚，打算多买些，带回太原送人；说明此意，大家都赞成，买了三圆钱的藕粉；又乘船到楼外楼饭馆去午餐。从湖里现捞鲜鱼烹治，狠美味。此处望见雷峰塔，直如身被破袈裟打坐的僧人。原来西湖有两塔，一为保叔亭，亭玉立一高峰上，旧有"保叔如美人，雷峰如老衲"一联，可谓语言妙天下！午后又游了几个庄子——人家别墅——即归，约次日游岳墓。

注释：

①涌金门：位于杭州西湖西岸南山路。始建于五代吴越国，清泰三年（936），文穆王钱元瓘（guàn）开凿涌金池，引西湖水入城，故建涌金门。

②古诗：指南宋杨万里诗《晓出净慈寺送林子方》："毕竟西湖六月中，风光不与四时同。接天莲叶无穷碧，映日荷花别样红。"

岳墓　秋社

第二日游岳墓，墓前有通道两行植柏；其枝皆向南，有伸长指北者亦必作曲肱状回向南方。拿科学讲，这事狠可疑，或者说此处多北风故。拿杨柳千条尽向西句为比例；但柳条柔，且系一时被东风吹过的倾向。柏枝劲，又不是一时现象，这是甚么缘故？或曰地气；然而一般人，以及诗人，总说："宰木①南枝"是岳武穆精忠所感。入墓门后，有特别两棵大树，题曰"精忠柏"，树叶又不像是柏叶。墓碑不少，有许多题句，都未暇一一阅过。墓旁有秦桧及其妻的跪倒铁像，游人恒小解于其上，因而臭气冲鼻，不可响迩②；是乃种族主义的表现。记得在东京时，脑中曾拟一短篇小说，题为《岳王墓》，写一群少年革命党，在墓门开秘密会议，感慨古事，激发人心。未成，但所感想的岳王墓景况，也差不多。这且不表。四人议论了几句，便出了岳王墓，看见苏小坟，忽忆前人"苏小坟连岳王墓，英雄儿女各千秋"句，念六朝曾无一名士与苏小小比肩者。又想到陈同甫③"凿钱塘灌杭州，足使此地人民皆化鱼鳖"语，乃结联成一事，得"六朝名士皆鱼鳖，合把湖山葬美人"！离苏小坟不远，有一新亭，题曰风雨亭，乃纪念鉴湖女侠秋瑾者。（从"秋风秋雨愁杀人"句来。）亭旁又有一所楼院，门榜"秋社"二字，因进去参观，里面悬挂女士遗像，如见昔年。又四壁用玻璃笼罩女士当年起事的檄文，命令，军符等等，皆女士手书，足证明女士革命的方略和精神。玉青看了，自然想到河东革命，因笑说："若当时我在河东被清吏杀死，也未必不成名？"可见"好名"的心，人人都有呵！秋瑾女士湖南人，闻湘中同志欲移葬女士遗骨于衡麓，但女士实因徐案牵起，今徐锡麟和陈、马二烈士④墓俱在西湖上，似不必移去；此间游人较多，可资观感。光复会著名党员陶成章⑤墓亦在此，皆最新纪念，是日游苏堤、白堤，从图书馆，及俞曲园的诂经学舍经过，亦系人思者。

注释：

①宰木：指坟墓上的树木。

②不可响迩：应为"不可向迩"，是不可接近的意思。

③陈同甫（1143—1194）：南宋思想家、文学家。字同甫，原名汝能，后改名陈亮，人称龙川先生。婺州永康（今属浙江）人。著有《龙川文集》《龙川词》。陈亮力主抗金，曾多次上书孝宗，痛斥秦桧，倡言恢复统一大业。

④陈、马二烈士：陈、马二烈士指陈伯平、马宗汉。

⑤陶成章（1878—1912）：字焕卿，号陶耳山人，浙江会稽陶堰（今绍兴县陶堰）人，民主革命家，光复会创立者之一。少有志向，以排满反清为己任，曾两次赴京刺杀慈禧太后未果，破衣敝屣奔走革命，"四至杭州而不归"，奔走于浙、闽、皖各地联络革命志士。中华民国创立后，他力辞接任浙督，积极准备北伐，设北伐

筹饷局、光复军司令部，任总司令。1912 年 1 月 14 日凌晨，陶成章被暗杀于上海广慈医院。

西湖变态　江南两才子

西湖之美，随时变易，非久住湖上者，不能知。而风雨阴晴，无不奇妙。一朝游湖，才上船，忽有小雨来，而满湖风云变色，轻舟摇荡不安，遥望山色模糊，如在"雾簾"外！转眼云收雨息，风亦少停息，湖山如洗，另换一副美容，得"湖好山尤好，风奇雨更奇"句，是日游天竺，舟过孤山指点林逋①隐居处，不知还有梅花否？无暇去看，直向天竺②进行。登岸后，步行至飞来峰，望一线天③，岩上刻佛像，石洞幽凉，峰势奇嵬，真有"天外飞来"的突兀态度！峰旁有泉，曰冷泉，上悬一联云："泉自几时冷起，峰从何处飞来？"后人有作答语的。更悬一联云："泉自冷时冷起，峰从飞处飞来！"颇有禅意。将入天竺，曾过一竹林小寺，雨初过，寺前所铺花样砖石缝中，绿苔丛生，一望如茵，使人踯躅不能步！西湖之冬，已露春意，毕竟和北方不同。正指顾间，忽见有两女子，从寺中出，一衣黑，一衣白，因笑谓玉青曰："此大似黑白二蛇精！"玉青笑应之。我自悔出语唐突，幸相隔尚远，未曾被人家听见；且思数日来游，未见他客，当然引此二女为同调，却别起感想，为此戏言，甚罪！听说灵隐寺最佳胜，因乘舆到那里，果然是一座大寺，见了知客僧④，引到寺里去游，到五百罗汉殿，阁臣和仲伏，戏数罗汉，总数不清；阁臣乃抱定一罗汉为起点记号，教我们数，总归数错了，才一笑罢休！中间特别立一龛，内塑济颠⑤僧像，作疯魔扫地状，异常生动。济颠在西湖曾示灵异，后人附会成济公传，狠叙出些佛法来，有仗佛法均平社会的意思。常想摘出来作一篇评论，见此像不觉动念。出寺又向山后一游，仲伏谓此中佳境，不减庐山，是为无尽藏⑥，因曰："庐山与西湖，乃江南两才子也！"我赞为妙评！

注释：

①林逋（967—1028）：字君复，浙江大里黄贤村人（一说杭州钱塘）。幼时刻苦好学，通晓经史百家。书载性孤高自好，喜恬淡，勿趋荣利。终生不仕不娶，无子，惟喜植梅养鹤，自谓"以梅为妻，以鹤为子"，人称"梅妻鹤子"。所以后面景梅九写："不知还有梅花否？"

②天竺：古寺名。在灵隐寺南，群山环抱之中，有下天竺、中天竺、上天竺三座古寺。

③一线天：指飞来峰上的小孔。

④知客僧：周叔迦著《法苑谈丛》，写道："寺院组织，除住持外，设有四大班首，八大执事。""知客"属"八大执事"之一，"掌管全寺僧俗接待事宜"。

⑤济颠：即济公，济公初居住在杭州灵隐寺，传说他为罗汉转世，本姓李，祖上乃宋太宗驸马。济公二十七岁出家，不戒酒肉，破衣拉撒，不知情者皆道其疯癫，却不知其实为得道高僧。

⑥无尽藏：佛家语，泛指事物之无穷尽者。

杭绸买不得　怕当选议员

　　玉青在杭州，看见杭绸，狠想买几匹，却被仲伏阻止。他说的狠妙，先讲："带着几匹绸，到一个关卡车站，都要报税，赶带到北京，比在那里买，还要贵些！且上税太麻烦，我们一时误了，罚钱更加倍！"这几句话，我真赞成；因为我行路，最怕的到处逢着关吏，检验行李，什么且不讲，那副脸子实在难看！好像对旅客嗔呵道："混帐！怎么不带些上税东西！"你看可憎不可憎？工人做成东西，为什么给你们上税？但也不能怨他们，他们不过政府的走狗罢了！却说玉青听说要上税，自然也不喜欢带了。又想了一个法子，说："买些扯现成的衣料，还怕上税么？"我心里说："这一下子，没法子不教佗买了！"那知仲伏更妙，他攫了一个俗典，道："常言货到根头死！好材料都发庄卖出去了，剩下的都是些坏的，在这里出卖，千万不要上当，出好价钱买坏货！"玉青明知这是谎话，但没理由驳他，只好不买了！才携带几十匣湖心藕粉，离了杭州。回到上海，子奇①已经见报，到龙升访我们来了。阁臣得了伴侣，狠喜！拿了些洋元，一同出去了！宁太一来见，爽朗如平昔，我忽然想起协和的嘱托，心里讲："这不是顶好的秘书么？"便同他商量，他狠愿意。我和仲伏便电协和，请礼聘太一作秘书，一面又去访黄克强。时克强方病起，见面后，寒喧数语，便说到河东事件，我道："若我在河东，必无此事！"克强笑说："恐怕在河东，也要加入张、李党吧！"我道："绝不至此！因我和两方都有特别交情，断不容他们闹意见，已电责岐山，不准杀佩兰！"克强见我说的斩截，自觉失言，改口道："能调和最好！"又说了些闲话，转回来；听说山西选议员，又电润轩云："千万休选我！我是不作议员的！"电发后，子奇同阁臣回来，子奇戏报告账目，一一指数出来，只剩十个铜子，买了两个广东大柚子回来，把大家说笑了。他总算是滑稽大家！

注释：

①子奇：即何子奇。

天上人间　冷人冷眼

协和电招太一，我和仲伏主张教子奇同去，子奇也愿意；惟子奇甚恋上海，仲伏亲送他上船，等船开了，然后从岸上回来，因他有一次上船临行又下来，以致误期，所以不能不监视。仲伏虽年少，大事不糊涂；且有刚断，子奇引为畏友，所以非他不能制子奇，也是趣事。此时上海本有可恋的道理，就是谭叫天，龚云甫①，朱素云②，几个名角，方在沪演戏，又新辟楼外楼游戏场，规模虽不大，总算是创始的。入门设升降机，通达六层楼上，初乘此机，有直上青云的感觉；及到楼顶，则又以石子铺楼板，使人又有"天上人间"的感想，也算建筑人的一种灵腕。其上有说书场，并演艺坛，以及小花园。其一角有亭名"哈哈亭"，我们刚到亭口，已闻见一片哈哈笑声。入其中，则四壁悬挂凹凸镜，游客自照，皆现怪形，不觉自笑！因戏谓仲伏曰："若空气全变作此种镜面，则人人要变成乐天派了！"仲伏说："好是好，但笑的太过，也不是好事呵！"（楼外楼，现在已衰败下去。）此楼在当时不过是一所瞭望台样子，而最能畅人游兴的，莫过于张园③，其次为刘园。张园空阔，刘园雅致，各有长处；惟时值冬日，游人不多，到很闲静。我谓仲伏、阁臣曰："我辈冷人冷眼合来冷地，看冷景，尚惜此地无泠雪！"仲伏说："不错！南京去此不远，而气候便大不相同，听说那里已经下雪，你们到那里去看好了！"因仲伏要留沪与协和交涉垦殖巨款，一时不能北上，我又因河东案，急欲归去。所以仲伏讲出这话来，不觉动人离思，此时已在报端，看见我当选了众议员的消息，心里很不高兴！自己说："真要堕入政法地狱中么？不能！到北京再讲！"然上海同志，尚有不知我心的，乃对我说："此次国会议员中，同志很多，大家要努力，君责任尤为重要！"我不待其语毕，即摇头示不欲闻！

注释：

①龚云甫（1862—1932）：近代京剧演员。名瑗，一说名世祥，北京人。

②朱素云（1872—1930）：京剧小生演员，武旦朱小云之子，号纫秋，字舫仙。祖籍江苏吴县。

③张园：其地本为农田，营造为园。1882年8月16日，中国商人张叔和购得此园，起名为"张氏味莼园"，又称张家花园。1903年，张园设立魔术表演、游乐宫、中西式餐馆等，游人如织。

回忆金陵游　遇友

听说上海同盟会，要欢迎我们。我最怕这事体，所以赶紧偕同玉青、阁臣，别了仲伏，离了上海。那时京津铁路已成，定准坐火车北上，先到南京。呵！来时节，曾在南京，游了一天，就忘了！那时先上北极阁，玉青累息，才到上面；那高阁顶，被炮打毁，说是张勋①守南京，驻兵阁上，只一炮揭去阁顶，张勋便惊逃下去，尚看见战余痕迹。又城内多乞丐，云是满人。这是驻防二百数十年白吃饭的结果，满洲驻防城全毁，只留方孝儒（孺）②血染石一块，我们也没去看，只到孝陵③一游，自是帝王坟墓，规模极宏大，中藏朱元璋遗像，偏坐，凹面长喙，如猪。史臣要恭维他是"天日之表"④了。那一天曾遇一阴阳家，在陵上指顾，若望金陵王气者，他说："金陵龙蟠虎踞，四山围绕，只此一角有空，故以陵寝补之。"看形势大致不错。又忆某僧⑤"抔土当年谁敢盗？一朝伐尽孝陵松"句，果然没有松树，大是憾事！又游莫愁湖⑥，此湖以莫愁女出名，湖上有一亭，悬挂此女遗像。又传言明太祖和徐达，曾在此亭对棋，自动入英雄儿女的感想！此回到南京，大不相同，雪花满地，寒气逼人，我因到城中，访章木良⑦不遇，却遇见一个同学，就是贵州何培琛。在东京时，两人狠投契；在此欢晤，是想不到的！他在这里住闲，我看他好像没钱的样子，便和玉青商议，计算够我们到北京的盘费，其余全送给何君。玉青算了算，可以省出六十元来，我送于何君曰："休嫌少！我没多带些来给你！"他说："这就不容易了！我也不谢哪！"我笑道："谢什么？又不是我的钱！"话别后，我们出城，在路上遥望狮子山⑧，真成了一个雪狮。城中人皆闭门不出，景况萧条，心里说："这才真是冷人冷境哩！"宿了一夜，次早过浦口，搭津浦新车到天津，计算盘费，刚能够三个人坐头等车到北京，戏谓阁臣曰："何妨阔一下子？都买个头等车坐！"阁臣赞成，照办了，也是笑话！

注释：

①张勋（1854—1923）：原名张和，字少轩、绍轩，号松寿老人，谥号忠武，江西省奉新县人。清末任云南、甘肃、江南提督；清朝覆亡后，盘踞徐州的军阀张勋是复辟势力的代表，率领"辫子军"进京，于7月1日拥戴清废帝溥仪复辟，恢复"宣统"年号，复辟仅维持了6天。失败后张蛰居津门。1923年9月12日，他因病在天津逝世，终年69岁，溥仪赐谥"忠武"。

②方孝孺（1357—1402）：浙江宁海人，明代大臣，字希直，一字希古，号逊志。惠帝建文元年（1399年）燕王朱棣夺得皇位后要他投降并命他起草诏书，他却写了"燕贼篡位"四字，于是被杀，宗族亲友株连者数百人。

③孝陵：在南京市东郊紫金山南麓独龙阜玩珠峰下，茅山西侧，明开国皇帝朱元璋和皇后马氏合葬的陵墓。

④天日之表：亦作天表、日表。古代史学家、相学家对帝王仪表的诔称。

⑤某僧：指读彻（1586—1656），明末诗僧，字见晓，后更字苍雪，号南来。俗姓赵，昆明呈贡人。"抔（Póu）土当年谁敢盗，一朝伐尽孝陵松"是读彻《金陵怀古》诗中的句子。

⑥莫愁湖：源于一个美丽的传说。莫愁是河南洛阳人，她十五岁那年，嫁进卢家，成了员外的儿媳。卢员外曾在梁朝为官，一日，梁武帝闻报水西门外卢家庄园牡丹花开，便来员外家赏花，只见牡丹花交错如锦，夺目如霞，梁武帝问员外："此花何人所栽？"卢员外跪答："此乃儿媳莫愁所栽。"梁武帝见到莫愁如花容貌，不由神魂颠倒。终于想出毒计，害死了卢公子，传旨选莫愁进宫为妃。莫愁得知，悲愤交加，投石城湖而死。人们深深怀念她，为了纪念她，将石城湖改名为莫愁湖。

⑦章木良：同盟会员，也是南社社员。1913年3月，袁世凯暗杀了宋教仁，孙中山、黄兴号召南方各省反袁，章木良任讨袁第一师师长。

⑧狮子山：原名卢龙山，为金陵四十八景之一。朱元璋称帝后，改卢龙山名为狮子山。

男女握手　女权运动的萌芽

回到北京，看见楚香，冥鸿，太昭，汉园①，子钦好多的老友，开宴欢待我们，这时真算一种狂喜，太昭说："他在上海，和季刚②诸人，联句成《今日良宴会》五古一首，中有兴高而采烈句，大足表这时欢晤景况。"最可笑，是仇冥鸿，于某日欢宴（太昭未与）后，见太昭说："我昨日还和灶奶握手去哩！"可见这时虽已唱男女平等自由，而男女交际间，尚没有十分习惯，几以握手为希罕；其实在同盟时代，男女同志，早一一握过手了。我甚希望男女握手，进行革命！但那时却弄出一个笑话，《国风报》上，载我携眷来京，误排为携眷革命，倒把相偕入秦关的往事影照起来。一日汉园邀玉青，同车赴女子什么参政会去与会，玉青回来说："那些妇女们中，如唐群英③，王昌国④，完全是男子气象，言谈也狠爽利，沈佩贞⑤比较还像个女子，但是也狠激烈的。惟他们主张女子参政，我看还讲不到，讲到了也没意思。他们虽然给我戴了几顶高帽，我一一还给他们了，从此再不和他们来往哪！"我虽对玉青说过议员不可干，却未曾驳过女子参政，玉青竟能悟到这里，或者有别的见解？我也没深考究。因为中国女权运动才开头，当然有些淆乱的主张，嘲笑不得，讽刺不得，纠正也不得。听他们经过了一个热心政治时期，自己知道没甚意思，再好提醒他们，这是我当时的心理，所以看某名士，戏咏《女子北伐队》的七律，以为辱没女性太甚。常对友人说："那样诗绝要不得，奴才们还洋洋自得，登在杂志和报纸上，该打！该死！女子北伐，虽没实力，但总算女子参与革命的事迹，其志可嘉！（辛亥革命，各处民军，皆带一种冒险性质，并无真正武力，可以总评一句，其志可嘉，这是勿幕讲的。）不宜一笔抹杀！况当革命时，秘密运输炸弹入京，多亏了一个女同志⑥，他的成功还远在男子之上呵！"

注释：

①楚香，冥鸿，太昭，汉园：楚香，即白逾桓，字楚香。冥鸿，即仇亮，字蕴存，号冥鸿。太昭，即景耀月，字太招。汉园，即陈家鼎，字汉元，本书写作汉园。

②季刚：即黄侃（1886—1935），字季刚，又字季子，晚年自号量守居士，湖北省蕲春县人。

③唐群英（1871—1937）：出生于衡州府衡山县新桥黄泥町三吉堂一武将门第。

1890 年，唐群英的父亲去逝，第二年，从母命，嫁曾国藩的一位堂弟。之后，她有缘结识秋瑾、葛健豪（蔡和森、蔡畅之母），遂成知交。1904 年秋，她应秋瑾之约，东渡日本求学。参加了华兴会，成为该会唯一的女会员。同年 7 月，华兴会与兴中会合并成立中国同盟会，她是第一个加入同盟会的女会员，总理孙中山称赞她，说："你是榜样，是二万万女同胞的带头人。"1911 年秋，她奉命回国，与张汉英在上海筹建女子北伐队。曾协助革命军攻克南京。1912 年 4 月 8 日，女子参政同盟会在南京正式成立，通过了她起草的《女子参政同盟会简章》，确立以"实行男女权利均等、实行普及女子教育、实行一夫一妻制度、实行强迫放脚"等 11 条为政纲。1936 年秋天，回到湖南老家。因长期自费办学，家产耗尽，生活维艰。次年 6 月 3 日病逝，享年 66 岁。

④王昌国（1880—1954）：女，湖南醴陵人。清末民初女权活动家、教育家，中国第一位女性省议员。1904 年留学日本，入东京青山实践女校。1905 年加入中国同盟会。辛亥革命后，在长沙创了女国民会，参与发起中华民国女子参政同盟会的成立，并当选该会总部协理。1911 年，因党纲多次删去"男女平权"一条，在国民党成立大会上，王昌国与唐群英、沈佩贞等十余人强烈抗议未果后，盛怒之下与宋教仁发生冲突。1922 年，王昌国当选湖南省议员，成为中国第一位女性省议员。后来投身教育事业，曾任务本女校校长。1954 年病逝于家中。

⑤沈佩贞：浙江绍兴人，早年加入同盟会，武昌起义爆发后参加了上海女子北伐队。沈佩贞在 1912 年初组织女子尚武会，招募勇敢女生 500 名，为北伐培养女性侦探（特工）人才。之后，热衷于政治投机，以"支持帝制"为名，往来于新华宫，成为袁世凯"门生"，名誉扫地。

⑥女同志：应该是指郑毓秀（1891—1959），出生在广东广州府新安县西乡乡屋下村（今广东省深圳市宝安区西乡镇乐群村）一个封建官吏家庭。1907 年，她随姐姐东渡日本，次年，参加了同盟会。汪精卫、黄复生去北京刺杀清政府高官时，廖仲恺写信给郑毓秀，要求她全力帮助汪精卫等人的暗杀活动。郑毓秀利用一个西欧外交官的掩护，将炸弹运进了北京。武昌起义后，郑毓秀多次为革命党人秘密运送军火，传递情报。郑毓秀曾两次参与了革命党人暗杀清廷要员的活动。一次是 1912 年 1 月 15 日刺杀袁世凯的行动，另一次是彭家珍刺杀良弼的行动。由于郑毓秀等人的周密安排，刺杀良弼的行动终于成功。1914 年，革命党人获知袁世凯有暗杀郑毓秀的计划，郑毓秀选择了出国留学，她在巴黎取洋名苏梅。1924 年，郑毓秀取得巴黎大学法学博士学位，成为中国第一位获此殊荣的女子。1925 年郑毓秀回国后，被聘为北京女子师范大学校长。1926 年，她与同学魏道明博士在上海法租界开设了一个律师所，成为中国第一个女律师。同年，她与魏道明结为伉俪。抗战期间，郑毓秀曾任教育部次长。1948 年，郑毓秀夫妇移居美国。1959 年 12 月 16 日病逝于美国洛杉矶，终年 68 岁。

打消辞议员意 提出主张

此时河东第一区众议员当选者，为刘芙若，狄观沧，景太昭和我。我对友人说到辞议员一层，友人说："你万不可辞。因为候补第一名，为张之仲，当选举时，他就大运动，说你不当议员；你若辞去，即挨他补，那还成话么？"这几句话狠动我意，因张系我最不欢喜的一人，于是打消辞意，立志作一个议院的旁观者，不令一语落于记事录中。这自然是张的不幸，也是我的不幸，和我的宗旨大相背谬故。狄君从河东来，曾对我说："故乡父老，见我们的题名单，指点着说，这几个人都是给我们办好事的，天下事全仗他们做了！"我心里狠可怜这父老，他那知议员并不能替人民作好事呵！但是这第一届议员，从金钱运动来的最少，且多数系同盟会人，讲无政府主义。当选议员的，直隶为张博泉，山西便是我。这时同志刘师复，对此狠怀不满，曾在《民声》报上，和吴稚辉君，讨论这件事，自然是不好回护。师复攻张，不及我；因我讲主义未露名，且未入所谓"六不会"故。但看见师复的文，不觉动念，便不能忘无政府三字了！一日在某君欢迎宴上，谈起主义来，我便提出一个主张，说："无政府党巴古宁①，曾主张由一国人民造成无数小自治村，联成大自治区；并由各国大自治区，联成欧洲全体自治区。我以为亚洲也当照巴氏提议干去，自小自治区，联成大自治区，再和朝鲜、日本、安南、印度，联成亚洲全体自治区；美、澳、非各洲亦然。然后由五洲各全体自治区，联成一世界一统自治区，自然达到大同主义！"某君恭维我两句，说："梅九的话虽简单，规模甚大，不从平民起手，世界主义，是讲不到的！"但巴氏自治，决不是由什么议会，订出些自治章程，强迫人民去干；乃是由人民自由合意的组织，自己干起来，不要官府监督干涉。这自然是大革命后的事，不是单办几个新村，就是感化成功的。巴氏死后，其友人在法国的，曾有共产村组织，狠有自治的精神；但是革命精神，不及巴氏远甚，因巴氏足迹所至，必搅起革命故。

注释：

①巴古宁：现在翻译成巴枯宁。

千金报漂母　翙初妙语

陕友张季鸾，一日到解梁会馆寻我，说张翙初现困京中，请我向太昭借百元，我便道："我自有钱，不必问太昭！"回头即取出百元，付之。季鸾惊喜道："何慷爽乃尔！"我笑道："这还不满我意……你见了翙初，自明白了！"季鸾也没再讲甚么，便去了。太素闻此事，来问故，我道："别人不知，你还不知么？我们革命的事业，起于《国风日报》，《国风日报》，起于《岁华旬记》，《旬记》完全是翙初拿出钱来办的；若当日无翙初，即无《旬记》，无《旬记》，即无《国风》，无《国风》，我们革命必不能那样进行顺行，所以我对于维持《国风》的诸友，永怀不忘，而对于助成《旬记》的翙初，更有韩信遇漂母①的感想。如今是我们千金报漂母的时候了，可惜没有这力量，所以尽他的要求，给了他，这何能满意？"太素不觉点头。（去岁②归里，为老母贺七十，稍微铺张了些；不但惊动了安邑人，把河东及陕西、上海、北京友人，全惊动了！借安邑关帝庙，陈列寿品处，叫戏两台，分火神庙一台，意在博老母生前一笑，但自觉的太阔绰点。曾撰一联云："酌乎礼，准乎情，都说这一番举动不为过；礼从宜，事从俗，总教有些个驳弹也何妨？"老母倒狠喜欢，对人说："过日子不得不仔细，过事不得不风光！"其实是恐人弹驳我的缘故，仍出于爱子心。这时太素从临晋③远来观礼，招待在某友家，我往与快谈，太素笑曰："民国二年，是千金报漂母，现在民国十一年是衣锦归故乡了！"哈哈！事隔十年，他还记得，我只笑答了一句："都不称！"若道一句戏白，便是："你在这里等我哩！"真笑话了！）我又听见翊初病，探望了一次，他狠说了些特别妙语，最痛快是驳女子节操的话，他道："若以男女交为失节操，只好同讲孤身主义；不然真把握手也叫做失节操了！"

注释：

①漂母：典故出自《史记·淮阴侯列传》。

②去岁：说明写作此书时是 1923 年。

③临晋：山西临晋县，现为运城市临猗县临晋镇。

河东案始末记

南游归来，最伤心是河东案！佩兰虽未死，而岐山、实生卒以河东独立的罪名，适中袁氏锄诛民党的心事，把他二人革职调京，拘留在陆军宪兵处待质①。这时河东人全体向政府递过保状，无效；而为此事最尽力者为太昭。我只于某纪念日，为《十忆二哀》一文，十忆，是忆为革命死去诸友——有王建基（弼臣），常子发②，王赓雅③，王家驹（王君死于晋北），是和孔文轩同去的，郭唯一曾与其事，到京见我，盛称王君之勇烈，有"风击刀石，雪打阴山"的壮语。刀石地名，王君即死难于是！刘汉卿，韩体亭，王虎臣，诸人。二哀，自然是哀张、李④，说二人功过足相抵，不应置之法网。曾到宪兵处探望两君，却在那里习字看书，面上毫无苦痛，实生说："我已经看见你给我们作的文章了！就是你的非仕论我不懂，为什么不教人作官？"我心里说："这真是官迷！"口里道："你们不是上了作官当了么？"我责岐山不应虐待佩兰，他道："佩兰也有逼人太甚处！过去事不讲了，我总认他是朋友！"我安慰了他们两句出来，曾见佩兰为之解释。佩兰后来到法厅上，没多攻击两人，真不容易。为此事托人不少，最得力的，有安徽贾仲官。此君曾在山西武备学堂，充过德文教员，为人极慷爽。革命后，由友人介绍成相知，他和陆军方面的人，都能说上话；又因为后来张、李案，改由军警执法处与陆部混合裁判。时陆建章⑤为执法处处长，贾君与陆有旧，曾向陆为张、李解脱，陆戏贾君曰："受了人家多少贿？"贾君笑曰："我只吃了人家二斤河东枣！"真是趣语！此事一直到民国三年，才解决。都系后话。我为略记此案本末，故摘要先提叙几句，详情到后边再表。

注释：

①阎锡山获悉南桂馨被拘后，急令张士秀、李岐山交出南桂馨，由孔繁蔚解省"讯断"。阎锡山向袁世凯密告张士秀、李岐山谋反。1913 年春，赵倜（tì）奉袁世凯电令，率三个营由茅津渡过黄河，夜行军到运城。张士秀、李岐山不知赵倜来何事，出城迎接，即被赵倜扣押。南桂馨被宣布"无罪释放"，张士秀、李岐山被判处徒刑 15 年，囚禁在北京陆军监狱。

②常子发：即常樾，字子发，辛亥太原起义，山西军政府成立，都督阎锡山提拔常樾为军令部长，参赞军务。三镇兵进攻娘子关，阎锡山派常樾与刘盥训携带景梅九代阎锡山写给袁世凯的信去北京，久无结果，忽闻清军已破娘子关，三镇军违约攻太原，晋军分南北两军后退。刘盥训嘱常樾回山西送信。常樾刚出北京，见清兵遍布京南，盘察严密，便绕道河南回山西，隆冬季节，被谢有功捕获，慷慨就义，年仅 29 岁。

③王麘雅：时在《国风日报》为发行兼编辑。

④张、李：即张实生、李岐山。

⑤陆建章（1862—1918）：字朗斋，安徽蒙城人。1912 年任袁世凯总统府警卫军统领兼北京军政执法处处长。在任期间，大肆屠杀革命党人，被称为"陆屠伯"。1918 年 7 月，陆建章反对段祺瑞执政府对南方用兵，被徐树铮诱杀于天津中州会馆。

游颐和园 真是滑油山

　　是年春趁着议会未开会，狠有些闲工夫，欲尽漫游归来的余兴，和太昭发起游颐和园。太昭和几个人乘汽车，我和玉青坐马车，先后到园外。先守门官儿不准入园，太昭又打了一回电话，还不行；后来又来了一个游园的，像是有甚么势力人，守门不敢挡，并怕我们说闲话，送了个人情，准一同进园。后来者是广东人，我偶然想起同学广东陈君的一句话，便不觉说出来，道："我地（即我们）都系（读害）冬（同也）昂（乡）！"那守门惊问道："先生也是广东人！我在广东住过多年，懂得广东话！"我漫应之；其实我只会讲这一句，只笑说道："我也到北边多年了！"这一句截住广东话，混过去了，好笑！却说园中凿一大湖，湖边有石船一艘，好似一座楼房，里边桌椅等，全是石造；听说这一只石船，费逾十万，原来这园，是甲午后清后那拉氏造成的，传言是把李鸿章筹得重兴海军一笔经费，都拿来修了颐和园，所以有人，戏呼这园，为"海军衙门"。我想世界海军，也是儿戏，这石船也是玩具，和战舰差不多，大可一例看待，湖边垒起假山石洞，山上有一方铜屋，庚子联军入京，将铜屋所悬的铜牌及铜对联，一齐取去；惟此屋太重，奈何不得，也算一个纪念品。山上有亭，题"画中游"三字，俗讹传为"滑油山"，以讽刺那拉氏作恶太多，活受地狱之苦。是日微雨浴尘，径苔滑步，真有滑油之感。里边有戏园，有秘殿。太昭说像寺庙：因重阁叠屋，红墙黄瓦，所谓金碧辉煌，气象峥嵘，与寺庙无异故。最可笑是园中立一石碑，上刻御制诗，语句间有爱惜民力之意，真骗人！惜民力，尚且这样的大兴土木；若不惜民力，又当怎样？

书癖　题咏南枝集

　　鄙人于游癖外，还有书癖。趁着手里有几个钱，买了些书，第一想起在长安翊初①家中，和勿幕看过的《粤雅堂丛书》，有一部缺四集，要五十元钱；在我心里已为狠便宜，照原价付人，没争论，玉青问故？我讲："我还想多给他几块哩。"这也传成笑话了。又买了一部《守山阁丛书》②，以及词律等，算够翻的了。一日接太原友人函，教我回去；我即偕玉青并带著《粤雅堂丛书》反晋。分送西湖藕粉于诸友，结了南游债。时越南友人阮鼎南③君到太原，我迎他住在寓中，痛谈往事；他携有所著《南枝集》，全系诗篇，写着一片复国心事，教我题句，并云："不要太悲伤语！"因他赋性豪迈故。我正学填词，阅"西河调"，有"满江红"的句势，因成一首云：

　　　　君奇士，生平慷慨如此，唾壶击缺剑横磨，壮怀未已。步兵长啸，叹英雄，眼中更无余子。

　　　　何苦说？天下事，旁人那解卿意？过江休效女儿悲，新亭揾泪④，酒酣为我唱南枝，余音激越天地！

　　　　登高纵眼望越水，隔中原犹八千里，写尽雄心谁寄？待从头收捨（拾）河山起，复楚包胥归来矣！

　　君览此词甚喜，尝以示诸知友。在敝寓久，与往来客渐熟悉，寓中人，或戏呼君为"外国人"，便发怒曰："我们同是一家人，奈何外我！"此后人皆称之曰："一家"；君亦漫应之。一日君戏为诗谈，使大家猜，如例押铜钱，一赔三的赌法。取《粤雅堂丛书》中不经见之诗集为底本，别填四字，往往胜原句，因而押者多输与君。君遂以余钱，买饼食之，予乃咏一绝调之曰：

　　　　挑灯裁纸作诗谈，谁道先生命运悭？赢得铜钱三五十，买来糖饼自家餐！

仍寓君胜敌后，自享幸福意。君读之笑曰："末句，大有怨望意。"

注释：

①翊初：即张赞元，字翊初。

②《守山阁丛书》：清代刻书家钱熙祚聘名士顾观光、李长龄、张文虎等在藏书楼中校勘、抄书，辑成《守山阁丛书》112 种，652 卷。所收均为古代撰述佚而仅存之书，短篇著作易于散佚之书，近人著述有关政治、风俗之书。钱熙祚（1800—1844），字锡之，一字雪枝，松江金山（今上海金山）人。

③阮鼎南：即越南志士阮尚贤，又名鼎南。

④新亭揾泪：《世说新语笺疏》上卷《言语》：过江诸人，每至美日，辄相邀新亭，藉卉饮宴。周侯中坐而叹曰："风景不殊，正自有山河之异！"皆相视流泪。唯王丞相愀然变色曰："当共戮力王室，克复神州，何至作楚囚相对？"

罪案原起与终结

是时仲伏在上海创办《民国新闻》，电招大觉充编辑，并来了一封信，内言："大觉昼眠夜醒，正适合上海电灯下生活，大可任意，哈哈自笑！"大觉接到盘费，便自去了。后来回信说："一切都适宜，只不得吃白面馍，大是苦事，不久仍要北返！"我笑仲伏计算还不周到。仍替大觉在太原想位置。此时《山西民报》虽停刊，而稽勋局改为调查会，我想请大觉来帮忙。一天和润轩谈起稽勋文件，他说："别人的事，通有了，就缺你自己的事，我想替你编一编，仍怕不能详尽，你自己叙出来不好么？"我笑说："真要我唱'丑表功'么？稽勋原重在死者，生存者，可以不写；况且看现在这情形，革命不算甚么成功。若提到我自己十年来革命事迹，全是罪过。我打算作一册《罪案》，详叙一遍，倒可以把各方事情，全写到里边！"润轩狠赞成。我拟以十日工夫，写个大概；于是始作《罪案》，每日约书数千字。乐天丈（玉青父）取而读之，笑曰："写的比看的还要快，一张未完，一张又写来了！"这自然是扬中有抑。但我自己也只是先打个底稿。五日已成三万言；至南游归晋止，暂搁笔，豫备以后再修饰，其中脱落处很多。勿幕曾为观察延井煤油①的支脉，来到太原，翻阅一过，改正了几处：最显者，如遇卖浆者造谣节，"浆"字误"酱"；并补一句谣言，说："当时陕西消防队的驻处，门口写着'消防驻在所'五字，同志曾以回文法②读之，曰'所在驻防消'。革命后，各省驻防满营全消，其应验如此。"（第一次革命结果，也不过如此，只取消了满洲驻防。）并道："这可作西北革命秘史观，再详较③一回为是！"我说："这不过是一篇笑话，有什么秘史价值？"《罪案》原稿，起于稽勋，亦终于稽勋，戏比《春秋》终于获麟，实自获麟起，应终结于是，以下为附录。

注释：

①延井煤油：陕北有石油，最早见之于东汉著名历史学家班固所著的《汉书·地理志》。1907 年聘请日本技师佐藤弥市郎在延长县西门处勘查，获得工业油，为中国大陆第一口油井。

②回文法：回文读法是指把相同的词汇或句子，在下文中调换位置或颠倒过来，产生首尾回环的情趣。

③较：应为"校"。

罪案附录

背叛主义　加入国民党

　　勿幕阅毕《罪案》原稿，曾笑道："《罪案》从此就完了么？还接续下去？"我笑曰："完是完了，却另有一层公案！"勿幕道："那么，还不算完！"我又笑道："恐怕死了才能完罢！"话虽如此，但我所谓另有一层，勿幕并不知道；因《罪案》原稿，是参与种族革命一层结束，接着堕入立法界，才真是对主义的背叛①，所以说另有一层了。第一次国会议员②，同盟会分子固多，非同盟的分子也不少，与同盟抗衡的，惟有保皇派变形的进步党；还有：统一党，共和党，统一共和党，共和统一党。当时人对这四党，曾寻下一条对联，颇现成，便是："四海楼，升平楼，四海升平楼，升平四海楼。"四楼都是有的，所以能传播一时。那四党到后来，却多半加入同盟会，共议改作国民党③；党员算增了，精神不及同盟远甚。由是国民进步，形成两大政党。我以同盟会的关系，加入国民。进步方面，因人数太少，因有"拉党员"的事；尤注重在议员，和国民党都在北京东西火车站上，树旗派人欢迎议员，热闹了一时。我既未辞议员，因国会将开，由太原起身入京，有特别免票，坐了一趟没花钱的火车，直入北京。车上遇见议员不少，都不认识。有直隶一个议员，和我扳谈，我看他没有真正主张，想起敌党拉人的事，心里想咱也拉一拉看，便给他说明国民党的来历，劝他到国民党去；他毫无成见，便答应了。我心里笑道："也成了栈房拉客的伙计哪！"下车时，两人偕同国民党招待员，齐到国民党本部，说明新客愿入国民党意思，大家自然欢迎。这位先生算糊里糊涂加入国民党了。我不过是一时戏游，并没诚意为党，所以到京后，仍不常到党部里去。

注释：

①指景梅九对无政府主义的背叛。

②第一次国会议员：1912 年 12 月初至 1913 年 3 月，全国各地根据选举法选出参众两院国会议员。全国参、众两院合计共有议员 841 人。参议员 274 人，众议员 596 人。

参议院议长为张继。山西省选出的参议员是：田应璜、张杜兰、刘懋赏、张瑞玑、陈敬棠、张联魁、段砚田、苗雨润、班廷献、王用宝，共 10 名。

众议院议长是汤化龙。山西省的众议员是：冀鼎铉、王国祐、侯元耀、刘盥训、阎鸿举、罗黼（fǔ）、石璜、刘祖尧、李景泉、狄楼海、周克昌、景定成、康慎徽、赵良辰、耿臻显、梁善济、刘志詹、李庆芳、穆邠、张升云、景耀月、郭德修、裴清源、康佩珩、谷思慎、贾鸣梧、王定圻、常丕谦，共 28 名。

③改作国民党：1912 年 8 月 25 日，在北京虎坊桥湖广会馆联合数个小型政党组成国民党。1913 年初，国民党于全国选举中在参议院与众议院皆获得最多席次，成为国会最大党。同年 3 月 20 日，宋教仁被暗杀。11 月 4 日袁世凯解散国民党。

国会开幕　牛皮议长

民国二年，阳历四月八号，是中国第一次国会开会的日字①；我不想加入，对太昭说："我没礼服，我不与会！"太昭以为我真是为这个，同我向西服店定做礼服。我心里想，我最不爱穿西服，但不妨弄一套试试。到西服店量了尺寸，约日做成；到时仍没赶上，我仍然达不去的原意。熟友中却传为笑谈，说我同小孩一般，过年要穿新衣；那里知道我是躲避这开会②礼。那一天我没去，太昭回来说很热闹，单佩服指挥军乐的那个大汉，说："很有精神，外国人都赞赏！"美国是这一天承认民国的，大家以为荣幸。我说这全是笑话，一类人在一个土地上或破坏，或建设，各有各的自由，问甚么别人承认不承认？这也是国家主义骗人的东西！国会开后，我去了几次，和我脑中描想的差不多，完全是一种无聊喜剧！有的充民党，有的充政府党，你争我辩，甲是乙非，全非关要旨。最是选举议长时，一番竞争，真是笑人！老友汉园，也加到里边，今天请客，明天登报，甚么美国总统赞成他作议长；我劝他不要这样干，他却答的妙，道："你不知道，凡政治家，总要寡廉鲜耻，无所不为！"这两句，真把一切政治家骂倒！这所谓明知故犯。我因到议会，留心看汉园行动，他总是最后才到。（一定忙运动的事！）我戏对太昭说："这位陈议长，牛皮太大，像赴宴的客一般，牛皮客，总不肯早来！"太昭可恶，举一反三地，说出北京三大牛皮来：第一便是我的二簧，总不唱一声好的出来，真牛皮；第二是某君的弦子，总不给人弹成一曲，好的自然藏着，也是牛皮；第三便是陈议长。（因为议长须先到，他偏后故。）这虽是笑话，然动不如静，语不如默的深意，自存其中；所谓不言之教，不行之表，才真足吹起牛来！这时少侯③很帮汉园忙，为之请客运动，并刊出《陈家鼎革命大事记》一小册，其中牵连人不少！倒还有些实事；但不是运动议长的用品，在陈君只当一种逢场作戏看，亦无所容心于其间吧！等问明白了再讲！

注释：

①日字：应为日子。

②开会：1913年4月8日，中华民国第一届国会在北京正式召开。

③少侯：即孙毓（yù）筠（yún）（1869—1924），字少侯，安徽省凤阳府寿州大柳树人。1906年，他在东京加入中国同盟会，捐献大笔金钱给同盟会。1915年（民国4年）8月，他与杨度、严复、刘师培、李燮和、胡瑛等人发起"筹安会"，鼓吹帝制。后来在开封病逝。

宋案略记　裴郭人狱之营救

一天忽在友人处，得到一个惊人电报，说："宋教仁（渔父）被刺于沪宁车站，伤势甚重。刺客武某①已被捕！"因对阁臣曰："民国大乱，从此起矣！革命又要接续了，我们不能不豫备一番！"渔父虽是政治家，但因他是民党健将，又为人极精敏有毅力，群推为政治领袖。他一死，民党决不能干休，一定要起报复之师。至于这案的主谋人，由上海探得洪述祖和赵秉钧的往来密电中有"梁山贼寇，已伏诛，转达极峰"等语，又露出应桂馨诸人的名字来。所以某君②曾有一挽联云：

前年杀吴禄贞，去年杀张振武，今年杀宋教仁；

你说是应桂馨，他说是赵秉钧，我说是袁世凯！

颇能指出真犯。时检察厅，出票传赵秉钧到案，赵不肯出庭，曾予法庭一书，结以"岂能代人受过，自蹈危机"两语。《国风日报》对此事，攻击袁氏极烈。袁氏恨之，乃命人捕去编辑郭究竟，和经理裴子清，拘禁到狱里。我因之大愤，因给官庭一书，略云：

此报经理编辑主任，完全由鄙人负责，不能推诿于别人；如谓议员不能逮捕，即辞议员职以待。鄙人此举纯为服从良心之命令；不然，岂肯代人受过，自蹈危机？

末二语，借用赵词，惹起一时注意。官庭因之释放裴、郭二君，也是一种纪念。我对于宋君之死，只想起在东京，建设破坏一段话，因成一联云：

破坏易，建设难，勉为其难，遂死于难；

权利轻，义务重，畴任此重，傥生或重！

因对语不自然，置之字篓中，要另作，又不切事，只得罢休！

游天龙山　讨袁机动

　　宋案起，同志异常愤激，皆欲得主使者然后甘心！我想和太原同志一商，赶回来，老衡南归，西峰北返。听说西峰屡辞巡警道职不许，遂决意私行。于临行日，一祭故友杨芳圃①毕，即骑驴独出太原了。我听了，很有些感慨！但他们一去，我没个商量处，心里好生烦闷！因同玉青及朋友数人，到晋祠一游，祠在悬瓮山麓，流出一道清泉来。青主先生，题以"难老"二字，由是人称难老泉，相传为"桐叶封弟处"。庙祠圣母，种桐树，有古柏一株，云是周时物。青主题以"第一古柏"。我宿在吕祖阁②上，见蔷薇花一株，夜乘明月，看泉水，心游太虚，顿忘尘劳；得句已不记忆，心为境夺故。次日闻人言，离晋祠不远，有天龙山，因乘马与同游者俱去。不到半日即至，山寺已半倾圮！对面山松万株，如屏风，得未曾有。有停泉一井，终古常满，与诸人披荆棘，登坏岩，几无路径可缘！卒至一阁顶，阁侧竖隋开皇年间一碑，已剥落矣！摩莎一看，中有"习坎镇地，重艮接天"③二语，甚奇！又相传此地，为齐高欢避暑宫所在。山围树绕，陡馆清凉，阁旁又有龙王宫，内有水洞，名黑龙洞，僧言山后有虎豹出没，因成一律云：

　　　竞上昆庐阁，遥看万本松；山深能隐豹，洞古有藏龙。剥落开
　　皇碣，幽凉避暑宫；禅心安不住，蓦地一声钟！

　　同游者戏撞钟一声，音传山谷间，良久不断，寺僧急止之；乃为我们备米饭一餐，淡泊粗足，使人生入山思。时夏日特长，趁天未晚，同

归晋祠。次日晋祠唱戏，命人看有带辫发的为剪去；因乡人有惊惧意，即止。又留一日，福建林君来谈南方豫备讨袁，当谋响应，我和他定一密约。同日靳克天④来，求为一荐书，作警务处长；念在旧交，力为一谋，算达到目的。又杨镂甫，亦来游，有疑伯川派他来侦视我。我没理会，即日返太原。

注释：

①杨芳圃：即杨沛霖，字芳圃，外号杨麻子。

②吕祖阁：是供奉八仙之一吕洞宾的祠堂。

③习坎镇地，重艮接天：在六十四卦中，两个坎卦放在一起叫"习坎"。《象》曰："习坎，重险也。"

"艮"卦，是两座山，叫"重艮"。

④靳克天：名巩，字克天。

二次革命之动机

我和林君相约的事，只是在京汉路上，想牵制北兵的方法。又命人到辽东运动民军响应。时颇疑我图谋山西，我因离开太原。这时大觉已归晋，记得到石家庄，曾与大觉一函，隐然写出此事，说："他们要在我的红脸上，画两道白眉，我是不愿意的！"大觉没看清楚，以为怪报上登稽勋员的坏话了，给我回信赔不是，太笑人！只怪我的话，太曲折，直至见面后，才说明白。及到京中，仲伏从南来，说："大家已决定二次革命，我看很难成功，意思教协和不要卷入漩涡，请他早辞江西都督职东游。"我很赞成。便拟了一道密电，到太原出发，大略说："中央对君意甚恶，此次革命，难成功，避去为是！"协和接此电，辞职去。到上海，为同志义气所激荡，又翻回江西，起兵讨袁。同时金陵亦发动，同志纷纷南下，因成一词云：

郎自薄情惯误期，恼侬魂梦也相思；更无人处泪双垂，归雁拖
云离塞日；冷风吹雨入楼时，凝眸南望尔应知！

仲伏密对我说："他们（指协和等），虽不听咱们说，必至失败；
但我们不能看他们革命，一点力量也不出。我想到辽东，运动民军响
应；不成，即东走日本。因此次失败亡命者，必集日本故！"（这全被
仲伏断定了，但没想到他自己不能去！）我道："很是！我和某君商议，
破坏铁路，以阻北兵南下，辽东事起，我也东行！"当时为仲伏筹定盘
费，他自去了。我旋接太原电，说："秀女病重！"我甚爱此女，连忙
束装回去，也顾不得别的事情了！友人问我，我答道："我爱此女，甚
于你们爱甚么国！"

骑驴夜行词　秀女病态沉重

急急独归太原，行至阳泉，偏偏铁路被水冲断了一节，非陆行百余
里绕至寿阳不可。这没有法子，只好同一般客人，搭伴陆行。绕行的是
山路，大家雇了驴儿骑，走了数十里，天色渐晚，时方季夏，尚未换单
衣，山中夜行，有点冷，皆黑漆地不辨路径，想起李易安①声声漫②词
句，在驴背上，易生诗思。便心里戏摘原词韵字，一路填成了两阕，倒
忘了行路辛苦，词云：

寻寻觅觅，下下高高，行行止止得得。恰到黄昏时候，前山凝
碧，破帽袷衣单裤，怎敌他，晚来风急？看天半粲星河，耿耿照人
颜色！

早是羊肠险窄，更满径乱石零沙堆积。守着驴儿，四顾怎生得
黑？溪声浑疑夜雨，助人愁淅淅沥沥，这次第，知今宵何处去宿？
也寓着世途黑暗，茫茫无归着的意思。词虽不佳，句句切实，所以

永远忘不了。夜半走到一镇店，寄宿半宵。自铁路开后，店伙未尝遇见这些客；自然千载一时的机会，多要了几个钱。也不打紧。第二天，在途中看见大水冲断了的铁桥栏杆等，直到山谷下，深感自然破坏力的伟大！到寿阳，改乘火车，赶黑到太原。听说秀女在法国医院，玉青伴着。我连忙到那里，看他。他见我回来，狠喜观（欢），露齿微笑；但浑身发肿，和我在石家庄梦中见他的病容一般，不觉凄然！玉青说："秀娃这几天，每傍晚，听见火车放气声，便道爸爸要回来了，赶紧接去罢！你怎么才回来？"言时也含着泪，我只摇头不语。一面听说外国医生，不给看哪，知道这孩子，是不中用了！决意带他退出医院，同回私寓。

注释：

①李易安（1084—1155）：即李清照，山东省济南章丘人，号易安居士。宋代女词人，有"千古第一才女"之称。

②漫：应为"慢"。

秀女夭亡　共和中断

此时关心两件事：一为江南讨袁军的胜负；一为秀女的生死。不料金陵、湖口的消息一天坏似一天！秀女的病状，也一天的危似一天！我便拿此女卜共和的命运；果然，于南军完全失败后，秀女也夭折了！买了一副好棺殓起来，年十一岁，死前一日，见我和玉青悲状，尚含笑说："你们不要愁，我是不死的，你瞧我声音还未变呵！"到次日，竟无一言绝气！悲哀自不用说。犹记仲弟敬之在家，教诸子算术，秀儿时九岁，独有悟解。一日特写一难算题，对他讲道："秀儿！你若能算出这道算题，你就不得活了！"秀儿果解出，敬之喜极而泪！说："这孩子太伶俐了！"（我《哭女辞》中有："忆汝叔语，使我悲怆！谓汝早慧，早慧不祥；竟成谶语，十一而殇！"记实也。）我哀极至痛晋诸子曰："若辈不死，独令我秀儿死！"玉青和秀儿形影相依数载，哭之甚恸！太昭①戏谓我"谢公最小偏怜女"②，也是实话。在秀女病中，尚躲过一件讨厌事体——就是选举袁世凯作总统。听说那一天，有便服军人，包围议会，非选出总统，不让大家出院；然卒未得到三分二多数，由第三次决选出来。袁氏晓得议员中，尚有许多不服从自己的，于是下了毒手，捕杀民党，并解散国会。这些都不要紧。一天忽接北京电报，略道："仲伏被捕，速来救！"我连忙赴京营救。路过石家庄，遇佩兰说："伯川在北京见袁氏正捕民党，可缓去！"我道："为仲伏事，死也要去的！"到京一月，营救出来。（语详《入狱始末记》）

感时得《惜花词》一首，用"千秋调"。

　　往日看花时，人为花倾倒，处处翠翠红红，色色称好。风风雨雨阵阵催春老，空惆怅落纷纭，花事了。

　　金铃十万拥护情堪笑，剩有枝枝叶叶，恋恋怀抱。西风冷落，那更零霜早，怕残叶，和空枝，都莫保！

那年八月中秋③，同鼎南、冠三、明候④，在某医院夜饮，时月全蚀，天地一黑，从有黑气数道冲空而起，明候曰："此乱兆也！"令我和鼎南作诗词记之⑤。我但就月蚀，用"菩萨蛮"调，古词一首，说出一片希望来：

　　蟾蜍⑥作怪中秋节，天边衔去一轮月；举酒问青天，如何不放圆？天云月不死，那有终亏理！君且待重生，重生分外明！

注释：

①太昭：指景耀月。

②"谢公最小偏怜女"：句出元稹悼亡诗。谢公是东晋宰相谢安，他最偏爱侄女谢道韫。谢安（320—385），字安石，东晋杰出政治家、宰相，陈郡阳夏（今河南太康）人。此处是说景梅九最爱他的女儿秀女。

③那年八月中秋：应该是指1913年的中秋节。这一天正好是阳历的9月15日，也是二次革命失败的时候。所以景梅九情绪低落。

④鼎南、冠三、明候：鼎南，即越南志士阮尚贤，又名鼎南。冠三，即刘冠三。明候，候应为侯，指陈干，字明侯，山东省昌邑人。

⑤阮尚贤（又名鼎南）在他的《南枝集》有《癸丑中秋月蚀同景梅九定成作》诗云："底事姬娥亦恶园，霓裳如雪竟笼烟。何人运斧能修月，与子停杯一问天。万里云山围去雁，三更风雨动哀弦。（自注：是夜月蚀后，风雨大作。）凌空不度仙桥去，惆怅人间又一年。"

⑥蟾蜍：在古典文学中蟾蜍是月的代词，但民国初年流传着袁世凯是蛤蟆精转生的传说。

故人一纸书

（有关《罪案》之文，因录书，老梅记①）

梅九足下：

日来不晤，近著何书？高卧医庐，万感交集，故人风雨，载劳寤思！《罪案》杰作，有味津津。虽述个人，实关全党；细读一过，有如隔生。党史无传，吾为兹惧！今已见此，快慰何如！但有不怡，胡忘老汉？鼎在国胜，与公周旋②；颇有岁年，且多事迹。何公馆邸，举杯骂胡③；孙文座中，插血④复汉。《洞庭波》起，为鼎代销；同盟会成，与君共事。《晋乘》一志，君歌我听；《汉帜》三期，我唱君和。德人⑤助桀，青岛同舟；汉奸忠胡，白日见鬼。君度函谷，时济故人⑥；鼎返扶桑，长为亡命。上海秘社，鼎实主盟⑦；小杜在内，东京遣团。鼎留最久，大孙所知；太炎出牢，鼎适掌沪。（东京本部派时季友接章，先函知我处接洽。⑧）禹狱同难，鼎逃出湘⑨；团体惠金，老梅居一。（清时革党同志友，以鼎事败被缉返东，旅费尽出，倡组协助汉园小团。除中山、克强诸友，时由南洋群岛遥济外，在东⑩见助鼎每月学膳费者，为李协和，仇蕴存，黄膺白，何子奇，华朗泉，张翔初，阎伯川，章莫良，杜仲虑，陈陶怡，刘化南，丁鼎丞，罗持……诸君子⑪。除仲虑、陶怡，皆官费生，每人月出一元，或三数元；均清季最初同盟会革命同志友也。老梅即当日协助汉园团中之一人。鼎以业经挂牌被缉，逃犯其寓颇秘。星期日盟友多会饮我室，公亦尝来也，想尚历历心头欤？）旧友过从，现阁有二⑫；（程仲渔⑬、黄膺白等皆老同盟，当日过从最密。）七年于外，累及先亲。万古伤心，造成怪国！同盟以外，兼组"血党"。（系小杜，仇亮，宋钝初，何子奇，李协和，陈英士⑭，王荷亭，乔义生⑮，与家鼎密组——推我作大哥，实行同盟会所不及行仇满主义。）《民报》以外，另著各志；克强造寓，索文不应。（黄董午⑯为《民报》周年另刊《天讨》一书，各省皆由同志推作。湘同志推鼎任此。鼎时进行实行覆满计划，久不答应。黄亲访鼎五次催促之，鼎时整理公私文牍，及校课，为状甚忙，半晌笑谓克强曰："天讨乎？讨天耳！"克强笑答曰："我不日即有事实讨也，君勿戏为！"时晋友作此者景太昭也。）右任办报，聘主不往。（于右任创《民呼日报》。得兄书，即以路费五十元聘往主笔，鼎以早稻田政科快毕业，课忙；且我有沪案，因荐宋钝初、景太昭代之。该时作文，钝初署名渔父始此。太昭署名帝召。）元年鼎革，始获生还；两老重逢，几悲死别！玉门既入，参政南都；金陵议和，力主北伐。直至满、袁递坛之际，无非汉贼不并之时。二十载流亡，一场春梦。凡兹龙血，莫匪鸿泥，以上所经，吾公亲见。老友一笔，后世千秋。曾与中山，言及我党；权利可让，历史必争。《罪案》见遗，该当何罪？倘荷补正，实感再生！病里无聊，闲中有庆，茶余酒后，望惠还云！

陈家鼎⑰启　十二年（1923年），三月，十二日

附覆函

汉元老友：

惠书敬悉。《罪案》剩言，何足挂齿？乃蒙推奖，比之史传。虽感知心，却增汗背！革命大事，记载奇勋。洞庭余波，永留佳话；豹斑大露，蛇足胡添。惟所举列，略见条文；亦有漏遗，特加补叙。老苏善教，小妹能诗⑱；才拟建安，学原诸葛。满船风雨，

笔许神来；大好河山，魂销叔宝[19]。总兹韵事，未敢忿忘；况涉同仇，讵容屏弃。君自掩目，我非恝怀。请检前编，少说闲话。未知后事，且看下回！

三月十三　老梅敬覆

注释：

①故人是指写信的老友陈家鼎。老梅是景梅九。

②"但有不怡……与公周旋"：汉指汉元，即陈家鼎自己。鼎亦指陈家鼎自己。国胜两字原书下有一划线，疑是地名。"与公周旋"中的公，是指景梅九。

③何公馆邸，举杯骂胡：何公馆，见本书72页正文。"骂胡"是指骂胡人；"忠胡"指忠于胡人。

④插血：应为"歃血"。

⑤德人：指在青岛之德国人。

⑥君度函谷，时济故人：是指景梅九到函谷关内的陕西教学，时常寄钱给陈家鼎等人。

⑦同盟会刚成立，陈家鼎就奉孙中山派遣回国在长江一带发展革命组织，他是在长江沿岸建立同盟会机关的第一人。

⑧1906年章太炎出狱后，立即由同盟会迎至东京。在东京留学生欢迎会上发表演说，主张发扬"国粹"，受到举国推崇。

⑨禹狱同难，鼎逃出湘：1906年5月25日，陈家鼎和禹之谟一起，在长沙领导了湖南各界公葬陈天华、姚洪业两烈士的大规模示威运动，三湘震动。当时湖南的青年军人和学生，听了陈家鼎、禹之谟的讲演，人心更加趋向革命。1906年10月29日，陈家鼎为逃避追捕，和宁调元同船逃亡日本。

⑩东：指东京。

⑪诸君子：仇蕴存，仇亮，字蕴存。黄膺白（1880—1936），指黄郛，浙江绍兴上虞百官镇人。原名绍麟，字膺白，号昭甫，别字天生，笔名以太。1933年秉承蒋介石授意，在华北推行对日本帝国主义屈辱妥协的外交方针，后遭到全国民意所指而被迫辞职。1935年托病避入莫干山"隐居"。1936年12月6日，因肝癌病逝上海。华朗泉，生平不详。章莫良，应该是指章木良。陈陶怡（1881—1946），即陈陶遗，原名公瑶，字陶怡，号道一，别署剑虹。金山松隐镇人。1906年，他经高旭介绍，与柳亚子同时参加同盟会。后任同盟会暗杀部副部长，在寓所研究制造炸弹。1907年初夏，奉命携枪支炸药回国，不料被同盟会叛徒刘师培出卖，关押于江宁监狱。1909年夏5月，终于获释。抗日战争时期，陈被迫于1937年冬避居香

港。1946 年 4 月 27 日患心脏病逝世。丁鼎丞，即丁维汾（1874—1954），字鼎丞，山东日照人，早年加入同盟会，参加辛亥革命，是山东省同盟会负责人，曾是国民党中央党部秘书长，掌管国民党党务，号称"蒋家天下丁家党"。始终是蒋介石的支持者，一直担任国民党中央执行委员会委员。1954 年病逝于台湾。

⑫现阁有二：现存有二友。

⑬程仲渔：即程克，字仲渔。

⑭陈英士：即陈其美（1878—1916），字英士，浙江湖州人。民主革命志士，青帮代表人物，于辛亥革命初期与黄兴同为孙中山的左右手。弟陈其采，字蔼士。兄陈其业，字勤士（陈果夫、陈立夫的父亲）。陈其美与蒋介石关系密切，为蒋介石拜把之兄，将蒋介石引荐于孙中山。1916 年 5 月 18 日，受袁世凯指使的张宗昌派出程国瑞，假借签约援助讨袁经费，于日本人上田纯三郎寓所中将陈其美当场枪杀。孙中山赞扬陈英士是"革命首功之臣"。

⑮乔义生（1882—1956）：山西临汾人，字宜斋（乔本姓张，因过继给姑家，遂易姓）。他是山西最早接受民主思想的人。孙中山被清政府驻英使馆官员绑架，英籍清洁工人柯尔把消息传给康、孟，转告乔义生，共商营救之策。英国诸报披载囚孙消息，英政府与中国使馆交涉，使孙中山终于在 23 日获释。乔义生在辛亥革命前，秘密来山西，策动起义，并在山西大学堂英文系任职。太原起义后，他任军政府外交部长，代表山西赴南京，襄赞孙中山成立临时政府。1925 年 7 月，国民政府成立，乔义生被派任荆州、厦门等处海关监督。抗日战争期间，他赴重庆，选任国府委员。1949 年他到台湾，兼任总统府国策顾问等职，后因胃病于 1956 年 4 月 7 日在台北去世，时年 74 岁。

⑯黄堇（jīn）午：指黄兴。曾化名黄堇午。

⑰陈家鼎：在国会，陈家鼎联合参、众两院议员中的忠贞之士，组"癸丑（1913 年）同志会"，坚决反对袁世凯。宋教仁在沪被刺，陈在议院对袁世凯政府严厉质询，并亲自主持声势浩大的追悼会。首届国会开幕，陈家鼎拒袁世凯 50 万元贿赂，当袁派兵围住国会胁迫议员投袁票时，陈家鼎三次投票都在票上大书"孙文"二字。1913 年 11 月，再亡命日本，过着艰苦的生活，仍追随孙中山不断研商讨袁对策，积极参加护国斗争，在几家大报写文章讨袁。1918 年元月孙中山任命陈家鼎为大元帅府参议。1928 年 1 月 8 日（丁卯腊月十六日），陈家鼎在北京书斋因煤气中毒猝逝，年 52 岁。

⑱老苏善教，小妹能诗：老苏，指苏东坡。小妹，指苏小妹。在此亦比喻陈家鼎教他的妹妹学诗。

⑲大好河山，魂销叔宝：此句说，大好河山，就让陈叔宝这样的亡国之君给断送了。陈叔宝（553—604），即陈后主，南朝陈末代皇帝。

刘君孚若自述
辛亥革命密史一节①

（关系《罪案》之文，录之以为旁征，老梅记）

辛亥冬，武汉起义，予嘱翼若同王太蕤诸君归河东谋响应②。予留京侦伺一切。袁项城督师湖北，予函劝其集中郑州，北上勿南下。项城归京，予屡函劝其作非常举。胡君石青③则随项城军中，鹏项城作非常举者。到京后，与予宗旨大合；遂相率访袁云台④，劝其速赞成共和。不数日，朱莆煌⑤等秘自南中来，商和议，有唐、伍⑥专使议和之举。予谓共和不日可成，而升允尚在西北，恐煽诱回部⑦，为大局忧！密陈之云台，云台韪之，即嘱予至甘肃，设法联合地方，先为之所。并曰："和议成后，将分别孰为革命军，孰为土匪，以定剿抚办法；而军匪之辨，即视其秩序有无以为断。往甘肃，必经山陕两省，坚嘱其勉守秩序，毋令他日认为土匪……"云云。予遂约同张君朗村⑧南下，至石家庄，晋抚张锡銮及周符麟⑨等，驻其地。两人皆派弁劝予毋往；予不顾，杂兵众所乘火车中而西，至获鹿⑩，火车不能前；遂雇人推平车，循铁轨行数十里。遇晋将乔君子和⑪。同见娘子关姚司令维藩，赵参谋次陇⑫。当夜以火车送予等至太原。此时太原与关外，声息不通，和战俱无适从。予告以南北议和情形，且建议阎督用公文式，请项城速宣布共和，则愿推为总统；否则以兵力相见。阎氏及其左右赞成鄙说，嘱景君梅九草文，并请予同常君子发回京，向项城表示此意。且曰："入甘之行，俟君归来，当委乔子和同往。"予遂北上，至井陉，北军尼不许过，百计交涉，始允予一人行，用火车头接予至石家庄。露刃环予，在司令部开军事谈判，予只谈政治，不谈军事。北军齐姓者，无如何，曰："已电请宫保⑬处分，且在营中静候。"至夜半，京电来，言将刘某送京，与段翼长⑭接洽。（此时袁氏勒云台回彰德避嫌疑，予不知也。）予次日遂入京矣。连谒段，俱未值，而常子发迂道平山到京，言所带金锭及银元，俱在长辛店失遗。且曰："娘子关已有战事！"予急质政府。则曰："娘子关一交，晋军已逃，殊出意外。不过政府决不令进攻，亦不令张锡銮入晋。"予复与常子发商议截留民军办法，遂措资与之，嘱其间关入晋，飞函民军，速回太原；或北踞石岭关，南据韩侯岭，再计规复。孰意常君回家久住，待平阳谢镇与河东民军，交战已久，乃偷过平阳，遂为所获，而被戕也！常君固血性男子，死于非命，伤哉！民军既去太原，李盛铎[15]以布政使名义，出维秩序。张郎村在晋，函嘱予归，予再至太原，景象荒凉。梁伯强[16]卧病咨议局，予劝其速组织国民公会，以谋共和发端。自任亲往南方，恢复阎督地位，以谋革命结束。密嘱杜子诚[17]派人告阎督，速发通电，并告以大意，言："此次晋军退守南北要隘，系不忍涂炭生灵，并非战败。共和告成，当解甲归田；和议决裂，当卷土重来！"云云。先是晋军败后，南政府即电询袁氏以阎督下落，袁氏以无下落答之；故于此时以恢复阎氏为职志，由晋而汴而津，联络两省议会，主张公道。两议会曾有电阻清兵入晋。予遂至沪，至宁，适谒中山及诸要人。阎督通电亦到，予遂执以表示晋督有人。有询河东军政府者，予答以分政府而已。电中归罪梁伯强一段[18]，则非予意，盖阎氏自为之。适接晋信，言张锡銮已入晋，予遂访唐少川和使，诉清政府失信。唐即日电袁撤张。次日又访唐，唐之复电已到，即日令张出晋，暂以李盛铎署巡抚。又接晋信，言晋南军匪暴掠地方，予亟返津。此时袁氏左右见予，则言南方某某省争都督，极纷扰，独阎氏来电，光明磊落，若参之不容口者。予调查晋南战事，乃卢永祥兵所为，要求袁撤退之。傅良左[19]管军事，谓予曰："此师极佳，本拟调卫京师，因重视晋，故留之，决无劫掠情事。"予又诉段陆长芝泉，段乃嘱予同李君士锐[20]至晋调查，始知卢师[21]南下，已抵平阳。所过皆掘地三尺，其排尾留太原二百余人，终日枪声隆隆，抢掠商民财物。李盛铎时居晋阳书院，予面诘责，何以不能维持地方至是！旋仍回京，适值正月十日之变[22]，同行者有谷芙塘先生，因袁氏避匿，人心惶惶，予遂同谷公往津；数日复回京，闻李盛铎奉袁命，勒阎氏从忻州回归化原地，否则以武力抵抗。谷君与董君子安[23]代表晋人，要求撤兵。段合肥询民军是否有维持地方能力，两君不敢应诺；复召予商之。予急起担任，即访合肥，力言民军可保无虞；并言："阎氏不归太原，则南北分裂，军事永难统一，请以阎氏治军事，李盛铎则以民政长管民事。"合肥允之。调卢师出晋，阎氏遂恢复都督地位。而山西军民分治，遂为各省先导。又闻阎氏入省，尚无马鞍，予为借百元，交某君带归，为都督壮观瞻。至予则息影议院，不复归晋，亦不与政府往还。惟恐有以官吏相嬲者。盖曾与胡君石青㉔约共和告成，不作官吏也。

刘孚若笔述　十二年（1923 年），二月，十九日

注释：

①刘孚若写的这段文字，与《罪案》一书的内容有关，附在《罪案》后面作为旁证。

②予嘱翼若同王太蕤诸君归河东谋响应：予，指刘盥训自己。翼若，指刘绵训，字翼若。王太蕤（ruí），指王用宾，号太蕤，山西猗氏县人。

③胡君石青（1881—1941）：即胡汝麟，河南通许县人，字石青。1912 年底当选为国会众议院议员，1917 年创办《新中州报》。1919 年元月，河南督军兼省长的赵倜与英帝勾结，在开封将胡汝麟逮捕下狱，囚禁 16 个月，后获释。1934 年任河南通志馆编纂。抗日战争时，胡汝麟任国民党政府参政院参政员，先后任河南大学、华北大学、东北大学教授。1941 年病逝于重庆。

④袁云台：即袁克定，字云台，袁世凯长子。

⑤朱莆煌：四川江津人。1912 年元旦，孙中山就任临时大总统职。总统府秘书班子中近一半人是川籍盟员，有朱莆煌等。在四川，经吴玉章倡导，朱莆煌、黄复生等工商界人士和社会名流集资数万元，成立了重庆留法勤工俭学预备学校。后来，四川留法勤工俭学学生在 1921 年冬达到 492 人，为全国之冠。赵世炎、刘伯坚、陈毅、邓小平、聂荣臻等成为川籍留法的先进分子。

⑥唐、伍：唐，指唐绍仪（1862—1938），又名绍怡，字少川，生于广东珠海唐家镇唐家村，是清末民初著名政治活动家、外交家。武昌起义爆发后，唐绍仪受聘袁内阁的全权代表，赴上海与南方民军总代表伍廷芳谈判议和。在议和过程中坚持"拥袁共和"的方针，对南方作出了很大的让步，终于达成了确定共和体制、优待清室、推举袁世凯为大总统的协议。他是民国第一任内阁总理，与孙中山政见分歧后，任中山县长。上海沦陷后，盛传日敌拟利用绍仪等组织华中伪政府，蒋介石下令戴笠派特务将其杀害于家中。伍，指伍廷芳。

⑦回部：指新疆、甘肃一带。

⑧张君朗村：张朗村，湖北恩施人，同盟会员，施鹤道优级师范学校教员。刘静庵创立了日知会，1903 年，刘静庵经张朗村介绍入湖北新军。3 月，辜天保、季雨霖等组织科学补习所于武昌山前东厂口。刘静庵、冯特民、朱滋淘、时伯弼、宋教仁、易本義、张朗村等人分道进行。科补所是日知会在军学界的革命组织。武昌科学补习所是科补所在武汉地区的革命机关。科学补习所成立前后，刘静庵常与从日本留学回国的日知会健将吴禄贞，以及朱和中、耿伯钊、张朗村等日知会（科补所）成员在武昌花园山活动，探讨革命方略，史称"花园山聚会"。

⑨张锡銮及周符麟：张锡銮（1843—1922），字金波，又字今波、今颇。浙江省钱塘县（今杭州）人。1911 年 10 月 10 日辛亥革命爆发，袁世凯奏请清廷起用其部下王士珍、倪嗣冲、张锡銮等。10 月 29 日山西新军发动起义，11 月 15 日新任总理大臣袁世凯任命张锡銮为山西巡抚，率曹锟、卢永祥的第三镇开往石家庄，准备攻破娘子关并向山西开进。12 月 13 日清军攻占娘子关，清军一路烧杀淫掠，凡是攻占革命军占领的城镇，卢永祥就下令休兵三日，纵任兵丁肆意烧杀淫掠。1912 年 1 月 1 日民国成立，28 日张锡銮电请清政府拥护共和。2 月 1 日他被清政府任命会办奉天防务，4 日改任东三省边务大臣。2 月 9 日张锡銮奏请清廷速降明谕，宣布共和，12 日清帝下诏退位。中华民国成立后，授任张锡銮直隶都督，1912 年任东三省西边宣抚使，调任奉天都督、吉林都督，1915 年 6 月 24 日授为为陆军上将，任"镇安上将军"节制东三省军务。1917 年后退出军政界，寓居天津，好赋诗，善骑马，绰号快马张。曾招降张作霖，并收为义子。1922 年病故，年 80 岁。著有《张都护诗存》。

周符麟，原是陆军第六镇第十二协协统。1911 年 12 月 23 日，吴禄贞被任为陆军第六镇统制，但北洋第六镇的将士多不服新上任的吴禄贞，尤其以李纯、周符麟为最。吴禄贞以李纯为宿将，不易撤换，乃奏请曰："十二协统领周符麟烟瘾甚深，行同盗贼，应即撤职，遗缺以张联棻（fēn）补之。"朝廷准了吴禄贞所奏。撤掉了第十二协统周符麟的职，调他到第一军。周符麟闲暇时霍霍磨刀石上，咬牙切齿地说："有日必宰此小子。"之后，有人知道周符麟与吴禄贞有怨，便立即找来周符麟来谋刺吴禄贞。11 月 5 日，周符麟悄悄来到石家庄，找到吴禄贞的卫队长马步周。给了马步周一万银元，随后就有了马步周杀死吴禄贞一事。

⑩获鹿：正太线上的一个小火车站。位属河北省石家庄市鹿泉区。

⑪乔君子和：即乔煦，字子和，回族，山西阳曲人。

⑫赵参谋次陇：即赵戴文。

⑬宫保：指袁世凯。清廷曾封袁世凯为太子少保，故称"宫保"。

⑭段翼长：指段祺瑞。

⑮李盛铎（1859—1934）：字义樵，又字椒微。号木斋，别号师子庵旧主人，师庵居士等。晚号麔嘉居士。江西省德化县（今九江市）人。1905 年 9 月，被任

命为出使比利时大臣（驻比利时公使）。1911 年，改任山西提法使，又改山西布政使，旋晋升山西巡抚（一说兼护理山西巡抚）。中华民国成立后，他暂时留任山西民政长。晚年，他寓居天津，不问政事，喜好收集古籍。

⑯梁伯强（1861—1941）：即梁善济，字伯强，山西崞县北社村（今属定襄县）人。1909 年清朝设立各省咨议局，梁善济任山西咨议局议长。1911 年太原起义后，曾和阎锡山争夺山西省长之位，但未成功。1941 年，梁善济逝世。

⑰杜子诚：即杜上化，字子诚，大同市灵丘县上寨镇人。

⑱归罪梁伯强一段：1912 年 2 月 2 日，时南北议和接近结束，驻军于托克托的阎锡山得此消息，决计南归，乃通电报告山西局势变化及南归决策。通电中一段对梁善济不利的文字："加以太原咨议局纯系梁善济之私人，不足为全晋人民之代表，一误再误。""所有太原咨议局及所派代表，全晋人民决不公认。"

⑲傅良左：即傅良佐（1873—1924），字清节，湖南省乾州厅（今吉首市乾州街道）人。1916 年 6 月，段祺瑞任国务总理兼陆军总长时，傅被段提升为陆军部次长，与徐树铮、靳云鹏、曾毓俊成为段的"四大天王"。1920 年直皖战争爆发，国务总理靳云鹏遭到段的斥责，靳迁怒于傅，将傅拘押。傅被释放后，从此深居京津家中，念经拜佛。1924 年在天津病故。

⑳李君士锐：即李士锐，字振林，直隶天津人。

㉑卢师：指卢永祥部。

㉒正月十日之变：1912 年 2 月 29 日（农历壬子年正月十二），北洋军阀曹锟的第三镇一部在北京发生哗变，波及保定、天津等地，乱兵"放火行劫，通宵达旦"，京津一带一片混乱。此即中国近代史上有名的"北京兵变"，又称"壬子兵变"。袁世凯是"北京兵变"的最大受益者，他得以留在北京就任总统。

㉓董君子安：董崇仁，字子安，山西定襄县官庄村人，在弟兄辈中排行老三，村里人都叫他董三。早年其父一直在北京包揽皇家工程，他自幼就跟着父亲出入于宫廷，特别是跟慈禧太后的心腹李莲英相交甚密，曾通过李莲英纳捐做过四品道台。后来在李莲英的引荐下，他与袁世凯认识。1898 年京汉铁路筹建时，袁世凯推荐董崇仁为京石段（北京到石家庄）购买路基的委员。因他办事认真、卖力，很受袁世凯的赏识。那时，袁世凯官瘾很大，便认董崇仁为门生。1900 年，袁世凯晋升为直隶总督。因为董崇仁去北京与袁世凯疏通关系，让阎锡山担任都督有功，董崇仁于 1913 年 2 月 6 日被任命为晋南镇守使。但袁世凯死去后，阎锡山认为董崇仁已经没用，免去其晋南镇守使一职。董崇仁后回到定襄老家闲居。

㉔胡君石青：即胡汝麟，字石青。

入狱始末记

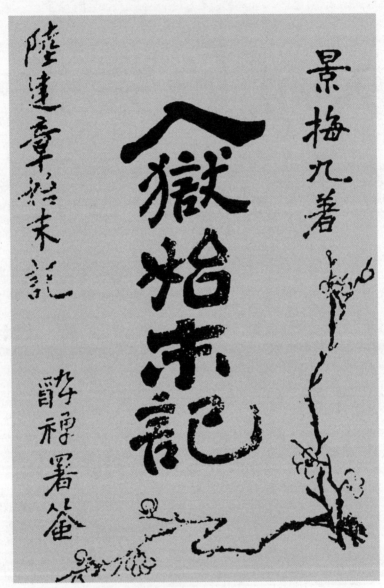

1925 年版《入狱始末记》封面。景梅九著　入狱始末记　陆建章始末记　醉禅署签

听 得①

注释:

①整张纸只有"听得"二字,这意思像戏剧中的叫板。景梅九喜欢戏剧,对看戏很入迷,这在《罪案》后半部分有记载。这里是景梅九提醒大家注意听他讲后面的故事。

入狱始末记

老 梅①

陆建章！这个名字，大家应该记得。他给袁世凯作了几天剐子手，杀人不少，有"屠户"的雅号。但我对于他，却有感激的地方。不是为我自己，是为我两个朋友：一个杜仲伏，一个李岐山。杜君当二次革命时，只身到辽东，想运动军队。一夕在旅馆睡梦中，被多人用棉花塞其口，装入大箱中抬去，途中渐醒，去口中棉，四顾黑暗，始悟遭难，急将衣袋里的一封秘密信取出来，放口中碎嚼之成纤维，吐出着裤中。开箱时，掷向道旁，捕者莫注意，卒以无凭据，解达北京。由陆军监狱，转入执法处，恰逢日日杀人的危险期！

是时，我住太原，忽接京电云："仲被捕，危急，携款速来救！"乃向同志借金千元，搭车到石家庄，夜遇……（此处有11字看不清）②"袁氏捕民党，可缓去！"

注释：

①老梅：景梅九自称老梅。

②（此处有11字看不清）：景梅九在《罪案》一书中记载：一天忽接北京电报，略道："仲伏被捕，速来救！"我连忙赴京营救。路过石家庄，遇佩兰（南桂馨，字佩兰）说："伯川（阎锡山）在北京见袁氏正捕民党，可缓去！"我道："为仲伏事，死也要去的！"到京一月，营救出来。此处所遇当是南桂馨。

予曰："仲处死，我义不独生！"遂至京，致陆①一书，为杜君②辨白，陆意少动；又遣友至上海，求郑汝成③保，因杜为郑之学生，且系亲戚。郑许诺，致陆一电甚得力，京中友人与陆有关系者，均请托焉。孙少侯④、贾仲官诸君，尤竭力保全，说无日不见陆面嘱，卒以无证据三字于夜半释出，而予病倒矣！书一律志感，中云"电光石火浮生梦，人患原来为有身"句。杜云："甚佳！使吾无身，吾人何患乎牢狱？"又有："更无肝胆交名士，剩有文章媚美人！"杜云："是何感慨？"予云："君被难后，诸名士多袖手旁观，那素玉姊妹（太原名妓，与杜有相知之雅），独愿出五百金，为你赎罪，我虽辞却之，其意甚可感！"杜笑曰："有是哉"！乃相偕入晋。时李君岐山与张君实生因河东独立案，尚拘留在宪处，临行嘱贾仲官为之运动。卒得……（此处有7字看不清）民国四年⑤（1915年）夏间释出，随陆入陕西。

注释：

①陆：指陆建章。

②杜君：指杜仲伏。

③郑汝成：郑汝成和杜仲伏都是直隶省静海县人。

④孙少侯：即孙毓筠（yù yún）（1869—1924），字少侯，安徽省凤阳府寿州大柳树人。

⑤景梅九在《罪案》"河东案始末记"中写道：……此事一直到民国三年（1914年），才解决。这里也说是民国三年（1914年）才解决张、李案。如此看来，陆建章应该是在1914年6月13日同李岐山、张士秀追剿白朗而入陕西的。而景梅九在《入狱始末记》一书中却写成张、李随陆建章于民国四年，即1915年到陕西（其实应该是1914年夏天）。

途经陕州，予以偕（此处约10余字看不清）君复南游，予乃由茅津渡河，见李君①，并谒陆②，记（此处有三四字看不清）良友的德义！

陆云："张李③事，虽费力，都不及杜君危险，他真算捡了一条命！因为那时参谋部日日来文催杀，放他走后，还有文来问。"言罢，又笑曰："人皆说我好杀人，其实不然；矢人岂不仁于函人哉？④"我听了，暗笑这先生还⑤脱秀才气；然"箭在弦上，不得不发"⑥也许是实话。后来，论到西北大局，我随便发了些议论，陆为首肯。及出，岐山曰："君十年前作虱说，以王猛⑦自况，今日谈话时，真有旁若无人的气概！"予亦笑曰："所谒者，亦大似恒（桓）温⑧！"陆时颇惧陕军拒彼；然张凤翙⑨竟未设防，直让陆入潼关。予过函谷，口占一绝曰："但以丸泥封函谷，诸侯孰敢西入秦？祖龙⑩儿子真豚犬，如此关山坐付人！"志感也。

注释：

①李君：指李岐山。

②陆：指陆建章。

③张李：指张实生、李岐山，二人因河东事被捕入京。后面的杜君是指杜仲伏。

④此为孟子所言。孟子曰："矢人岂不仁于函人哉？矢人唯恐不伤人，函人唯恐伤人。巫匠亦然。"（造箭的人难道不如造销甲的人仁慈吗？造箭的人唯恐自己造的箭不能够伤害人，造销甲的人却唯恐箭伤害了人。医生和棺材匠之间也是这样。）矢人，造箭的人。函人，造销甲的人。巫，巫医。匠，匠人，这里特指做棺材的木匠。

⑤"还"后面缺了个"未"字。

⑥此语的典故是：袁绍命陈琳作讨曹檄文，陈琳领命援笔立就。曹操于许都正患头风，览檄毛骨悚然，一身冷汗，头风立愈。后冀州城破，陈琳被捉见操，操问："汝前为本初（袁绍）作檄，但罪孤可也；何乃辱及祖耶？"琳答曰："箭在弦上，不得不发耳。"左右劝操杀之；操怜其才，乃赦之，命为从事。陈琳"以箭自比，以弦比袁绍，箭非自发，乃弦发之也"。此处将陆建章比作箭。

⑦王猛（325—375）：字景略，东晋北海郡剧县（今山东潍坊寿光东南）人，后移家魏郡。前秦丞相、大将军，辅佐苻坚扫平群雄，统一北方，被称作"功盖诸葛第一人"。

⑧恒（桓）温（312—373）：字符子，谯国龙亢（今安徽怀远县西龙亢镇）人。东晋权臣，历任征西大将军、开府、南郡公、扬州牧、录尚书事等职。三次出

兵北伐（前秦、姚襄、前燕），战功累累。361 至 373 年独揽朝政，欲行篡位之事，后病重而死，谥号宣武。此处把陆建章比作桓温。

⑨张凤翙（huì）：时任陕西都督。

⑩祖龙：指秦始皇。陕西即秦地。此处把张凤翙比作祖龙的儿子，因张为陕西人。

到西安，以旧友名义见张①，见其神态颇不定，徒能为大言；然而也有两句趣语，他说："有人劝我辞职，我说袁项城一个老头子，还要为国家作事，我们青年人，岂能卸责？"予曰："人家如下令免君职奈何？"乃笑曰："我岂不如白狼②？"时白狼方率众十万，为张部下陈树潘③所败，遁走甘肃，故张云尔。其实并无野心，免职后，即入京去了。予为岐山办理私事，（借金为其还入狱后运动费）毕，返河东，过华阴，偶忆王猛读书台，乃写一绝寄意曰："未遇苻天王，空谒恒（桓）司马，几令北海雄，老死华山下！"秦友爱之为刻石于台畔，亦是一纪念。

家居数月，秦友召我充西北大学农校校长，我又动了一个野心；因为辛亥前，在西安运动革命，颇得力，将来讨袁军，也须从西北做起。况农校又可以发挥社会主义，因即应诺，入秦接校长事，藉讲经济为名，绍介马格斯《资本论》及蒲（此后 1 字不清）国（此后 1 字不清）人学说，颇受学生欢迎。一面秘密联合旧同志，除夕④与同志裴子清夜话，论及某某被袁收买变节，某某受激刺过甚，从革命军退伍，因占一律云："共君谈旧梦，今夜不须眠；三十三年事，一思一惘然！亲朋虽半在，丑老尽堪怜！最是难忘却，儿童嬉戏天。"裴君为之叹绝。

注释：

①张：指张凤翙。

②白狼：即白朗，俗称白狼，于 1912 年（中华民国元年）率领豫西一带农民

发动武装起义。1914年3月，白朗决定西走陕、甘，然后入川。此时起义军已超过万人，号称"公民讨贼军"，白朗以大都督名义，传檄远近，谴责袁世凯"神奸主政，民气不扬，虽托名共和，实厉行专制"。起义军逼近西安，5月间，西入甘肃。8月，带百余人回宝丰，在虎狼爬岭被围，突围时中弹负伤，不久牺牲，部队溃散，起义失败。

③陈树藩：张凤翙的部下。

④如果陆建章是1914年夏入陕的话，那此时应为1915年2月13日，阴历除夕。此时，准备黄袍加身的袁世凯加紧了对舆论的控制。别号"吴虎头"的北京《国风日报》编辑吴虁、原北京《民主日报》总编辑仇亮，因反袁先后被枪杀。

次年吕某①来作巡按，初到即捕去西北大学校长钱陶之②，出了一张不通的告示，中有："除当道之狼……去害群之马。"我见之笑曰："不如云，以当道之狼，驱害群之马！"旋即解散农校，因戏为一文诘之，吕几不能答复，遣人来疏通了事，农校终废！③我闲居长安，以诗文自娱。

一日，贾仲官忽来寓，谓陆邀我有要事相询，与他同志④将军署，则拿政事堂一封密电，教我瞧。我记得开头一句，便是共和政体，乃某国人⑤之密谋……下面便称颂项城好些功劳。

陆云："这电报意思，分明请项城作皇帝，我们弄一篇劝进表送去好了，就请你作罢！"劝进表？我记得辛亥那年，阎伯川请我作一咨文，劝袁世凯赞成共和，我开口便道："历代帝王，靡不遭破国亡家之残剧；故世界各国政体，群趋于民主，果能顺从众意，推倒清廷，敷政共和，与民更始，则第一任大总统，舍公其谁？"云云。拟成，戏谓友人曰："幸不是劝进表。"噫！今天要作劝进表了，不能不能！当时告陆曰："电文系征求各省同志者，先看一看风头，勿遽劝进为是。"陆然之，又去一密电，直问袁："是要作皇帝不是？"真痛快！我常说陆大似《水浒传》中李逵，对于宋江想作皇帝，直叫出来。袁覆电只得说：

"不是，休误会。"好了！劝进文，可以不作了。记得是乙卯⑥二月的事情，我回寓对玉青说："长安居大不易，将来甚么文章都要咱家作，那儿成呢？赶紧想法子离开罢！"适同志焦子静⑦邀我到三原，教授他的两个孩子和侯仲厚⑧的一个兄弟一个孩子，阿弥陀佛！即刻检拾书卷，向三原教书去了。

注释：

①次年吕某：次年，指阴历春节后的 1915 年。吕某，即吕调元（1865—1932），原名景丰，字权予，号燮甫，安徽太湖人。1914 年，任袁世凯总统府警卫军参谋。袁世凯死后，吕调元投靠段祺瑞，段祺瑞下令特任吕调元为安徽省长。1927 年，吕调元转投广东国民政府，任国民革命军援东北军总司令。1932 年，吕调元死于天津。

②钱陶之：陆建章密令长安县知事杨善征带领警察逮捕西北大学第一任校长钱鸿钧。钱鸿钧（1912 春—1914 冬），字陶之，陕西咸宁（今西安）人。

③1912 年 3 月，中华民国秦军政分府大都督张凤翙（huì）鉴于辛亥革命后西北人才缺乏，提出创立西北大学。1915 年春，督军陆建章将西北大学改为陕西法政专门学校。

④志：似应为"至"。

⑤某国人：指的是政府政治顾问美国人古德诺博士，古德诺以精通政治学闻名于世，他于 8 月 10 日，在北京《亚细亚报》上发表了《共和与君主论》，认为共和制度不适宜中国，为袁世凯的复辟制造舆论。

⑥乙卯：1915 年。可证陆建章与李岐山、张士秀是 1914 年入陕西的。

⑦焦子静：名冰，陕西富平人。

⑧侯仲厚：1911 年陕西起义，三原县光复，曾为起义军劝捐军费。

说起在三原的事情，话很长，捡要紧的说，就是从三原城移东里村，后来才晓是东"李"村的。书房是人家一所旧庭园，院心甚宽敞，北楼房，题"逍遥楼"三字；阶前一树桃花盛开；南庭房，放几个架碧纱厨；有两所套房，里面有一间正方房，题曰斗室，外被高墙遮住，有点黑暗，我心里说这正合我意，因口占"室如斗大能容我，墙比窗高不见天"两句。如今想起来，好像入狱的前兆，本然也有复壁藏身的意思。

贾岛诗云："客舍并州已十霜，归心日夜忆咸阳；无端更渡桑干水，却望并州是故乡！"予心有一理想乡——无政府共产社会——虽不比佛之极乐①，亦欲比儒之大同，以他为咸阳；及共和告成，予视民主为并州客舍，然未尝一日忘咸阳。无端袁氏欲谋帝制，使予更渡君主之桑干水，不得不望共和之并州作故乡了！所以这一年，在三原颇多追忆，共和之诗，所谋者，亦多恢复共和之事；理想中之咸阳，不过偶忆及之，有一绝云："梨谢桃开感不胜，东风堪爱亦堪憎；瀛洲玉雨飘零尽，一抹残霞见武陵！"忆咸阳也。偶感云："夭桃一树当阶开，雨虐风欺委绿苔；蛱蝶不知花落去，寻芳依旧过墙来。"哀并州也，此类甚多，将另为诗话记之。

注释：

①佛之极乐：指佛教中阿弥陀佛居住的地方，后泛指幸福安乐的地方。

东李村外有一座花园，中有千丈古藤，云是唐时物。当时有张藉诸人，常游宴于此，故亦曰唐园。今归刘姓，改名半耕园。地面虽不广，假山曲池，亭楼台榭，竹木花草，鸟兽虫鱼，大略可观，尤以牡丹木樨著名。一日，看牡丹戏寄玉青一绝云："东里寻春春尚好，唐园报道牡丹开；长安去此无多路，卿若来时及早来！"玉青病，未能来，端午后，始至，谓予云："西安某要人，曾使人来此访君，未遇，又是求甚么文章？不如移居！"予云："此地，有山寺，中有土穴，可以避暑，有人来问，说出家好了。"便偕诸生移出清凉寺，一时传言予为僧，友人多

责问，亦有专来山探望者。七月间，胡德夫①，邓宝山②，续宝峰③，入山同住，由是同志，时开秘议，幸外间无闻知。十月友人寄报来，悉袁氏谋帝日急。又传章太炎以身殉共和，死狱中，因成杂忆十二绝，中有两首云："但使娥眉能久长，为卿热岂怯冰霜；殉情奉倩空千古，悽绝安仁只悼亡！"又："埋魂香塚忆南城，应共冤禽④话九京；袛予能言今已矣，不平心更遣谁鸣！"意指太炎，其实先生未死，殆因其长女之死，而传讹耳。但被袁氏软禁，是实在的。

注释：

①胡德夫（1892—1927）：名亮天，字德夫，山西五台县人。后为杨虎城属部。在渭北时，国民二军残部田玉洁驻泾原，一军师长宋哲元袭攻之，德夫目击同党相残，愤甚，因助玉洁与战，兵败被执，为宋所杀，年35岁。

②邓宝山：当是邓宝珊（1894—1968），原名邓瑜，甘肃省天水市人。16岁时，在新疆参加同盟会，17岁参加伊犁起义。在陕西参加讨伐袁世凯。1918年在陕西三原跟胡景翼创立靖国军。1949年中华人民共和国成立后，历任西北军政委员会委员，国防委员会委员，甘肃省人民政府主席、省长，中国国民党革命委员会常委，获一级解放勋章。

③续宝峰（1877—1960）：山西崞县西社村人。同盟会员，曾参加续西峰领导的忻代宁公团北伐大同，南归后任公团第二标副标统。1914年，与续西峰、胡德夫等赴陕参加华山聚结义。抗日时期，他在邓宝珊部襄理军务，抗战胜利后移居太原。1952年定居甘肃，直至去世。

④冤禽：精卫鸟的别名。

（挑闿声高石洞开，一郊烟雾故人来！）

此非予赠故友李岐山见访之诗乎？却说有一天大雾漫天，岐山忽来，喜极，呼儿置酒共饮，语及袁氏将要推翻共和，不胜愤激，举杯曰："非倒袁不可！"予曰："大家努力。"赠诗结志云："诸君誓守平生约，地覆天翻志岂回！"示决心也。雾后秋雨连绵，岐山不得归，颇急，因戏占一绝结云："城中何似山中好？且盼天阴莫盼晴！"岐山笑曰："真是乱党！"

忆自筹安会发生后，全国议论沸腾，长安友人，寄我一函，夹着梁起超①《异哉！所谓国体问题者》②一篇文字，是从报上剪下来的。予览一过，笑语诸生曰："是人总不脱保皇臭味，此文竟譬专制易共和，为妇人失节，难道说袁氏推翻共和，是妇人为专制前夫报仇么？我如在京，当做一篇《异哉！所谓异哉！所谓国体问题者》驳他一番，从根本上立'去君'之论。"

注释：

①梁起超：应为梁启超。

②1915 年 8 月 20 日，梁启超在上海《大中华》月刊发表了明确反对称帝的雄文《异哉！所谓国体问题者》。在文中是这样说的："……今当开国承家伊始，而首假涂于犯法之举动以为资，譬诸欲娶妇者，横挑人家闺阃以遂苟合，曰但求事成而节操可毋沾沾也；则其既为吾妇之后，又有何词以责其不贞者？今在共和国体之下，而曰可以明目张胆集会结社以图推翻共和；则他日在君主国体之下，又曷为不可以明目张胆集会结社以图推翻君主？使其时复有其他之博士提出别种学说，有其他之团体希图别种活动，不知何以待之？……"

是时，同志入山者日众，讨论大计。岐山又从省中来云："陆朗斋①请君入京议典礼。"予闻"议典礼"不禁笑曰："是欲我为叔孙通②耶？"岐山笑曰："莫忙！同志望你藉此名到长安，计议讨逆事，管甚么典礼！我尚欲到富平白水一游，与曹俊甫，王祥生，马清苑，高峰五③诸人定约。君能同去，更佳！"予曰："革命须自为之，岂容躲闪！"遂决议偕行。

途经富平，同见知县李某，亦山西人，素相识。但非同志，偶翻其案头京报，载有各省人民劝进表，称扬袁氏功德，无丑不备，最妙者一表中有"不及周文之服事，差胜商汤之放逐"语意。（后句已忘，大意如是。）予不觉大笑！指谓同座云："就此两句，我给大总统送个四字牌匾，'德符曹交'，比汤长四寸。④"语未终，皆哄堂。后来有一绝云："论功较胜放南巢，却逊西岐服事高；十尺文王汤九尺，特长四寸符曹交。"⑤纪此也。晚餐时，李求为吕调元氏作一五十寿联，乃冲口答云："我善作挽联！"众人大笑。予曰："若论五十，倒有一幅现成的寿联在，就是：'且论三万八千是，宁知四十九年非'⑥。"李强笑应之。

又见少侯驳梁某文，中有一段，攻击梁文中恭维袁氏，几谓中国无袁不能治的几句话，很痛快，因为岐山曰："怪极！梁的反对帝制文中，有保皇臭味；孙的赞成帝制文中，有革命臭味。"岐山笑曰："怕是主观的罢？"予曰："不尽然。"

夜宿武某⑦别院，同志焦子静亦来，中宵谈及讨逆事，子静问岐山办法，岐山直告曰："富平县巡警有枪数十枝，足供吾起兵之用！"子静骇之！岐山故激子静数语，我劝休息，三人同床睡下，半响无语；子静急坐起呼岐山曰："起来！起来！我想了半天，你就拿二三十枝枪去革命么？"岐山亦坐起应曰："然！"子静曰："有此决心，我定扶助，所藏枪枝皆供君用如何？"岐山曰："是我所愿，后再议罢！"

注释：

①陆朗斋：即陆建章，字朗斋。

②叔孙通：又名叔孙何（？—约前194），西汉初期儒家学者。

③曹俊甫，王祥生，马清苑，高峰五：曹俊甫，即曹世英（1885—1944）字俊夫，陕西白水县人，经井勿幕、宋向辰介绍加入中国同盟会。王祥生，即王崇瑞，字祥生。马清苑，又名马青苑（1893—1962），名献章，陕西咸宁新合马家寨（今属西安市灞桥区）人。高峰五，即高峻（1884—1936），字峰五，陕西白水人。勇敢过人，善于出奇制胜，深得焦子静器重，与敌人白刃格斗，不慎被刀砍伤两处，回原籍家中调养。后高峻部奉令裁减，高自愿解甲归田。1936年1月27日病逝。

④德符曹交，比汤长四寸："德符曹交"，指德行和曹交相符。曹交个子比汤高四寸，只能吃饭，喻袁世凯也是个酒囊饭袋。

⑤"论功较胜放南巢"四句：意思是：论袁世凯的功劳稍比被商汤王流放的夏桀高些，但却不如周文王对商纣王的服侍（讽刺袁世凯服侍满清），周文王身高

十尺，商汤王身高九尺，袁世凯是没法比的，他和身高九尺四寸的曹交的德行倒差不多。

⑥且论三万八千是，宁知四十九年非：语出骆宾王《上吏部侍郎帝京篇》。大意是：周朝卫国里有个贤人，姓蘧名瑗，表字伯玉。当他五十岁的时候，就感觉到以前四十九年的过失。《淮南子·原道训》说："蘧伯玉年五十而知四十九年非。"三万六千天，是百年。

⑦武某：可能指武钧，字关石，富平人。其时景梅九在富平，而富平姓武的革命者只有武钧。

次日，扬言归三原，实向白水进行，路过同志王翰臣①家，翰臣适外出，云觅枪枝，并联合同志去了。住一宿，梦死友郭润轩②怆惶来告曰："起！起！四川已起兵，还不赶紧预备！"醒告岐山，岐山曰："或然？这也是能想到的，南方决不赞成袁！"

入白水见地甚险要，起以御敌，谓岐山曰："是亦天然一个根据地！"岐山曰："然，由是出兵可下蒲城。"乃至曹俊夫③家，俊夫喜极，因共剖胆纵谈，王祥生，马清苑④，亦至；又约高峰五⑤诸人来共议大事。岐山曰："我一举下富平得枪枝后，三原同志即响应，诸君从白水起兵，则渭北皆吾民军势力，再谋攻长安。"俊夫曰："将来为吾敌者，不在陆⑥，而在某⑦，非先破某之势力不可！"予曰："此次讨逆名正言顺，义旗一张，关中豪杰，必并起灭袁，某何能为力？"祥生⑧慨然曰："计定矣！"俊夫抖擞精神，表示决心。然予窥测其意，似尚嫌实力薄弱者，曰："吾将与岐山归说陆独立，以摇动军心；因袁封陆伯爵，陆大不悦，可乘间而入也。"俊夫曰："陆独立，可免一部分兵祸。但在人者不可必，我辈好自为之，讨袁檄文必须君作一篇痛快文字！"予应诺；因时机已迫，未敢久留，次日辞去。

注释：

①王翰臣：可能是指王之翰，字干臣，蒲城人。王之翰，少读书，有大志。入陕西讲武堂毕业。辛亥之役，与曹俊夫举义于白水。民国成立后，他留学日本，入孙中山所办的浩然庐军事学校，并入中华革命党。袁世凯称帝时，王之翰于白水树讨袁旗。靖国军时，他任曹俊夫部骑兵营副。其邻有匪韩女娃者，拉票杀人，为害乡里，王之翰使人戒斥之，令改行，否则将不宥。韩女娃衔之，俟其归，伏于村外狙击之，遂遇害，年方22岁。

②郭润轩：又名郭质生、郭朗清，字振江，山西安邑县（今运城市）城内人。

③曹俊夫：即曹世英，字俊夫，陕西白水县人。

④马清苑：又名马青苑。

⑤高峰五：即高峻。

⑥陆：指陆建章。

⑦某：或指陈树藩。

⑧祥生：即王崇瑞，字祥生，陕西咸阳人。

至白水以外遇彭君①，至其家探其意旨，则曰："此次我绝不加入革命，君辈何来？"岐山曰："因政府命捕俊夫，予劝陆电保，今来向诸君求一谢状以覆命耳！"（此亦实事，但对彭则为诡言矣。）又戏谈数语告辞，彭赠我烟膏一小盒，受之；途中谓岐山曰，我得一绝："尚有鸦片赠，应怜老梅痴；不知天下士，犹当是烟鬼。"岐山大笑，拊掌曰："妙！妙！"特予戒瘾已四阅月，彭不知故也。

太炎曰："袁世凯以吸鸦片者为良民。"我吸烟时，还没听见这句话，也没有藉此韬晦的意思；却因为和朋友开灯，久卧观书籍，吸上了瘾。但何故又戒了呢？有一天接到友人一封信说，他以醇酒戒玉衡，以妇人戒勿幕，乃戏为词话曰："老衡醇酒，小幕妇人，占尽英雄余事，剩我无方，宴安耽毒②而已。"③然已觉得宴安耽毒不可状，随即决然抛枪离灯，始有奋起革命的精神。（据此则吸烟为良民的话，果然不错。一笑。）岐山最恶吸烟，听我断瘾，非常喜悦。想起来，也是为拉我作乱民罢了。

注释：

①彭君：似指彭世安，字仲翔，原籍福建侯官。留学日本，加入同盟会。

②宴安耽（dān）毒：宴安，安于享乐。耽，与鸩同，是一种毒鸟，相传它的羽毛有毒素，将之浸酒，人饮后立死。

③"老衡醇酒"五句：张瑞玑爱喝酒，并勿幕爱妇人，剩余景梅九则是吸食鸦片、贪图享乐而已。

这是闲话，两人归途，一日见前面有队过来，有好几乘轿子在后。因停车一问，轿中人忽望见我们，连忙下轿，我们也下了车，原来是陈伯生①，他问："你们从河东来么？"答曰："是！老陆命岐山招我长安去的。"我又戏问陈曰："听说你封了男爵②了？"陈笑曰："我们是不肖男，你们回见老陆，就说我请他代我谢谢恩义了！"言下颇露鄙弃的意思。"不肖男"最有味，当时分驰后，我对岐山曰："陈不会作袁氏忠臣孝子了！"岐山曰："也难讲？"

绕过富平，回到三原，同志刘冠三，使人报告云南起义③，赶紧设法响应；乃群集于三原城中，密议定约，议中，岐山曰："我到省城能弄一部军队到手最好，不成即照原议进行，我为诸君下富平。"诸同志壮之。岐山又对予曰："事急矣！你的《佔侤字说》放下罢！"予曰："放下就放下。"因我这一年在三原，教学生说文解字，以双声叠韵释字读，定名《佔侤字说》，只剩一星期可毕。向白水去时，曾对岐山说："回来有工夫，把这部字说弄完，也算了一件心事。"故岐山有此言。

注释：

①陈伯生：即陈树藩。

②男爵：1915 年 12 月 23 日，陈树藩被袁世凯封为三等男。

③云南起义：1915 年 12 月 25 日，原云南都督蔡锷和国民党李烈钧等奔赴昆明，联络云南督军唐继尧通电反袁，成立护国军，宣布云南独立，护国军分三路向四川、贵州、广西进军，发动了护国战争。

却说我当时入长安，还有一个可笑的动机。

辛亥革命后，西安同人，因改良社会，组织了一个"易俗社"①，教练一般小孩子演新编戏曲。有个唱花旦，名叫刘箴俗②的，时才十三岁，作派最佳。予在山寺忽传言刘已死，为哀稚伶十四绝，仍寓哀共和之意，中有绝云："分明眼底影珊珊，带笑含颦舞未残；如此可儿天夺去，更何情绪入长安？"并寄南社③社友柳亚子④一函，略云："子美既死，箴俗又夭，从此剧中华魂，（寓大中华之意）南北同失，只让杀风景之花面小丑跳梁舞榭，岂不可叹！"子美，姓陆⑤，在上海与冯子和⑥齐名者。是年死，亚子亦有哀词；故藉此发挥，一片哀愁，骂杀南北文武角色，觉得很痛快。

未几，有从长安来者云"箴俗实未死"，因谓同志曰："我以此卜共和之不亡。"又赋二绝，其二云："莫怪中年竞乐哀，笙歌满地几人才；怜他绝世丰姿美，重整全神注舞台。"玉青笑曰："你的媚美人文章，又移向共和了！"

当岐山约我入长时，因举前诗戏云："箴俗在，当然有入长安之情绪了。"

注释：

①易俗社：1912 年 7 月 1 日，陕西同盟会会员李桐轩（李良材，字桐轩）、孙仁玉以及王伯明、范紫东、高培支等 160 多名热心戏曲改良的社会各界知名人士在西安创建了我国第一个集戏曲教育和演出为一体的新型艺术团体——陕西易俗社。该社以"辅助社会教育，启迪民智，移风易俗"为宗旨。

②刘箴俗（1901—1924）：乳名平儿，祖籍陕西户县。1924 年 7 月演《美人换

马》，抱病上场，一句未唱便栽倒台上，从此卧床不起，直至 12 月病逝。

③南社：于 1909 成立于苏州，发起人是柳亚子、高旭和陈去病等。南社鼓吹民主革命，提倡民族气节，反对满清王朝的腐朽统治，为辛亥革命做了非常重要的舆论准备。

④柳亚子（1887—1958）：原名慰高，字稼轩，号亚子，江苏省苏州市吴江区北厍镇人。创办并主持南社。"四·一二"政变后，被通缉，逃往日本。1928 年回国，进行反蒋活动。抗日战争时期，与宋庆龄、何香凝等从事抗日民主活动，曾任中国国民党革命委员会中央常务委员兼监察委员会主席等职。1949 年建国后，任中央人民政府委员、全国人大常委会委员。

⑤子美，姓陆：陆子美（1893—1915），名遵熹，字焕甫，江苏吴县（今苏州）人，江苏师范高材生，在进步思潮影响下，投身戏剧，芳年盛誉，遍及东南。

⑥冯子和（1888—1942）：名旭，字初出、旭初，号春航。江苏吴县人。父冯三喜曾是四喜班演员。他幼年随父学青衣、花旦。后在上海、杭州、苏州、南京、汉口等地有盛誉。

入长安，与玉青住原寓。岐山寄居南南轩宅，南轩者，张衡玉旧友，辛亥在西安主《帝州报》笔政，人极诚笃，酷爱和平，与谈讨逆事，则力主劝陆独立，以免兵祸。我和岐山见陆询帝制近状，陆颇不满袁的行为，说："项城帝制，第一外交未办好，第二大费周折，我曾密电京，云外交如办好，你作皇帝就作皇帝好了，管甚么，民意不民意，（依然李逵口气）也没见回电；又听说段芝泉不愿意①，弄得老弟兄们都不和气了，芝泉欲令君梁②（段之子），到陕避祸。我说没有法子，教他来好哪。"说罢，叹息不置，岐山因言："帝制必败，云南已起兵，同时各省必多响应独立，老师（岐山蒙陆救出狱后，曾与张实生俱拜陆门下）何以自处？"陆曰："到那时，再讲罢，总之，现在保守地方要紧。"

注释：

①对于袁世凯称帝，孙中山、梁启超等人坚决反对帝制，北洋将领段祺瑞、冯国璋等也深为不满，段祺瑞致电袁世凯："恢复国会，退位自全。"

②君梁：应该是指段宏业。当时人们称孙科、张学良、段宏业、卢小嘉（皖系浙江总督卢永祥之子）为四大公子。段宏业从小寄养在亲戚家，十几岁才回到段祺瑞身边。段祺瑞对儿子管教极严，儿子到十几岁还用鞭子打。可是段宏业不成器，整天吃喝嫖赌，在外面搞了间屋子，从妓院接姑娘来当姨太太，隔些日子又换一个。段宏业虽是个花花公子，但最负盛名的还是他的围棋，据说当时的国手如吴祥麟等还非他敌手。段宏业抽鸦片，20年代前后，他曾任井陉正丰煤矿总经理。段宏业有子女九人，五子四女。

又见旅长贾焜庭①，说独立及将来军事发展计划，贾亦无决心，岐山退而语我曰："白水之约在彼，三原诸同志亦积极预备，陆不足与谋。我辈好自为之而已。"是时，云南起义②檄文已到，读之，颇不惬意，因谓岐山曰："我先作檄文布告。"适李仲特③老先生（蒲城人，革命前辈）来问："岐山有预备么？"我道："有！"他说："只有两句话，杀彼民贼，还我民国！"我道："好！即以此为秦中讨逆军旗帜可也。"先生又曰："进则天堂，退则地狱。"我的脑筋为之震动，曰："命之矣！"

谋定，岐山拟招河东旧部来陕，苦无金钱，乃售所爱大板二十四火于旧友，得四百余元，曰："此足了吾事！"因遣人四出运动。

注释：

①贾焜庭（1880—1941）：即贾德耀，字焜庭、昆庭，安徽合肥人。贾德耀参加了冯玉祥等人发动的北京政变，使段祺瑞重新出山。此后，随段祺瑞下野。1932年6月，任国民政府军事参议院参议。抗日战争爆发后，他拒绝了参加亲日政府的邀请。晚年，迁居上海隐栖。1941年，在上海病逝。

②云南起义：12月2日，蔡锷从天津成功出走，潜回云南。蔡锷、唐继尧等在

云南宣布起义，发动护国战争，讨伐袁世凯。

③李仲特：即李异材，字仲特，陕西蒲城人。

予即至东关郭海楼①君寓中，共说战略。夜半人静，独坐属思，执笔草讨袁檄文万言立就，中有"本绍术②之余孽，袭莽操③之故智；谋破五族共治之均势，希图万世一系之帝业；讽令二三奴儒上劝进表，略遣各省代表奉请愿书；藉共和以推翻共和，假民意以摧残民意；称帝称皇，有腼面目；误民误国，全无心肝！欲令天下仰望之遗老，列传二臣，更辱国民保障之军人同功走狗④"诸警语。友人许为讨袁檄文中第一篇文字。又成四言告白一纸尚拟告各省将军一书，欲结以："相君之面，为五族公敌，作一人之走狗，不过封侯；相君之背，树共和之屏障，受万世之尊崇，贵乃不可言。"⑤未就时，长安已有风鹤之警；因海楼密招壮士多人，拟在长安起事，逼陆出走，即传檄四方，号召豪杰，岐山赞之，略变白水三原的计划。予因是每夕邀玉青及诸友到易俗社看戏，以示闲暇。

注释：

①郭海楼：即郭浤（hóng），字海楼，陕西郃阳人，经景梅九介绍入同盟会。

②绍术：指东汉末的军阀袁绍和袁术。

③莽操：即王莽和曹操。

④更辱国民保障之军人同功走狗：此指如果复辟帝制，那些辛亥革命军人就会被辱没为袁世凯的走狗。

⑤"相君之面"八句：原话："相君之面，不过封侯，又危不安；相君之背，贵乃不可言。"楚汉相争时，韩信的谋士蒯通假借相面对韩信讲的一番话，言外之意是让其自立为王。这里的背，潜台词是背叛。背叛汉王，贵乃不可言。景梅九借用之，希望各省督军背叛袁世凯，赞成共和。

叙来叙去，离被捕不远了！但被捕有一半喜剧在里边，不能不先说明一番：

"我是灶爷！"哈哈！大家莫笑，因为前十五年在倭京①运动革命时，每日走遍诸同志家，甚忙迫。一友戏曰："你真是河东运城的灶爷！"予问故，则曰："如是我闻腊月二十三，普天下的灶爷上天，向玉皇面奏人间善恶，最后有一灶爷仓皇奔至，双腿搭着蓝缠带，背向玉皇端立阶下，玉皇问何故背立？乃奏道：'臣是河东运城灶君，那个地方人搬家，所以我赶紧说两句话，就要跑回去；不然，迟到一刻，便寻不见原家了。'你天天忙奔，好像怕人移家似的，岂不是运城灶爷吗。"予漫应之，且笑曰："只要人间不断炊，总有灶君的饭吃；若到吕蒙正②家里，便糟了。"友人笑曰："到田三伙厨中（打灶剧中，田家三媳妇），你更吃苦。"所以庚戌，穷居北京，腊月二十三，戏寄友人书，结以"虽未落田三伙厨中，受他打骂真可恼，却来在吕先生家里，使爷水米不粘牙"。一时传为笑乐，从此同辈皆呼为灶爷，秦晋相识，尤赞称之，并呼玉青为灶奶奶云。仲伏入狱时，同志向太原通电，常露灶奶两字，密传消息，真笑人！

注释：

①倭京：指日本东京。

②吕蒙正：宋代洛阳人。少贫，科举壮元，位至宰相。景梅九说如果到吕蒙正家里，穷得连灶爷也得饿死。

却说那年作讨袁檄文后两日，即腊月二十二日，是夜友人裴子清戏语予曰："明天请灶爷上天！"我当下忽然想起辛亥革命，端方①遇害时，军士有"请大师升天"语，心中一动。张实生旋来寓告予曰："北京军士统率处，昨日一电略云：'据探报，某某推景某在陕主动革命；并云：景已经派同党李阁臣入甘肃运动矣。'老陆看毕，一笑说：梅九在山中教了一年学，那有此事！遂置一边，我和伯生②共为君剖辨，伯生意送二百金请你暂出长安避祸，如何？"我说："莫凭据，怕甚么？伯生几时回省，我尚不知，祈转谢厚意，我明天即行，偕眷归隐。"又谈了半夜革命事；因实生本同志，渠并云："闻云南出师，即据叙府③，明是四川退让，倒袁是意中事。"予曰："伯生意旨如何？"曰："他暂时观望！"予曰："观望到几时？劝他赶紧预备罢！"我又为阁臣开脱数语，请他转送陆陈④。

注释：

①端方（1861—1911）：清末大臣，金石学家。托忒克氏，字午桥，号陶斋，满洲正白旗人。1909 年起为川汉、粤汉铁路督办，入川镇压保路运动，为起义新军所杀。

②伯生：即陈树藩。

③叙府：今四川省宜宾市的旧称。

④陆陈：指陆建章和陈树藩。

那一夜差不多谈天亮，实生才走，我困极了，便合衣睡去，直至午后四点钟醒来，问伯生送钱来未？曰，尚未！心里有点不安，正坐在那边寻思，忽有一个人求见，却不认识，他开口说："吕巡按①请先生到署内有话讲。"我知不妙！因我和吕素无来往，便道："我今日病，不能去，请你回复一声。"这两句话不过教他离开一步，他居然出户，我急对玉青说："第一请伯生到巡按署望我；第二速通知岐山离省！"话将毕，那人又进来讲："轿车都预备好了，务请先生一行。"我道："走！走！"即随之出，坐轿车内，途中偶思仲伏被捕在箱内嚼碎密函一事，用手向袋中一抹，恐檄文底稿尚在身上，因誊过几分②的。轿边侦探，见我抹怀，他神色惊恐，遽下车前行；及到署下车，在客厅少候片时，忽命人领我到了护兵室中暂住。有一护兵问我吃过饭没有？我道："没吃过！"他端来一碗米饭，让我吃了。我心里想，若是和岐山的秘密计划全露泄，一定遇害。若为北京电报，没有凭据，不合死罪？纵议死，也须要求七日生存，续完《佔伴字说》再死。又一想有十万言的《罪案》在，正好拿出来，和李秀成③供状并传，也就够瞧的了，何必少缓须臾，教奴辈笑我？忽又想死时的痛快，微露笑颜，倚着护兵床枕，睡着了。

注释：

①吕巡按：即吕调元。

②几分：现在写作"几份"。

③李秀成（1823—1864）：太平天国著名将领。

少顷里边传言："陈大人①来请先生到客厅会面。"我知是玉青教伯生来解围的。相见坐定，吕说明密电大概，并谓将军知君被诬，但系北京来电索捕，只有请先生入京自白。我心里说："这时所谓你说生姜是枣树上长的也由得你。"便道："使我入京自白也好；但此电显系诬妄，何待剖白？且干连友人李阁臣，乃最冤者。他五六月和友人入甘肃谋差糊口，去时，不使我知，今竟说我使他到甘肃运动军队，这不能不辩。"吕曰："知道的！将军②还要写信给京中朋友代先生表白，总是去好了！"最可笑是说："你的友人有在此谋起事的，劝他们都去别省好了！"我心里笑道："这是以邻国为壑。"但答道："并无别的朋友，放心罢！"他道："好！请今晚宿陈镇使家，明天再走。"我抬身要走，腰带脱，俯身拾带时，看见吕神色一变，我微笑束带，偕陈出。因悟车中抹怀时侦探避去，似疑我怀手枪，今吕见我束带，亦因此张皇，奴辈胆

小如此！

_____

①陈大人：指陈树藩。

②将军：指陆建章。

我和伯生同乘一车，出了巡按署，伯生悄告予曰："你看车左，那是个侦探，他们布置很严，还怕我放你，适才我在老陆处，谈起你的事，老陆很不以吕为然；但说事已至此，不能挽回，他又劝我多带护兵，我说：'予杀人子多矣，能勿自及，怕甚么？'老陆很愕然，他怕有人谋独立，我对他明说，我陈伯生不独立，谁敢独立！"我听了这些话，知道陈是无①拿话诳人，久终靠不住，也没讲甚么，直到他家，玉青已在那里守候，见我回来才放心，问明他们要教我入京自白，愿同去，说了几句话，便到后面，同伯生的夫人，谈话去了。我在客厅，正同诸人谈话，忽听隔屋来了个客人，是会伯生的，大声说："听说将军主张送梅九入京，好极了，请梅九到北京，少骂人好了！"呵！我明白了，原来是关中道陈某，他是奉吕调元密命来打探我的，又露出我被捕的根由，是以口舌得罪他们，所以说少骂人，因我在富平座上，谈送吕寿联事，适有吕派的一委员在旁；又吕的秘书姓王的，"自称北方学者"，曾游唐园，题小词二首，中有"奇花笑我不知名"句，我对友人道："北京话，这叫露怯了，唐园有甚么奇花？"（露怯或说是露青的转音，或说是露客，就是带乡里小儿的土气罢了。）不知那一个多事的，在那词句后，又批了一句："狗屁不通。"听他也疑惑是我，其实我那里有闲工夫，管这些屁事！

_____

①无：此处为衍文。

陆派李某来云："将军命我护送先生入京。"我心里讲："押送就是了，甚么护送？"他又谈起往年在北京护送八议员南行也是他，八议员都①我很相好，又说他伺候过章太炎先生②，这一句话，打动我的心，因想到京，如能同太炎拘禁一处，倒可以增加点学识。他又说："将军写了两封信，一封给孙少侯先生，一封给某君的。"我道："我给某君打个电报，请他在车站候我们好不好？"他说"可以！"我即时拟一电稿，请伯生拍去。又谈了几句话他便走了。

座中有一星相家，说是给伯生看坟地的，伯生很迷信他；他口中噙着长杆烟袋，似乎有甚么打算，忽然抬头问我道："先生生日是几时的？"我未暇思索，即冲口高应道："正月二十六日！"他即点头道："不怕！吉人自有天相！"我心里笑说，天相甚么？怕甚么？不过入狱死刑。

注释：

①都：后似缺一"和"字。

②伺候过章太炎先生：指1913年7月辛太炎被袁幽禁时，李某伺候过。

各人退后，我悄①伯生云："如讨逆军从汉中攻入，君能应变否？"伯生云："俟与南军②接触，打几个胜仗再独立！"我道："无论如何袁逆必倒，君自酌之而已，这是我最后的劝告！"他又问："焦子静诸人在此主动，君豫闻否？"我道："此却未闻。"这系实话，因在省密计，子静并未加入，但是我、海楼、岐山的谋图，也未告伯生。

次早行，和玉青共一破车囚车，护兵二名和李同车在后，中途李忽为我易一新车，又变作体面囚犯了。

注释：

①悄：应加个"对"字。

②南军：指云南四川等地的讨伐袁世凯的护国军。

423

经临潼，望秦始皇塚，在车中口占一诗云：

骊山下，一邱土，中埋祖龙骨，到今已朽腐。并吞八荒霸业空，秦不二世，坟徒万古？呜呼！今之人，雄图亦何苦？胡不看骊山下一邱土！

乘兴高吟曰："安得令袁氏闻此？"命玉青记之，并云："岐山到山寺，讲老陆邀我议典礼，我欲以我为叔孙通的话，曾宣言：'定一个百拜朝议，使有臣癖奴才们多磕些头，磕死他们。'几个学生听了暗笑，我因作一诗，恐传出去，于事有碍，未示诸生。今一并读出，好生记着！"

无赖小儿作天子，屠贩英雄不识礼；未央宫变鸿门宴，拔剑擘柱裂双眦。朝仪起叔孙，方知天子尊。功人功狗齐俯首，竟朝置酒无敢喧。朝罢无赖喜，奉常①予博士。博士谢恩诸生嗔，赐诸生金五百斤，叔孙生真圣人。②

注释：

①奉常：官名，秦置，为九卿之一，掌宗庙礼仪。

②叔孙生真圣人：《史记·叔孙通传》载：叔孙通为汉高祖制定礼仪，稳定朝政，功臣都臣服于高祖，高祖言："今乃知皇帝之贵也。"此处指袁世凯也想像当年的刘邦一样，享受皇帝的礼仪。

玉青笑曰："好么！一个圣人绰号。（予在三原山寺授徒时，关儒牛先生①在清麓书院主讲，宏纯上人②主持山寺，一时有景圣人③，牛才子，宏佛爷的称号。我对友人说，应是牛圣人才对。友人说，人家牛才子名早著了，不可争，予因一笑置之。）人家来请议典礼，一个灶爷绰号，腊月二十三，人家请上天，还讲甚么？"

次夕至渭南，晚饔后，李某忽催连夜进行。予问故，则曰："我们赶快到北京好了!"我晓得他的意思;但也无法延迟,即允夜行。车中谓玉青曰:"此乃防同志中劫救;因谈及太平天国洪大全④遗事。"并诵其词云:"恨贼徒不识英雄,漫将铁锁绾飞鸿,哥哥行不得,泪洒杜鹃红!"⑤玉青曰:"何至于是?"出狱后,始悉当时王祥生诸君,闻予被捕,偕数人向潼关一路探听消息,豫备劫救,连夜到渭南,听说尚未经过,大家困极,睡去,意待明日至。次日打听,则我们已经出了潼关,乃懊然而返云。我出潼关时,也有同志欲劫救而不得的觉悟;但是当时,如在路上劫救犹可,如在店房劫救,则护兵不离左右,我必先遭毒手,这便是祸福不定的说法。

注释:

①关儒牛先生:即牛兆濂(1867—1937),字梦周,号蓝川。陕西蓝田人,清末关中大儒。1907年秋,牛被选为常驻议员。1912年初,原陕甘总督升允率兵攻陕,企图复辟皇朝。牛不顾个人安危西出礼泉,以民生之计和时局大势晓以利害,使升允罢兵。此后他专事讲学于清麓书院,以宏扬儒学为己任。

②宏纯上人:在大峪莲花洞修行。民国十一年,他与高戒忍居士在荐福寺倡办僧学校,未及开学,即因时变停止。

③景圣人:乃指景梅九。

④洪大全(1823—1852):清末湖南天地会首领,湖南兴宁(今资兴市,位郴州市东北)人。原名焦亮,亦称焦大。太平军起义后,赴广西,在镇安山区,自开"天地会"山堂,称"天德王",旋至永安加入太平军。1852年4月7日在太平军从永安突围至城东平冲途中为清军所俘,被凌迟处死。

⑤"恨贼徒不识英雄"四句:洪大全被押解入京途中,在信阳作《西江月》词句。

出函关又谓玉青曰:"我今出关,和孟尝君当年鸡鸣度关①的心理恰是一反。"因忆冠三"去鲁仍怀鲁,来秦为避秦"两句诗来。笑曰:"来秦是避秦,去秦当然是就秦。简直是就擒了!"

除夕记得在陕州，从伯生所送盘费中，给护送兵士各十元，李某亦同送从人名周全者五元，周全教我替他收好，我随便放入皮夹里，谁料入狱后，这五元钱倒很^②点用处。

到洛阳下车时，曾见旁边有人窃指我告其伴曰："那是犯官！"我心里好笑。知道是李某先下车对人家讲说。到栈房，戏语玉青曰："平生不愿作官，第一次作官，却是犯官，岂非怪事？"玉青笑曰："我还听见一句说犯官，还带着家小哩。"

注释：

①鸡鸣度关：孟尝君率领众宾客出使秦国，秦昭王将他留下，想让他当相国。孟尝君求助于秦昭王最宠爱的妃子，并献上齐国的一件天下无双的狐白裘（用白色狐腋的皮毛做成的皮衣）。妃子说服秦昭王放弃杀孟尝君的念头，并准备过两天，送他回齐国。孟尝君不敢再等，立即率领手下人连夜偷偷骑马向东快奔。到了函谷关正是半夜。按秦国法规，函谷关每天鸡叫才开门，现在是半夜时候，鸡是不会叫的。这时，只听见几声"喔，喔，喔"的鸡叫声，接着，城关外的雄鸡都打鸣了。原来，孟尝君的一个门客会学鸡叫。守关的士兵听到鸡叫，便起来打开关门，放他们出去。

②很：此处后似应加个"有"字。

李某和我到浴堂洗了一个澡，见柱上写着："免谈国事"的条子，便不好打听南方消息。有一张报，也没载甚么新闻，只述北兵南下的声势，自然是袁报了。心中纳闷，不知岐山和白水、三原诸同志近况若何。但听说陕西无事，其实陕西有事，河南也不能晓得。

次晨阴历正月初一，早饭后上车，一路看见村庄儿童嬉笑光景，欣羡非常。在饭车中，曾遇一友①，因李在旁，也没说甚么；但友人已经会意，到京大得他的救护。缘法不小！于初二②早，到保定，李下车片时，归对我曰："吉人自有天相！"我心里道，怎么又是一个"吉人自有天相"！便问道："这是什么话？"他道："新华宫出了一个炸弹案，说是袁绍明③的公子袁英④主谋，已经把袁英收监，他们自己家寨里边闹起来了，还能罪旁人么？看起来，先生到京，一定没有甚么危险了，所以说'吉人自有天相'。"我道："啊！原来是这们一回事。"

注释：

①一友：此处指康心孚。

②初二：1916年2月5日。

③袁绍明：即袁乃宽（1868—1946），字绍明，河南正阳人。袁世凯的管家。

④袁英（1890—1943）：名家驹，字仲德，号英。河南正阳人，袁乃宽次子。留学日本期间，加入中华革命党（同盟会），因不满袁世凯独裁复辟帝制，曾两次启动刺杀袁计划。1916年1月，袁世凯称帝，与日本签订了二十一条卖国条约。袁英的父亲袁乃宽为袁世凯复辟帝制"登基大典筹备处处长"，袁英冒死从他父亲住处盗出二十一条密约，印数千份向中外散发，并在天津《公民报》上刊发，导致密约取消。

继而在车中假寐片时，忽梦见四人送木炭四根置我怀，并为口占两语云："谁人得似景梅九，独抱干柴整四根。"醒对玉青说知，笑云："梦中得诗词的回数，也不少了，从未有此次打油且无理者，不知何兆。"玉青云："不过当中送炭的意思，不怕冷落了；且君不信梦，问什么兆。"

车到前门车站下车，某君派人来接云："是得洛阳来电，知道今天到的，现有车马在此。"李某便云："先送我们到第一宾馆再讲罢！"大家同①客栈后，坐定，那送马车的人，悄声告我说："某君正因新华宫一案②，犯了点嫌疑，所以不能亲来。"我说："不要紧，我也是嫌疑犯，将来他能替我讲话很好；如因嫌疑中，不能讲，也罢了。"我回头向玉青道："此回我定被送入牢狱中，你在外勿焦！"玉青探头曰："他们敢么？"

___

注释：

①同：此字后似应加一个"到"字。

②新华宫一案：是指本书写到的袁乃宽的次子袁英在新华宫埋放炸弹要炸袁世凯的事。

午饭后，天将晚，李君对我曰："我们到陆军统率处去。"我那时觉得不妥，便道："我可以带点钱去。"（因为仲伏入狱时，因无零钱，颇为狱吏所苦）李某说："不要带，我们便返来。"促迫使行，我抬身便走，也没吩咐玉青甚么话。

李某和我同车，我问道："陕西必另有电来，欲陷我于罪，你莫瞒我。"李某云："先生你放心罢，我总要对得起你，保没别的事！"车行至一处停止，我朝外一看，见门口挂一幅长牌，上写着"军警执法处"。我笑对李云："这不是好地方，你回去，莫骤然对我家人讲！"他说："没事！没事！你随我进去，我自交代明白。"我便下车，随便进去，到前院中，李某到号房对着一个人说："此位景梅九，因犯点嫌疑，由统率处去电，从陆将军处送来，请特别优待。"李即去，我被好些狱卒，引至后院，至阶前停止，搜身，把钱包拿去点清五元说："钱存管狱处，用时，随使①教人领取。"又来解腰带。这倒是我早知道的，因仲伏曾告我说："一进狱门便须将腰带裤带，腿带，一齐解去，是怕人自杀。"我当时坐下，便解腿带，狱卒很有惊怪的。我心里讲："该弄甚么手杻②足镣来？"却莫有，人引去，经过几多转折，真有"曲径通幽处"的情形。引到最后一大院旁一小院中，有一座三间大房，门口钉个小牌，上写"优待处"三字。我进去，一狱卒交代房中诸狱卒曰："这是陕西送来的差事。"

428

"差事"，我心里讲："犯官"又化为"差事"了。人在世上，到处被人安立些假名，真是奇怪！也只得呼马应以马，呼牛应以牛，差事便差事，有甚么要紧。一面想，一面看这优待室有七张床铺，六张是狱卒占定的，只一张床上坐个便服囚犯，手足也未带拷镣，样子好像个侦探，我心里又讲："狱里还安置侦探，陷害人么？"

那时有一狱卒从床下取出草帘，铺在地上，对我讲："床铺已满，你坐在地下好了。"我便坐在草帘上，忽然想起家族亲友来，更为玉青着急。因仲伏在执法处的时节，我在外，未尝一息安宁，知道狱外人，比狱中人的日子还难过些。某某因新华宫一案，有嫌疑，必不能为力。仲伏南游后，更无消息，我在山寺阅报，知郑汝成③被刺时，他在郑幕中作客，云南起义，我心中总觉得他到南方找李协和去了。想起来，再无别人能帮玉青作事，好生烦闷！所以晚饭，一碗白菜汤，一大碗菜端来，便无心用了；并不是嫌他不好。我在山寺生活，较这还淡泊些，旁边狱卒瞧出我不安情形，来说："放心吃饭，不要乱想。"我被他这一句提醒了一个念头，登时想起日本同志堺利彦④《乐天之囚》那一本书来，心里说：我在山寺寄柳亚子书说我抱"半乐天"观以消遣，今天至少也要作个"半乐天囚"。这一想，那眉头便放展些了，吃到半碗饭。

注释：

①随使：似应为"随时"。

②手杻（chǒu）：古代手铐一类的刑具。

③郑汝成（1862—1915年）：字子敬，直隶省静海县人。在海军任职。1913年，被任命为大总统府高等侍卫武官。同年7月，任上海镇守使，授海军上将。1915年，袁世凯同日本签订《二十一条》，郑汝成成为上海革命党人的首要攻击对象。1915年11月10日上午11时，驻上海日本总领事馆举行酒会，郑汝成乘车前往道贺，刚经过外白渡桥，当车正要向东拐时，刺客两人同时打开左右车门，持枪向郑头部射击，郑和同车的某参谋立即倒毙。这就是有名的"郑汝成被刺案"。两刺客是陈其美派来的王晓峰、王明山，以后此二人被租界当局引渡交袁政府，遂遭杀害。

④堺（jiè）利彦（1870—1933）：日本早期社会主义运动活动家。号枯川。

1922 年 7 月参与创建日本共产党，当选为委员长。1931 年"九·一八事变"后，反对日本军国主义侵略中国。

　　"入国问禁"，况入禁能不问禁么？便问道里边："许看书么？"曰："许！""许有笔墨写字么？"曰："不许！""许外边朋友送书进来么？"曰"不许，自己拿钱去买可以！"我心里便不大高兴了，拿钱买书，那里来的钱呢？就是有钱，托他们能买些甚么书？在狱里没有书看，又不能著作些甚么，未免太苦了！纸更是看不到，外边一切风潮，都冲不进这铜墙铁壁来，只有静坐参禅一法！

　　正是严寒时节，未带被褥，便问："可以赁床绵被么？"答曰："可以的，但是须过了破五方行。""破五！"是正月初五的别号。心里讲："不知甚么人？弄出这破五先生，来害人！"却是没法，只得和衣睡在地下的草帘上面：幸亏穿着狐皮袍，身上还保住暖气。但是两条腿到半夜，受不住了！好冷呀，袍子又遮不住。一时计上心来，脱了狐皮马褂（是岐山送我的），把脚腿一包，好的多了。没有枕头，砖是没有的，枕着自己手睡罢！睡不着起来静坐一时罢！外边守卫的兵喊道："先生睡下好了。坐起来，检狱的看见说你要逃走。"没甚么话讲，一笑，又卧下了！想起身下草帘来，心里讲："这才是卧薪！"

　　整整卧了四天薪，到初六才赁得一床绵被，铺盖起来，马褂化为枕头，比前四夜的光景大不相同了，呵呵！独抱干柴整四根，干柴是薪，一根是天么，算应了那个魔梦，好生笑人！又一想，被褥可以送进来的，难道那李某真听了我的话，没有告诉玉青么？玉青自己也不会打听么？周全的五元钱。一元赁被，又每天买些面食，自做自吃，还想买两本普通书看，快完了，若永不知道，便要糟糕。

　　又想进来几天了，也不见审问，曾问狱过堂的规矩，他说："有时升堂问，有报随便在法官屋里问。"我说："有不问的么？"他说："总要问的。"

又想仲伏曾说在狱时，每早听见长呼一声，如鬼叫魂一般，桄里囚人，同时坐起，耸耳听叫得是谁名子，那就是谁的末期；在那一刻钟，都有死的觉悟，过了那一刻，大家又说笑唱闹起来，说：还可多活一天，这便是狱囚的人生观。

怎么入狱后，未听见那鬼叫魂的声音呢？人说雷震春[1]是第二陆建章，难道这话不兑么？仔细一打听，才知道是变了章程，枪毙人的时节，早起一面豫备囚车到执法处后门，一面几个狱卒到桄里提人，有一个人手拿一张纸条，对那人问道："吗名字？"（自然是天津话啰）那人一答应，和纸条上名字只一对照，也没第二句话，七手八脚，便把那人绑起了，拥到囚车上拉至南下洼，断送了那条性命。噫！不见南下洼，白骨相撑柱！（太炎诗句）也不知死了多少冤鬼。

注释：

[1]雷震春（1862—1919）：字朝彦，安徽宿州人。是帝制派中坚，保袁十三太保之一。1917年7月，张勋复辟，雷震春被封"陆军部尚书"，不久，段祺瑞组织讨逆军攻进北京，雷震春在丰台被抓获，被判处无期徒刑。1918年，获北洋政府特赦，寓居天津。1919年去世。

陆明，雷暗，其实一样，当时有个狱卒对我说："年前腊月末，枪毙了许多人，过年这十天内，还没有开后门哩！"我问是甚么道理？他说："自从袁公子进来，就松下了。"我知道是袁英了，却故意问道："那一个袁公子呢？"他说："就是袁绍明[1]，袁大人的公子，名叫袁英，号不同。"我问犯了甚么罪？他便不肯说了。但道："这公子性体不好，他老子亲自把他送来的。人家是皇亲，自然不怕甚么，但总是'王子犯法，和庶民同罪'了！"

我心里讲，这又是法律平等了。就是"不问富人穷人，都不许偷人面包，不问富人穷人都不许街上露宿"的说法了，算甚么平等？我当时对他笑道："你说王子犯了法，和庶民同罪。在王子好像受屈，那么，我们庶民犯法和王子同罪，岂不是关起来了么？"他笑了，说："你倒说的好听。"

初十日午后三钟光景，外面来了一个狱卒，说："法官传你去问话。"我跟他去到法官屋里，那法官却像一位老吏的样子，穿着便服，让我坐下，便问起我的履历来，甚么"前清秀才"，"日本留学生"，"同盟会会员"，"国民党"，"众议员②议员"说了一大串。他又问："当解散国会③时，你曾被通缉么？"我说："没有。"（这却是闲话，因为当时二次革命初起，我因躲避选举老袁作总统，藉小女秀儿在太原病重，便回山西停了一个月，对于质问老袁罢免协和④诸议案，均未及署名，所以不在通缉之列。）他道："很好，不要紧！"又问统率处电报的话，说："电上说有耿某推你在西安主动革命真么？"我道："全是诬妄，耿某我并不识为何人！"他道："不错，这一层陆将军曾为你辩护，不过……（他少在停顿。）"又问："有个李岐山，你认得么？"我道："认得，是我的朋友。"他道："陕西近有电来说，腊月月底，说土匪夜半用炸弹攻破富平县，夺去巡警枪枝，为首者，就是李岐山，你是他同谋？"我听了，心里道："这是好消息。"口里说："我腊月二十三已出西安，如何晓得！"

我又问："有何凭据？"这是问那篇讨袁檄文的意思⑤，他说："没有？"我说："既没有怎么能说到同谋？"那法官便道："或者因为你们是朋友，犯了嫌疑，只要你是实未和李某谋乱，你可以写一纸供词，说明好了？"我一听写供词，当时想起《罪案》来，要通通写出来，须好长的日子，怕人家不答应，还说咱想延长生命，所以那是⑥拿过笔来，略不停腕，向供纸上写了两三千字，所谓"状到衙门口，无赖不成词"，招认的地方，总是不该死，该死的地方总是不招认。（这也是仲伏在狱认供时的秘诀。）结到李岐山，因是我的朋友，也是陆的门生，他⑦请我到山安⑧，说陆要派我入京议典礼。到西安后，陆忽接京电说，有人推我在陕西主动，送我入京自白，李在富平起事，在我动身之后多日，我如何得知？既无凭据，只好等李到案，和我对质，所供是实云云。我写供的时候，法官在旁，曾提醒我的注意，说某事可以不必写了，露出一片好意来。状写成后，他看过说："好了，只要是实情，我极力保全你就是了！"我即时退出，回到囚室。问狱卒："刚才那位法官，姓甚么？"他说："那是我们的侯法官，很好的人。陆将军作执法总长的时节，他就充法官，保全人命不少。别的法官便不同了。"我知道执法处本是特别机关，法官也没有一定的人，要看人的遇合了。

注释：

①袁绍明：袁乃宽，字绍明。

②众议员：应为众议院。

③解散国会：袁世凯以大总统身份，于1913年11月4日下令解散国民党。12日，又下令取消各省议会中国民党议员的资格。1914年1月10日，宣布解散国会。2月28日，又下令解散各省议会。

④协和：即李烈钧，又名协和。

⑤这是景梅九试探法官是否知道他写了讨袁檄文。如果知道了，那他就有了和李岐山谋反的证据；如果不知道，那就是没有证据。

⑥是：应为"时"。

⑦他：指李岐山。

⑧山安：应为"西安"。

自从写供状后，我很希望他再审，可以得点消息。因为上一次我曾问岐山破富平后，还有甚么举动？那法官便不肯讲。又不知白水、三原方面进行如何，真是闷人！

那晚从外面送被褥进来，并送钱五元。晓得玉青才打听见消息。我写了一纸回条，便是表明还未死；因和外边通信曾问明白是不许的，惟有家人朋①送钱来可以写收条。

过了两天，有送裤褂和钱进来，看那纸条上字迹，是仲弟敬之②写的，登时想到家中父母已经知道了，便制不住满腔悲痛，忍泪书收条，这是在狱中一度动念。便想起故友宁太一临刑不忘母的惨情，长叹一声，面伏枕卧去！

连日，得托狱卒购得监本③《诗经》《易经》各一部，又购原本《说文解字》一部；《广韵》一部，《绝妙好词》一部，每天有点看的，心里非常安泰。且想作些诗词消遣，苦无笔墨，乃买些细香点着，片刻之后，用土埋灭，拿香头灰，可以向书背上或草纸上画字。心里想，若是日久天长这些草稿能保存住，作一部"香灰集"或叫"死灰集"出来，也好。

注释：

①此处应加个"友"字。

②敬之：景梅九的二弟。

③监本：各朝国子监所刻印书籍统称"监本"，是官刻本的一种。

我入狱后，只拿定主意，不同旁人谈话，不惟是避忌那侦探，实没话可讲；但和一个看守兵姓袁的很投契。我看他是一个乡下人，绝不像别的狱卒样子。时常拿本国文教科书，向我问字好似小学生一般，所以遇事一点照顾。那天正月十五日，我说了一句："今夜是元宵。"袁笑说："先生你亏了在这里讲，若是在外边又要犯罪了。"我问："何故？"他说："因为元宵两个字，听着好似把我们姓袁的消灭一般；于是警察厅出禁令，不准人喊叫卖元宵，要喊叫卖汤元才行哩！"我说："汤元也不好，岂不怕把袁汤灭了么？"他说："先生少讲话罢！"后来作了一首歪诗专咏此事曰："偏多忌讳触新朝，长夜金吾①出禁条；放火点灯都不管，街头休唱卖元宵。"真是笑话。不久听说禁甚么"扑克"，说也有一番意思，为的是犯了"扑灭甚么克定的嫌疑"，又触着皇太子的忌讳了。这些笑话，是在狱中听见的，听不见的还不知有多少哩！

正月二十六日生辰；在死地遇生辰，也是一种纪念。便请那跑街的狱卒，买了一角钱长条面，亲自煮好，正吃的时候，忽然想起一桩事来，乃是十七年前事，就是庚子那年，在太原游学，一天有人送封信来，说：我邻居李某，在安邑打伤人命，送至阳曲县狱中，请送点钱去。我和李某是孩提交，得信后，即刻拿了五百铜钱，到阳曲监狱里探他，从墙窦会面。他本是个光棍，毫无忧容，很喜欢我来。我也动了好奇心，要到监狱里边去。他和牢头说好，让我进去。那时，我十九岁，还有些秀才派头，走进去背叉双手，在监狱院心一步三摇的走，那牢头含笑对我说："先生！不可双手叉背走！"我连忙把双手放下问故，李某从旁笑曰："这是牢狱的忌讳，因为'出人'（就是斩囚）的时候，犯人才背叉手哩！"我又得了一种经验。到囚房看见许多红衣囚，面带鬼色，聚在几处，我坐在某床铺上，谈了好些话。最有趣是说，囚分三等：杀人报仇是英雄豪杰为上囚；抢劫为中囚；奸淫为下囚。下囚时为群囚所困辱。又得见义和团大师兄，不过十五岁，在那里切面，有人替他问外面消息，我说："不要紧。"其实已将要执刑了。李某指道："这是上上囚，他也怕死。"我当时心里却很怜悯他，谈话久了，到晚饭时，那牢头端了碗面给我，且笑道："先生你吃了我们狱里这一碗面就好了！"我听了莫明其妙，但记得很清楚。所以这一天，在执法处端起那一碗面来，便想起那桩事情，吃完了面，又想起一段笑话。

忆在三原山寺与宏师参究宗乘，曾作一"八不颂"曰：

起不起，猴儿吊在半空里。（此句影袁氏的帝制，因袁氏曾对人言说好些老朋友，把他当猴耍助上杆，他们全不管了。）

减不减，请看黄叶变绿叶。（此句影共和不死。）

常不常，一辈不如一辈强。（此句概江河日下。）

断不断，吃了一碗长寿面。（此句当时只论文。）

不过说面是断的，长寿便不断了。在狱生辰吃面，俗叫长寿面，狱是死地可谓断，足然要吃长寿面，定不断了。所以回想起阳曲狱中牢头的话，吃面后，当时便触起这一句了，仍然是怕死的心理，一笑。

　　一不一，一年三百六十日。

　　异不异，三人三姓三结义。

　　来不来，枉在世上走一回。（此句自概）

　　去不去，常说换官不换吏。

　　当时我拿俗说颂八不，是半意识的。宏师颇为印可[2]，他另有道理。一定悟在禅理上去了。我却知弄文字禅。但断不断，竟成谶语，也是一个纪念。

　　还有"狱中三十五初度"律诗一首，录左：

　　奔腾岁月眼前过，运入龙蛇最坎轲；（当时想起郑康成"起！起！今年岁在辰，明年岁在巳"的梦来。）生满百年能有几，狱成三字消多。[3]（两句现成话，执法处杀人本来莫有甚么定谳。）

　　"自今以始"[4]其休矣，"振古如兹"可奈何？（友人多以此两语为弱，不知我当时在狱中无事，戏集诗经对句。那一天，恰得自今振古八字，且正接生满一联，寓无限感慨，故不易。）

　　跖寿颜夭[5]无定准，莫把公道问阎罗！（因雷震春亦好[6]阎罗）

注释：

　　①金吾：兵器名。在此为"执金吾"的省略。执金吾，古官名，是负责皇帝大臣警卫、仪仗以及掌管治安的武职官员。

　　②印可：应为"认可"。

　　③这首诗的大意是：奔腾向前的岁月从眼前经过，命运进入龙年和蛇年最为坎坷，人能活一百年的能有几个。三字狱即"莫须有"。所以后面括号里说："执法处杀人本来莫有甚么定谳。"

　　运入龙蛇：古人谓命数当终为"岁在龙蛇"，汉儒郑玄（字康成）卒年即岁在龙蛇。坎轲，似应为坎坷。

　　④自今以始：有对联称："从古称稀尊上寿，自今以始乐余年。"大意是：自古以来年过古稀的都被尊崇为高寿，从现在开始就可以乐享晚年了。而景梅九当时却说："自今以始"其休矣！

　　⑤跖寿颜夭：指善恶的命运不公平。盗跖是春秋时期和孔子同代的一个山大

王，他横行几国，屠城劫掠，最后竟善终了。颜渊是孔子最贤能的弟子，几乎达到了圣人的境界，可是很早就因为贫困病死了。

⑥"好"：似应为"号"。

却说我初到这优待室，看见那个像侦探的，姓孙。据他说：是被点嫌疑进来的，不过我和他交谈一二语，便知他是个无知识人，只能邪谈，不能正论。一天正同他瞎讲，外便①送来一位穿西装的青年，也没带锁镣。我乘闲问他犯的何罪？他说："因为和李雨霖②君来往，被捕来的。"我只安慰他两句说："不要害怕，看情形是不要紧的！"我希望他因在同室，可以和他讨论些学问。一刻工夫，却被禁卒带向别室去了！我看那少年精神镇定，大略无妨。正在代少年筹思时节，又听外边喧嚷，只见几个狱卒拥见③一个便服囚犯，状甚凄怆！我不认得他，我却认得他；因为前两天在狱中看过旁人一册戏考上，有他的像片，题着新戏泰斗刘艺舟④。不错，就是他。心里讲：他如何得到这里来？奇遇！奇遇！若是同囚一室，到要领教他的戏了。但我看他神色不定，仿佛当下就要枪毙一般。又看他也没带刑具。管狱的且令狱卒给他誊出一张床来，留他在这优待室，比我有上下床之别。一定是不要紧的。为甚么张皇失措呢？心里大不以为然！却故意同那姓孙的恣笑乐，表示应该镇定些。那知并无半点效力，等了一阵，我劝他不要怕，他才问姓名，并道："前两天还有人托我打听先生哩！"原来他那时是执法处的人员，所以朋友托他。那一夜，他是睡不着了。哀求狱卒给他家里送信，并要求见雷总长诉冤。狱卒也随意开他的玩笑，弄的不像样子，我当时很责备他。

注释：

①便：似应为"边"。

②李雨霖：他密谋响应萍醴起义，被人出卖，同党7人被捕，一年后黎元洪将7人保外就医。

③拥见：似应为拥着。

④刘艺舟（1875—1936）：原名必成，又名麟，艺名木铎、钟声。湖北鄂城人。刘艺舟24岁东渡日本，加入同盟会。此时，中国第一个话剧团体"春柳社"在东京成立，课余，他常参加新剧演出，决定走"搞戏剧，干革命"的道路。1915年，他作为留日学生代表回国进行请愿，反对"二十一条"，结果被袁世凯逮捕，出狱后，编演了讥讽袁世凯的京剧《皇帝梦》（又名《新华宫》），嗣后，刘艺舟辗转于湖北、江西、河南等地，继续演剧宣传，常为地方官驱逐。1936年，因贫病抑郁而逝。

后来他对①讲："你的仇人在陕西还不要紧；我的仇人执法处，随时可以害我，怎能不慌呢？"这到是实话。他是民党有名分子，点将录中的浪子燕青。（某撰点将录，几一网打尽民党，我幸脱漏。）亡命到日本，经某人介绍投诚，充北京执法处咨议。又拉他的朋友李统球②同事，大概教他们密探东京民党动静，他们如何肯作。久之露出本色。人家便到③："他吃王莽粮给刘秀办事了。"所以一经人指摘，当时同送到狱里来，焉得不害怕！

艺舟每闻铁锁声，必蹙眉不安。我曾戏占一绝云：

累累囚徒出狱房，声声铁锁响琅珰；旁人听浑闲事④，恼乱新来咨议⑤肠。（此末语艺舟者，恐其更增烦恼耳。）

艺舟闻鸡鸣，亦甚恶之；闻鹊噪则喜。一日几个"同囚"（这也是我制造的名词。）被狱卒带去审问；经过窗下，中有李亚东⑥，艺舟认得，不胜感动。我偶见风吹花落飘舞窗前，因戏拟春闺一词示艺舟：

好多日子闷损深闺里，恨压双眉抬不起，慵向镜台斜倚，鸦呼鹊噪频听。管他春雨春晴，无奈落红片片，因风吹过窗棂。

艺舟赏之曰："乃知古人诗词必有寄托。"我知此词，句句可以打动艺舟。惟"管他"一句似非艺舟境界。

　　一日，见狱卒持杏花一枝①入室，予指谓艺舟曰："此杏花何不幸耶！"艺舟为之点头叹息。

　　当孙某未出狱时，艺舟尚未敢同我畅谈。某朝早起，孙某对我说："昨宵梦一白发叟，向我书一字，左边两点，右边春字，写了好几回，所以我记得很清楚。不知何兆？"我登时想起《佔伴字说》来，便道："你快要释放了！两点是冰字，加上春，自然是东风解冻，这是正解。要拿测字先生的法子说，春，算人三日，你三天便出狱！"艺舟听见出狱二字。很羡艳，说："再没别解么？"我真会揣摩，便戏道："也许是三人同日释出的意思。"不出三日，孙某果释出。后来打听孙某因捕获党人张君于上海，张与孙某原为同事，因亦系孙于狱。张被枪毙后，孙即释出。

　　张君听说名绣泉，也是山西人。在外国多年，娶意大利妇。其被捕原因未详，但一定是为革命死的。他是雷震春枪毙党人中最后一名。当枪毙他那一天，优待室狱卒早起，看守兵严守房门，异常静肃，艺舟吃骇不小。

　　孙某出狱后，我在从地下升至床上。这还不关紧要，痛快处，是能同艺舟畅谈革命。由政治革命谈到社会革命，由社会主义，谈到无政府主义，艺舟也渐渐忘怕惧。有时西皮，二黄，梆子腔，唱起来了。我是不会唱的，甚么板眼，更不明白。艺舟才把三眼一板，以及西皮眼上起，板上落；二黄板上起，板上落，还有甚么四平调，反二黄，反西皮，详细教了我一遍，我才略知各种曲调。便想仲伏也会唱，曾谈过板眼，但他性急未能使我理会，不过由他听得各种戏曲不少。词句大都记得，就是不能出喉，尝拿"满心蝴蝶飞不出来"自嘲自解，在狱中这肚里又增加了好多生剧。每天在喉内，行腔排调，只可自怡悦，不堪持赠人，不知者，还以为是牛皮哩！

注释：

　　①此处似应加一个"我"字。
　　②李统球：北洋政府陆军少将。

③到：应为"道"。

④旁人听浑闲事：应为"旁人听（来）浑闲事"。

⑤咨议：指刘艺舟，时充北京执法处咨议。

⑥李亚东（？—1936）：即李斌，字亚东，河南信阳人。因参加革命活动被革职，后加入日知会，鼓吹革命，并参加军队同盟会。辞职东下，游说反袁，被江苏都督冯国璋所捕，押至北京入狱，袁世凯死后始获释。1917 年护法之役中，被孙中山任命为河南招抚使，因事未赴任。后居杭州，生活艰困，1936 年病卒。

⑦杏花一枝：北京杏花开时应在清明前后，即阳历 4 月初。

这是闲话，我和艺舟谈剧也不少，最佩服他的《九更天》①批评，他说："九更天三字，只表出社会一切黑暗，试看全剧中，没几个明白人，没一件明白事，甚么二东人被陷入狱，黑暗极了，官自然是糊涂东西，却教马义去找人头，马义更糊涂，反说好个清如水明如镜的太爷，便回家和妈妈商议，把自己女儿头割去，真是混帐万分！人头献上县官，翻过来说：'无人头是假，有人头反成真了。'马义说出实情。官更不理，一搭糊涂，向甚么文太师处上控，那文太师却教告上状人滚钉板以试兑否？更亲拜钉板，视同神圣，其糊涂混帐，不在马义诸人之下，天如何能明呢？所以打到九更天，也是黑暗的。"真乃妙评。

有一天，他同我论上天台一剧，他说光武并未诛云台②，将此剧从何说起，我道："此剧或是明人影射朱元璋杀功臣事，孔北海所谓武王伐纣以妲己赐周公影射曹操赐甄曹丕事③，想当然耳，藉以为讽讥的。"艺舟不觉首肯。

有一天，狱卒某，从外面手拿书进房问我道："你有个姓滕朋友么？"我连忙道："有的，是山东人！"他道："不错！他来给你送两本书，写个收条好了！"我把④接过来一看，原来是吴大征⑤篆文论语，放在一边，先给狱卒写了收条，打发他走了，然后再看那书，全是用钟鼎篆书写的。最触目的是书皮上有"仲伏学"三个字，的确是仲伏笔迹，苏字体。这就怪了，心里以为他断不能到北方，此书从何来呢？呵！是了！那年他在"德记"住过，或者有存书在那里？滕君是有心人，所以检出送来的，也未可知。好生踌躇了半日。

注释：

①《九更天》：京剧作品。一名《马义救主》，又名《弗天亮》。

②云台：云台二十八将，指的是汉光武帝刘秀麾下助其一统天下、重兴汉室江山的二十八员功劳最大、能力最强的大将。汉明帝刘庄在南宫云台阁命人画了28将的像，称为云台二十八将。

③孔北海所谓武王伐纣以妲己赐周公影射曹操赐甄曹丕事：孔融曾嘲讽曹操的儿子曹丕纳袁绍儿媳、袁熙的妻子甄氏为妻，说："武王伐纣，以妲己赐周公。"曹操不懂，又以为孔融学识渊博，便问"出何经典"，孔融则捉弄道："以今度之，想当然耳。"孔北海，即孔融（153—208），字文举，鲁国（治今山东曲阜）人，东汉文学家，"建安七子"之首。

④此处似应加个"书"字。

⑤吴大征（1835—1902）：本名大淳，后为避穆宗载淳讳而改大澄，字清卿，号恒轩、白云山樵等，江苏吴县人。著名金石考古学家。

大家要知滕君是甚么人，我要略叙几句，他是"德记皮货店"的掌柜，名文卿，和阁臣相好。从《国风日报》出版，就同大家相识了。仲伏那年入狱，是他在执法①卖皮衣首先看见的，连忙回来，报知阁臣，才打电报给我。今天又是他来送书，且有仲伏字样，我心里非常感激。想到仲伏，总②然不在北京，滕君也是玉青的好帮手。又想狱卒说，不能送书给囚人，这书如何能送进来呢？

我因对艺舟说仲伏历史，及入狱往事，都可以编成戏文，甚么"装箱"，"起解"，"探监"，"赠珠"。他说："此人我知道，是被金某所陷，我适在奉天，曾与同志，向外交方面运动，因他在租界被捕。"我说："不错！后来听说某领事向外交部要人。"说到"赠珠"，是贿赂事。"探监"，陆建章时代，还许人探监；雷震春时代，便不行了。一月准写信给外边，其实他也传不到。有时想用香灰写一纸，密令狱卒带出打探些消息，怕查出来更不便。偶翻陆放翁《钗头凤》词，步原韵，戏拟忆秋闺一首云：

> 愁分手，斟杯酒，樽前低唱阳关柳。心情恶，飞绵薄，密官狂趯，粉仙轻索。错，错，错！人依旧，花偏瘦，西风帘卷凉初透。伤寥落，思兰阁，尺书删就，寸鱼难托！莫，莫，莫！

艺舟笑道曰："君以柳絮自喻，蜂蝶喻侦探么？"我道："不错！我在秦有'吹絮鱼开浪，立芦鹳避风'句，也寓此意，立芦句大有芦中人愁；又咏有'菜花能舞蝶，柳絮不沾苔'句亦然，今沾苔矣。"艺舟为一蹙眉头，因他不喜听丧气语。

和艺舟谈到改良戏曲问题，便想起在东京看过的社会剧，我说：《灯台守》一剧，有一贵公子落海，为灯台守老人救下，老人有一女，被公子诱说入京都后，因与一女争宠，大起风潮。那知与争宠者，乃其失迹之胞姊。一旦觉悟，遂共投海死。老人闻此恨极，大骂都人，终曰："智欺愚，强凌弱，富压贫，这就是文明么？"于是灭了塔灯，遥望着京都大声恨恨曰："把都市一般东京们，全没沉了！"遂自杀。扮灯台守者，为日本新剧大家高田宝，至今尚记其愤悲的声词。艺舟说：他也看过，并道，近年来社会剧更多，曾见过演托尔斯泰《复活》一剧，很能发挥社会的罪恶。又说他在东京演过《水浒传》，也算中国社会剧。中有火烧草料场一折，演至林冲醉卧入梦，转台，加憧（撞）入白虎堂梦境一折，林冲足然持刀赶杀高球儿，子忽醒，乃遥望草料场火起云，颇受听众欢迎。我极赞其巧思，并戏之云："不知君现有手刃仇人之梦么？"

注释：

①法：此字后似应加"处"字。

②总：似应为"纵"。

剧谈太多，不详记。却说在狱中，每日以得瞧狱卒从外面带回来的戏单子为一乐。一日忽然发现一事，原来戏单子上面常印着洪宪年月日。洪宪！是袁皇帝年号，大家没有不知道了。某日戏单子，把洪宪两字换为丙辰[1]，便猜着八九分。问狱卒，狱卒先不肯说，后来知道瞒不住，说："取消了！"心中大悦，对艺舟道："一定是讨逆军战胜；不然好容易就肯取消洪宪纪元么？"艺舟道："自然，恐怕袁皇帝喜头哀尾[2]。有人测袁为此四字的日子来了！"

隔日出户解手，"因人解手，须招呼狱卒一声老总"才能出户。又每日准大便两次，名曰"放茅"，可以和别院囚相望。曾戏作一联云："解手每日呼老总，放茅两次见同囚。"可笑。在院中拾得一片报纸，中略载各处独立，及劝退袁诸事。因借对室墙外柳条写一纪云：

> 忽漏春消息，墙头柳数枝！倡园人去后，青眼为谁垂？

艺舟叹曰："柳数枝，大可怜！"

注释：

①丙辰：1916 年。

②袁皇帝喜头哀尾：袁字最上面是喜字头，下面是哀字尾。

洪宪取消后，外边事，大约可以猜度一二。惟陕西方面同志的活动，究竟怎么样？是不得知道的。一夕，忽然岐山率健儿数百，与敌战于山头，大胜，喜极而醒。为之怅然者久之。因戏凝①春闺一词云：

> 几（此处 1 字原书不清）莺筝，数番鸽啸。而今听是凄凉调，东风吹不到帘栊。晓他外面春多少，燕约莺期（指白水、三原之约），应都误了，相思人隔天涯杳（指岐山）。瞒愁刚遣梦寻欢，醒来又被愁知道。

消息虽然不知，言论渐渐自由些了。看守兵袁某，时作谐谈，说：

"我尝告诉这小儿子，教他不要作皇帝，他不肯听，如今闹成这个样子，真没法想了。"因同伴戏称他为袁皇叔，故有此妙语。那用催命符"吗名子"的天津人，他也乱说起来。又是张敬尧②全军覆没，蔡锷杀到长江来了。又是李烈钧打湖南，北兵都要降他了。他要打北京，我们也降他好了。指天画地，惹人笑死。执法处优待室差不多成了北京城内第一个言论自由地方了，宁非怪事？

注释：

①凝：凝想。集中精神思考。

②张敬尧（1881—1933）：字勋臣，安徽霍丘人。1918 年任湖南督军兼省长，因统治残暴，湖南人民曾展开驱张运动。他后与日寇勾结，被国民政府派人刺杀身死。

看守兵中，还有个姓杜的，年纪大了，像个乡下老头，常替狱囚占周易课，人很老实。后来同我熟识了，把外边真消息告诉我，说："老袁要倒灶了，各处将军都要独立了！"我托他借一份报看。他一天，悄拿一张《顺天时报》①来，那时顺天报，成了民党机关的样子，消息最真。教我藏起来，放茅时，拿到厕所中去看。我等不到"放茅"时，即特别请假出恭，展开报纸一看，呵呀！可了不得了！

陆建章全家被杀！（其实未曾。）陆匪②出潼关，陈树藩独立。各路民军要人略历：郭坚③，高峻，郭海楼，曹俊夫，邓宝山，王祥山，马清苑诸友的名字，都看见了；只不见岐山名字，再看，忽见我所拟的那一张四言布告，竟一字未更的登出。说是陕西讨逆军通用的，心中为之狂喜；但恨未见那篇檄文。连忙回室中，告诉艺舟。艺舟说：陆某，也有今日！

注释：

①《顺天时报》：1901 年 10 月在北京创刊，由日本侵华机关东亚同文会的中岛真雄主办。该报极力支持中国的亲日派军阀，所以被人们讽刺为"逆天时报"。1930 年 3 月停刊。

②陆匪：指陆建章。

③郭坚（1887—1921）：原名振军，字方刚，陕西省蒲城县平路庙乡郭家村人。

时已春去夏来，狐裘脱去，只剩套夹衣，幸优待室是北屋，不大热，别屋便要单衣了。一日，狱卒告我说："有个阔差事进来，姓张。曾作过都督，在隔院东屋里。"仔细打听，原来是张伯英①。辛亥年我在陕西见过他。他也晓得我在狱里。留心问明白，约放茅时遥望一点头微笑。我看见他住的房子，太阳正照着。狱卒给他打起芦蒲帘来，罩窗遮户，大概花钱不少。还是抵不住热。我对艺舟说："比较起来，我们优待室是避暑宫了！"当时想起游山西天龙山五律来，用香灰写出，请艺舟批评。诗云：

> 竞上昆庐阁，遥看万本松；山深能隐豹，洞古有藏龙。剥落开皇碣，幽凉避暑宫（山上有高欢②避暑宫遗迹）；禅心安不住，蓦地一声钟。

艺舟道："剥落开皇碣，似说老袁帝制失败，我只望这一声钟，是自由钟。"我道："也不远了！"

注释：

①张伯英：即张钫，字伯英，河南新安铁门镇人。

②高欢（496—547）：北齐神武帝，鲜卑名贺六浑，河北景县人，北朝东魏权臣。高欢专擅东魏朝政 16 年，死后，其子高洋代东魏称齐帝，追高欢为神武帝。

端午！我又想起半耕园来。因为每年逢端午，园主恣人游览，平民到的很多。私园化为公园，也是一时盛事。我记得有两姊妹在葡萄棚下，和八哥调舌，俨然天上人，思之几如隔世。后来曾作《端午忆》词六首，一云：

> 端午忆，雅集半耕园。棚盖葡萄凉欲澈，笼藏鹁鸽语初喧，红粉并前轩。

忆此也。然尚不如狱中清明忆唐园之甚。曾有一词，今补叙于左：

> 甚清明，偏逢三月初三，（满）（记）密恨闲悲，都提上眉尖！最忆唐园春望，怅柳烟织陌，梨雪（飘）（檐），更（珑）霞抹（晚），字云拂（槛），杏雨垂帘。
>
> 惜春，算有啼莺宛转，吟（燕）呢喃。披红剪绿，听报道蜂（须）粉惹，蝶翅香粘，溪边桥畔，趁踏青，儿女娇憨。如许事，（拢）将来不过片时春梦，一枕方酣。[①]

但狱中端午，却有一种绝色消息到来。

当陕事吃紧的时节，有一种消息，说：雷震春要率兵援陆。某日狱官曾密告我说："现在陕西不了，外面有保荐先生入陕议和；还请那位张伯英同去哩！"过了几天，便有老袁病重的话。有人说，是陆建章把他气的；有人说，陈二庵[②]把他气的，因为陈有一封电报，措辞颇滑稽，有和袁世凯个人断绝关系的话（此电在狱中看见）。还有人说是湖南独立[③]的电把他气病了的。

注释：

①此二首词中括号内的字，原书看不清，系注者所补。

②陈二庵（1869—1939）：即陈宧，字二庵，号养钿，又名宽培，湖北安陆人。1912年入北京成为袁世凯的智囊。1916年3月30日四川将军陈宧电蔡锷，赞成倒袁。5月22日，陈宧宣布与袁世凯断绝关系，改称四川都督。陈宧反袁之后，淡出政坛。

③湖南独立：1916年5月4日，汤芗铭通电，宣布独立，电文主袁世凯退职，由副总统黎元洪继任。

不多时，又听见老袁请段祺瑞出来维持了①。因段反对帝制最烈，而各省青年军官，加入讨袁的，多系其门下。陈树藩也算一个，大都系老袁所封的男爵。回想那"不肖男"的戏言，成了真话哪，可笑！

端阳前两日，北京市面非常恐慌；因为兑现展期而起，几乎要大乱。有人说是老段的手段，也不大清楚。便有"老袁非死不可"的话了。

端午日，午后执法处人员，有点唧哝神气。追问狱卒，不肯说，到底隐藏不住，说："老袁死了……"②一时狱囚都有了一番活气。那袁不同几乎风颠起来！假哭狂笑，乱闹一阵。足然逾范围，从后院跑到前院，在我住的优待室谈了一阵，我们也随便和隔院同囚，说几句"共和不死"，"中华之幸"的祝词。后来端午忆词中有一首，但道此事云：

> 端午忆，深锁禁园中。旧梦荒凉余茧虎③，满天雷雨失妖龙，佳信到帘栊。④

注释：

①1916 年 3 月份袁世凯被迫宣布退位，恢复"中华民国"年号，4 月 22 日任段祺瑞为国务卿（徐世昌辞职）。

②景梅九此处说袁世凯是端午日死的，其实是五月初六去世的。

③茧虎：五月端午时节，用蚕茧做成虎形，是为茧虎。山东莱阳一带，以蚕茧与金彩做虎佩戴，谓之艾虎。景梅九的老家晋南一带也有个习俗：到了五月端午，家家门上要贴五颜六色、神威俱佳的老虎画。

④这首诗的大意是：回忆端午时节，景梅九自己被锁在监狱中，像蚕茧做成的老虎一样。从字的谐音上看，茧、监同音，意也相近。虎则是景梅九自喻。而满天雷雨（可形容为反袁的革命军）却要了妖龙（过去称皇帝为龙，此处称其为妖龙）的命，这个好消息传到了监狱中。

第二天，狱中有一种传言，说："明天大家要开镣了！"心里说："这也是应该有的问题！"带镣的同囚，分外欢喜。到了次日，并不见动静，大家很奇怪。仔细打听，才是"明天要开吊的"传讹。大家听了，未免败兴；但一想开吊误为开镖的群众心理，都不觉笑起来。

端午前，我已有出狱的希望，因为送钱条上曾发现"十月将至"四字，又像仲伏写的，乃确知他在北京。心里总不大了然；他何以不去南方，且敢在北京住呢？但十月将至四字，分明是他用了点①，借用"十月先闻岭上梅"句，影射我将开释。艺舟一见也明白，所以心思我嫌他显露。然而"设身处地"，让我想一句双关话，送个消息进来，也不能离"十月"二字阿！

袁死后，天天有释放的同因。这时出狱的心，反比平时急切起来。一日侯法官传我到他那里，说："外边有人保释你，可以出去了！因为保状没批好，少留两日，总长明天还要传谈话。"我答应退去。到优待室，向艺舟说知，艺舟贺我。我说：大家都要开释的，没有甚么焦心了！比较起仲伏出狱时心理，大有不同，那时贾仲官得了开释仲伏的条子，即送至执法处，同狱吏见仲伏，说："准开释，现在快到一点钟了，明早再走罢。"仲伏笑曰："现在出去好了，就是在马路站半宵，也不要紧。"后两句是他的心话。出狱后对我讲的。这也难过②，因他被释时，正在危险中；我被释时危险期已过，但也愿早些出去。

第三天传我到雷震春那里，到院心，正碰着他送袁绍明③。袁同我曾相识，对我点头，说了几句客气话。我知道他是为"不同"来的，便道："不同和我隔院住还好。"说罢，他走了，样子很凄惶，想是为悲项城的。雷让我进屋时坐下，他是一个白须老头儿，先给我相了一面，用洪亮声道："你两耳高于眉，将来还要发达。"我心里说："这真是意想不到。"但唯唯而已，他又道："你对中国，将来有甚么办法？"我道："这题目太大，依我说，以普遍为主。"他说："不错，文武官我都作过，听说你著了一部书，叫甚么名子？"我道：《佔伴字说》。"他没听懂，教我写出来。他一看，便道："我（这）个名子（字）教我看了还懂得，教别人看了，一定不懂得，不如叫做通俗字说。"我心里说："怕你老先生便不懂啰！"却答道："也好。"他又发了些议论，最妙的是说："死了一个野心家，还有无数野心家，中国是不能安泰的！"（足然可以代表舆论）议论毕，他说："明天你可以自由了！"我称谢而退。

注释：

①点：应为"典"。

②难过：应为"难怪"。

③袁绍明：即袁乃宽。

次日，五月十二日为出狱期①。早饭后，狱吏执帐簿来。（这帐簿差不多是生死簿。我曾阅过一次，原是狱囚存钱物的册子。据云：中间名子上粘红条的，都是枪毙过的囚犯，乃发见死友程家柽②，仇亮，吴虎头诸君的真假名字，心中非常悲愤！）还了我的存款，不过几块钱。只因外边不能多送，内边也不能多用，所以没有巨额的蓄金，一笑！又从存物库中，取出我的腰带，裤带，腿带来，通还我，我才解了那根麻线裤带。——初入狱裤带被解出，没法提裤行至优待室中，方向狱卒借了些"钱串子"似的细麻线，把裤子将就的束住。我当时心里说："我大不如祢衡之露体独立！"系上了旧裤带，请他们给我雇一辆马车来；因为要携带皮马褂皮袍及书籍等，一面辞别艺舟和舍某。

注释：

①1916 年，景梅九 34 岁，他是在 1 月 26 日（腊月二十二日）下午在陕西被捕，2 月 5 日（正月初二）押送到北京入狱。到 6 月 12 日，袁世凯死后的第 6 天获释。入狱共 129 天。文中的五月十二日是农历日期，这一天是阳历的 6 月 12 日。

②程家柽（chēng）：字韵荪、豫荪、下斋。安徽休宁人。

提起舍某来，很有笑话。他是前月从桡中，转到优待室的。据云，是南洋华侨人，误认他是"孙中山的儿子"，被捕至执法处的。后来，证明错误放出。及运动到优待室，他对我说："我和你的朋友宋辽鹤①同囚一桡，时常谈起你来。"我早知辽鹤被囚，但不肯向人说是同志。及洪宪取消的时节，大家才互通消息。狱卒才知道我们是《国风日报》旧人。并把我的灶君绰号，也传出来了。舍某又说："我知②辽鹤交最久，曾在广东遇面。"我心中颇希奇，不知宋子③几时到广东去过！或者因为语言不通，听错了！但因中国几次革命，得南洋华侨扶助不少。舍某说他帮过李协和的大忙，更激动我的怀旧感情。我又有"南洋群岛为中国卫星"的得意词句，所以另眼看待。细谈起来了，他也无甚么知识，我只记得艺舟对他有一句妙评，说："阁下是白起④家的人才！"

注释：

①宋辽鹤（1888—1955）：即宋大章，字寰公，号辽鹤，辽宁北镇（今北宁市）人氏，1905年加入同盟会，后任《国风日报》的主笔。《国风日报》遭到查封，宋大章身陷囹圄，在狱中，宋大章曾有《狱中见海棠》，与景梅九的《赠寰公》等短章唱和以明志。袁世凯死后，宋大章出狱，重操笔政，并由南社诗人景梅九与杜羲介绍，加入南社。

②知：似应为"和"。

③宋子：宋辽鹤。

④白起：战国时秦国名将，也叫公孙起。中国历史上著名的长平之战即由白起亲自指挥，大获全胜。

临出狱时，他们嘱咐我运动保释。我说："那是自然！况执法处要取消了，还愁甚么？"时黎元洪继任总统，民党人，请他取消这特别杀人机关，他已有允准的消息。

出了狱了！大有鸟出笼的快乐！你想一个人在都市中住了，一旦离了都市，向郊外出游，尚且有一种心身自由的感觉，何况从狱里出来呢？

那马车飞也似的，直奔粉房琉璃街解梁会馆而来。到门首下车，周全看见，连忙把包袱取出一同进馆，见了玉青。玉青说："正打算教人接你去！"我笑说："不要接，自己会来的，先开了马车钱再讲！"玉青笑起来，说："足然会叫马车！"我先闻①仲伏在甚么地方？他说："快来了！端午那一天，他连跳带蹦的到这里，报信来。大声叫老袁死了还不起来！并说他从街过来，看见人人都喜笑眉眼，像过新年一般！"我问他几时到北京？玉青说："他正月初八就来了！李某带你去后，并没有回报，也不知送到甚么监狱里去？托人打听，见了滕文清，才晓得仲伏回到静海。连忙写信给他，他就来了。他对我讲自正月初二起，每日心惊肉颤，不知何故？接到信，才知道是这么一回事。心也不惊了，肉也不颤了，你说怪不怪？"这是莫明其妙的。后来，还听说我在长安被捕前一日，李仲特②老先生正打坐参禅，心中忽一动，说："梅九有事情！"赶紧命人找我。没见我，听说在易俗社看戏，报告老先生；老先生恨③奇怪！疑惑是他的错觉，或者是岐山有事？然心里总觉得是我不安。到第二天，我被解送入京，老先生才信动念不假。这也是莫明其妙的。还有我的长安清贤④，当我在长安草讨袁檄文那一夜，他在安邑得一梦，见我在高楼上，拿手枪一发打死对面房中几个人，说是袁世凯，更是莫明其妙！我尝戏说，高楼就是郭海楼⑤的影子。

注释：

①闻：应为"问"。

②李仲特：即李异材，字仲特。

③恨：现在写为"很"。

④长安清贤：似应为"长女清贤"。清贤是景梅九和他的前妻所生的长女，时年应为19岁。

⑤郭海楼：景梅九是在郭海楼的寓所写讨袁檄文的。

闲话少说，仲伏来了，那喜欢是不用提的了。我道："我决想不到你在北方，你在此怎么站得住呢？"他笑说："我每日出入侯府，谁敢说是革命党，有甚么站不住？"原来他是护送郑汝成的丧回来。在家住几天，想南下，接到我入狱消息，即来京住在郑府。

我对仲伏说："我在狱虽久，不及你那时危险！"他摇头道："不尽然。我到京见少侯①设法，他道：老陆原有信托他维持，后因岐山破富平来一电，说岐山声称奉你指使，所以才把你送进执法处。我便拟一电，少侯拍给老陆，略言富平之乱，李某②既负良师，又诬良友，梅九素与吾兄③肝胆相照，决不至与某④同谋，破坏秦中，弟⑤在此当遵示始终负维持责，至剖白嫌疑，仍赖尊处云云。'景某与李⑥同谋，证据确鉴，实难剖辩。'少侯见此电大惊，招我协议。我说不要紧，这不过个人来往私电，况且他只表示不为剖辩，不至再电当局迫害，我们正好向老雷⑦处极力运动……然后才直接从这一方面设法，不能不说危险！"

我问："岐山怎么样了？"他说："岐山破富平后，曾转战三原，未得手，现在又听人说，他要入河东了。"

我说："此次讨袁，只便宜了我们两个人，在此地偷了半年闲。"仲伏笑了。但这却不是悄皮话⑧，因为一个革命者，总要豫备终身和一恶魔战斗，不论甚么手枪，炸弹，短刀弱管，随时向前猛进，一息尚存，不容少懈，名也不要，利也不贪，任人说是痴子疯子，天生的一切幅苦骨头⑨，管他三七二十一，"一纳头只去憔悴死！"死了还要想变个杀贼的厉鬼，那有休息的时候。所以杀了他，不过是劳身的大休息；囚了他，不过是劳身的小休息。日本无政府党幸德秋水曾说："狱监是革命党的别墅。"一点也不错，在别墅住的人，虽说不是他本愿，但不能说他辇（替）群众作事，对于一般实地战斗的同志，未免惭愧的很。立到旁观地位，评被囚被杀的革命家，只能说一句"便宜了这厮"。即如讨袁之役，我不入囚，一定同着岐山辛苦数月，那能在甚么优待室中，打坐参禅，评剧，填词的作"乐天之囚"呢？仲伏若不为我入狱，在北京闲住着（忙是为我瞎忙，不算是革命）。他还不是到南边找吃苦去了么！大家想我这话兑不兑？

注释：

①少侯：孙毓筠，字少侯。

②李某：指李岐山。良师指老陆（陆建章）；良友指梅九。

③吾兄：少侯称呼陆建章为兄，因为此电报是以少侯的名义拍给陆建章的。尊处指陆建章处，老陆指陆建章。

④某：指李岐山。

⑤弟：为少侯自称。

⑥李：指李岐山。这句话是陆建章给少侯的回电。

⑦老雷：指雷震春。

⑧悄皮话：应为"俏皮话"。

⑨天生的一切幅苦骨头：当是"天生的一副苦骨头"。

我对仲伏说："我听你在执法处和黎宗岳①同室，曾向阁臣说不意'韩非与老子同传'。因黎为法政家，你是主义者，今我和艺舟同室，他自命熟于法家，岂不有同感？"仲伏曰："不然，你是淳于和优孟②同传。"

仲伏问我囚室在何处？我详细告诉他，他说："巧得很，正是你们给我运动升转的囚室。"

我笑道："只一件，我出来没打沙锅。"因仲伏转至优待室后，曾日用沙锅煮水角子吃，临出狱那一天，将煮好了饺子端起来，忽然失手，打破沙锅。狱卒在旁笑曰："好了！杜先生不吃我们狱里的饭了。"和阳曲牢头对我讲的"先生吃了我这碗面就好了"恰成一对。便把狱中生日吃面告仲伏，相与拍掌大笑。

注释：

①黎宗岳（1876—1915）：字嵩祝，名堃（kūn）甫，安徽省宿松县新兴乡金碧村人。1912年4月，南京政府命令各地取消军政分府，黎宗岳拒绝执行命令，安徽都督柏文蔚命胡万泰出兵，击败黎宗岳，实现了安徽省政的统一。黎宗岳在北京参加组建"共和党"，痛斥袁世凯阴谋篡国、暗杀宋教仁等非法行径，因而遭到监禁，后经议会联名保释。他复去上海、武汉创办民族企业。1915年袁世凯复辟称帝，黎宗岳在武汉组织"共和军"，准备北伐讨袁，因监制炸弹失事，不幸炸伤，经抢救无效，逝年39岁。黎宗岳是法政家，比作韩非，仲伏比作老子。两人在狱中同处一室，就好像《史记》中老子和韩非同传。

②淳于和优孟：淳于，指淳于髡（kūn）（约公元前386—前310），战国时期齐国（今山东省龙口市）人。齐威王用为客卿。他学无所主，能言善辩。司马迁《史记》的《滑稽列传》中说：淳于髡（kūn）滑稽多辩，数使诸侯，未尝屈辱。优孟，是春秋时期楚国宫廷艺人，亦见《史记》。此处仲伏把景梅九比作淳于髡（kūn），把艺舟比作优孟。他们两人在狱中同处一室，就好像淳于髡和优孟在《史记》中同列《滑稽列传》。

仲伏谈起少侯①为我出力不亚于为他出力，我说："这也是相同的地方，听说他避居天津去了。一时怕不能面谢，但我想替他洗刷帝制犯的恶名。"仲伏说："他自然不是帝制派，但他有借帝制从根本铲除复辟的野心。"我说："这一层，我早看到，因他曾动议取消清室优待条件，况且民党赞成袁作皇帝，本然可以说是'不怀好意'。记得你出狱后，我们辞别在京同志，有两句话道：'行则太王避狄②，居则勾践事吴。'他们作勾践的怕还苦心些罢！"

又谈到康心孚③替我运动的事情，我便想起在保定火车上曾遇面默会意的光景。第二天，同仲伏访他，他很喜欢，谈了一阵，也没提甚么；直至后井君勿幕到京，才告我说："心孚下车后，即猜你一定要入执法处，当下请老袁秘书某君，给雷震春打了个电话，措辞绝妙，说：

'景某人从前很给总统办过事，现在因为犯一点嫌疑，从陕西送来，请优待！'所以你没有受甚么虐待！"我才明白，却笑道："想不到我给老袁还很办过事。"

我入狱后，营救的朋友最多，如侯紫铺对于侯法官的运动，贾仲官对于狱吏的运动，刘申叔④诸友的保释状，王大菾诸友的请释电，滕文清诸友的奔走，张东生诸友的金钱，大帮了仲伏的忙。也应了我在狱中大蹇朋来⑤的占辞，曾有狱中十二句，专咏此云：

> 古传苍帝子，羑里久沈霾。演象明羲画，析龟卜舜枚。龙潜君子德，牛失邑人灾。文字风行水，经纶泽出雷。阴阳还太始，寒暑漫相催。休差天地闭，蹇极验朋来。

我虽狱中读易，毫无心得。倒是同囚杭辛斋⑥先生，在执法处曾受异人易传。据人云：他入狱遇一异人与同枷，即对他说，君是某人，在三元店被捕否？他惊问如何晓得！异人指墙上一行字迹曰，我早志于此矣！因与谈易理，并自云数当死，合传易于杭君；于是在枷中，口讲指画，尽泄奥密，未几异人果被杀。辛斋出狱后。大肆力于易学，搜罗古今说易的名著，过四百余种，融会贯通，成《学易笔谈》数卷。抉择数理，神审绝伦，尚自谓是碎语，非通说。笔谈外必另有一部明易大著作，此系后话，暂且不表。

注释：

①少侯：即孙毓筠，字少侯。

②太王避狄：太王名亶（dǎn）父，周文王的祖父。因受狄人侵扰，亶父率部由邠（bīn）迁于岐。

③康心孚（1884—1919）：名宝忠，号连窖，字蝶庵，又字心孚，陕西城固人。参加同盟会被举为总部评议员，对同盟会发展多有贡献，1911年，到南京，任孙中山总统府秘书。在讨论定都时，力主定北京，得到会议通过。孙中山不干，主南京，推翻决议，他从此就没有再入政坛。

④刘申叔（1884—1919）：即刘师培，字申叔，号左盦（ān），江苏仪征人。参加同盟会东京本部的工作。1913年刘师培投靠阎锡山，任高等顾问。又由阎锡山推荐给袁世凯，任参政、上大夫。1915年8月，与杨度、严复等发起成立筹安会，为袁世凯称帝鼓吹。洪宪帝制失败后，流落天津。1917年被蔡元培聘为北京

大学教授，讲授中古文学、"三礼"、《尚书》和训诂学，兼职北京大学附设国史编纂处。1919 年 1 月，与黄侃、朱希祖、马叙伦、梁漱溟等成立"国故月刊社"，成为国粹派。1919 年 11 月 20 日因肺结核病逝于北京，年仅 36 岁。著作 74 种，称《刘申叔先生遗书》。

　　⑤大蹇（jiǎn）朋来：《周易》蹇卦，"蹇"是跛的意思。九五，大蹇，朋来，是说处境极为艰难，却有众多的人来协助他渡过危难。

　　⑥杭辛斋（1869—1924）：名慎修，又名凤元，别字一苇，浙江海宁长安镇人。鼓吹变法维新，曾上书光绪帝，两次被密旨召见。戊戌政变后，在《国闻报》以"视死如归"标题，首家报道"六君子"被杀消息，遭勒令停刊。后避居山东德州，行医为生。于 1905 年加入同盟会，锐意革命，同时到北京办《京话报》《中华报》，揭露清廷腐败，报纸遭封闭，被捕下刑部狱，幸得各界舆论支持，免于一死。出狱后他参加进步文学团体南社，辛亥革命前夕，参加光复会，被大家推举为浙江军政府民政长，不任，继续创办《汉民日报》。1915 年，袁世凯筹备称帝，辛斋坚决反对，因而被捕下狱，他在袁病死后恢复自由。1917 年南下广州，参加护法运动，出席国会非常会议，被举为惩戒委员长。

　　1921 年到上海，杭辛斋受孙中山委派，任宣传部长，并创办新闻学会。杭辛斋积极参加改组国民党的活动。1924 年 1 月 20 日，国民党"一大"在广州开幕，辛斋因病未能参加，旋于 24 日逝世于上海。杭辛斋编著有《易学丛书》以及《白话痛史》《猪仔记》等。景梅九有《书杭辛斋狱中受易事》记载其事。

　　我出狱后，在京盘旋半月光景，即归里省亲，因仙弟敬之来函，说："老父额际生一疮，系忧虑所成，老母尤念子！"我偕玉青归里，如庆更生，自然欢喜，老父额疮也就日见平复了。闲时，举家团坐谈狱中事，转为笑乐。后来流寓浙江镇海横河时，曾梦见此情此景，有一律云：

　　　　客枕三更梦，还乡万里情；猪肝论往事①，虎口话余生！难使亲忘我，空怜弟忆兄；不知居越土，犹谓滞燕京。

　　　　（猪肝本引闵贡不以口腹累安邑的故事，因老父曾责我不能见机早离长安，有愧闵贡云。）

本记，我编的讨厌了，大家也看的讨厌了，应该叙到出狱归里就算完事，还唠叨甚么？只因有一件要紧的事情没交代清楚，不得不再续下去；不是别的，就是我入狱张本的岐山先生，到底怎么样了呢？

注释：

①猪肝论往事：《东观汉记·闵贡传》："闵贡，字仲叔，太原人也。恬静养神，弗役于物。"《高士传》卷中载："仲叔……客居安邑，老病家贫，不能得肉，日买猪肝一片，屠者或不肯与。其令闻，敕吏常给焉。仲叔怪，问知之。乃叹曰：'闵仲叔岂以口腹累安邑邪？'遂去，客沛，以寿终。"

却说我回到河东，打听岐山消息，才知道老袁未死以前，群推岐山为山西护国军总司令，于阳历五月下旬，命先锋队至平遥介休等处夺城收械，准备大举讨袁。岐山的四弟①率健儿数百人攻入平遥，向知事万和宣②，要求枪枝，兵饷若干万，许之。民军乃携款荷枪南下，改攻各邑。继闻袁死，停止进行。时万和宣之兄万和寅③，为河东道④尹，闻其弟因李军被劾去职，大恨，声言非复此仇不可；乃令警备队至岐山家（安邑鸣条）抢掠财物焚烧而去，并牵连亲戚朋友多人，分系各县狱中，河东一带为之骚动。我听得这些话说，愤极！对友人道："不意帝制余孽，犹如此猖狂，我必去此万恶道尹！"一面派人打探岐山消息，一面招集民军发动。

注释：

①岐山的四弟：李岐山的四弟李九皋，在兄长的影响下，投身革命，在袁世凯复辟后，率部与袁军激战，屡立战功。民国六年（1917），秦匪侵运时他不幸遇难。民国二十年（1931）与李岐山先烈公葬于鸣条岗大云寺。

②万和宣：平遥知事，江西九江人。

③万和寅：1914年6月19日至1915年12月16日期间任山西省政务厅长。从

1915 年 12 月 16 日起署理河东道尹，从 1916 年 5 月 20 日起任河东盐运使。

④河东道：民国二年（1913 年）3 月置道。道尹为要缺，二等，驻安邑县运城（今运城市）。辖临汾、洪洞、浮山、乡宁、安泽、曲沃、翼城、汾城、襄陵、吉县、永济、临晋、虞乡、荣河、万泉、猗氏、解县、安邑、夏县、平陆、芮城、新绛、垣曲、闻喜、绛县、稷山、河津、霍县、汾西、灵石、赵城、隰城、大宁、蒲县、永和等 35 县。民国十六年（1927 年）废。

　　一日正和友人在场院小屋中计议；有人报告，说："来了一个乡下人，头戴破帽，足穿草鞋，背着'搭连子'（一种布袋）一定要见你。"清平（侄女时方十二岁）说他是讨吃的，想挡住他，不教进家里去。我道："莫问他姓甚？"答说："姓续。"我惊讶道："西峰么？"连忙跑过来，他已经坐在前院北屋里，啊！不是西峰①是谁？真是天外飞来！相见甚喜。我问他："如何这样装束，从那里来？"他说："等一会讲！"一面改了装束，吃过茶，同到场院小屋中，他才说："我同岐山渡河攻猗氏县，昨夜携饷向虞乡进行，遇伏，他们都不知道那里去了②。我改装到此，也不知你几时出狱到家！如今赶紧打听他们消息，送个信去好了！"

　　问："还有甚么人？"

　　说："德甫宝峰③都在里边；德甫才从陕西狱里出来④。"

　　我说："你不宜在此久停，赶紧到北京和同乡计议，为岐山开脱最要。"

　　又说了一阵，便命人驾辆轿车送他至茅津渡河，等送他的人回来告诉我，我才放心。

　　说了半天，西峰是谁？大家原来不知。他是山西北边崞县人，辛亥革命曾率偏师袭取大同，坚守两月余，清兵攻之不下，和岐山在晋南围攻平阳，两月未见，遥遥相对。我尝说西峰沈勇宜于守，岐山豪强宜于攻。然西峰守有余，岐山攻不足，因大同平阳皆坚城，俗称卧牛城，易守不易攻也。我曾举古诗"野战剑锋尽，攻城才智贫"嘲岐山，他笑曰："上句我一人担任，下句我两人共之。"不错，平南之役，我实与焉，详《罪案》中不赘；讨袁之役，西峰偕勿幕走云阳，入四川，参与军事计划，然后才到陕西同岐山同事，这都不在话下。

注释：

①西峰：即续西峰。袁世凯重定官制，巡警道改为警察厅，续西峰不愿做厅长，于1913年10月挂冠而去，回到乡里崞县家居。1914年5月26日，袁世凯派他的爪牙金永出任山西省巡按使，金永逮捕谷思慎、续西峰、弓富魁等30余人，续西峰星夜渡过黄河入陕西，并于1915年上半年参加了"华山聚义"，共商讨袁逐陆大计。1924年第二次直奉战争中，续西峰参与策划了"北京政变"。1925年，续西峰以国民军总参议身份召开军事会议，决定攻打山西，岂料功败垂成。续西峰病大剧，于1926年3月29日去世。享年47岁。

②景梅九被吕调元巡按使派警卫队逮捕后，李岐山也从西安逃到富平县。入城后，首先把警察局和县卫队控制了，计划倒袁起义。续西峰、李岐山等率健儿数百夜渡黄河以袭河东为根据地，破荣河、狗氏诸城，维岐战死。至虞乡，突然发现后边有队伍追踪，开枪射击。战斗中，续西峰与部队失散，只身走安邑，来找景梅九。

③德甫宝峰：德甫，即是胡德夫；宝峰，是续宝峰。

④德甫才从陕西狱里出来：1915年，胡德夫（德甫）与李岐山、邓宝珊、董振五等在渭北起义，已入富平，为陆建章所败。胡德夫与同志多人被执，囚于长安监狱。这个时候正是景梅九被捕押送北京之时。党人王绍文等纠合同志，谋劫狱，潜运炸弹入城，被城门守兵发觉，王绍文遇难，死同志二十多人。胡德夫在狱中几病死，适同志扶风王诚斋精岐黄之术，为胡德夫尽力调治，良久乃愈。后陆建章离陕，陈树藩树护国军旗，胡德夫等被释。袁世凯死，胡德夫入北京，与续西峰同居代郡馆，日以学问相切磋。

过了几天，探得岐山收众入王官谷，万和寅命警备队①之，不胜，丧马失械不少，民军声势复振。值同志张君闻讯，从北京携炸药十余纸烟筒，到河东。我已经和岐山通信，即命人领张君至王官谷，并寄岐山一纸云："请努力拒敌，我为君作露布。"巧极！张君到山，适逢警备队二次攻山，饱尝炸弹的烈味的不少，以后更无敢窥伺山头的了。

那时有陆军一团驻河东，团长某君颇明白，不受万恶道尹指挥，也是同志陈汉阁②和他联络的结果。若老袁不死，准可和岐山据河东独立起来。

不多时，各处发见一种露布文云：

晋护国军总司令李公布

袁逆叛国之初，本司令在秦中与河北同人，秘筹反抗之策；因滇军倡义，孤立一方，恐未克制袁虏之死命，乃于去腊躬率偏师，陷落富平等邑；虽屡经蹉跎，而志不少懈，转战千余里，军威颇震。暨陈树藩继起，而陕西独立完全告成。本司令于是号召旧部，进窥河东，拟张秦军之左翼，而尾北军于殽函。部署定略，袁伏天诛。遥闻黄陂③就任，薄海欢腾；思伸贺忱，邮电无由。时约法尚未恢复国会亦未召集；本司令警告同人，谓此尚非吾辈息肩之日也。当为捉④进真正共和之准备，相与议决与各省护国军执同一态度，爰集军旅，停止进行。不意河东道尹万和寅，本帝制余孽，流专政余毒，嗾使所谓警备队着纵火焚毁本司令之家宅，灾及邻右，骁骑四出，捕杀民党，邑无完家，家无宁人，居民痛心疾首，称之者曰万恶，而河东一隅遂陷于水深火热之难境矣！同人愤怒，誓灭此獠！兴再接再厉之师，复匹夫匹妇之仇；王官一役，歼敌无算，其他窜逸者犹复沿途劫扰，无所顾忌，抢掠间阎，欺侮善良，妇啼儿号，惨不忍闻！所过之处，人民靡不指目之为盗寇！政府闭隔，吁呼莫达，譬诸远水，难救近火。本司令为民请命，何忍坐视？当率秦晋健儿，共起而急扑之也。约以恶吏驱走之日，为我军解甲之期。挥毫戎幕，谨布腹心，四百兆人，倘共谅之！

此文既出，万恶道尹益慌恐；乃妙想天开，伪造讨军名义，想挑拨民军和政府的恶感，官僚手段，狡狯⑤也到万分了！

注释：

　　①此处似应加一"攻"字。

　　②陈汉阁：即陈玉麟，字汉阁，山西洪洞县龙马乡长命村人。

　　③黄陂：即指黎元洪。

　　④捉："促"字之误。

　　⑤会：似应为"狯"（kuài）。

　　时同乡京官多人，已具呈陆军部，表明岐山拥护共和的功劳。陆军部听见李①军声势，恐延长下去，不可收拾，乃派员到河东调处，派的人系我的老友陈明侯②。

　　明侯到河东，和我见面。我把李团长好意说知，一同商议到蒲州，拿我的密信，召岐山下山。岐山单骑夜半到蒲州，见我惊喜曰："你乃未死！当你被捕后，我逃至城外，曾与老陆③一信，诘责他，大意说：梅九若不能保全，不啻诱杀之云。随即照计入富平，不意三原机关被破，德甫入狱，未能大举，我才到河东来，别的没甚么，只可惜死了个岳二少④！"

　　岳二少，是岳西峰⑤（陕西民党健将和勿幕友善）的仲弟，为人极豪侠慷爽，能得人死力，因爱岐山的义气，以全力助之。一同渡河，攻取荣河猗氏等邑，奋勇当前，饮弹殒命，岐山痛哀不已！嘱我为之传，我答应下来；但不甚悉岳君生平，至今尚未著笔，言之颇愧！

　　却说岐山听说明侯来，甚喜，因往年随老陆入陕，明侯与俱，接谈道上，意气相投故也。乃与俱见明侯及李团长，会议军队结束。明侯曰："国会恢复后，一切问题，皆可依法律解决，似无用兵必要，不如随我进京自白，再谋善后。"岐山概应之，李团长答应维持民军现状，听命编遣。当夜即率军队自送明侯、岐山至河上，渡河，由潼关入京去了。

景梅九自传二种

我戏语岐山曰："你入京自白，和我入京自白，前后相照，然事情绝不相同，保你入不了狱就是了！"他说："入狱也不要紧。"我笑道："我来时，军警执法处，已取消，可谓无狱可入！"提起取消执法处，还有笑话；执法处取消后，一所大房屋空出来，就是无人肯住，说怕里边有冤鬼。我对人说："一点也不要害怕，我敢断定那些冤鬼，没一个魂魄，留恋执法处的；好容易死了，还觅甚么不自由？"闻者大笑。

岐山去后未几，京友来信，说国风报馆恢复后，须我主持。并云："岐山到京见段芝泉，颇蒙嘉许，复陆军少将原官，充陆军部咨议；所余军队，将发巨款遣散，万恶道尹⑥可以运动撤职，此事更要你亲来，才可进行。"这是⑦老父的额疮全平复了，才放心离家。

注释：

①李：指李岐山。

②陈明侯：即陈干，字明侯，山东省昌邑市白塔村人。景梅九从日本回青岛震旦公学当老师，就是受到陈干的邀请回国的。

③老陆：指陆建章。

④岳二少：即岳维祺。

⑤岳西峰：即岳维峻（1883—1932），字西峰，陕西蒲城人。加入中国同盟会，在渭北一带联络革命志士。1911 年辛亥革命光复西安后，岳维峻率众在蒲城起义响应，后又随井勿幕宣抚渭北，转战山西运城。1916 年参加华山聚义，此后一直追随胡景翼，参加了讨袁、北京政变、豫西大战等。1925 年底，岳维峻在率部攻打山西时被阎军及镇嵩军打败并俘虏，后被释放。1931 年岳维峻任国民党 34 师师长，在双桥镇战斗中被他的老部下徐向前俘获，但张国焘到鄂豫皖后借口岳维峻要搞暴动，下令将他处决。

⑥万恶道尹：指万和寅。

⑦是：应是"时"。

《国风日报》是袁世凯要解国会之先，派军警多人，用卑劣手段向报馆印字房捣乱，不教排字，才宣告停版的。因本报攻击老袁最烈，政府早想封禁，那时还有怕清议的意思，所以不敢直接干涉。当恢复本报的时候，我曾有一篇文章，写本报招忌于老袁的始末，和入狱前后所有的关系，今录于左方：

《国风日报》之回顾谈

阅报诸君！尚记得《国风日报》停刊之痛语否？略谓："使吾报永永不能复见于中土，则吾人受共和国家之赐更无穷矣云云。"盖悲本报生于专制死于共和也，然论实际，则当时袁氏之假共和，其毒已浮于专制也已！今本报幸与真共和同时复活，其愉快固不待记者赘说，而回想经过之艰苦痛苦，有不得已于言者！谨濡毫述其梗概，以为诸君之谈助。

清之末季，海内民党机关报纸，不过数家，且在上海诸偏僻地，其声息微弱，势力不能达黄河以北。我同人乃谋设言论机关于中央，以作一呼群应之准备，而我《国风日报》遂崛起于燕市之中，于清宣统三年正月十三日出版。其初不过摘发二三疆吏之罪过，指斥在位臣奴之贪邪，笔锋凛凛，已有不可触犯之威，或乃目为刘李漫骂一派；其实本报提倡社会正策，主张中美同盟，介绍世界之新思潮，发挥吾民之旧道德，而于实业奖励，边防计划，国民教育，尤三致意焉。崇论宏词，风靡一世，故纸犹存，可覆按也。惟对麻木痿痹之政府，沉迷昏寝之国民，不能不投以兴奋剂而鼓舞之而宕动之云尔。至于种族，政治，社会革命主义，则时露于字里行间，而使读者皆为之握汗满把也。及武汉兴师①，全国撼动，本报乃显然张共和之旗。常以与君宪派②激战于首都，再接再厉，不挠不屈，幸获最后之胜利，乃发起庆祝共和提灯会，为吾报凯旋之纪念焉。当此兴高采烈之际，记者方从戎晋郊③，曾于百忙中接得消息，亦不禁举樽北向遥祝吾报万岁也。自时厥后，本报专以提倡人权，巩固民国为宗旨；因特于宋案④借款两大问题，指摘袁氏叛国之阴谋，不遗毫末，由是经理裴子清君编辑郭究竟君被囚于警所

463

矣，宋寰公吴虎头张秋白诸君⑤皆被传问矣。未几印刷部被警兵捣乱矣，发行人被侦探人迫索矣，本报遂于民国二年五月遭停刊之厄运焉？记者登江亭填浪淘沙词一首，后阕云："鹦鹉话前生，宿恨难平！游人愁看瘗禽铭，昔日能言今寂寂，辜负祢衡。"哀本报也。本报经如此摧残，可谓极人世之难堪矣。

夫孰知社友星散，记者隐遁之后，而袁政府尚未忘情于本报同人耶。投稿员程家柽之遇害也，宣布罪状则曰："白逾桓托其访《国风日报》旧友云云。"编辑员吴君虎头之遇害也，宣布罪状则曰："《国风日报》系鼎白景⑥诸人时设谋乱机关，而吴⑦为之编辑云云。"怨气于人之甚，一至于此哉！

宋君寰公与记者⑧同系军狱时，尚有以《国风日报》旧人来刺讽者，袁政府之嫉视本报，可谓彻始彻终矣。呜呼！五年之中，本报同人死生流转而辙痕踪迹者略在于此；其他削发皈依佛教者有朱君民史⑨；死于呕血疾者，有相君洽初；死于狗吏之手者，有郭君润轩；死于革命之役者，有王君赓雅⑩诸人；至白楚相张秋白亡命海外，杜仲伏刘鼎生⑪陷身狱中，而坎坷流离之状，记者殆不忍再述矣！所望于同人者，痛定思痛，勿忘在莒⑫，发挥固有之天良，勉尽言论之天职，使我国风报永放异彩于中华，标嘉名于世界，庶足以慰我在天社友之灵，而满我爱读君之望！

注释：

①武汉兴师：指辛亥年武昌起义。

②君宪派：康有为和梁启超等人主张君主立宪，所以称作君宪派。

③记者方从戎晋郊：记者，是景梅九自称，从戎晋郊，是指太原光复后，景梅九受山西同盟会敦请，由京返晋，参与戎机，任山西军政府政事部部长。

④宋案：指宋教仁被杀案。

⑤诸君：宋寰公，即宋大章。字寰公，号辽鹤，辽宁北镇人。张秋白，安徽安庆高河埠人，早年参加中国同盟会。在后来的日子里，成为一名活跃政坛的政客。当初，与王亚樵曾有过工作关系。1924年1月，张秋白与陈独秀、柏文蔚等代表安徽，出席在广州召开的中国国民党第一次全国代表大会。1927年10月，安徽省政府改组，张秋白任建设厅长。1928年8月18日，张秋白在南京梅溪山庄宴请宾客

时，被王亚樵派遣的斧头帮杀手刺杀身亡。

　　⑥鼎白景：鼎，指《国风日报》的刘鼎生。白，指白逾桓。景，指景梅九。

　　⑦吴：指吴虎头。

　　⑧记者：景梅九的自称。

　　⑨朱君民史：朱民史，《国风日报》编辑。

　　⑩王君赓雅：王赓雅，在《国风日报》为发行兼编辑。

　　⑪刘鼎生：《国风日报》编辑。

　　⑫勿忘在莒：成语，比喻不忘记曾经的艰苦岁月。出自《吕氏春秋·直谏》。

　　我在京作此文以先，曾有同囚某君告我以吴君虎头死状，他说："吴虎头和我同枕，每日谈笑自如，前对我说：'君如出狱，遇白景①诸友，道我死的不屑头，并望他们努力！'有他的自挽联和绝命诗在此，可以登报给他表扬！"我听了这番话，非常痛心！因我曾以虎头蛇尾讥吴君②，今乃能如此遂了壮烈的最后，我真对不起这位死友了！今特将他的联诗，并宋君辽鹤（即寰公）给他做的小传录左，以志悲愤！

───────────

注释：

　　①白景：白，指白逾桓。景，指景梅九。

　　②吴君：指吴虎头。

　　吴虎头烈士狱中自挽联云：

　　　　恨苍天何故生人！而少而壮而老死，甚么来头，未免一番客气！

　　　　问黄土几时埋我？为鹤为猿为虫沙，随他变相，那有半点主权？

其"绝命诗"云：

一

看破一生到此来，欲求不朽莫须哀；

倘教地下逢渔父①，忍把文章死劫灰！

二

汉家党锢何堪伤，不独东林有范滂②；

但使声名齐李固③，九泉含笑慰阿娘！

三

负我锥秦博浪沙④，杯弓蛇影为中华；

人生到此何须说，打点黄泉问店家。

四

铁锁郎当出禁城，万人争看一书生；

……（下阙）

注释：

①渔父：即宋教仁，号渔父。

②不独东林有范滂：指不单单东林党有范滂那样的人。范滂（Pāng）（137—169），东汉时人，字孟博，汝南征羌（今河南漯河市召陵区）人。少厉清节，举孝廉。曾任清诏使、光禄勋主事。举劾权豪。见时政腐败，弃官而去。后汝南太守宗资请署功曹，严整疾恶。桓帝延熹九年，以党事下狱，释归时士大夫往迎者车数千辆。灵帝初再兴党锢之狱，诏捕滂，自投案，死狱中。

③李固（94—147）：东汉大臣。汉中南郑人（今陕西城固县）人。字子坚。少好学，与江夏黄琼等并知名于时。后因对策指斥时政，要求"权去外戚、政归国家"，为议郎。历任荆州刺史、太山太守，政称天下第一。冲帝死，以建策立清河王不附梁冀，为冀所忌，被免职。桓帝即位，为冀所诬，逮捕治罪，遂死于狱中。

④博浪沙：位于河南省原阳县城东郊。秦朝时，张良在此雇力士刺击秦始皇。

烈士吴虎头^①略传

辽鹤^②　撰

吴君名慕尧号虎头，黔筑人，少任侠，长为诗古文辞，步齐李韩。辛亥北来，谋革命，功成身退，游京华，以诗酒自遣。嗣入国风日报社任编撰，伟论宏篇，于时政多所指斥。癸丑夏，袁氏篡国机已露，人多被欺；惟君独秉笔直书，预发袁之阴谋逆行，不少假借，时人疑信者参半，迄去岁帝制发生，而君言皆中矣。先是癸丑失败^③后，君居沪上，仍与同人谋倒袁之策，言论实行，分途并进，刊行之"民国还魂记"，多君刊正。彼时，沪上恶探密布，袁氏深知君为渠之劲敌，百计罗缇，逾数月不得。甲寅冬杪，君以党事慷慨破家，严冬著败絮袍，灶几断炊烟，以万金贿买君里人陈伯照，设计绐^④君，复分布党羽谋获之，槛送北京，君侃侃对簿，痛陈袁氏叛国始末至详。执法吏密不敢宣，乃于翌年春从容就义于燕市，有同难友，于狱墙上得君爪书遗联遗诗，皆透彻生死之作，读者靡不赞叹，呜呼！烈矣！

对于表彰虎头有一段过错，不妨说出来，以志我的粗疏。

当我到京后，把万恶道尹^⑤攻击下台，所谓老袁死党晋巡按使专以摧残民党为能事的金永^⑥也去职了。岐山，西峰，德夫，宝峰诸人同会于北京，痛谈经过艰险，及未来的进行甚快，山陕诸事算告一段落。

一日接南社社长柳亚子来函，征求虎头遗像，因虎头亦南社社员。我托友人某去觅，越日拿来一张，不错！像虎头；惟眼睛稍大，疑照时故张其目，遂提起来，仿孔子题延陵墓^⑦的笔法，向照片上写了一行字道：

"呜呼！烈士吴虎头之遗像！"

寄与亚子，登载南社诗集上面。登出后，忽有人认出那个像片，是山东丁世峄^⑧的，丁君函质亚子，亚子又来问我；我将来历写明，我负大半责任。据亚子函"曾以像片质诸虎头之夫人，夫人亦道是。"那么，便怪不得我那觅照片的朋友也怪不得大家了。但我声明函中有"阳货貌似孔子，古闻其说，今见其事"数语，未免对不起丁君，一笑！

注释：

①吴虎头：吴虓（nài）（1877—1915），字慕尧，号虎头。贵州黔东南锦屏人。受孙（文）黄（兴）学说影响，大胆宣传革命思想。1912 年，吴虓加入同盟会，同年加入"南社"，为《国风日报》编辑，袁世凯恼怒之下，下令查封报馆，吴虓避走上海。1913 年，"二次革命"开始，吴虓著文痛斥袁世凯，嘲讽尽致。袁世凯恨之入骨，悬重赏 5 万银元通缉。1914 年吴虓秘密回上海，准备买通袁世凯的厨师，在饮食中置毒来杀死袁世凯。因有叛徒告密，吴虓在上海褚家桥被暗探抓住后押解到北京。1915 年 2 月 19 日，袁世凯下令将吴虓杀害于军警执法处，时年 38 岁。

②辽鹤：即宋大章，字寰公，号辽鹤。

③癸丑失败：指二次革命，即孙中山等革命党人于 1913 年发动的讨伐袁世凯的一场战争，又称"癸丑之役"。

④绐（dài）：欺骗，欺哄。

⑤万恶道尹：指山西河东道尹、河东盐运使万和寅。

⑥金永：字道坚，浙江省钱塘县人。1913 年金永经徐世昌的推荐，为袁世凯所赏识，被任为山西内务司长。1914 年 5 月 25 日，金永升任山西巡按使，负责山西全境治安与监控阎锡山。金永在山西编练警备马步队 14 营，自任山西警备队总司令。官长士兵，大部分来自东三省，以东北人为多，山东河北两省次之。山西政务厅长为万和寅，后调河东道尹。金永惨无人道地任意残杀，大施淫威，自命为金屠户。袁世凯死后，金永和阎锡山产生权力冲突之声甚嚣尘上，不久金永即去职。

⑦孔子题延陵墓：据说，季札去世后，孔子亲自题写了"呜呼有吴延陵君子之墓"，又称为"十字碑"。其中"呜呼"写作"於戏"，现存于世。

⑧丁世峄（yì）（1878—1930）：即丁佛言，字桐生、息斋、芙缘，继谐芙缘音为"佛言"，号迈钝。山东省龙口（原黄县）城天镇宋疃村人。民国初年政治家、文字学家、书法家。黎元洪继任大总统后，他为总统府秘书长。1923 年后，回乡研究古文字学，著有《说文古籀补补》等。1930 年病逝于北京。

提起"烈士"二字，我非常惭愧！因我到北京入狱后，有传我已被害者，海上友人，拟为我开追悼会，并预将我作过的诗词，登之报章，注明烈士某遗稿，"至今尚有转录各诗以赠人者，仍冠以烈士二字，可笑"！那知我不会死的啰！

同时尚有误传已死的朋友，就是统率处电文中说我派人入甘肃运动革命的李阁臣。我被捕后，虽屡为声明，但陕西当道，并未听从。一面送我入京，一面密电甘肃，捕李君于狄道。时阁臣在彼，已联络军队，预备起事。讲句笑话，不料消息大灵通，却早被北京探到了。一纸飞来，遂遭擒缚，张亚雄君与同难，幸无凭证，又得有力者保救，得不死！但说他已经被害的人很多。我出狱后打听多时，才明白真像①。过了两个月，他从甘放回来，即入北京见我，谈他被捕时状况，到底是青年勇士气慨，大异文人！只一句俳语，便表出他的精采来，他说："我上了手拷，被众兵拥送兰州时，哈哈大笑，唱了一曲锁五龙②。"又说他在狱中，谈笑自如居然做了一首五古。可惜我记不得了，容再问他！

又讲吴松山先生如何替他出力，我曾作一书遥申感谢！

阁臣一日和我闲谈，他说："大哥！你有两首词：一首悼共和将死；一首望共和复生，和你我不死，很有照应！"我问那两首？他说："一千秋词，一菩萨蛮。"我笑起来，说："不错！"今录两词如左：

〔千秋调·惜花阴〕（二次革命后作）

往日看花时，人为花倾倒，处处翠翠红红，色色称好。风风雨雨阵阵催春老，空惆怅，落纷纭，花事了！金铃十万护惜情堪笑，剩有枝枝叶叶恋恋怀抱。清秋冷落那更零霜早，怕空枝，与残叶，都莫保！

〔菩萨蛮〕中秋月蚀

蟾蜍作怪中秋节，天边衔去一轮月；举酒问青天，如何不放圆？天云："月不死，那有终亏理！君且待重生，重生分外明！"

469

本记已完，尚有《补遗》《附录》续后。

注释：

①真像：真相。

②锁五龙：一名《斩雄信》，戏曲名。

补　遗①

　　在狱时曾占易以消遣；因我并不知甚么五行生克兄弟官鬼等等的方术，仅就爻辞动变为卜，自艺舟入室，每天乱摇数次。我曾戏道："这样弄下去，势必占尽六十四卦三百八十四爻，决无应验的道理，所谓再三渎，渎则不告也。②"艺舟不觉笑起来。

　　一日狱卒某借得一册书教我看，装订印刷工致的很。签署"孙子选注"四字，是袁氏秘书某君，用馆阁体字恭誊出来，进呈御览的。所以每篇后面都有袁氏亲笔一个草书的大阅字。我细③了一遍，觉的那选注很精当；因和艺舟评论"阅"字的笔迹前后一律，很难得，却触动了一番思想，掉了几句文言，对艺舟说："袁氏遍阅《孙子》十三篇，而不能攻克战胜，以取天下者，失道也，民不与上同意也。④"时已知洪宪取消各省独立的消息。艺舟把"遍阅"二字吟味了一下，不禁点头。

　　艺舟说："在东京时，有民党某君，寄友书。论劝进有'当今此事理合推袁'句用《世说新语》的成辞。某戏之曰：'这推字，还是推戴，还有推倒呢?'"我说："推字双关很妙!"自得密阅日报后，见了几篇劝退文字。艺舟说："我看劝退文和劝进文，如出一手。"我为绝倒，从来曾拟一绝咏此云：

　　　　妙语天成讵偶然，当今此事合推袁；那知推戴兼推倒，劝退文同劝进喧。

　　一夕梦杨梁诸人⑤的照片，登在一张报纸上，皆成女像，围绕一人，大似老袁，醒告艺舟。艺舟忽有感触，得"铜雀台口正分香"一句。后闻老袁死，把这一句作为预兆，乃戏足⑥之为四语云：

　　　　绕树归来事可伤，铜雀台口正分香⑦；阿瞒⑧枉自多情甚，殉死曾无一女郎。

我曰:"令杨梁诸人观之,不知作何感想?"

艺舟曰:"亡清尚无忠臣,何况洪朝⑨。"

注释:

①补遗:补遗部分为景梅久原作。

②再三渎,渎则不告也:出自易经《蒙》卦,大意是:第一次向我请教,我有问必答;如果一而再、再而三地乱问,则不予回答。

③此字后应加"看"字。

④失道也,民不与上同意也:是说现在袁世凯失道,人民不和他想法一致。《孙子兵法·始计篇》:"道者,令民于上同意,可与之死,可与之生,而不危也。"

⑤杨梁诸人:杨应该是指杨度,梁指梁启超。杨度等联名发起成立"筹安会","主张君主立宪""废民主而立君主"。梁启超却是反对帝制的,他称好友杨度为"下贱无耻、蠕蠕而动的嬖人"。

⑥足:似为衍文。

⑦铜雀台口正分香:曹操《遗令》:"吾婢妾与伎人皆勤苦,使著铜雀台,善待之。于台堂上安六尺床施繐帐,朝晡上脯备之属,月旦、十五日,自朝至午,辄向帐中作伎乐。汝等时时登铜雀台,望吾西陵墓田。余香可分与诸夫人,不命祭。诸舍中无所为,可学作组履卖也。"后人以分香卖履比喻人临死念念不忘妻儿生活安排。

⑧阿瞒:曹操,小字阿瞒。

⑨洪朝:指洪宪朝代。

某狱卒一日谈论阳历的不好非常有趣。他说:"我们当兵的,三年等一个闰月,好多关一月饷;现在改成阳历,每年苦板板地永远是十二个月,没有别的指望了!"他是很可怜的话!又每看守兵换班在栊外巡守,防备逃囚,叫做站岗。当春冷时节,最怕轮站三更那一岗。(其实没有甚么岗站,不过"登高瞭望"的熟语)因成一谐联云:"关饷但嫌无闰月，站岗最苦是三更。"和"解手每回呼老总，放茅两次长同囚。"传为佳话了，一笑！

山东某狱卒，时常说"泪毛"二字，（泪读慈衣反）初不解所谓，后来知道是说不好的事体，我断定为"糟"字仄语。他并讲了一个笑话，解释这话，讲的是某年有一京班戏到济南演唱开台后，看戏人都喊"泪毛！泪毛！"演毕班主问一人说："泪毛，是甚么意思？"那人骗他说："泪毛是说你们这些角色很好。"班主把头一摇说："唉！这些角色都不算甚么泪毛，泪毛还在后边哩！"众大笑。他的意思是说好角色还未到，然遂传为笑柄。袁氏取消洪宪后，我说："老袁泪毛了！"艺舟曰："泪毛还在后边哩！"的是妙语。（原语比一蟹不如一蟹尤隽，拿如今[①]这些政治角色说：真越出越泪毛了！）

某天优待室中，忽然送进几个穷人来，钉上脚镣，都教睡在地下，（不用问我那时已升到床上了）样子很慌恐。细问他们，原来是《阅微草堂笔记》上载的："打鼓的。"就是卖买便宜货者，总是小押当的东西多。这几个人在押当，收买了些贼赃，打鼓买卖。当贼被捕送执法处时，那失主认识是他的东西。于是他们都连累进来，都是旗人，其中有一个年老的更害怕，他说："我到这里头心惊肉跳的不了！"我又想起"泪毛"，妙语戏成十七字诗云："来到执法处心惊眼又跳，一声吗名子，泪毛。"艺舟大嗔怪，说我不应作此丧气语。后来那打鼓的，竟说各种对联，年老者乃出一联请大家对道：入门来提心吊胆。大家对不上，我笑对曰：出户去吐气扬眉。艺舟曰："这还不错！"过了两天，说贼已枪毙了，才放了打鼓的穷朋友。

《补遗》完，《附录》续后

注释：

①如今：指袁世凯死后至本书出版的 1925 年。袁死后，执掌国家政权的有黎元洪、段祺瑞、曹锟等，所以说越来越泪毛了。

附 录

悼旧文（民国五年双十节作）

记者曾于癸丑国庆日为"十忆二哀"一文，痛哭初次革命之亡者及系狱之良朋。何意二次革命失败之后，继之以三次，而故人凋丧于其际者，复累累焉！其令人惨恨，乃有甚于初次者！缅怀昔侣，那禁涕零！

宁太一

辛亥之春，予与宁君相识燕市。各主日报笔政，予谓君"寸铁杀人"，君谓予"长舌唾世"。孔祢①标榜，招集俚凡；武汉兴师，分驰南北。民国元年冬，重过于申江，茶市酒楼，欢然道故，时李协和君密电招君入南昌②，二次革命被捕于夏口，死焉。予在长安，梦登黄鹤楼故地得"鹦鹉洲前魂欲断，汉阳树外血犹红"句，醒而恶之，嗣得君被害消息，又成追哭一首。予尝语人曰："满清能容一精卫，民国乃不能容一太一，真令人短气！"近遇湘中某君，谓当时曾以全湘保太一，而卒不免，亦可谓遭非常之厄运矣，天实为之，谓之何哉！为君愤慨，宁有了期？

注释：

①孔祢（mí）：指孔融和祢衡。

②1912 年景梅九在上海时，遇到宁太一。其《罪案》载："宁太一来见，爽朗如平昔，我忽然想起协和（李烈钧）的嘱托，心里讲：'这不是顶好的秘书么？'

便同他商量，他狠愿意。后来协和来电请太一去做他的秘书。"

程韵荪

程韵荪之被害也，至今无为呼冤者，则曰："拟置毒于自来水管，以期药尽都人。"嗟呼冤哉。姑无论事之有无，即以置毒言，将置于水源欤？未审需用若干？将置于管口欤？恐喷药出而难入，且仇兹一夫，奚仇万姓？"欲加之罪，何难无辞？"闻当时执法者状其罪于袁氏，袁氏睹君之名，则曰："斯人乎？有罪无罪杀无赦。"盖君得罪于袁氏久矣；而最招恨者为《袁世凯之黄粱梦》一文，直道破老奸祸心，无少假借[1]。君曾谓予曰："我与袁不并世，已自拟小传，乞君润色之，死无憾！"予以君好狂言漫应之，孰知数语，为两人永诀辞哉，君自传藏友人家，暇时当略述其生平，为辨诬枉。

注释：

[1]假借：宽容。《战国策·燕策》："大王少假借之。"

吴虎头

癸丑秋，《国风日报》停刊之时，惟吴虎头君特蒙侦奴之泽盼。因吴君于时评中特指摘袁氏谋叛民国之野心至夥；且以"袁大总统对外奄奄有死气"一评，得罪尤深。当兵警来捕，吴君走匿予舍，状若甚恐，予戏曰："君无乃虎头而蛇尾！"君则正言曰："子勿以予为畏死，实因袁氏罪恶有待予发挥者，故暂避其锋耳！"果也，于民国四年，君与同志在沪上，著《民国还魂记》一书，痛诋袁氏帝制自为之谬妄，卒为侦奴捕得，解送燕狱，从容就死，予系执法处时因守兵为谈诸囚死状，曰："最近只吴出狱高唱绝命歌，意气自如，且告同囚者曰：'我死，吾党必有继来者，请告某不屈状！'等语。"呜呼！壮哉！前言之戏，追悔何及！谨缀数语愧谢故人于九泉之下。

郭润轩

郭润轩为吾邑刚者，光复役，率晋学生队南下，颇著战绩，与李岐山及予为密友。二次革命后往来秦晋间，联络同志。民国四年春归里，时狗吏张之仲①知安邑事，素与君有嫌，乃承金永旨以通匪诬君死之！

是年冬岐山偕予入白水，与曹俊夫、王祥生诸君，密定西北革命之计划，中途梦君告予曰："起！起！四川已摇动矣，尚何濡濡②为？"未几，云南独立电来到秦，谓已攻入叙州，则疑君之英灵尚在，何不摄提仇人魂魄去，且令其消遥法外耶！

注释：

①张之仲：安邑县知事。1915 年春，景梅九的同乡兼朋友郭润轩（又名郭朗清）归里，张之仲承金永旨意，以通匪罪杀害。而张之仲和郭润轩都是同盟会会员。张之仲 1942 年去逝，终年 69 岁。

②濡濡（rúrú）：犹沉沮。此处指停滞。

邹子良

同盟之初设于倭京①也，予介绍秦友加入者甚多，邹君子良其一也。庚戌聚首秦中，共谋进行，子良曰："一旦有事，愿躬提三百人破长安城！"金曰壮哉！辛亥陕西独立，君功最多，而不自居，乃去而组织模范新村于耀县，所拟规条，多与欧西社会主义相符合，关儒骇诧，以为迂且妄。有宋某者，潛君于袁政府曰："关中除邹子良、马开臣，无激烈派矣。"袁乃密命秦督诬以事，与马君同日死焉！②而耀县之理想新村，亦随之荡废无遗矣，惜哉！

注释：

①倭京：即日本东京。

②1913 年"二次革命"爆发，邹与马开臣、吴希真等奔走活动，组织反袁斗争。袁世凯严令捕杀各省参加反袁斗争的志士，吴希真逃亡日本，邹子良与马开臣被陕西都督张凤翔奉命逮捕。次年春，邹、马在西安被枪杀。

仇冥鸿

湘中老友陈汉园①与太一主张种族革命时，纂有《洞庭波》杂志谈兴文字狱，太一系长沙，汉园走倭京。杜仲伏君介绍陈君于予，因识仇君式匡②。协议改《洞庭波》为《汉帜》。出版后，风行海内外，阅者评为民党之急先锋也。辛亥予间道归晋，重遇仇君于太原，则大笑曰："予将与汝下井陉，复张汉帜！③"予笑曰："此真清快丸（《汉帜》中拙著短篇小说）时也！"奈天不助汉，绥卿④陨命，神州空前革命运动为之中断！仇君乃决然去晋，洎乎共和告成，旧雨重逢，把酒谈心，未尝不追恨石家庄之败挫也！君曰："绥卿不死，何至有二次之革命？"予曰："尚恐非二次三次所能了，尚共勉之！"癸丑之役⑤，君实与焉。事败走倭京，易号冥鸿。予闻之窃喜，以为君而今而后庶免于难也！奈何民国四年，潜归都中，竟为袁奴罗去，置之死地！予为得"鸿飞冥冥犹能篡，毕竟弋人善设难"⑥句，以哀之。虽然，予避地秦中，犹遭倾陷，又奚假⑦怪故人之疏率哉？

注释：

①陈汉园：和下文的陈君，均指陈家鼎，字汉元，湖南宁乡潭树湾人。

②仇君式匡：指仇亮，号冥鸿。

③1911年太原起义后，景梅九从北京回山西，在太原遇到仇亮，仇亮说："我和你到井陉，复张汉帜！"仇亮曾和景梅九办过《汉帜》杂志。《清快丸》是景梅九在《汉帜》杂志发表的短篇小说名。

④绥卿：吴禄贞，字绥卿。

⑤癸丑之役：即反袁的二次革命。癸丑，1913年。

⑥"鸿飞冥冥犹能篡，毕竟弋人善设难"：大意是隐者远走高飞也被逮捕，这是因为射鸟人善于布置罗网。另外，仇亮号冥鸿，"鸿飞冥冥"四字中，有冥有鸿。汉·扬雄《法言·问明》："鸿飞冥冥，弋人何篡焉？"

⑦奚假：怎么能推断。奚，疑问代词，"何"之意。

吴汇之

金永主晋政，日以搜杀民党为务，其所最恶者，为辛亥陷绛州攻平阳之将领；或谓戮于民军陈正时[①]之子，为其幕客，志在报复，始不虚也。最初捕钟仁义[②]于曲沃，严刑拷灼，体无完肤，卒以曾率民军攻击平阳为罪状，死之，闻者莫不痛悯。则有劝吴君汇之者曰："钟之行且及君，所谓事同一律者也！"因平阳之役，君率队拒敌援霍山，飞弹落君帽，屹立不动，敌惊以为神，名甚藉故也。君时方在绛，颇不致意。继而果行文通缉，乃走避燕京，无何又携眷入并，自离阱罟；惟念案移公厅无死法，不过迫缴款项。（盖诬君以绛州任中，交代不清楚而已。）及去年李君岐山奋臂西北，声震关河。金永乃以李旧部名义杀君于太原，孤儿寡妻茕茕无依，默念同仇，凄然陨涕！

注释：

①陈正时：应为陈政诗。太原起义后，晋南前路巡防帮统陈政诗进驻临汾，招募新兵七旗，预备袭取太原。后太原起义军南路军南下，陈政诗派兵把守韩侯岭和太原第一次南下的起义军激战于隘口，起义军死伤数百人，俘获司令官刘汉卿并予杀害，又将随同陕西起义军回来的李秀杀害。陈来绛州后又在坊门口残杀革命党人，民愤极大。李岐山在绛州设秋瑾灵堂，为烈士祭奠，将陈政诗押赴绛州城南门外的汾河滩上就地正法。

②钟仁义：山西侯马北堡村农民。他与同村农民钟天义立志反清，推北坞村农民靳殿华为首领，响应太原起义，于1911年11月29日发动了泰山沟农民武装起义。钟仁义带领起义军活动在绛州一带，屡获胜利，扩军至2000人。娘子关兵败后，钟仁义率众3000来到河津参加了李岐山的民军。后随军攻打平阳、绛州等地。1912年，起义军力量不支，渐次走散。钟仁义因谋倒阎（锡山），被杀害于曲沃上西关。

南南轩[①]

辛亥革命，文字鼓吹之力半焉。香港上海民党各新闻纸无论矣。其完全在内地官府势力之下，而敢言狂论不畏疆御者，《国风日报》而外，厥惟陕西《兴平报》（后改名《帝州报》）。张衡玉君为斯报之创始者，南南轩君主笔政，予亦曾为投稿员。去腊岐山与予谋讨逆于长安，主南轩，云南消息西来，南轩谓予曰："君与岐山能怂恿陆独立，则秦中庶免于糜烂之祸！"予曰："在人者不可必，在己必而后可！"②固然惟斯策为上耳！未几予被捕，不能豫秦事，岐山亦仓皇出走，而君之稳健计划，终无所施，且受意外之嫌疑。闻捕君时，君尚高卧，捕者裸系之，家人跪请覆之衣，即日与王杜诸君③骈首④于市，其惨状有令人不忍笔述者。天道无知，斯人何罪？侧身西望，恒用嗟嗞⑤！

注释：

①南南轩（1879—1916）：字凤熏，陕西兴平史名村人。1916年1月26日，景梅九在西安被捕。2月15日后，南南轩被捕遇害时，景梅九正在北京的狱中。

②在人者不可必，在己必而后可：在别人不一定非要成功，在自己则必须竭尽全力地去做事才可以。出自《荀子·议兵篇》。

③王杜诸君：即指被杀的十八勇士。王，指王绍文（？—1916），名鸿遇。陕西长安人。民初曾任国民党秦支部干事，因言论激烈，被当权者疑忌，遂弃职归家教书，并主持平民会会务。1916年春举义未成被捕，虽被酷刑折磨得体无完肤，仍痛骂袁贼，临刑时立而不跪，高呼："吾今死矣！吾死后有能救民于水火者，吾虽死犹生也！"后胡景翼等数十人曾为之立碑，以彰忠烈。杜，指杜守信（1893—1916），字友梅。陕西兴平人。民国成立后，愤恨袁世凯称帝，弃学回陕，同张渊、王绍文、南南轩等密谋讨袁，因事泄被捕，凛然就义。这十八烈士除王杜外，另外16人分别是：吴鹏，字鲲化。陕西淳化人。南南轩，陕西兴平人。南风薰，陕西乾州（今乾县）人。胡德明，字子新。陕西乾州（今乾县）人。李桂森，字馥斋。陕西兴平人。袁守礼，字清轩。陕西长安人。郭子余，号仲枢。陕西勉县人。章雨苍，号那夫。安徽桐城人。赵贞吉，陕西临潼人。姚南薰，字琴堂。陕西商州人。齐以礼，陕西长安人。张镇方，陕西乾州（今乾县）人。焦林，陕西临潼人。陈泉卿，湖北郧西人。方象堃，字厚庵。陕西蓝田人。张渊，字深如。陕西兴平人。

④骈首："骈首就戮"的省称。

⑤嗟嗞：一般作嗟谘，感慨叹息。

《囚言》序

　　天地为笼，人居其间，为自然之囚，而此同囚中，又有所谓强霸者，更设囹圄以囚人，而自由益杀。郭君究竟①以《国风日报》事，囚于燕狱者旬日，出狱后作《囚言》，备述狱状，以告世间之爱自由者；因书数语弁其端，异日能决破天地之大笼，而徜徉物表，吾且欲剖眸视君之大解脱大自由也。

中华民国五年十月安邑景定成病起序

附注：郭君《囚言》成后示余，值余出执法处，颇触起一番心事，欲作"狱中记"以与"囚言"并行。时方整理"罪案"原稿，意在附记于"罪案"后，即借《国风日报》附张②逐日登载"罪案"；那知登载未毕，又遭复辟的变乱③，《国风》再遇停刊厄运。记者④也蓬累⑤南行，无暇及此，直至今日⑥，才追写此记，遗忘不少，不及"囚言"的详悉，因录此序以志感。

程吴⑦两君外，尚有朱民史⑧君。当袁专政时，亦几不免。我出狱后，但闻他已出家，不晓飘流何处，故于回顾谈中，特提及一笔，以志想念。后来接到他一封信，才知道他为僧和遭险的详情，今录其原书如左：

注释：

①郭君究竟：郭究竟，《国风日报》编辑，曾被捕。

②附张："副刊"原本叫"附张"。

③复辟的变乱：应指张勋复辟。

④记者：是景梅九自称。

⑤蓬累：飞蓬飘转飞行。比喻人之行踪无定。

⑥今日：1925年景梅九出版了《入狱始末记》，"今日"应指出书之前。

⑦程吴：程，指程家柽。吴，指吴虎头。

⑧朱民史：曾任《国风日报》编辑。

朱民史致《国风日报》同人书

数载飘零，得幸与国同聚，诸兄之喜，我几不能忆度；然当国贼逞暴之时，诸兄逃者逃矣，匿者匿矣，或死枪炮，或囚于囹圄，弟愚如鹿豕，长安岂为居，欲依凶以苟活，又非弟之所愿；且帽戴彼辈而为大敌的《国风日报》招牌，又安望其容我也？彼时蛰居潼川，馆中积负①火食等费，几以百计；无已，乃遁而为僧，得乡人助金以了积欠，居然无挂无碍！穷快如弟，可谓已至其极。迨次岁季秋一夕，午夜弟寝正酣，突来警捕，及素不相识之男子数人，指称弟曰：尔非某人乎？弟曰然，彼辈则曰，速出尔箱箧，待我等检视。弟至彼时暗想我腔之否运至矣。程大胡子②吴虎头将来招我。盖弟箱中藏有辛亥时各种图记印纸，于革命上多有关系。弟意原欲储作纪念，并为他日修史之资，不想今日供奴辈作讨赏之料子也。然彼时亦只好听天由命任彼辈检查，何幸彼辈短目，单注意书信及他人之卡片，竟未将彼辈可诬作重要之件，搜检以去也。此或弟以一念为僧致叨诸佛之灵，或程吴二君冥中扶持者欤。顷得伟生③函，始知我报恢复，并蒙诸兄爱念于发刊时下念及弟，愚躬竟堕九寒④。此心孤灵，不复有若何之作意，特回想当年则不禁哀喜并作也。今丐食申江，头上光秃秃，怀里空洞洞。眼观四向，耳听八音，虽一椽破篱芭，一句哼哼腔，俱觉可爱，则我之为我，想诸兄必能推测得之也，虽然切莫道弟没骨气，说这般可怜话。现弟之心志，则颇有重来北京期与诸兄共话旧梦也。未知此愿何时可了，谨此以书奉告，余不具白，弟民史现名如幸鞠躬。

　　按：朱君虽出家，却未忘世，此信后，又尝以某某复辟阴谋告同人，同人未肯置信，乃卒如其言，有七日复辟的怪剧，皆复先见。但不知他现在又流转何方去了。

注释：

　　①积负：犹积欠。指积累下来的债款、欠款。

　　②程大胡子：指程家柽。吴虎头被害于1915年2月19日，程家柽被害于1914年阴历九月二十三日，而朱民史被搜查时应该是1916年袁未死之前。

　　③伟生：《国风日报》编辑。

　　④愚躬竟堕九寒：躬，是身体。九寒，十病九寒，伤寒。可能写信人正患伤寒病。

咏椎秦事寄衡玉、梅九诸君子

成汤欲放桀，鸣条会三军[①]。武王八百国，率之以伐殷。

一椎击皇帝，振古所未闻。壮哉张氏子，胆气空人群。

神龙骇且怒，大索空纷纭。神龙一掉尾，已入千重云。

奇谋虽弗成，勇压万乘君。重瞳真懦夫，乃掘死人坟。[②]

（注：此为越南友人鼎南子[③]寄赠之作，只奇谋两句影射我入狱事，余且切合衡玉而言，结韵谓某某督军于老袁死后独立，每一放吟，人失笑[④]，其实君乃今之子房[⑤]，特不识神龙掉尾何往耳。[⑥]）

注释：

①鸣条会三军：鸣条之战是约公元前 1600 年商汤在鸣条（今山西省运城市夏县之西，一说今河南省洛阳市附近）与夏军进行的一场决战，战争导致夏朝灭亡，商汤建立了商朝。

②"重瞳"指项羽，项羽生而重瞳（每只眼两个瞳仁）。项羽灭秦后，曾掘秦始皇家的祖坟陵墓。这首诗的题目"咏椎秦事"是说这是首咏史诗，借古喻今。

③鼎南子：指阮鼎南，又名阮尚贤。

④景梅九在此处言"奇谋虽弗成，勇压万乘君"，这两句是说他自己，他曾写过讨袁檄文。这首诗的其余部分都是说张瑞玑的。最后两句是喻某督军的。张瑞玑得知袁世凯逼迫孙中山让出大总统位时，致书袁世凯："大总统者，国民之所同推，非一方所得私举。孙公人望所归，故天下共举之，又安能以其位私授予人？"袁氏统治中国四年，终于"积恶成疾，一命归阴"。张瑞玑在庆幸之余，写了《祭袁世凯文》，内称："汝今死也！恶贯满盈，皇梦不成。民穷财尽，乞美求日，未得其逞。花招骗世，知者齿冷。积恶成疾，一命归阴。衣冠羽化，面目狰狞。噫嘻！早死一年，香臭难分。今日物化，盖棺论定。呜呼哀哉！……若在中华征民意，死尔万千谁挽留？"

⑤子房：即张良（约公元前 250—前 186 年），字子房。汉高祖刘邦的重要谋臣，与韩信、萧何并列为"汉初三杰"。

⑥特不识神龙掉尾何往耳：只是不知道张瑞玑神龙掉尾到了哪里。

丁巳三十六初度^①有感
步狱中三十五初度^②原韵

忧患余生梦里过，浮云富贵愧丘轲。幽居寂寞情怀减，知己雕零涕泪多。盖世狂才今岂有，倚天长啸意如何。愁看大野玄黄^③血，海腹螺舟更网罗。

注释：

①丁巳三十六初度：丁巳，1917 年。这一年，景梅九虚岁 36 岁。

②狱中三十五初度：景梅九 1916 年在狱中时是 35 岁。

③玄黄：《易·坤》："夫玄黄者，天地之杂也，天玄而地黄。"颜师古注："玄黄，天地色也。"玄黄血，《易·坤》："龙战于野，其血玄黄。"高亨注："二龙搏斗于野，流血染泥土，成青黄混合之色。"

和梅九兄三十六初度原韵并赠

光阴半是客中过，传食^①无从厄孟轲。投笔十年如意少，着鞭几度后人多。如公才学犹悲老，似我疏狂可奈何。漫说此生前后事，且将万象付包罗。

（注：此伟生^②作，君本壮士，后乃折节读书，又复从事革命，几经蹉跌^③，闻予出狱恢复国风，来助笔政，时初学诗，已甚可观。）

注释：

①传食：辗转受人供养。

②伟生：是《国风日报》的编辑。

③蹉跌（cuōdiē）：失足跌倒，比喻失误、受挫、失势。

步梅九自寿原韵即以为寿

几度沧桑眼底过，秦庭不死老荆轲。壶中岁月^①方无极，天下风云事正多。魔劫②惯经原不忍，壮心未已欲如何。为君乞得长生果，所忆他年驻大罗③。

注释：

①壶中岁月：指喝酒的日子。

②魔劫：谓命中注定的灾难。

③大罗：指大罗天，古人认为天分三十六层，大罗天是最高的一层（第三十六层），在那层天里的仙称大罗金仙。

寿梅九

闻君十二称神童，诗文出手夺天工；掉弃青山如敝屦，去奔蓬岛①乘长风。三山旧传多仙子，食得灵芝纵不死；归来软红尘里住，不摇其精养逸体。生成救世菩提心，甘为众生运斧斤；阅尽沧桑历魔劫，战败魑魅身如铁。众生脱离苦孽海，如此功德永不减；神仙有神自仙侣，灶神夫妇②无与比。桃熟千年几度看，安期枣大似安邑③；上帝昨日传紫诏，诏汝神童常不老。南极老人作岁星，使君岁岁颜色好；人间烟火无时无，诏汝灶神永永宝。

（注：上两首，皆同囚寰公④作；次首，大开玩笑。但世间不断烟火，灶神无饿死法。呵呵！）

注释：

①蓬岛：此处指日本岛。

②灶神夫妇：景梅九外号灶神，他的夫人玉青自然就是灶奶了。

③《史记》上记载"安邑千树枣"，安邑枣个大，肉厚，味美。景梅九的家乡即是安邑。

④寰公：即宋大章，字寰公。

忆梅九六首

时梅九由西安被捕入都（老衡①）

经年盼断天书来，匹马秦关久未回；湖海一军②轻似叶，须眉万劫不成灰。人传姓字③知非福，天与文章太露才④；晴日空山生霹雳，神仙何地避风雷。⑤

注释：

①老衡：指张瑞玑，这六首诗均为张瑞玑作。

②湖海一军：湖海，是指较小的不活跃水域。此当指景梅九在陕西办护国军。

③人传姓字：景梅九，名定成，字梅九，景的本义是日光，梅九可谐音"霉（埋）九（久）"等，日光沉埋久，发霉久，当然不好，可能当时有人以他的姓和字开过这样的玩笑。所以这里有人传姓字知非福之说。另，笔名有"老梅"（老倒霉）"闷久""秋心""愁"等。

④天与文章太露才：景梅九自幼聪慧，少有大志。14岁自撰对联："岂有文章惊海内，拟将足迹遍瀛寰。"

⑤这首诗的大意是：一年来盼望着有（你的）书信，你单身一人到陕西再未回来。所办护国军虽然轻似一叶，而男子汉的壮心万劫也不会成灰。人们传说你的姓名不吉利，天才的文章锋芒太露。你被捕有如空山中传出晴天霹雳，即使你是神仙又何处躲避风雷呢？

夜半飞传缇骑①车，迅雷惊自九天闻；久无复壁②藏元节③，那有多金赎长君④。贯索⑤西连秦岭月，银铛⑥北踏燕山云；到头总坐读书误，苦把贤奸抵死分。⑦

注释：

①缇骑：指古代帝王出巡时护卫的骑兵，后指逮捕犯人的骑兵。缇（tí），橘红色。

②复壁：指夹墙，两重而中空，可藏物或匿人。

③元节：张俭（115—198），字元节，山阳高平（今山东邹县西南）人。汉桓帝时任山阳郡东部督邮，宦官侯览家在山阳郡，其家仗势作恶，张俭上书弹劾，触怒侯览。侯览诬张俭与同郡24人共为部党。朝廷下令通缉，张俭被迫流亡。官府缉拿甚急，张俭望门投止，许多人为收留他而家破人亡。直到党锢解禁才回到家乡。

④长君：景梅九在家中是长子，所以称他为长君。

⑤贯索：相学中的贯索对吉曜而言，犯贯索主延误或闪失；对凶曜而言，常主

是非词讼。清·吴敬梓《儒林外史》：王冕左手持杯，右手指著天上的星，向秦老道："你看贯索犯文昌，一代文人有厄！"

⑥银铛：可能是"银铛"（因为原书印刷不清楚）。铛，银铛，锁系囚人的铁索。《说文》：锁曰银铛。

⑦这首诗的大意是：半夜听到你被押上囚车，吃惊得好像九天听到迅雷。很久没有人能像汉朝人在复壁里藏张俭那样的事了，又哪里有用重金赎回长君的事呢？天牢星（贯索）西面连着秦岭月（你从陕西到京城去坐牢），戴着锁链向北踏着燕山的云，到头来都因读书误人，才不顾性命地分辨奸人贤人。

　　落魄韩非①悔入秦，飞言造狱竟成真；覆盆②头上无天日，草檄③灯前有鬼神。诏捕白衣关内侠，词连朱邸座中宾；槛车临驾都门道，风雨离亭几故人。④

注释：

①落魄韩非：韩非子（前281？—前233），战国末期韩国（今河南）人。法家的代表人物。当时任秦国丞相的李斯是韩非子的同学，深知韩非子的才能高于他，出于嫉妒，于是向秦始皇进谗言。秦始皇听信谗言，将韩非子投入监狱并将其毒死。

②覆盆：汉王充《论衡·说日》："视天若覆盆之状，故视日上下然，似若出入地中矣。"

③草檄：指景梅九草拟讨袁檄文。

④这首诗的大意是：落魄的韩非应该后悔到秦国（指景梅九不该去陕西），流言蜚语说你要坐牢竟成了真事。（袁世凯）帝制如覆盆遮天不见天日，你在灯下写讨袁檄文如有鬼神相助。下诏逮捕关内的白衣大侠，造反的话牵连了座中宾客。在囚车就要走向京城大路时，离别的亭中送你的只有几个老友。

　　江海东流日落西，英雄末路首频低；无心竟作投罗鸟，有智应输断尾鸡①。破产倾家连旧友，重关复水累穷妻；残生一息犹心壮，障袖②不闻儿女啼。③

注释：

①断尾鸡：雄鸡因怕做祭祀的牺牲品而自断其尾。《左传·昭公二十二年》："宾孟适郊，见雄鸡自断其尾。问之，侍者曰：'自惮其牺也。'"

②障袖：以袖遮面。

③这首诗的大意是：大江东流太阳西下，英雄末路时频频低头。本来无心却做了自投罗网的鸟，空有智慧却输给了自断其尾的鸡。破产倾家牵连老朋友，重关复水连累了贫寒的妻子。残生只要一息尚存壮志还在，以袖遮面不忍听儿女啼哭。

送死宫中讨绝荫①，晴空无日昼沉沉；天垣黑暗修罗②掌，地狱慈悲佛祖心。尚冀皋陶③怜孟博④，讵闻魏武⑤杀陈琳⑥；十年奔走贫如洗，莫语输官赎命金。⑦

注释：

①荫：遮蔽，庇荫。封建时代子孙因先世有功劳而得到封赏或免罪。

②修罗：阿修罗，佛国六道众之一（六道指天道、人道、阿修罗道、饿鬼道、畜生道以及地狱道），天龙八部众神之一，它没有天神的善行，和鬼蜮有相似之处。说它是鬼蜮，可它具有神的威力神通。说它是人，虽有人的七情六欲，但又具有天神、鬼蜮的威力恶性。是一种非神、非鬼、非人，介于神、鬼、人之间的怪物。

③皋陶：上古传说中的人物，是虞舜时的司法官，后常为狱官或狱神的代称。

④孟博：即范滂，字孟博，东汉名士。

⑤魏武：即曹操（155—220），字孟德。三国中曹魏政权的缔造者，先为东汉大将军、丞相，后为魏王。其子曹丕称帝后，追尊其为魏武帝。

⑥陈琳（156—217）：字孔璋，广陵射阳（今江苏省扬州市宝应县射阳湖镇）人。东汉末年著名文学家，"建安七子"之一。初仕袁绍，建安五年（200），官渡之战，袁绍大败，陈琳为曹军俘获。曹操爱其才而不咎，署为司空军师祭酒，使与阮瑀同管记室。后又徙为丞相门下督。建安二十二年（217），与刘桢、应场、徐干等同染疫疾而亡。曹操并没有杀陈琳。

⑦这首诗的大意是：去宫中送死得到的只能是绝了对后人的荫庇，晴天不见太阳白昼沉沉。天上掌管黑暗的是阿修罗，地狱中发慈悲的是佛祖。还希望法官们能怜惜范滂而不杀，却只听说曹操杀了陈琳。你十年来的奔走一贫如洗，就不要说那拿钱送给官员赎命的话了。

景梅九自传二种

上世茫茫帝未醒，天牢半夜射奎星[①]；惜才留作中郎史[②]，好学应传黄霸[③]经。夜雨惊心罗刹[④]狱，西风回首夕阳亭；南冠[⑤]总有生还日，盼望金鸡[⑥]下汉庭。[⑦]

注释：

①奎星：是天上二十八宿之一，即北斗七星勺部的四颗星（或第一颗）。后世把"奎星"演化成天上文官之首，为主宰文运与文章兴衰之神。历代封建帝王把孔子比作"奎星"，后又把"奎"化为"魁"。此处把景梅九比作奎星。

②中郎史：东汉蔡邕（yōng），字伯喈（jiē），陈留圉（yǔ）（今河南杞县南）人。初为司徒桥玄属官，灵帝时因弹劾宦官，遭诬陷，流放朔方。遇赦后，亡命江湖十余载。献帝时，董卓专权，强令邕入都为侍御史，拜左中郎将。董卓敬重蔡邕，曾让他"三日之间，周历三台"。董卓被杀后，司徒王允将蔡邕下狱，蔡邕请求不要杀他，好完成汉书。王允不依，蔡邕后死于狱中，时年六十岁。

③黄霸（公元前130—公元前51）：字次公，西汉淮阳阳夏人。少学律令，武帝末，补侍郎谒者，历河南太守丞，时吏尚严酷，而霸为政宽和，心思敏捷，通晓文法，而又性情温良懂得谦让，有智慧，善于组织调度下属。他做县丞，处理事情颁布决议都合乎法律，迎合人心，太守非常信任他，官吏百姓（都很）爱戴他。公元前55年，汉宣帝任命黄霸代丙吉为丞相，并封为建成侯，总揽朝纲社稷。年八十一岁卒，谥定。后世将他与龚遂作为"循吏"的代表，称为"龚黄"。

④罗刹：佛教中指恶鬼，指食人肉之恶鬼。《慧琳意义》卷二十五中记载："罗刹，此云恶鬼也。食人血肉，或飞空、或地行，捷疾可畏。"同书卷七又说："罗刹娑，梵语也，古云罗刹，讹也（中略）乃暴恶鬼名也。男即极丑，女即甚姝美，并皆食啖于人。"

⑤南冠：晋侯观于军府，见钟仪，问之曰："南冠而絷者谁也？"有司对曰："郑人所献楚囚也。"后世以"南冠"代被俘者。

⑥金鸡：一种金首鸡形。古代颁布赦诏时所用的仪仗。《新唐书·百官志三》："赦日，树金鸡于仗南，竿长七丈，有鸡高四尺，黄金饰首，衔绛幡长七尺，承以彩盘，维以绛绳。将作监供焉。击㭊鼓千声，集百官、父老、囚徒。"因用为大赦之典。明屠隆《彩毫记·妻子哭别》："浮生逐马蹄，遇的是山精木魅，何日里蒙雨露赦金鸡。"清周亮工《祭福建按察使程公仲玉文》："卒蒙金鸡之恩，不作玉门之客。"

⑦这首诗的大意是：上天茫茫天帝睡着未醒，天牢星便在半夜射中了奎星。怜惜才华应留下来如蔡中郎一样写史，读书好学该如黄霸一样传经。夜雨时惊骇于罗刹一样的狱中黑暗，西风中总是回首夕阳下的送别离亭。如楚囚南冠一样总有生还

的一天，盼望着金鸡能走出汉庭。

注：是乃老友张玉衡所作也。我出狱后，他到京中相晤时，即出此六首七律示我；我读至草檄灯前句，大骇怪；问："此事当密，你几时晓得？"他讲："早有人报告。"我笑道："君幸未流传；不然，给人家一个铁证。"他说："你往下看，我把灶奶也写到上边了。"至重关复水①不觉点头；但道："这穷字要命。"我读完后说："被你猜着的也不少，甚么皋陶怜孟博②，羞孟儿女啼③，风雨离亭④，南冠生还⑤，句句着地，只是作史传经⑥，有负厚望。"老衡也笑了。却说我那时即想成此记，以他这六首为题词。如今用之殿后，权当跋语，也好。

（全记完）

注释：

①即"破产倾家连旧友，重关复水累穷妻"句。这也就是张瑞玑说的"把灶奶也写到上边了"。

②指"尚冀皋陶怜孟博"句。

③指"障袖不闻儿女啼"句。

④指"风雨离亭几故人"句。

⑤指"南冠总有生还日"句。

⑥指"惜才留作中郎史，好学应传黄霸经"句。

参考书目

《山西文史资料》（政协山西委员会文史委编）

《山西辛亥人物传》（山西省政协文史资料委员会编）

《西北辛亥革命事略》（陕西革命先烈褒恤委员会编）

人物简介

（共 357 人）

A

安重根（1879—1910），字应七，朝鲜志士。刺杀前日本首相伊藤博文。

B

巴枯宁，俄国无政府主义者。

白狼，农民起义领袖白朗。活动在豫西一带。

白逾桓（1876—1935），字楚香，湖北天门县人，与景梅九共同创办《国风日报》。

C

柴门霍夫（1859—1917），波兰籍犹太人，世界语创始人。

曹世英（1885—1944），字俊夫，陕西白水县人，陕西靖国军将领。

曹印侯（1881—1913），名树勋，陕西临潼人，参加辛亥陕西起义。

曹澍（？—1943），字雨亭，陕西泾阳人，留学日本。同盟会会员。

曹汝霖（1877—1966），字润田。生于上海，曾任清政府外务部副大臣。死于美国。

曹锟（1862—1938），字仲珊，直隶天津人，曾任民国大总统。

常自新（1885—1920），字铭卿。陕西蒲城人。

常樾（1884—1912），字子发，山西黎城人。太原起义后，任军令部长。后被俘遇害。

陈树藩（1885—1949），字柏森（柏生），陕西安康人。陕西督军。

陈宦（1869—1939），字二庵，号养钿，又名宽培，湖北安陆人，曾任四川封疆大吏。

陈树发（1881—1937），字雨亭，陕西紫阳县人，曾任东路招讨使兼秦军第一标标统。

陈殿卿，湖北均州人，曾任秦陇复汉军监军。

陈海鲲（？—1903），（仇满生），福建全闽师范学生，气愤马关条约的签订，跳海自杀。

陈政诗（？—1911），字咏笙，浙江仁和人。曾任清军潞安协台兼前路巡防帮统。

陈天华（1875—1905），别号思黄，湖南新化县人。有《警世钟》《猛回头》传世。

陈干（1881—1927），字明侯，山东省昌邑人。在青岛创办"震旦公学"。

陈家鼎（1876—1928），字汉元，湖南宁乡潭树湾人。

陈廷敬（1639—1712），字子端，清代泽州（今山西晋城）人。进士。

陈玉麟（1873—1939），字汉阁，山西洪洞县龙马乡长命村人。留学日本，同盟会员。

陈同熙（1883—1914），字会亭、慧亭，号敬甫。陕西省潼关县上洼村人，

陈同甫（1143—1194），字同甫，人称龙川先生。婺州永康（今属浙江）人。南宋思想家。

陈陶遗（1881—1946），字陶怡、止斋。金山松隐镇人。任同盟会暗杀部副部长。

陈其美（1878—1916），字英士，浙江湖州人。近代民主革命志士，青帮代表人物。

程克（1878—1936），字仲渔、众渔，河南开封人，曾任天津市长等职。

程家柽（chēng）（1874—1914），字韵苏、豫苏、下斋。安徽休宁人。因反袁被害。

蔡锷（1882—1916），原名艮寅，字松坡，湖南邵阳人。曾任讨袁护国军第一军总司令。

慈禧太后（1835—1908），即孝钦显皇后，叶赫那拉氏，垂帘听政，统治中国40多年。

岑伟生（1892—1962），湖北省汉川人，《国风日报》编辑，后任孙中山大元帅府秘书。

崔潮（1882—?），字洵生，山西省赵城县人，留学日本，授职翰林院编修。

崔信明，生卒年不详。唐初官吏、诗人。青州益都（今山东省益都）人。

D

大杉荣（1885—1923），日本无政府主义者，思想家、作家、社会运动家。

大隈重信（1838—1922），日本第 8 任和第 17 任内阁总理大臣（首相）。

德龄女士（1886—1944），汉军正白旗人，紫禁城八女官之一，慈禧的翻译。

邓宝珊（1894—1968），甘肃天水人，原名邓瑜。陕西靖国军将领，国民党陆军上将。

狄楼海（1874—1938），字凤五，又字观沧，山西猗氏（现为临猗县）裴家营人。

丁宝铨（1866—1919），字衡甫、号默存、谥恪敏，江苏省淮安府山阳县人。山西巡抚。

丁维汾（1874—1954），字鼎丞，山东日照人，同盟会员，国民党中央执行委员会委员。

丁世峰（yì）（1878—1930），字佛言，山东龙口人。民国初年文字学家、书法家。

董振五（1893—1919），名威，字振五，陕西扶风人，陕西靖国军将领。

董崇仁，字子安，山西定襄县官庄村人，曾任晋南镇守使。

董福祥（1840—1908），字星五，甘肃环县（当时属宁夏固原）人。清末甘军领袖。

东乡平八郎（1848—1934），日本海军元帅，海军大将，侯爵。

杜上化（1850—1922），字子诚，大同市灵丘县上寨镇人。曾任山西省咨议局副议长。

杜羲（1880—1936），字仲虑、仲伏，河北省静海县（今属天津）人，原藉山西。

杜守信（1893—1916），字友梅。陕西兴平人。因反袁遇害。

读彻（1586—1656），明末诗僧，字见晓，后更字苍雪，号南来。俗姓赵，昆明呈贡人。

段砚田（1883—1918），字端溪，山西襄汾县东张村西社人。第一届国会议员。

段祺瑞（1865—1936），字芝泉，安徽合肥（今属肥西县）人，曾任临时执政（国家元首）。

段亚夫，同盟会员，曾到大同开展革命活动，后去山东联络起义，受骗被捕。

端方（1861—1911），清末大臣，曾任直隶总督等职。

E

恩晓峰（1887—1949），女，京剧老生。满族，北京正黄旗人。时人称她为

"女叫天"。

F

范源濂（1875—1927），字静生。湖南湘阴人。曾任教育部次长等职。

方孝孺（1357—1402），浙江宁海人，明代大臣，被朱棣杀害。

冯国璋（1859—1919），字华甫，河北河间县西诗经村人，北洋军阀直系首领。

冯子和（1888—1942），名旭，字初出、旭初，号春航。江苏吴县人，青衣演员。

溥伦（1874—1927），字彝庵，爱新觉罗氏，满洲镶红旗。贝子载治第四子。

孚琦（1857—1911），字朴孙，任广州副都统，后署理广州将军。

傅良佐（1873—1924），字清节，湖南省乾州厅（今吉首市乾州街道）人。

G

高峻（1884—1936），字峰五，陕西白水人，陕西靖国军将领。

高欢（496—547），是鲜卑化的汉人，东魏权臣，也是北齐的奠基人。

耿直（1895—1918），字端人，陕西澄城南十甲沟村人，陕西靖国军将领。

弓富魁（1879—1938），字海亭，山西省崞县（现原平市）太平街小北关人。同盟会员。

宫崎寅藏（1871—1922），别号白浪庵滔天，日本熊本县人。孙中山的好友。

公孙长子（1882—1942），四川内江县同福乡人。曾来山西参加革命。

龚云甫（1862—1932），近代京剧演员。北京人。

谷如墉（1853—1916），字芙塘，山西省神池县人，山西大学堂创办人，山西省民政长。

谷思慎（1881—1945），字仲言，山西省神池县城关镇人，留学日本，同盟会员。

郭希仁（1881—1923），原名忠清，字时斋、思斋，陕西临潼人，后任陕西省教育厅厅长。

郭润轩，又名郭质生、郭朗清，字振江，山西安邑县（今运城市）人，1915年春被杀害。

郭坚（1887—1921），字方刚，陕西省蒲城县人，靖国军将领。

郭子仪（697—781），山西汾阳人。任九原太守、朔方节度使。后封汾阳郡王。

郭瑀（yǔ）（生卒年不详），字元瑜，东晋十六国时期甘肃敦煌人。

郭解，字翁伯，西汉时期游侠。

郭浤（hóng），字海楼，陕西部阳人，靖国军将领。

郭宝臣（1856—1918），蒲州梆子老生。艺名小元红、元元红。山西临猗人。

桂太郎（1848—1913），在日本三次出面组阁，进行日俄战争，并策划吞并朝鲜。

H

韩升泉（？—1912），字醴（lǐ）亭，山西萨拉齐厅人，来太原参加革命。在平阳战死。

韩仰斗，字拱北，山西永济人。同盟会员。曾代理蒲州民团总团长，防守河口。

杭辛斋（1869—1924），名慎修，又名凤元，浙江海宁长安镇人。一生办报宣传革命。

何澄（1880—1946），号亚农，别号真山，山西省灵石县人，留学日本，同盟会员。

何子奇，直隶陆军小学毕业后，赴日本留学。加入同盟会的"铁血丈夫团"。

何遂（1888—1968），字叙甫，福建福清人，民国将领。

荷马（873—？），古希腊盲诗人。有代表作《伊利亚特》和《奥德赛》传世。

洪述祖（1855—1919），字荫之，江苏常州人，曾任内务部秘书，参与对宋教仁的暗杀。

胡景翼（1892—1925），字励生、笠僧，陕西富平人。靖国军将领。河南军务督办。

胡汉民（1879—1936），字展堂，广东番禺人。留学日本，同盟会员，曾任广东都督。

胡足刚，字子毅，山西虞乡县黄旗营村（今永济县）人。留学日本，同盟会员。

胡惟德（1863—1933），字馨吾，浙江吴兴人，民国初期的政治及外交人物。

胡汝麟（1881—1941），河南通许县人，字石青。任全国烟酒专卖局总办，教育部次长。

胡德夫（1892—1927），名亮天，字德夫，山西五台县人。曾任国民三军旅长。

黄兴（1874—1916），字克强，中华民国的创建者之一，湖南省长沙人。

黄梨洲（1610—1695），名宗羲，字太冲，余姚人，清初著名思想家、史学家。

黄国梁（1883—1958），字少斋，陕西洋县人，留学日本，同盟会员，曾任山西副都督。

黄侃（1886—1935），字季刚，湖北省蕲春县人。留学日本，大学教授。

黄郛（fú）（1880—1936），浙江绍兴人。字膺白，留学日本，历任外交署长、教育署长。

J

金永，字道坚，浙江杭县人，旗人。曾任山西巡按使。镇压革命志士。

井岳秀（1878—1936），字崧生，陕西蒲城人。井勿幕胞兄，国民军将领。

井勿幕（1888—1918），名泉，字文渊，陕西省蒲城人，靖国军将领。

景耀月（1881—1945），字太招，山西芮城人。留学日本，同盟会员，曾为临时议长。

景清（？—1402年），明朝陕西真宁县（今甘肃正宁）人，欲为建文帝报仇，被朱棣杀死，

景蔚文（1883—1918），字豹卿，山西猗氏（今临猗县）王寮村人。留学日本，同盟会员。

荆大觉，山西猗氏县人。他因山西交城、文水案逃亡北京，后到《国风日报》社。

靳巩（生卒年不详），字克天，山西汾阳人。留学日本，曾任山西警察厅厅长。善收藏。

贾英，字国华，山西崞县（今原平市）人，1911年与清军战斗中牺牲。

贾德耀（1880—1941），字焜庭、昆庭，安徽合肥人。曾任陆军总长，国务总理。

焦子静（1878—1945），名冰，陕西富平人，陕西早期同盟会会员之一。

菅野须贺子（1881—1911），女，日本的社会主义者，被桂太郎政府绞死。

K

康心孚（1884—1919），名宝忠，号连窬，字心孚，陕西城固人。曾任孙中山总统府秘书。

康有为（1858—1927），广东省广州府南海县人，近代著名政治家、思想家。

克鲁泡特金（1842—1921），俄国人，无政府主义代表人物之一。

寇遐（1884—1953），字胜孚、圣孚、胜甫，号玄疵。陕西蒲城县陈庄村人。

同盟会员。

孔庚（1873—1950），字文轩，号雯掀。湖北浠水县人。曾任晋军总司令等职。

孔繁霨（1885—1969），字云生，山东省滕县人，留学日本，同盟会员，曾任晋军军长。

L

兰燕桂（1881—?），字芳五，山西河津人，留学日本，同盟会员。曾办《国风日报》。

雷震春（1862—1919），字朝彦，安徽宿州人，曾任军政执法处处长。

李鸿章（1823—1901），安徽合肥人，淮军创始人和统帅、洋务运动的主要倡导者之一。

李士锐，字振林，直隶天津人，赴日留学，陆军中将衔，后任总统府顾问等职。

李盛铎（1859—1934），字义樵，江西省德化县（今九江市）人。曾任山西民政长等职。

李提摩太（1845—1919），英国浸礼会传教士，在中国 45 年。曾到山西救灾并传教。

李虎臣（1889—1954），字实生，后改名云龙，陕西临潼人，国民政府陆军中将。

李岐山（1879—1920），名鸣凤，山西运城市西曲马村人，曾任南路军五路招讨使。

李莲英（1848—1911），河北河间府人，慈禧的贴身太监。

李培仁（1866—1906），山西阳高县人。在日本留学，蹈海自尽。

李烈钧（1882—1946），又名协和，号侠黄，江西省九江人。曾任江西都督等职。

李正卿（1884—1959），名文楷，山西万荣县人，留学日本，同盟会员。

李镜蓉（1880—1947），号亮工，山西省河津县人。曾任山西大学教授、校长等职。

李异材（1858—1937），字仲特，陕西蒲城人。曾任同盟会陕西分会会长等职。

李仲三，潼关人，清邑庠生。辛亥西安起义，他任东路安抚招讨使，后任省参议会议员。

李良材（1860—1932），字桐轩，异材之弟也。曾任陕西咨议局副局长等职。

李恕谷（1659—1733），清康熙二十九年举人。颜元的得意门生。人称为"颜李学派"。

李天佐（1886—1918），字襄初。陕西蒲城人。曾任渭北民团副使、团长、旅长等职。

李仪祉（1882—1938），字宜之。陕西省蒲城县人，水利专家，曾任陕西省水利局局长。

李阁臣，1911年回山西组织军队抗击清军。后任山西省稽勋局调查员。景梅九的朋友。

李成林（1878—1944），字树森，山西寿阳县人，曾任山西巡警道督察长，参加太原起义。

李完用（1858—1926），朝鲜日治时期的贵族，被当今朝鲜和韩国视为头号卖国贼。

李嵩山（？—1911），字子高，山西代州人，后因反清逃出太原。1911年被清兵杀害。

李沛基，广东海丰人。1911年将广州将军凤山炸死。

李大魁（1878—?），字梅峰，山西洪洞人，留学日本，后任南路军参谋。

李敏，字敏之、勉之，云南呈贡县人。赴日本留学，同盟会员。来山西任都督府参谋长。

黎元洪（1864—1928），字宋卿，湖北武汉黄陂人。曾两任大总统和三任副总统。

黎宗岳（1876—1915），字嵩祝，名堃（kūn）甫，安徽省宿松县人。因讨袁牺牲。

梁启超（1873—1929），字卓如，号任公，和康有为倡导变法维新，并称"康梁"。

梁敦彦（1857—1924），广东顺德人，字崧生。留美幼童，历任外务部大臣等职。

梁善济（1861—1941），字伯强，山西崞县人。曾任山西咨议局议长。

良弼（1877—1912），字赉（lài）臣。爱新觉罗氏，清末大臣、宗社党首领。

林觉民（1887—1911），福建闽侯（今福州）人，为黄花岗七十二烈士之一。

林逋（967—1028），字君复，杭州钱塘人。宋代人，终生不仕不娶，惟喜植梅养鹤。

刘守中（1882—1941），字允丞（允臣），陕西富平人，陕西靖国军将领。

刘镇华（1883—1956），字雪亚，河南巩义县河洛镇人，镇嵩军统领。

刘蔼如（1880—1968），陕西临潼人，参加辛亥陕西起义和靖国军。

刘冠三（1872—1925），字冠三，山东省高密市康家庄人。早期同盟会员。

刘越西（樾西），名廷森，又名月溪，云南人，同盟会员，曾任晋军旅长等职。

刘懋赏（1870—1931），字劝功，先世为山西平鲁人，留学日本，同盟会员。

刘绵训（1881—1919），字翼若，山西省猗氏县（今临猗县）人。曾任山西省司法司司长。

刘盥训（1876—1953），字孚若，山西猗氏县（现临猗）陈家卓人。民国初年为国会议员。

刘献廷（1648—1695），字继庄，一字君贤，别号广阳子。直隶大兴（今属北京市）人。

刘铿（1864—1947），鹤山古劳龙溪海边村人。字日来。炸死清朝广州将军凤山。

刘汉卿（？—1911），字杰三，祖籍直隶定州。曾任山西军政府南路军司令。

刘师复（1884—1915），广东香山（现中山市）人。宣传无政府主义和世界语。

刘箴俗（1901—1924），乳名平儿，祖籍陕西户县。秦腔艺术家。

刘艺舟（1875—1936），原名必成，又名麟，艺名木铎、钟声，湖北鄂城人。

刘师培（1884—1919），字申叔，江苏仪征人。早期同盟会员，后拥护袁世凯称帝。

柳亚子（1887—1958），原名慰高，字稼轩，号亚子，江苏苏州吴江人。著名诗人。

卢梭（1712—1778），18世纪法国伟大的启蒙思想家、哲学家、教育家、文学家。

卢永祥（1867—1933），字子嘉，山东省济阳县人。曾任第二十镇统制、浙江省督军。

吕调元（1865—1932），字权予，号燮甫，安徽太湖人。曾任陕西巡按使。本书称吕某。

吕蒙正（946—1011），字圣功，河南洛阳人。宋太宗时状元，多年宰相。

陆建章（1862—1918），字朗斋，安徽蒙城人，袁世凯时任军政执法处处长。

陆叙钊（？—1911），字磐芝，顺天大兴人，师爷出身，忠于清王朝，以"酷吏"著称。

陆钟琦（1848—1911），字申甫，顺天宛平人，曾任山西巡抚，后被起义军打死。

陆九渊（1139—1193），号象山，字子静，是宋明两代"心学"的开山祖。

龙璜，曾任清政府山西安邑知县、绛州知州。

M

马玉贵（1885—1957），回族，字青山，湖北谷城人，辛亥参加陕西起义，后任旅长。

马青苑（1893—1962），名献章，陕西咸宁人，陕西靖国军将领。

马开臣（1879—1914），陕西长安人，曾参加辛亥陕西起义。

马玉昆（1838—1908），清末淮军将领。字景山，安徽省蒙城县马集镇人。

马君武（1881—1940），字厚山，广西桂林人，曾任广州军政府交通部长。广西省长。

马融（79—166），字季长，右扶风茂陵（今陕西兴平东北）人。东汉儒家学者，经学家。

蒙浚（jùn）生（1881—1938），亦名浚僧，陕西蒲城人，陕西靖国军将领。

麻振武（1893—1927），字蔚文，绰号麻老九，陕西商州人。曾是靖国军郭坚军的部下。

N

乃木希典（1849—1912），日本陆军大将，曾任台湾总督，日俄战争中任第3军司令。

南南轩（1879—1916），字风熏，陕西兴平史名村人。陕西省议会议员。因反袁被害。

南兆丰，字雪亭，陕西兴平县流演村人，留日学生，同盟会员。

南桂馨（1884—1966），字佩兰，山西省宁武县城内人。曾任天津市市长。

宁调元（1884—1913），字仙霞，号太一，湖南醴陵东富乡人。因反袁被害。

倪德薰（1886—?），字普香，浙江遂安县人，同盟会员，来山西曾任晋军团长。

牛兆濂（1867—1937），字梦周，号蓝川。陕西蓝田人，清末关中大儒。

P

裴子清（1875—1958），山西安邑县（今运城市）人，同盟会员。《国风日报》

经理。

彭翼仲（1864—1921），名诒孙，字翼仲，苏州人。创办了《启蒙画报》《京话日报》等。

彭家珍（1887—1912），字席儒，四川金堂人。1912 年炸死良弼，自己也殉国。

平刚（1878—1951），字少璜，贵阳人。1912 年元旦，曾任民国临时政府众议院秘书长。

Q

钱鼎（1884—1911），字定三，陕西省白河县人。辛亥陕西起义将领。

乔煦（1882—1912），字子和，回族，山西阳曲人。曾任河东军政检阅使，不久病故。

乔义生（1882—1956），山西临汾人，字宜斋。孙中山伦敦蒙难时他曾救助。

秋瑾（1875—1907），"鉴湖女侠"，祖籍浙江山阴（今绍兴），因反清遇害。

仇（qiú）亮（1879—1915），原名式匡，字蕴存，号冥鸿，湖南湘阴县人。同盟会员。

渠本翘（1862—1919），原名本桥，字楚南，山西祁县城内人。山西富商。

渠源浈（1842—1920），字筱洲，号龙川，人称"旺财主"。他是渠本翘的父亲。

犬养毅（1855—1932），日本第 29 任首相。

R

任师竹（1875—1911），陕西耀州城内人，字师竹，邑人以才子称之，后遇害。

荣炳（1882—1914），字子文，山西阳曲县大孟镇村人，曾留学日本，后病逝。

荣庆（1859—1917），字华卿，号实夫，蒙古正黄旗人。曾任管学大臣。

茹欲立（1883—1972），字卓亭，陕西三原人。曾任陕西靖国军总参议、监察院院长。

阮尚贤（1868—1925），又名鼎南，越南志士。来华 17 年。

瑞徵（1864—1912），满洲正黄旗人。1910 年任湖广总督。武昌起义后弃城逃走。

S

萨镇冰（1859—1952），字鼎铭，福州色目人。曾任南北洋海军兼广东水师提督。

善耆（qí）（1866—1922），字艾堂，爱新觉罗氏，满洲镶白旗人，末代肃亲王。

邵竹青，曾任省高等法院院长，与刘盥训先生、山西大学教授李亮工过从甚密。

邵力子（1882—1967），绍兴人。曾任国民党中央宣传部长。新中国成立后，留在大陆。

升允（1858—1931），字吉甫，号素庵，蒙古镶蓝旗人，曾任陕西巡抚等职。

史可轩（1890—1927），原名世兴，又名宗法，化名弓尚德，字可轩。陕西兴平人。

沈荩（1872—1903），湖南长沙人。字愚溪，因揭露《中俄密约》被杖毙。

盛宣怀（1844—1916），字杏荪，号愚斋，江苏常州人，曾任邮传部大臣。

商震（1888—1978），字启予，生于河北保定，曾任晋军前敌总指挥、山西省政府主席。

师子敬（1876—1964），陕西富平人。曾任秦丰银行总办、河南省铸造局局长等职。

斯宾塞，英国社会学家。

苏至元（1882—1946），字连三，山西万荣县人，曾任安邑县（今运城）警政、虞乡县知事。

宋伯鲁（1853—1932），字芝栋，陕西礼泉县人。进士，任翰林院编修。

宋大章（1888—1955），字寰公，号辽鹤，辽宁北镇人，留学日本，同盟会员。

宋向辰（1879—1917），名元恺，陕西耀州（今耀县）人，陕西早期同盟会会员之一。

宋庆（1820—1902），字祝三，清末将领。山东省蓬莱市泊子宋家村人。

宋教仁（1882—1913），字遁初，号渔父，湖南桃源人。同盟会领导人，曾任国民党代理事长。后被暗杀。

孙岳（1878—1928），字禹行，河北高阳县人，曾任第三军军长、直隶督办兼省长。

孙宝琦（1867—1931），字幕韩，浙江杭州人。曾任山东巡抚、北京政府国务总理。

孙毓（yù）筠（yún）（1869—1924），字少侯，安徽省人。曾任约法会议议长。

T

台寿民（1887—?），字林逸，安徽霍邱人，曾任晋军团长、山西督军府参谋主任等职。

谭鑫培（1847—1917），演员，工老生，曾演武生，艺名小叫天、叫天儿。

汤化龙（1874—1918），字济武，湖北浠水人。1913 年当选众议院议长，后被刺身亡。

唐继尧（1883—1927），字蓂（míng）赓，云南会泽人，曾发起反袁的"护国运动"。

唐绍仪（1862—1938），又名绍怡，字少川，生于广东珠海，清末民初外交家。

陶成章（1878—1912），字焕卿，浙江绍兴人，光复会创立者之一。被蒋介石暗杀。

田玉洁（1886—1929），又名惠成，字润初。陕西富平老庙人，陕西靖国军将领。

田文，战国时齐国贵族，又称薛公，号孟尝君。

田桐（1879—1930），湖北蕲春人。字子琴，曾任南京政府内务部参事、参议员。

W

万炳南（1881—1913），湖北郧西人，哥老会头目，陕西起义后任秦陇复汉军副大统领。

万和宣，平遥知事，江西九江人。

万和寅，江西九江人，曾任山西省政务厅长、署理河东道尹、河东盐运使。

汪精卫（1883—1944），字季新、兆铭，广东佛山人，曾任武汉国民政府主席。后为汉奸。

汪桂芬（1860—1906），京剧老生演员。绰号汪大头，安徽安庆府人。

汪瑞闿（1873—1941），字颉荀，江苏盱眙县人，江西民政长。

王绍文（？—1916），名鸿遇。陕西长安人。1916 年因反袁被害。

王崇瑞（？—1925），字祥生，陕西咸阳人。陕西靖国军将领。

王建基（1883—1911），字弼臣，山西五台县东冶镇人，在怀仁与清军战斗阵亡。

王用宾（1881—1944），字利臣、理成，号太蕤（ruí），山西猗氏县人，任司法行政部长。

王守身（1873—1927），关中刀客，外号黑脊背，陕西富平县曹村镇尚书村人。

王丹青（？—1960），又名攀桂，山西安邑县人，曾任平阳县知事。

王虎臣（1881—1911），河北赵县人，丰镇起义后被清兵杀害。

王铭丹，字敬如，临潼人。辛亥起义，任东路防御大使。共和成，署郿县知事。

王一山（1884—1955），原名治馨。陕西旬阳人。曾任陕西省政府代主席兼民政厅长。

王余佑（1615—1684），字申之，号五公山人，明末清初人，河北栾平人。

王褒，字子渊，汉朝人，辞赋家。著《僮约》。

王家驹（1878—1912），字伯轩（本书称为敬轩）。湖北枣阳人，与清军战斗中阵亡。

王轩（1823—1887），字霞举，山西洪洞人。晋阳书院主讲，太原令德堂讲习。

温生才（1870—1911），字练生，广东梅县人，刺杀广州副都统孚琦后慷慨就义。

温寿泉（1881—1956），字静庵，山西洪洞县白石村人，曾任山西军政府副都督。

吴新田（1876—1955），字芑（qǐ）荪（sūn）。安徽合肥人。北洋皖系军阀将领。

吴莲洋（1644—1704），名雯，字天章，号莲洋，清康熙间人。后居山西蒲州。

吴樾（1878—1905），字梦霞，孟侠，今安徽桐城人。谋炸五大臣而牺牲。

吴禄贞（1880—1911），字绶卿，湖北省云梦县人。新军第六镇统制，被刺杀。

吴鸿昌，清六镇第十二协统领。

吴汇之（？—1915），字子莫，蓄须，人称吴胡子，四川人，后任山西绛州知事，被害。

吴稚晖（1865—1953），出生在江苏武进。任国民党中央监察委员、国民政府委员等职。

伍廷芳（1842—1922），字文爵，号秩庸，祖籍广东新会。清末民初杰出的外交家。

武士英，原名吴福铭，山西平阳人，刺杀宋教仁的枪手。

X

西园寺公望（1849—1940），日本内阁总理大臣（首相）。

下濑雅允，日本火药技师。

夏学津，山西新军管带，因交文惨案被撤职。其妻美而艳，与山西巡抚丁宝铨关系暧昧。

向紫山，原籍湖北均州，清末来陕，寄居富平。

解荣辂（lù）（？—1920），字子仁。山西万荣县人。曾任山西省教育司司长等职。

谢有功（1840—1913），广东连山县人，太原总兵，获清朝皇帝诰授"建威将军"。

幸德秋水（1871—1911），日本明治时期社会主义者。

徐锡麟（1873—1907），字伯荪。浙江绍兴人。刺杀安徽巡抚恩铭后被杀。

徐翰文（1878—1907），字西园，山西五台县大朴村人。在绥远被清兵打死。

徐达（1332—1385），字天德，濠州钟离（今安徽凤阳）人。中国明朝开国军事统帅。

续西峰（1880—1926），名桐溪，山西崞县人，曾率忻代宁公团攻占大同。

续宝峰（1877—1960），山西崞县西社村人。同盟会员，曾参加华山聚义。

薛峻，字麟伯、林伯，陕西华县人，同盟会员。

Y

阎相文（？—1921），字焕章，山东济宁人，北洋军阀，曾任陕西督军。

阎虎臣，景梅九妻子阎玉青的弟弟，山西解州人，同盟会会员。曾率兵接防运城。

阎锡山（1883—1960），字百川、伯川，号龙池，山西五台县河边村人，山西都督。

颜元（1635—1704），清初思想家、教育家，颜李学派创始人。

严飞龙（1884—1912），字子青，又名严小泉，陕西朝邑（今大荔县）人。刀客。

严复（1854—1921），福建侯官（今属福州市）人。曾翻译赫胥黎的《天演论》。

杨翠喜（1889—？），北京通州人。戏剧名角。

杨度（1875—1931），湖南省湘潭县人。鼓吹君主立宪，鼓吹帝制。

杨少石，日本振武学校的中国留学生，同盟会会员。

杨彭龄，字篯甫，山东曲阜县人，同盟会员，来山西参加革命。

杨笃生（1871—1911），别署三户遗民、椎印寒灰、蹈海生等。湖南长沙人。跳海自尽。

杨三，名阿金，号鸣玉，戏剧名角，也叫苏丑，江苏扬州人。

杨沛霖，字芳圃，外号杨麻子，山西霍县上靳安村人。后因剿匪牺牲。

姚太素，名守质，山西临晋人，太素其字。《国风日报》的撰稿人。

姚以价（读 jiè）（1881—1947），字维藩，号龙门，山西河津人。曾领导太原起义。

叶荃（1879—1939），字相石、香石，云南云州人。曾任靖国军第八军军长援陕。

叶复元（1877—1954），又名滋初，山西闻喜县人。留学日本，同盟会员。

伊藤博文（1841—1909），日本第一个内阁首相。

奕劻（1838—1917），晚清重臣、宗室，曾任军机大臣等职。

荫昌（1859—1928），字午楼（又作五楼），满洲正白旗人。曾任陆军大臣。

应桂馨（？—1914），名夔丞，浙江鄞县人。上海青帮头目。

余燊（jié），安徽望江人，湖南巡抚余诚格之子，河东兵备兼盐道。

余诚格（1856—1926），字寿平，安徽望江县人。曾任湖南巡抚。

毓（yù）贤（18421901），字佐臣，是清朝末年著名的酷吏和极端排外人士。

禹之谟（1866—1907），字稽亭，湖南湘乡人，因反清被捕遇害。

于右任（1879—1964），陕西省三原县人，任国民政府审计院长、监察院长。后去台湾。

于连泉（1900—1967），原名桂森，字绍卿，戏剧名角，艺名筱翠花、小翠花，北京人。

袁世凯（1859—1916），字慰亭，号容庵，河南项城人。中华民国首任大总统。

袁克定（1878—1958），字云台，外号袁大瘸子，河南项城人，袁世凯长子。

袁乃宽（1868—1946），字绍明，河南正阳人，袁世凯的亲信、管家。

袁英（1890—1943），早年留学日本，加入同盟会。曾埋炸弹暗杀袁世凯。

岳维峻（1883—1932），字西峰，陕西蒲城人。曾任国民军第二军军长兼河南督办。

Z

载恬（光绪帝）（1871—1908），19 岁亲政，在位 34 年，曾积极支持戊戌变法。

载沣（fēng）（1883—1951），宣统帝爱新觉罗·溥仪之父。任军机大臣、监国摄政王。

张锡銮（1843—1922），字金波，浙江钱塘人，曾任山西巡抚。

张绍曾（1879—1928），字敬舆，直隶大城县人。曾任绥远将军、陆军次长、国务总理。

张煌（1880—1931），字星斋，山西省赵城县人，曾任平阳府镇守使。

张世膺（1884—1911），字华飞，江西九江人。北洋第六镇参谋长。被人暗杀于石家庄车站。

张振武（1877—1912），湖北罗田人，字春山，武昌起义首义者之一，后被杀。

张义安（1888—1918），名养诚，字义安。陕西富平人。靖国军将领。

张钫（1886—1966），字伯英，河南洛阳市新安县人。辛亥革命元老。

张治公（1881—1951），字干丞，又名树林。河南洛阳县人。镇嵩军将领。

张云山（1876—1915），字凤岗，陕西长安人，哥老会头目，陕西辛亥革命起义首领之一。

张瑞玑（1872—1928），字衡玉，山西赵城（今属山西洪洞）人。民国名士。

张凤翙（huì）（1881—1958），字翔初，生于陕西咸宁县，辛亥革命后任陕西都督。

张赞元，字翊初，甘肃灵台人，留学日本，入同盟会，后任靖国军总司令部秘书。

张铣（xiǎn）（1862—1909），字拜云，陕西蒲城人。

张东白（1854—1923），名维寅，陕西蒲城人。同盟会员。

张士秀（1870—1925），字实生，山西永济人，因与阎锡山不睦而被捕。后出狱去陕西。

张百熙（1847—1907），字埜（yě）秋，湖南长沙人。清末大臣，著名教育家。

张彪（1860—1927），字虎臣，山西榆次西佐辅村人。曾任湖北提督，陆军副都统。

张曾敭（yáng）（1852—1920），字小帆、润生，河北南皮人，曾任山西巡抚、浙江巡抚。

张继（1882—1947），河北省沧县人，字溥泉。国会第一届参议院议长。

张煦（xù）（1822—1895），字蔼如。宁夏灵武人。曾任陕西巡抚、湖南巡抚、山西巡抚。

张勋（1854—1923），字少轩、绍轩，江西省奉新县人。北洋军阀，曾拥戴溥仪复辟。

张之洞（1837—1909），字孝达，河北南皮人，洋务派代表人物之一。

张光奎（1879—1937），字聚庭，陕西长安人。曾任陕西督府实业厅厅长。

张石生，山西人，在陕西参加革命。

张问陶（1764—1814），字仲冶，四川遂宁人，自号船山，清代官员、著名诗人、书画家。

张季鸾（1888—1941），名炽章，字季鸾，陕西榆林人。《大公报》总编辑。

张起凤（1880—1957），字翙（hui）之，山西猗氏县人。曾任晋南镇守使等职。

张树帜（1881—1946），字汉杰（汉捷），山西崞县人。曾任晋北镇守使等职。

张之仲（1873—1942），字孝轩，山西荣河县人，曾署理平阳府知府，后任安邑县知事。

张博士，山西赵城人，参加太原起义和民军南下部队。

张敬尧（1881—1933），字勋臣，安徽霍丘人，曾任湖南督军兼省长。

章太炎（1869—1936），字枚叔，又名炳麟。浙江余杭人，曾"七被追捕，三入牢狱"。

章木良，同盟会员，也是南社社员。曾任讨袁军第一师师长。

赵秉钧（1859—1914），字智庵、智安，曾任国务总理。

赵戴文（1866—1943），字次陇，山西五台县东冶镇人，官至山西省政府主席、监察院长。

郑汝成（1862—1915 年），字子敬，直隶省静海县人，曾任上海警备地域司令官。

郑玄（127—200），字康成，高密人，汉代大儒。

周俊杰，字耀武，山西夏县人，后任弁教练所所长、晋军炮兵第六旅旅长。

周符麟，清朝陆军第六镇第十二协协统。因被吴禄贞免职而受人利用刺杀吴禄贞。

钟仁义，山西侯马人，哥老会头领，后参加起义军。

邹子良（1879—1914），名炳炎，原籍甘肃宁州，寄居陕西三原，陕西早期同盟会会员之一。

邹容（1885—1905），四川重庆人，出版《革命军》一书，病死狱中。

朱素云（1872—1930），京剧小生演员，武旦朱小云之子，江苏吴县人。

后 记

　　2012 年，我有个机会，见到了景梅九的《罪案》和《入狱始末记》两书，看到景梅九写的那些我熟悉的辛亥时期的人物，心里不由得一阵激动，这些人物就像老朋友一样站在我的面前。比如他写到我的乡贤崞县的续西峰攻打阎锡山兵败后，竟扮成乞丐，到景梅九家里去寻求帮助。还有乡贤弓富魁，到太原后，来到阎锡山创办的精武社，看到德国人制造的铁炸弹，喜欢不已，竟像古器收藏家一样，抚摸把玩、爱不释手，引得别人笑他像小孩子一样——这和他魁梧高大的身材形成显明的对比。再如阎锡山的五台老乡王建基，在怀仁秀女村战死，慷慨赴义；神池的老先生、景梅九的老师谷如墉，运城的李岐山、河北的杜羲（字仲伏）、赵城的张瑞玑、芮城的景耀月、宁武的南桂馨等。

　　因为我 2011 年写过一本《辛亥革命在山西》，对这些辛亥人物略有了解，现在这些资料中的人物在景梅九的书中神灵活现地一一复活了，我想，如果能把这本书再版，让更多的读者看到，让人们更多地了解山西辛亥革命那段历史，了解为了推翻清王朝而牺牲了的烈士们的事迹，那该多好。

　　说干就干，于是我就着手把这本书一字一句地在电脑上打字录入，把原书的繁体字改成简体字，然后将一些人物和事件作了注解，并找了许多图配在书中（这些图因故后来全部去掉了）。

　　邻居有个作家对我说，你放着自己的小说不写，却在为他人做嫁衣。如果有人同时和你做同样的工作，你们岂不是撞车了，你不就在做无用功了？

　　而我是这样想的，假如有人同时和我做同样的事也不怕，各人是各人的书，各有各的功，一定不会相同的，那就看谁做得更好，读者更喜欢哪一个。

　　我打字录入时，第一个困难是由于年代久远，原书的印刷质量有好有坏，有的地方印得模糊不清。特别是《入狱始末记》的印刷质量更差，模糊之处更多，经常为一个空白模糊的字猜半天。最后实在看不清，只好在这些字的后面加个括号说明看不清。

2013 年，我完成了初稿。记的那年夏天，我冒着炎热，在忻州的顿村将书稿交给三晋出版社张继红社长，算是投稿。

这年冬天，我又将书稿送交三晋文化研究会李玉明会长，因为此前研究会帮我出版过《辛亥革命在山西》。李玉明后来将书稿交给降大任老师审阅。

2014 年春暖花开的时候，降大任叫我到太原，说把书稿已给三晋出版社。

期间，降大任老师改过两次，张继红社长改过一次。2017 年 6 月底，田潇鸿女士接任本书的责任编辑。她联系我，讨论书稿，又辛苦又认真，后来又将书稿与景梅九的原著重新核对了一次，发现并改正了一些错误。

在本书的出版过程中，李玉明、降大任、张继红、田潇鸿给了我很大的帮助，我的老朋友彭图对本书中的典故和诗词作了详细的注解，还有李芝君帮我校对书稿，在此，一并表示感谢。如果读者在阅读本书时有所得益，那我们这些人就一起做了一件功德无量的事啊！

由于本人才疏学浅，有时又不太细心，书中不免有错误之处，欢迎大家指正。

李成立

2017 年 9 月 15 日

于山西忻州

（李成立，男，1952 年生，山西省原平市下大林村人，山西省作家协会会员。曾任《忻州日报》记者，现已退休。著作有《逆光》《辛亥革命在山西》等。）

图书在版编目（ＣＩＰ）数据

景梅九自传二种 / 景梅九著 ；李成立注. -- 太原 ：
三晋出版社，2017.9
ISBN 978-7-5457-1580-4

Ⅰ．①景… Ⅱ．①景… ②李…Ⅲ．①景梅九（
1882－1961）－自传 Ⅳ．①K827=7

中国版本图书馆CIP数据核字(2017)第244154号

景梅九自传二种

著　　者：景梅九
注　　者：李成立
责任编辑：田潇鸿
责任印制：李佳音

出 版 者：山西出版传媒集团·三晋出版社（原山西古籍出版社）
地　　址：太原市建设南路21号
邮　　编：030012
电　　话：0351-4922268（发行中心）
　　　　　0351-4956036（总编室）
　　　　　0351-4922203（印制部）
网　　址：http://www.sjcbs.cn

经 销 者：新华书店
承 印 者：山西基因印刷服务有限公司

开　　本：787mm × 960mm　　　1/16
印　　张：33.25
字　　数：560千字
版　　次：2017 年 10 月　第 1 版
印　　次：2017 年 10 月　第 1 次印刷
书　　号：ISBN 978-7-5457-1580-4
定　　价：75.00 元